【北京社科名家文库】

图书馆学文稿

TUSHUGUANXUE WENGAO

吴慰慈自选集

吴慰慈◎著

首都师范大学出版社
CAPITAL NORMAL UNIVERSITY PRESS

图书在版编目(CIP)数据

图书馆学文稿：吴慰慈自选集/吴慰慈著．—北京：首都师范大学出版社，2017.10

（北京社科名家文库）

ISBN 978-7-5656-3924-1

Ⅰ.①图… Ⅱ.①吴… Ⅲ.①图书馆学—文集 Ⅳ.①G250-53

中国版本图书馆CIP数据核字(2017)第248328号

北京社科名家文库

TUSHUGUANXUE WENGAO

图书馆学文稿

吴慰慈自选集

吴慰慈 著

项目统筹：杨林玉 责任编辑：杨林玉

责任设计：王征发 封面绘画：王征发

责任校对：李佳艺

首都师范大学出版社出版发行

地 址 北京西三环北路105号

邮 编 100048

电 话 68418523(总编室) 68982468(发行部)

网 址 cnupn.cnu.edu.cn

印 刷 三河市博文印刷有限公司

发 行 全国新华书店

版 次 2017年10月第1版

印 次 2017年10月第1次印刷

开 本 710mm×1 000mm 1/16

印 张 32.25 插页 2

字 数 369千

定 价 78.00元

出版说明

1978年，中国改革开放的元年。自那一年开始，中国已经走过了波澜壮阔的30年。这是伟大的30年，是改变中国的30年，是震惊世界的30年，也是哲学社会科学蓬勃发展的30年。

在哲学社会科学这30年的辉煌成就里，浸透着为新中国哲学社会科学奠基的老一辈专家呕心沥血的求索，也镌刻着寻着他们足迹的后来者追求真理的步伐。"学之大者，国之重器"。我们有责任将这些"大者"潜心研究的成果，重新编辑出版以飨读者。为此，北京市社会科学界联合会和首都师范大学出版社将这一套《北京社科名家文库》奉献给读者。她以自选集的体例形式，每年推出一批，争取在几年内达到百种以上。《北京社科名家文库》将系统展示当代哲学社会科学名家学者30年来的学思精华，展示他们的学术探索历程和风采。同时，为使这套《北京社科名家文库》更加丰富，编委会决定在首都师范大学出版社已出版的《当代著名学者自选集》中挑选符合体例的图书，编辑成《北京社科名家文库·纪念辑》，这将更完整地反映北京学人在学术风范和学术使命上的历史延续。

我们相信，《北京社科名家文库》将能够成为具有文化传承价值的经典性大型出版工程，成为集中展示首都哲学社会科学重要成果的一个窗口。由于我们水平所限，定有不足之处，希望读者和同仁给予批评指正。

编　委　会

2009年11月

吴慰慈先生

目录

北京社科名家文库

1 **学术自述**

1 **第一辑　基础理论**

3 图书馆网的由来和发展

20 图书馆学基础理论研究概述

36 八十年代中国的图书馆学基础理论研究

50 关于图书馆学研究方法的思考

56 图书馆自动化与网络化之现状及展望

68 现代信息技术与图书馆学情报学新的学科生长点

76 信息技术对图书馆学基础理论的影响

91 面向21世纪图书馆学研究的新趋向
——与北京大学信息管理系吴慰慈教授的通信访谈

97 网络信息资源管理的标准化体系研究

111 中国数字图书馆的研发情况

北京社科名家文库

117 数字时代图书馆学研究的重点领域
125 网络环境下信息存储与检索技术的发展
137 中国图书馆学的发展与新一代图书馆学人的使命
——在中国图书馆学会第八届学术研究委员会成立大会暨工作会议上的报告
145 图书馆学情报学研究新进展

151 **第二辑 资源建设**
153 藏书排列概说
164 大型图书馆应当控制藏书的增长速度
179 论大型图书馆藏书布局的改革
186 论图书馆藏书的采选、组织与利用
194 一九八三年我国图书馆藏书建设研究的综述与展望
203 全国文献资源布局学术讨论会观点综述
212 贮存图书馆的由来、发展与作用

220 文献类型和特点概析

228 藏书排架方式浅析

237 论文献资源建设的合作系统

——系统结构分析

246 论我国文献资源的整体布局

257 网络时代文献资源共享的新模式:电子文献传递

264 从文献资源建设到信息资源建设

274 从信息资源管理到知识管理

281 文献资源共建共享中的著作权问题

291 网络环境下图书馆信息资源建设

——兼谈数据库产业的现状和发展趋势

305 信息资源开发战略研究

312 论网络时代图书馆的资源观

318 信息资源开发与利用的十个热点问题

北京社科名家文库

332 公共图书馆馆藏发展的特点与策略

341 **第三辑 图书馆学教育**

343 图书馆学专业教育改革刍议

352 谈谈《图书馆学基础》课的教学

359 我国图书馆学教育的现状与展望

368 社会信息化与图书馆学、情报学教育的新使命

376 坚持标准 严格要求 努力提高研究生培养质量

385 面向21世纪的图书馆学教育探讨

398 二十二年教学工作回顾

407 面向21世纪的图书馆学专业课程探讨

416 加强指导 严格管理 确保学位授予质量

421 新技术革命对图书馆学情报学教育体系变革的影响

438 改革课程体系 优化整体结构

——对图书馆学教学改革的思考

442　加强学科建设　促进研究生教育的可持续发展

452　中国图书馆学情报学教育的改革与发展

475　加强学科建设　提高研究生教育质量

——"图书馆、情报与档案管理"学科研究生教育工作探析

486　谈博士生创新能力的培养

490　**吴慰慈主要著作目录**

学术自述

（一）

我的学术生涯得从中学时代说起。在一个人的求学道路上，中学是积累文化知识，养成好的学习习惯的重要阶段。我是上世纪50年代初考入安徽省枞阳县浮山中学的。该校坐落于安徽省五大名山之一的浮山东麓，环境清幽，风景宜人，是安庆地区的一所名校。它拥有一批优秀的教师队伍，文科和理科的主讲老师都很优秀。当时办学条件不是很好，生活比较清苦，但学习风气甚浓，的确是读书求学的好地方。我对于中学时代的深刻记忆就是刻苦求学，发愤读书。当年是早晨起床很早，唸两个小时的英语，紧接着便是上课，做作业，读课外书籍，整天忙个不停。课前预习，课后复习，定期总结，不懂就问，这是我在中学阶段始终坚持的学习方法。我的学习成绩在全年级中名列前茅。

（二）

1957年7月，我在浮山中学高中部毕业，参加了全国统考，并以高分被北京大学录取，进入图书馆学系学习。北京大学是中国最负盛名的高等学府，当时我特别看重的是名牌大学，对于所学的专业考虑不多。因为自己从小就喜欢看书，认为将来要是能在图书馆工作，看书会很方便。没想到，与图书馆学的缘分来得如此自然，这自然的一牵手，便是一辈子。

刚进北大图书馆学系求学时，我很年轻，不满 20 岁，当时没有别的想法，认为学这个专业就应该钻研这个专业，用力在这个学科领域内做些事情。首先是在学习上狠下功夫，每一门课程，每一个环节都学扎实。我不满足于老师在课堂上讲授的知识，课后我看了许多图书馆学书籍和当时发表的一些期刊论文。看多了那些专业论著以后，使我觉得图书馆学不是没有可以去研究的，有很多问题、很多方面、很多领域我知之甚少，需要自己去认真学习。在学习过程中，我不仅看书，而且去独立思考学科发展方面的一些问题。“看书”与“思考”两相结合，再加上老师们的指导，我对图书馆学专业经历了一个从不认识到认识、从不自觉学习到自觉学习，从初步有一些感性认识再到产生了理性认识这样一个过程，更加坚定了学习和研究图书馆学的志向，这是我在北大四年求学生涯中最大的收获。我在学习中体会到，人在青年时代求学应博览群书，不仅要认真阅读专业方面的历史经典，而且应当涉猎与此相关的其他学科的知识，例如思想文化史相关的中西哲学和历史，避免学识单一，视野窄狭。我从王重民、刘国钧等教授的教学和科研中领悟到，每研究一个问题，必须广泛搜集和详细占有资料，然后缜密考校，去伪存真，精深分析，由表及里，博于征引而慎下论断。他们长于考证，却又不止于考证，而是始终注意从具体史实的考证分析入手，溯其渊源，考其流变，以把握所研究问题演进的大势，探求其发展的规律。这种治学方法，不仅在当时给我留下了深刻的印象，而且对我以后的治学产生了深远的影响。

北京大学是哺育我成长的摇篮，它以其厚重的学术传统与科学精神，为我提供了一个优越的学术环境。就是在这个享誉国内外的学术环境中，我得到了广博的科学文化知识上的积累，受到了严谨的科学精神的熏陶，为后来实现自己的学术抱负打下了坚实的基础。

（三）

我从北京大学毕业后，曾有一段在天津图书馆工作的经历，其时间是1961年8月至1973年9月。在这12年中，我做过基层馆培训、业务辅导、宣传、古籍编目、参考咨询等业务工作。通过实践使我认识到，做图书馆实际工作是非常重要的，光有点书本知识，不结合实践经验，也很难再有进一步的发展，实践让我学到了很多东西，这是书本上学不来的。上世纪60年代初，因基层馆培训和业务辅导工作的需要，我先后编写了《小型图书馆分类表》《区、县图书馆分类范例举要》《图书馆藏书建设概要》《小型图书馆藏书清点法》等小册子。这套丛书的选题、素材、案例、解析、操作方法都来自实践，实用性很强，能较好地解决当时实际工作中存在的问题。这个事实使我明白了一个道理：研究图书馆学应该坚持唯物主义，脱离唯物主义基础的研究难免产生思维的局限性，偏离实际需要，形成对实践不起指导作用的空泛理论。这套丛书的社会效果说明：研究图书馆学，不能单纯从抽象的定义、概念、模式出发，它应该成为"从实际手段来追求实际目的的最实际的运动"（《德意志意识形态》，马克思、恩格斯）。

在天津图书馆的工作经历是宝贵的，在我的记忆中难以磨灭。实践当中遇到的问题，获取的知识，对我后来从事教学是一种很丰富的营养，为我进一步研究图书馆学奠定了认识论和方法论基础。

(四)

1973年9月,我奉调回到北京大学图书馆学系任教。如果说每个人一辈子都有个转折点,那么1973年回到北大,毫无疑问就是我人生的转折点。重新回到母校,心情上变得很好。因为我学习在北大,现在能回来为母校的发展,为图书馆学学科建设贡献力量,感到无比荣光。从1973年至1976年,中华大地仍延续特殊的年代。我当时利用业余时间阅读了一些西方科技哲学的书籍,借此来启迪思路,开拓思想,促进发散性思维。

自从1977年9月起,我在北大开始独立承担《图书馆学概论》这门基础课的教学工作。当时这门课程是作为图书馆学专业的入门课程开设的,即通过讲授,使初学者对图书馆学的全貌有一个基本的了解。但是一段时间之后,学生反映说“教学内容单薄”“缺乏科学的理论高度”。这是同时期各高校普遍存在的问题,我决心面对我到北大任教后的这一严峻挑战。

图书馆学基础理论研究的目的,在于正确阐释图书馆这一社会现象,揭示图书馆事业发展的内在规律,指导图书馆工作和图书馆事业的发展。对于图书馆工作者来说,图书馆学基础理论的学习,能使自己的视野从自己所处的繁杂事务中解放出来,树立图书馆事业科学发展观。我本人长期从事图书馆学基础理论的教学和研究工作,也没有“枯燥”“厌烦”“索然无味”的感觉,这是我的一种学术追求,已经成为我的生活中不可缺少的组成部分。

有人问我,在教学工作中,你做了哪些有开拓意义的工作?是不是有开拓意义?我自己不敢这样说,还得请担任这门课程的老师们去评析。20世纪80年代以来,图书馆学朝着综合性方向发展,各相关学科互相渗透融合,由技术方法描述逐步向理论思维升华。国外一些图书馆学理论著作也相继传入。经过数次全国性的图书馆学基础课研讨会,提高图书馆学基础课理论教学层次的共识逐步达成。在这样的学术环境和学科背景下,从 1984 年开始,我在“图书馆学概论”教学大纲中明确规定:本课程不仅担负专业启蒙教育的任务,其教学目的还在于帮助学生运用正确的观点和方法,系统地掌握图书馆学基本理论和基本知识,弄清楚图书馆学研究范畴的过去、现状和未来趋势,为学习其他专业课奠定初步的理论基础。这是教学指导思想、教学内容和教学方法的重要转变。

这种转变不是轻而易举的,我在教学小组帮助下付出了艰辛的劳动,主要做了以下有建设意义的工作:①编写新教材和辅助教材。主教材《图书馆学概论》初版于 1985 年,2002 年出版了修订本,2008 年又出了修订二版,并被纳入“普通高等教育‘十一五’国家级规划教材”和“‘十一五’规划高等学校核心课程教材”。辅助教材有:《图书馆学概论学习指导书》《图书馆学概论教学参考文选》《图书馆学概论教学讲稿》《图书馆学概论复习提要》《图书馆学概论名词简释》等。②坚持教学改革。在改革过程中,高度关注课程建设,用现代观点重新审视图书馆学的教学内容,注意把握基础研究和应用研究的联系和区别,基本概念的延伸或更新,视野的拓宽和新研究领域的开辟,借此弘扬图书馆学“崇尚实践,崇尚理性”的精神。③引进国外图书馆学先进成果。社会形态的变迁,媒介环境的变革以及受众接收习惯的潜移默化,国外图书馆学原有的学科体系内的各个分支学科领域都在结合新的命题展开新的研究。积极引进国外图书馆学先进成果,可以为我国图书馆学教学提供高水平发展的参照系。④通过多种途径激励年轻教师投入本科教学工作。⑤严格执行学校各项管理制度,保障良好的教学秩序,坚持高质量的本科教育教学标准,把本科教育不断推向新的高度。⑥认真备课,常改常新。我坚信,要想真正成为一名好教师,必须对自己执教的课程有极大的兴趣。兴趣是深入研究的前提,只有自己研究得深,才能把课讲得充实生动。比如"图书馆学概论"这门课,内容比较广泛,如果讲得过于抽象,必然使同学们失去兴趣。我在授课中把一些抽象问题和实际案例紧密结合起来,使同学们觉得的确是学有所用。这门基础课我讲过40遍,写了40本教学讲稿,常改常新是我始终坚持的做法,也是我在备课中努力遵循的信条。

有人曾问我,您为图书馆学基础理论课程的教学做了很多工作,您主讲的"图书馆学概论"是否得过什么奖项?我主讲的这门课程及其教材获奖比较多,我也记不清楚了。有两次获奖对我鼓励很大。第一次获奖是在1985年,我被评为北京大学优秀教学奖。北大这个奖要比在社会上评奖难得多;当时我的职称还只是副教授,我是第一批获此奖项的北大教师,这个奖给了我很大的激励。第二次获奖是在2006年,北京大学精品课程"图书馆学概论"被教育部评为国家级精品课程。我有幸成为国家级精品课得主,这是非常不容易的。国家级精品课是集体的努力和智慧,也是几代人努力的结果。作为基础理论课程,自北大图书馆学系开创之初便设立这门课。半个多世纪以来,刘国钧、舒翼翚、周文骏、张树华、吴慰慈、邵巍、刘兹恒、王子舟、张广钦、张久珍等都讲授过这门课,始终保持着很高的教学水平。

(五)

1983年,我开始招收硕士研究生,1994年我取得了博士生导师的资格,1996年开始招收博士研究生。自招收博士生后,我就不再招收硕士生了。因为精力有限,只能集中精力培养博士研究生。从1983年至今，我总计培养出60多位硕士研究生和博士研究生。其中大部分硕士研究生毕业后在美国、荷兰、英国、澳大利亚、新加坡等国家工作；博士研究生中的多数在大学任教，有些已晋升为教授，并被遴选为博士生导师。我为他们的进步和成就感到喜悦和欣慰。博士生导师是一个工作岗位，应该对国家、本学科、学生本人负责。在整个培养过程中，应该始终贯彻"从严要求"的精神。博士生刚进校，我就把他们召集在一起，从做人和做学问两个方面明确提出要求。做人的要求是：要有理想，诚实踏实，谦虚谨慎，奋发上进，团结互助。做学问的要求是：要刻苦钻研，严谨治学，勇于探索，多读书，多思考，多写作。

博士生入学后，首先要指导他们订好培养计划。在培养计划中，最重要的是要按照专业、研究方向和培养高质量研究生的要求，列出必读书目。在必读书目的确定上，一定要下一番功夫。对于这一书目，不仅要求博士生把它读完，而且要真正读懂。事实说明，凡是按照这一要求去做了的，在专业水平上都登上了一个新的台阶。

我还帮助博士生选好课。选课应围绕研究方向，打好专业基础，提高科研水平来进行。在课程设置上，除学位课外，要在学分不超载的情况下多选选修课。我帮博士生选课时，通常包括三类课程：一类求精专，二类求实用，三类求广博。第一类旨在进一步夯实博士生的专业基本功；第二类直接与研究课题和学位论文挂钩；第三类旨在进一步打开博士生的视野，使之了解本学科前沿问题。

对于博士研究生来说，增强科研能力是至关重要的。我认为博士研究生的培养制度和培养模式要革新，应根据不同类型博士生的特质，合理设计培养过程，建立和完善灵活多样的博士生培养模式，逐步摆脱那种统一教学计划、统一学制、统一学习与考核方式的"大一统"模式。在博士生培养过程中，既坚持有统一的基本要求，又强调因材施教，因势利导，注意依据个性塑造人才，注意为他们的自由发展留下充足空间。

为了鼓励博士生从事科研活动，我确定了由抓小论文(专题论文)到大论文(学位论文)的工作思路。因为论文写作有一个逐步深入的过程，只有写出若干篇与学位论文题目有关的各个专题的高质量论文，才能保证写出符合要求的学位论文。按照这一思路，我们建立了对博士生科研论文发表情况定期统计通报制度。我不主张博士生把主要精力放在搞拼凑出来的所谓“全书”“辞书”上，注意把博士生的主要精力引向专业学术研究，争取他们在本专业领域内有所建树。

作为导师，要下大力气抓博士学位论文的质量。首先要抓好论文选题，论文选题一般由博士生本人在二级学科领域内做广泛的调查研究后独立提出，导师抓选题应注意以下几点：①选题应属于本学科前沿；②提倡理论联系实际，应具有学术价值和使用价值；③学科点的经费和设备应具有完成本选题的基本条件；④导师对所选题目应具有指导能力。论文选题确定后，要组织五位教授组成的专家群体对该选题进行评价。

博士学位论文必须是一篇完整的系统的有创意的学位论文。对博士学位论文质量的审核，我想至少要达到以下几点：①准确性。要做到数据准确，引证确切，文义朴实，结论中肯。②整体性。通篇前后呼应，避免拼凑、重复、脱节和比例失调。③简明性。要求思路清晰，行文流畅，语言精练，图表醒目。④规范性。除了论文本身的写作规范外，还要注意加强排版过程中的审校。

学无止境，写作的水平也是没有止境的。只要反复琢磨，不厌其烦，就可以逐步提高论文的写作水平。

(六)

读书、治学、著述对于学者来讲通常是三位一体的。要想在学术上做出一些成绩，很重要的一点是得有科学的方法。有人问我：你在读书、治学方面有些什么方法和经验供后学晚辈参考？我认为，作为一名教师，要尊重学生，关爱学生，教书育人；一定要把学生当朋友，善待学生，绝不可以做远离学生的“教师爷”。我一生珍视和谐，努力在我所参与和所能影响到的范围内创造一个和谐的人际环境与友善的社会氛围，才赢得了一个属于我自己的较为平实的人生。我经常提醒和告诫自己：为人要谦和，为学要扎实！

在为学方面，我很勤奋，从中学到大学，乃至在大学任教期间都是如此。只有勤奋，才会有知识的积累。在勤奋的基础上，我注意打好两个基础，其一为专业知识基础，其二为方法论知识基础。在这两个基础之上，一方面向内深究，扎根固本；另一方面向周边拓展，广泛涉猎相关领域，会通博采，加宽基础，进而运用科学方法，围绕基本问题、前沿问题、重大现实问题开展长期系统的研究。

自上世纪 80 年代以来，我一直关注和跟踪图书馆学基础理论研究的进展，认真总结图书馆学研究中具有方向和趋势性的问题；我始终坚持图书馆学的研究面向应用，重点研究世界和中国图书馆的重大现实问题；我高度重视信息技术对图书馆学学科建设的影响和应用。

(七)

1996 年至 2002 年，我在担任北京大学信息管理系系主任期间，还一度兼任该系党委书记。这段时间我的工作很忙，既要搞教学、科研，又要抓行政工作和党务工作。这样本职工作与社会兼职必然会产生一些矛盾。好在有些社会兼职是职务性的，例如，我曾经担任过国务院学位委员会“图书馆情报与档案管理”学科评议组召集人，国家教育部图书馆学学科教学指导委员会主任委员，中国图书馆学会副理事长兼学术研究委员会主任委员等职务，其工作都有一定的阶段性，通过科学地安排时间，当然也包括牺牲自己的休息时间，我还是挺过来了。对于我个人来说，虽然花了很多时间和精力做这些学术兼职工作，但只要是为社会服务，有助于推动图书馆学学科建设和图书馆事业的发展，还是值得的。这些社会兼职也帮助我思考很多问题，使我学会了如何抓图书馆学学科建设，如何组织全国性和国际性的学术研究，如何发现有发展潜力的中青年学者；同时也增强了我独立处理复杂问题的能力。作为一名学者，不能过于书生气，要学会应对不同层次、不同对象的学术研究。

有人问道：你对年轻一代图书馆学人的科学研究有什么建议？我想，图书馆学是一门实践性、应用性很强的学科。它的理论、基础和方法来源于图书馆工作实践，是图书馆工作实践经验的概括和总结。理论与实践结合是图书馆学研究人员的指导思想，创造性的想象力不是凭空诞生的，也不仅仅是从书本上得到的，其最终源泉是参与社会实践。21世纪图书馆学理论研究有必要、有责任将实践中出现的具有普遍意义的宏观性问题及时纳入理论思维的视野，在深化理论研究，推进学科建设的同时，对处于变革时代的中外图书馆事业提供理论支持。

图书馆学研究中存在着虚妄和臆想的现象必须转变。我希望年轻一代图书馆学人踏踏实实地从图书馆和用户的需求出发研究问题，从对图书馆形态的认识，服务理念的变化，到资源增长模式，服务方式，体制与机制等，都突破了传统图书馆的范式，亟待理论上做出新的总结和概括。对新的信息环境变化的预测与研究并在这一研究的基础上建立现代图书馆学，不仅是21世纪图书馆学的学科知识生长点，而且是21世纪图书馆学的重要研究课题。在这方面，我们还有很长的路要走，我希望年轻一代图书馆学人沿着这条路走下去，走向胜利的彼岸。

第一辑

基础理论

图书馆网的由来和发展*

图书馆网络化，是当代图书馆事业建设的重要课题。本文仅就图书馆网的含义、图书馆网的产生和发展、建立图书馆网的必要性、图书馆网的组织以及图书馆网的功能等问题，谈一些不成熟的意见和看法。

一、图书馆网的含义

在图书馆学中，图书馆网已不是一个新名词，早在19世纪中期，欧美图书馆界的有识之士就提出了图书馆网的概念。随着图书馆合作活动的开展，在19世纪末至20世纪初，图书馆网这个概念就逐步地为人们所使用。1930年，英国曾召开一次全国性图书馆馆长会议，集中讨论了图书馆之间的合作问题，出席会议的人们认为，要扩大图书馆之间的合作，必须建立图书馆网。革命导师列宁在1917年以前，就非常赞赏欧美图书馆网的发展成就；十月革命胜利以后，就提出了苏联建立统一的图书馆网的思想，从而

* 原载《图书馆工作与研究》，1989年第4期。

推动了苏联图书馆网的建设。第二次世界大战以后，随着电子计算机技术、通信技术在图书馆的应用，图书馆朝着自动化联机网络的方向发展。可见，图书馆网络化一直伴随着图书馆事业发展的进程。但是，长期以来，人们对于图书馆网这一概念的认识和解释，却是各不相同的。概括起来，主要有四种代表性的观点：

第一种观点认为，图书馆网是各种类型图书馆的联合体。这里强调的图书馆网是由各种类型图书馆组成的，其成员应包括公共图书馆、学校图书馆、科学图书馆等，单一的类型不能形成完善的图书馆网。

第二种观点认为，图书馆网是图书馆合作的组织形式。近代图书馆出现以后，图书馆合作逐步发展，合作的形式有地区性的，有专业系统的，有全国性的；而图书馆网则是图书馆合作的组织形式，它为图书馆合作提供了组织保证。

第三种观点认为，图书馆网是图书馆有组织的联盟。这里强调的图书馆网是有组织的机构，它不是一种松散的图书馆组织。为此，图书馆网必须建立自己的中心，在网络中心的领导(或指导)下，参加网络的各个成员馆，各自完成自己所承担的任务，当然各个成员馆也分享整个网络的资源和所提供的各种服务。

第四种观点认为，图书馆网是一项综合性技术，它是电子计算机技术和现代通信技术对图书情报处理的结合体。显然，这是就电子计算机检索网络而讲的。

以上四种观点表明，长期以来，人们对图书馆网这一概念的认识是有所不同的，没有形成一个规范化的解释。也就是说，图书馆网尚未形成一个明确的、公认的定义。

1983 年，苏联国家标准委员会批准了《图书馆事业基本术语和定义》(国家标准7.26—80)。这个国家标准包括54个术语，这些术语共划分为五章，其中第二章是专讲图书馆网的。关于图书馆网的概念，它强调以下四点：

①图书馆是社会系统中的一个子系统，图书馆网是图书馆事业社会化的一种组织形式；

②图书馆网应包括社会上不同类型、不同级次的图书馆；

③图书馆网是图书馆事业纵向结构与横向联系相结合的产物，必须把分散、孤立的各种类型图书馆组织成为一个统一体；

④图书馆网要有中心。这个网络中心负责制订网络计划，协调各个成员馆之间的行动，保证网络计划的实施。

上述四点，涉及图书馆网的内涵的各个方面，揭示了图书馆网这一概念的基本含义。因此，图书馆网这一概念可作这样的解释：图书馆网是图书馆事业社会化的一种组织形式，它是通过馆际协作与业务辅导关系，使分散在各地区、各系统的各种类型图书馆紧密地组织起来，形成一个既有分工、又有协作、纵横交织、脉络贯通的图书馆体系。

二、图书馆网的产生和发展

图书馆网是近代图书馆事业发展的产物。它发端于图书馆之间的协作，是各种图书馆之间合作的扩大和发展。图书馆协作是由低级向高级发展的，大体上经历了图书馆合作、图书馆联合、图书馆网三个阶段。

在图书馆合作阶段，参加合作的馆数较少，合作的项目单一，主要是馆际互借，而且这种合作带有一定的自发性和松散性。

在图书馆联合阶段，合作规模扩大了，馆数增多了，通常限于一定地区或一些专业范围内的图书馆。它需要参加协作的各个图书馆之间签订相应的合作协定，并根据协定的要求制定出正规的管理制度，一般要有适当的经费预算。合作项目除馆际互借外，还包括书刊采购、编目和干部培训等方面的协作。

图书馆网，是传统的图书馆间互相合作、联合的扩大和发展。它统一制订合作规程和工作计划，并遵循合作规程的要求，有计划地开展各种服务工作；它需要建立中心机构和拥有一定的人员编制去实施网络计划，而不是单纯地促使馆际协调。建立图书馆网应具备三个条件：①要有布局合理的各种类型图书馆；②要把分散的、处于各自为战的各种类型图书馆组织起来，开展协作活动；③图书馆网要有中心，没有网的中心，网的功能是难以发挥的，协作活动也是难以开展的。

图书馆网与“图书馆合作”“图书馆联合”的主要区别在于，少数图书馆之间的传统合作协定，从一定的意义上来说是非正式的，而图书馆网则是正式的，有组织的。它使各类型、各级图书馆之间的联系更加趋于密切，使分散在各地区、各系统的各种类型图书馆紧密地组织起来，统一领导，统一规划，统一行动，形成一个既有分工、又有协作、纵横交错、脉络贯通的图书馆体系。参加这个图书馆体系的各个成员馆，都必须在协调一致的基础上，承担一定的责任，完成特定的任务。

图书馆网有一个发展过程。半个多世纪以来，随着物质生产的发展，精神产品——书刊资料也急剧增长，图书馆的社会职能有了新的扩大，特别是现代化检索手段和通信技术广泛应用于图书馆工作，使图书馆网的建设规模、普及程度以及图书馆之间的联系都达到了新的水平，从图书馆事业组织方式来看，图书馆网的发展出现了两大分支：一个是图书馆事业网，另一个是电子计算机检索网。

图书馆事业网有纵横两条系统：从纵向来说，是指按领导关系和专业性质组织起来的、有上下隶属关系的系统图书馆网；从横向来说，是指按行政区域通过馆际协作或业务辅导关系将各种类型、各级图书馆组织起来的地区图书馆网。图书馆事业网就是将各系统、各地区图书馆纵横交错地组成为集中统一领导的全国性图书馆网。这种网的基本职能是协作和协调，所以也称之为图书馆协作网。

电子计算机检索网，是将许多计算机检索系统联结成网络，各大型图书情报单位的计算机变成网络中的一个结点，每个结点又可连接很多个终端设备，依靠通信线路把每个结点连接起来形成纵横交错、互相利用的情报检索网络。用户可以利用安装在自己单位的终端设备，检索网络内任何一个计算机系统的文献数据库。这种检索网络，由于任何一个终端都可以使用网络内任何一个计算机系统所存贮的文献数据和所提供的各种服务，从而扩大了用户对分布于各地的情报资源的利用；由于许多计算机的连接，就相对地增加了计算机的存储容量，提高了计算机的使用效率，加快了情报的传递速度。

综上所述，可以看出，从图书馆事业网和电子计算机检索网的基本职能来讲，它们之间并没有必然的联系。但随着现代技术在图书馆工作中的应用，它们两者的关系越来越密切，在规划图书馆网的建设时不能把它们割裂开来。图书馆事业网和电子计算机检索网的关系，是互相促进、相辅相成的关系。图书馆事业网为计算机检索网的建设提供了发展的基础，即在各系统、各地区图书馆网形成的基础上，选择若干个全国、地区和系统的重点图书馆作为中心，采用电子计算机存储、检索，围绕中心分设若干个分中心与终端，形成文献情报资料的存储检索和机读目录的网络。反之，电子计算机检索网的形成又会促进图书馆事业网进一步向纵深发展，以便在事业的组织上与检索网络化相适应。因此，我们可以认为，图书馆事业网与电子计算机检索网是相辅相成的、互为补充的统一体。

三、建立图书馆网的必要性

图书馆网的建设问题，是当今国际图书馆界和科技情报界都非常重视的一个问题。1982 年 8 月 22 日至 28 日，国际图联（IFLA）在加拿大的蒙特利尔召开了第四十八届年会，集中讨论了图书馆网络问题。这次国际会议认为，网络化建设，新技术在图书馆工作中的应用，馆际互借和资源共享，图书文献的保护和保存，图书情报干部的培养是当今国际图书馆界应予以高度关注的五大问题，而这五大问题只有通过图书馆网才能获得圆满的解决。

当前世界上很多国家，特别是那些经济力量雄厚、科学技术发达的国家，都高度重视图书馆网络化的建设。例如苏联几十年来，遵循列宁关于图书馆网的指示，在图书馆界的协作与协调、图书馆网的建设方面做了许多卓有成效的工作。到 1981 年为止，苏联共有三十六万所图书馆，被区分为公共图书馆系统、学校图书馆系统、高等院校图书馆系统、科学和技术图书馆系统等。这些图书馆系统构成了各种形式的网络，开展图书采访、加工、馆际互借和参考咨询等方面的合作和协调，实现资源共享。

就高等院校图书馆系统来说，早在 20 世纪 60 年代，经苏联教育部批准，就建立了图书馆科学方法中心委员会，对全国高等院校图书馆实行统一的方法指导，制定了《高等院校图书馆标准条例》《大学图书馆与科技图书馆相互协作条例》等，开展高等院校图书馆之间的协调，并与不同系统和部门的图书馆进行合作。苏联高等院校图书馆科学方法中心委员会的主要职责是：①负责制定高等院校图书馆工作细则；②组织高等院校图书馆工作人员的培训；③宣传先进的工作经验，开展社会主义劳动竞赛；④组织检查地区和共和国高等院校图书馆的工作；⑤负责制订全国高等院校图书馆协作计划；⑥组织编制出版联合目录；⑦推进馆际互借工作。

1974年5月8日，苏共中央做出了《提高图书馆对劳动人民进行共产主义教育和科学技术进步中的作用》的决议。这个文件的基本精神是克服在图书馆事业中各类型图书馆的本位主义思想和相互隔绝的状态，加强全苏图书馆界的合作与协调，建立跨部门的全国图书馆合作网络，完善对全国图书馆事业进行全国性管理和向劳动人民提供图书服务的措施，用集中化的原则对全国图书馆事业的组织方面进行根本的改革，主要措施是建立一个专门领导机构协调各系统的图书馆工作。

1975年，苏联部长会议责成文化部成立国家部际图书馆委员会，由文化部部长任主任委员，各系统图书馆主管部门的领导人，苏联国家出版委员会，苏联作家协会，苏联共青团中央等单位的代表都是该委员会的成员。苏联部长会议规定，该委员会在图书馆事业中执行国家政策和在多类型图书馆协调方面，享有广泛的权力。它的主要职责是：①起草全国图书馆事业的法律性文件，审查全国图书馆事业远景发展规划，制定保证各部门图书馆工作的相互配合与协调一致的建议；②组织全国统一的馆际互借系统和提存藏书系统，消除图书馆补充藏书的重复现象，保证在统一参考藏书的基础上，加强情报机构和图书馆的协作，并在编制图书馆目录过程中采用机械化；③起草关于建立和使用图书馆藏书的建议草案，其中包括补充新书、复本率、再版文献等方面的规定；④拟定有关改进干部培训和图书馆学、目录学科学研究工作的建议；⑤巩固和扩大与国际图书馆协会、各国图书馆组织的联系；⑥促进综合性图书馆与科学图书馆的协作、综合性提存图书馆与专业性提存图书馆的协作，决定各类型图书馆的分布与图书馆网的布局。

1984 年 3 月 13 日，苏联最高苏维埃主席团颁布了《苏联图书馆事业条例》。这个条例明确规定苏联图书馆事业的基本组织原则是：把全国的图书馆组成一个统一的系统；按计划发展图书馆网，根据国民经济各部门和各地区发展的特点和前景，在全国各地合理分布图书馆；保证图书馆的组织和方法领导的统一。

美国图书馆的合作和图书馆网的建设受到法律的保护。1966 年，美国国会对 1956 年制定的《图书馆服务法》(Library Service Act-LSA)进行了修订，专门增加了第三章，内容是关于为地方性或州际性各种类型图书馆合作组织提供经费资助，定名为《图书馆服务和建设法》(Library Service and Construction Aet)。因此，美国图书馆合作得到了蓬勃发展，大多数图书馆合作组织是在 20 世纪 60 年代后期和 70 年代成立的。美国图书馆的合作组织可分为地区性图书馆合作组织、专业性合作组织、书目中心联机网络、全国性合作组织、国际性合作组织五种形式：

①地区性图书馆合作组织。这有三种情况：一是以某一城市为中心的各种类型图书馆的合作；二是全州性合作组织；三是州际之间的合作组织。合作的内容主要包括：联合采购、合作编目、编辑联合目录、开展馆际互借、建立地区性电子计算机网络、实施各种研究计划等。

②专业性合作组织。这是以国家图书馆为中心，与地区性图书馆组织相结合，组成专业性的图书馆网。例如，国家医学图书馆(National Library of Medicine)与全国 11 个地区性医学图书馆联成网络，全国约有 125 个医学图书馆参加，形成了医学图书馆网。国家农业图书馆(National Agricultural Library)与各州立大学的农业图书馆结成农业情报网，对联邦农业部分布于各地的农业专家和研究人员提供服务。

③书目中心联机网络。电子计算机在图书馆的应用，使图书馆的合作发展到了一个新的阶段。书目中心联机网络的形成和发展，使资源共享也达到了更高的水平。在美国有代表性的书目中心联机网络有：

1. OCLC(On-line Computer Library Center)图书馆计算机中心，以前叫俄亥俄学院图书馆中心(Ohio College Library Center)。该中心成立于 1967 年，起先是俄亥俄州的各科学研究图书馆的联合组织，以后发展迅速，目前有 1800 所以上的各类型图书馆和 20 个地区的图书馆协作网参加，其成员遍及美国 49 个州，所设终端有 2800 台以上。各终端通过电话线路与该州哥伦布市的计算机中心衔接。中心书目数据库已积累书目记录 500 万条以上，并以每周 2 万条的数量增加。这个系统可向成员馆发行目录卡片和磁带目录，各成员馆可通过终端向中心数据库存入本馆的书目记录，馆际互借也可通过该系统。它还可以帮助各成员馆的采购工作，并具有选订、订购、验收、登记、查询、记账等功能。加拿大、澳大利亚、墨西哥、英国、芬兰、联邦德国等国安装终端，都可以使用它的数据库。

2. 研究图书馆情报网络(Research Libraries Information Network，RLIN)，是属于美国研究图书馆组织的情报网络，1978 年开始建立，现有 50 多个图书馆参加联机编目，120 多个图书馆利用该系统的数据库进行检索。主要合作项目是：合作发展与管理馆藏实现资源共享，共同进行藏书保护的研究与实践，建立书目网络。

3. 华盛顿图书馆网络（Washington Library Network，WLN），1976年经华盛顿州立法通过，在州图书馆委员会主持下建立的。它现有合作编目和采购分系统，有65个图书馆参加，并向澳大利亚国家图书馆出售软件，澳大利亚由此建立了自己的书目网络。

④全国性合作组织。1976年以来，美国图书馆界人士提出了建立全国性书目网络（National Bibliographic Network）的问题。在这个网络中，美国国会图书馆处于中心地位。它所开展的MARC服务是全国性书目网络的基础。为此，美国国会图书馆在1976年4月成立了网络发展办公室（Network Development Office）。它的主要任务是从事与地区性、专业性或国际性合作组织就有关发展合作和资源共享方面的联络工作，与有关单位合作制定合作网络所需要的各种标准，与其他合作网络协调，谋求建立全国性的图书馆网络。另外，联邦图书馆委员会（Federal Library Committe）组成了网络顾问组（Network Advisory Group，NAG），并由技术人员组成了网络技术组，负责网络系统的技术性工作。

⑤国际性合作。为了实现国际性的合作与资源共享，多年来国际图联（IFLA）推行一项国际书目控制（UBC）计划。这项计划首先要求各国按国际标准著录该国书目资料，从而进行国际性的合作编目。1961年在法国巴黎召开的国际编目原则会议上确立了款目选择原则，1966年国际图联海牙会议宣布合作编目计划，开始了国际书目控制的工作。1969年在丹麦召开了国际编目专家会议，讨论了著录标准问题。1971年国际图联成立编目委员会，从事编目规则标准化工作。1974年出版了“国际书目著录标准”（ISBD），并得到了国际标准化组织（ISO）和联合国教科文组织（UNESCO）的承认。以后逐渐发展到期

刊、地图及非书资料等著录标准，为国际书目控制和资源共享提供了良好的条件。国际合作编目的一个典型实例就是《英语书目》(Books in English)，也就是英国国家书目美国国会图书馆的机读目录记录(LC-MARC)，利用电子计算机缩微技术制成缩微平片。该目录于1970年开始发行，由于英美出版物在英语世界占有很大比重，所以英语书目实际上是一个英语世界的书目。它的产生与发行，对国际资源共享是一个重要贡献。

英国图书馆自动情报服务系统(The British Library Automated Information Service，简称BLAISE)是1977年建立的。它是英国第一个联机情报检索和编目系统，任何个人和团体都可以交费使用。BLAISE的建设，从一开始就纳入了全国和国际的联网计划。它是全英联机网络的一部分，又从属于欧洲经济共同体的，“欧洲科技情报网”(FURONET)。美国的一些大型联机检索系统，很多是由商业公司经营的，相互竞争，彼此抵消人力物力。而英国则在统一计划之下，相互合作，组成网络，较好地实行资源和设备的共享，这是很值得借鉴的。

除苏联、美国、英国外，还有加拿大、澳大利亚、日本、联邦德国、瑞典、挪威、芬兰、丹麦、法国等也都很重视图书馆网络的建设。我们的近邻新加坡、马来西亚、菲律宾、泰国、印度尼西亚成立了东南亚地区国家图书馆和文献中心联盟，进行资料的互借、交换、代购和编制联合目录等。

上面我们简要介绍了一些国家图书馆合作和网络的情况，为什么这些国家都致力于图书馆合作和网络建设呢？这是因为建立图书馆网的最终目的，是为了充分地、合理地开发和利用文献资源，变馆藏为国藏，实现资源共享。随着当代科学技术的发展，书刊资料的数量急剧增加，任何一个图书馆都不可能包罗万象、收集齐全，各自为战的服务方式已不能满足广大读者对书刊资料的需要。只有组织起来，开展图书馆合作，才是开发和利用文献资源的最佳办法。在中国，建立图书馆网同样有着重要的意义，其必要性可归纳为以下三点：

①中国图书馆事业的结构基本上属于纵向结构，这种结构表现为国家各级行政机构与各个图书馆之间的关系，是领导与被领导、管理与被管理的关系。国家通过方针政策、规划计划和必要的监督手段来实现对图书馆事业的领导，保证图书馆事业沿着社会主义的轨道有计划、有步骤地发展。但是，只有这种纵向联系，而无横向联系，是不利于图书馆事业发展的。所谓横向联系，是指各系统、各地区的图书馆打破条条的分割和块块的封锁，按照业务活动的规律与需要互相结合起来，建立业务上与组织上的联系。建立图书馆网，就能加强这种横向联系。这是一种互助、互利、互相促进的联系。加强这种联系，既有利于充分发挥各个图书馆的作用，也有利于加快图书馆事业的发展，逐步把图书馆办成社会事业。

②我国图书馆到底收藏多少书刊资料，现在尚无这方面的统计资料，如果以公共、高校、科学专业三大系统图书馆的总藏书量 5.5 亿册计算，那么按人口平均每人约有 0.5 册。这个数字同一些国家相比，我国的人均册数是很低的。根据联合国教科文组织 1976 年《统计年鉴》的资料，每人平均拥有图书馆藏书册数，美国为 1.81 册，苏联为 5.14 册，波兰为 2.07 册，加拿大为 1.37 册，匈牙利为 2.9 册，瑞典为 3.72 册，丹麦为 6.46 册。再就大学图书馆的情况来看，美国现有 2968 所大学图书馆，藏书总量为 8.3 亿册(包括大学分馆)；苏联有 890 多所大学图书馆，藏书总量为 4.8 亿册；我国现有 1053 所高校图书馆，总计藏书约 3 亿册(件)。

上述统计数字说明，我国图书馆文献资源是比较贫乏的。不仅如此，由于多种因素的制约，我国图书馆藏书的流通率是偏低的，拒借率是较高的。例如，我国省级馆的图书流通率只有22.4％，地市级馆的图书流通率为50.8％，省市级以上公共图书馆的图书流通率平均只有35％；大学图书馆的图书流通率平均是45％，许多重点大学图书馆流通率只有30％左右，并且集中于少数书刊的反复使用，大量书刊长期无人借阅，形成“呆滞书”的集聚。与此情况相联系的是读者借书的拒借率较高，一般在30％—40％之间浮动。

造成上述情况的原因是多方面的，但藏书建设缺乏整体规划是其中的重要原因之一。我国图书馆藏书建设没有统一的规划和馆际之间的协调，各馆只能从各自的需要出发，经营“大而全”“小而全”的藏书体系。事实上，这种各自为政、独家经营的方式，不可能建设起质量较高而又能适应读者需求的藏书体系，其结果必然是相互重复，没有藏书特点，文献资源的布局不合理。建立图书馆网，馆与馆之间在藏书建设方面既有明确的分工，又有紧密的协作，各馆藏书，都是图书馆网统一藏书的组成部分，作为广大读者共同享用的财富。这样做，不仅有利于合理使用经费，而且有利于书刊资料的合理分配与共同利用，逐步地形成各地区、各系统以至全国的藏书体系。

③建立图书馆网，还有助于实现图书馆工作现代化。图书馆工作现代化与图书馆事业网络化是密切相关的。网络化是现代化的必要条件与基础，在网络化的基础上搞现代化；现代化促进网络化向纵深发展，图书馆要在技术上实现现代化，就必须有组织上的网络化与之相适应。

四、图书馆网的组织

从图书馆网的本质含义出发，它不是图书馆的混合体，而是一个统一的有机整体。革命导师列宁在论述图书馆网时，特别强调“应当建立一个有计划的统一组织，而不是建立许多平行的组织”。建立统一的图书馆网，应采取有计划的集中管理方式，实行地区与系统相结合的原则，贯彻图书馆事业组织网络化与图书馆技术装备现代化并举的方针。

我国地域广大，幅员辽阔，图书馆网的建设，应该突出重点。要着重抓好省、市一级的图书馆网，各个省会都应着手建立或完善本地区的图书馆网，这是统一的图书馆网的重要基础。图书馆网是由各种类型图书馆组成的，在分属不同系统的图书馆中，省、市、自治区以上公共图书馆，高等院校图书馆和科学专业图书馆，一般藏书较多，工作基础较好，干部力量较强，在图书馆网中应该起骨干作用。除上述三大系统图书馆之外，还有工会系统图书馆、中小学校图书馆、农村图书馆和城市街道图书馆(室)等。这些系统的图书馆都是统一的图书馆网中不可缺少的网节和网点。只有先把大中小图书馆结合起来，才能发挥大型图书馆的骨干作用，才能使中小型图书馆普遍受益，从而使图书馆网逐步完善起来。

分管体制，多头领导，这是我国图书馆事业的突出特点。面对这种状态，要想建立统一的图书馆网，绝不是一件轻而易举的事情。应该指出，我们讲统一的图书馆网是从网的性质、职能、协调一致的角度讲的，并不是说全国所有的各种类型图书馆，都由国家职能机构出面、直接领导建立一个单一的网络。这是脱离实际的，也是在短期内难以实现的。如前所述，图书馆协作是图书馆网的基础，图书馆协作可采取三种组织形式：①按地区协作，将同一地区的各系统图书馆组织起来；②按行政系统协作，将同一行政隶属关系的图书馆组织起来；③按专业协作，打破行政隶属关系，把同一专业的图书馆组织起来。以这三种形式的协作而形成的图书馆网，虽具有独立性，但它们都是统一图书馆网的组成部分。也就是说，统一的图书馆网是由不同类型的网络实体构成的，从布局上看，它是分散型的；从职能上看，它又是在全国职能机构的集中领导下、组织严密、纵横交错的有机整体。

建立这种统一的图书馆网需要有相应的条件做保证，概括起来主要有以下三个条件：

①图书馆网络化涉及图书馆事业发展的全局，必须从宏观角度全面地统筹，首要的是克服各类型图书馆之间各自为政和相互隔绝的状态，加强图书馆界的合作与协调，促进纵向和横向联系，这就要求建立跨部门的、有权威的协调机构。这个机构不单纯是咨询性质的，而是有制定发展图书馆事业政策和决定图书馆事业发展中的重大问题的职能性机构。只有建立这样的机构，才有能力去规划和组织图书馆界的合作，促进图书馆网的形成。

②图书馆网的建设必须受法律保护。早在 19 世纪下半期，许多国家都先后采取立法手段来发展图书馆事业。20 世纪 50 年代以来，根据建立图书馆网的要求，一些欧美国家又重新修订并通过新的图书馆法规。图书馆法规的制定和实施体现了国家对图书馆事业的方针政策，在图书馆法中要明文规定：发展图书馆事业的方针和政策、图书馆的性质和职能、图书馆藏书与所在地区居民人数的比例、图书馆经费的来源、图书馆的服务标准、图书馆网络的布局等等。由于法律所具有的强制性和严肃性，一个国家图书馆法规的实施，就能够使图书

馆事业的地位及其网络化的发展得到法律的保证。

③图书馆网络化必须以业务技术标准化作为必要条件。从某种意义上说，没有标准化就没有网络化。国外为了实现图书馆的合作，达到资源共享的目的，制定了专业标准、国家标准或国际标准，为图书馆的合作创造了有利的条件。长期以来，我国图书馆界标准化工作较差，各行其是，造成了混乱现象，给图书馆的合作与资源共享造成障碍。

图书馆业务技术标准化的内容是多方面的，它主要包括：图书资料著录法、分类法、叙词表的标准化，缩微复制品、视听资料的标准化，计算机情报载体及记录格式的标准化等等。不单在一国之内要有统一的标准款式、规格、制度和条例，而且要尽可能地在国际上便于转换互通，力求规格与标准的统一。没有标准化，就不可能实现文献检索网络化。

五、图书馆网的功能

组织图书馆网是为了消除各类型图书馆分散单干的状态，实现图书馆之间相互分享各自的资源。图书馆网的功能主要表现在：

①扩大了文献资源。参加图书馆网的各个成员馆所收藏的文献资源，都作为网络文献资源的一部分，因而使原来分散的、互不协调的文献收藏活动联合成一个集中的文献资源中心，缓解了各单个图书馆面临的收藏能力与读者需求的矛盾。

②提高了满足读者需求的能力。网络中心可以统筹规划各成员馆的藏书建设，协调书刊采购，确定各馆收藏范围，避免在各馆之间出现的不合理的重复和缺漏现象；而且各个成员馆的读者都可以彼此利用对方的文献资源，使一些本来没有能力满足的某些特殊需要，通过

网络的互助互利，都能得到有效的满足，这对于中小型图书馆来说更是如此。

③加快了文献传递的速度。以电子计算机和通信技术为基础的图书馆网，能够凭借其巨大的文献存储和快速传递能力，迅速及时地传递各种文献资料，大大提高了图书馆工作效率，保持了文献交流渠道的畅通，以适应现代社会文献情报交流的需要。

④为实现国家之间资源共享创造了条件。图书馆网络依靠现代通信技术，可以把不同国家、不同地区的图书馆联结起来，形成一个跨国家、跨地区的网络。通过网络，打破地区和国家的地理障碍，从而实现更大范围内的资源共享。

⑤联机网络的发展，使大批图书馆通过各种形式联结起来，从而在检索、采购、编目、流通、馆际互借等方面实现了自动化管理。

⑥图书馆网作为图书馆的协作组织，在人员培训、业务辅导、图书馆学研究等方面都起着重要的作用。

参考文献

[1]ALA World Encgclopedia of Library and Information Services 1980. p. 4.

[2]R. D. Stueart and G. B. Miller. Collection Development in Libraries，A Treatise[M]. Greewich：JAI Press Inc，1980.

[3]IFLA International Office for UAP：Guide to the Organization of Meetings on UAPU-NESCO. 1985.

[4]International Congress on Universal Availability of Publications，Paris，3－7 May 1982，Main Worwing Document，UNESCO，IFLA，Paris，1982.

[5]Library Networks 1986—1987：Libraries in Partnership，by Susan K. Martin. Knowledge Industry Publications，Inc. White Plains，NY and London.

图书馆学基础理论研究概述*

一、图书馆学理论的发展

自从1807年德国的施莱廷格(M. W. Schrettinger)首次使用“图书馆学”一词以来，许多图书馆学家都试图探索这门新科学的性质、研究对象、研究内容和研究方法，并从理论上对它做出解释。施莱廷格本人便是从对图书馆藏书配备的研究出发来构思他的图书馆学理论的。他把图书馆学定义为“符合图书馆配备的目的所需的一切命题的总体”①。按照他的理论，图书馆学的研究对象是图书馆及其配备，图书馆学的研究内容主要是图书的配备和目录的编制。另一位德国图书馆学家艾伯特(F. A. Ebert)则从更广的范围，包括对图书馆员及其培养方面的知识、技术和学科知识来定义图书馆学。他认为图书馆学是“图书馆员执行

* 原载《中国图书馆学报》，1991年第1期。

① 金恩晖：《图书馆学引论》，306页，北京，学苑出版社，1988。

任务时需要的一切知识和技巧的总和”。[①] 正是他最早把“图书馆管理”这个概念引进图书馆学中来，并在相当长的时期中构成西方图书馆学理论的基础。以后丹麦的默尔贝希(C. Molbech)、法国的海斯(L. A. C. Hesse)、英国的帕尼茨(A. Panizzi)和爱德华兹(E. Edwands)、美国的杜威(M. Dewey)等人相继提出的理论也都未能超越“图书馆管理学”这个框架。直到20世纪30年代以后，由于美国以巴特勒(P. Butler)和谢拉(J. H. Shera)为代表的芝加哥学派的崛起，图书馆学才逐渐专注于理论研究。巴特勒和谢拉都在芝加哥大学图书馆学院任过教，这所学院的目标是通过图书馆的社会科学的调查研究以形成图书馆理论，把图书馆学从长期处于杜威的专注于实际技术的情况下解脱出来。巴特勒认为图书馆学的主要对象是知识，知识的主要媒体是图书，知识通过阅读行为进行传递，而对阅读行为的研究必须通过社会的与心理学的方法。总起来说，巴特勒把读书现象与作为其工具的图书以及通过图书传递知识看作是图书馆学应当科学地阐明的、固有的专门领域，并试图从科学的、社会的、心理学的、历史的观点进行研究。谢拉也是从知识以及知识与社会的关系来构思他的图书馆学理论的。他从情报交流的立场说明知识，即把知识作为整个社会组织中独立的要素，尤其作为以书面交流为基础的知识体系进行研究。巴特勒和谢拉的图书馆学理论是西方图书馆学理论的代表。他们有一个明显的共同点，那就是从图书馆、知识、社会三者的关系来阐述图书馆学的本质，从而把图书馆学发展到一个新高度。

我国古代没有图书馆学这个名称，但图书馆学的某些知识产生极

---

① 吴慰慈，邵巍：《图书馆学概论》，254页，北京，书目文献出版社，1985。

早。《周礼》《史记》等书中关于史官职责的记载，以后许多史书中关于图书编目和图书分类的论述，历代公私家藏书目录，历代记述版本、校勘的著作，记述出版家、藏书家的著作，记述公私藏书楼的著作等，都反映了图书馆工作的一些理论和方法问题。古代藏书楼活动为我国图书馆学的发展积累了大量有用的经验和材料，成为我国图书馆学发展的渊源。但图书馆学发展成为一个具有较完整的内容体系，则是在近代图书馆出现以后。

伴随着近代图书馆的发展，在我国形成了图书馆学这个概念。大约在20世纪初，图书馆学作为一门科学的名称已经在国内通用起来。早期以"图书馆学"命名的专著，大多是翻译作品。到了20世纪20年代，图书馆学开始列入大学课程，并创办了图书馆学专科学校。图书馆学作为一门科学，终于逐渐得到了社会的承认。从20年代到新中国成立前夕，图书馆学理论著述也不算太少，如杨昭悊的《图书馆学》(1923年)、戴志骞的《图书馆学术讲稿》(1923年)、杜定友的《图书馆学概论》(1927年)、沈学植的《图书馆学ABC》(1928年)、刘国钧的《图书馆学要旨》(1934年)、程伯群的《比较图书馆学》(1935年)、俞爽迷的《图书馆学通论》(1936年)、喻友信的《实用图书馆学》(1937年)、钱亚新的《图书馆学讲义》(1945年)等。这些著作都在一定程度上探讨了图书馆学的理论问题，对以后的图书馆学研究产生了积极的影响。

新中国成立以后，我国图书馆学的发展进入了一个崭新的阶段。人们力图用马列主义的立场、观点和方法来研究图书馆学。以1956年在南京首次举办图书馆学科学讨论会为起点，国内掀起了图书馆学基础理论研究的热潮，展开了一场对图书馆学的性质、对象和内容的讨论，使我国图书馆学理论的研究逐渐从新中国成立前的偏重技术方法的描述转向科学理论的探讨上。这个阶段对图书馆学较有代表性的阐释是刘国钧教授提出的“要素说”，即“图书馆学所研究的对象就是图书馆事业及其各个组成要素”。这些要素包括“图书、读者、领导和干部、建筑与设备、工作方法五方面”。① 刘国钧的意见提出后，曾在国内引起一场围绕图书馆学的对象和内容的大讨论，它一直延续到60年代中期。在这场争论中，又引出对图书馆学理论基础的其他不同的理解，比较有影响的是“矛盾说”和“规律说”。“矛盾说”认为图书馆学主要是研究图书馆所特有的矛盾，但对什么是图书馆所特有的矛盾，看法并不一致。“规律说”认为“图书馆学是研究图书馆事业的发生、发展、组织形式以及它的工作规律的一门科学”，② 这种看法至今仍为很多人所主张。应该说，这种争论把我国图书馆学理论研究向前推进了一大步，反映出这个领域百家争鸣的景象。可惜“文化大革命”的到来，不仅中断了这场有意义的讨论，而且在我国图书馆学研究史上留下了10年空白。

党的十一届三中全会迎来了我国科学的春天，我国图书馆学理论研究开始了新的发展。这个阶段是从比较系统地探讨“交流说”开始的。在这方面，周文骏教授提出了含义深刻的见解，他在《概论图书馆学》的论文中认为，文献是情报交流的工具，图书馆利用文献进行工作，图书馆工作发展的历史基本上是利用文献进行情报交流的历史，图书馆学的理论是从情报交流的实践中产生、发展起来的。交流的目的是帮助人们认识世界，改造世界，所以也可以把文献看作认识

① 刘国钧：《什么是图书馆学》，见北京大学图书馆学系“图书馆学”教学小组编：《〈图书馆学基础〉教学参考材料汇编》，1～8页，1980。

② 北京大学，武汉大学图书馆学系：《图书馆学基础》，266页，北京，商务印书馆，1981。

世界的工具。图书馆工作的任务，就是通过自己的交流作用使得社会更加合理地使用知识、情报与文献，以帮助读者达到认识世界和改造世界的目的。认为"图书馆学的理论基础是情报交流"。[①]

80 年代，是我国图书馆学研究兴旺发达的年代，重要标志之一是论文的数量激增。从新中国成立至 1979 年，公开发表的论文有 4638 篇，年平均为 154.6 篇；而 1980—1987 年，公开发表的论文就有 11878 篇，年平均 1484.75 篇。在图书馆学基础理论研究方面，一系列的专著和教材相继问世。这些著作的编著者既陈述己见，也兼析众家之言，从中对比分析，力图建立和完善自己的理论体系。从研究问题的角度看，已逐渐摆脱对图书馆具体工作的解释、说明、描述的局限，冲破了只在图书馆内部进行考察的束缚，站在新的高度上审视图书馆的内外环境，并将其置于整个社会交流系统中予以考察，这样就使图书馆系统与外部系统关系的探讨深化了一步。80 年代的图书馆学理论与五六十年代的相比，无论在深度和广度上，还是在研究问题的角度或思考方式上，都有明显的进展。我国图书馆学正在稳步向前推进。作为一门发展中的学科，它的基础理论研究正在逐步深入，发展的前景是令人鼓舞的。

二、对图书馆学研究对象的新认识

图书馆学研究对象问题，一直为图书馆学研究者所关注。继"要素说""矛盾说""规律说"之后，80 年代又出现了一些新的认识。现列举几种有代表性的观点：

---

① 周文骏：《概论图书馆学》，载《图书馆学研究》，1983 年第 3 期：10～18 页。

1. 图书馆学研究的对象是图书馆系统。提出该观点的依据是：第一，从现代图书馆学所研究的内容来看，已经能够反映出作为系统的图书馆活动的基本方面；第二，能够突出图书馆学研究内容之间的联系，从而深化图书馆学的研究内容；第三，能够反映出图书馆工作同其他工作之间、图书馆学同其他学科之间的客观联系，丰富图书馆学的研究内容；第四，能够运用现代科学的最新成果来丰富图书馆学原理和研究方法；第五，有可能突破传统的研究方法，由于系统方法的运用将使图书馆学研究由定性走向定量，提高精确度。

2. 图书馆学研究社会知识交流。这种观点认为，图书馆是社会知识交流链中的一个环节，图书馆学应研究社会知识交流及其在图书馆活动中的特殊过程和特殊规律，研究如何收集、整理、储存和传递知识载体以促进社会知识的交流，研究在社会知识交流过程中图书馆与图书馆事业自身变化发展的规律。

3. 图书馆学是研究文献信息交流理论和方法的学科。持这种观点的同志认为，文献信息交流是人际知识交流的一种重要方式。知识的直接交流是面对面的交流，因这种交流受时间和空间的限制，于是人们就不得不利用文献等中介物来进行间接交流。随着人们对文献的需求程度不断增长，今后人们的文献信息交流，将成为一种普遍的社会现象。这种观点主张将普遍存在于社会中的文献信息交流现象作为图书馆学的研究对象。

4. 图书馆学研究图书馆在科学交流和情报传递中的地位和作用。这种观点认为，图书馆是科学交流和图书情报传递系统中的重要渠道和不可缺少的环节。图书馆一方面是图书情报的吸收源，搜集图书情报是它作为吸收源的主要手段；另一方面图书馆又是图书情报的发生源，向读者提供图书情报是它作为发生源的主要手段。图书馆从搜集图书情报到提供图书情报，既包括图书情报交流和传递的过程，同时也包括图书情报的检索过程，图书馆正在起着情报中心的作用。

显而易见，我国关于图书馆学对象的研究过程，也是人们对图书馆活动认识的深化过程。随着研究的深入，人们认识到图书馆学不仅应对图书馆的外部环境进行研究，而且应着重对图书馆活动规律进行探讨。这种从图书馆外部现象的描述到图书馆活动规律的揭示，是人们对图书馆学对象问题认识上的一次飞跃。

三、关于图书馆学的学科性质

确定一门学科的性质，就是确定该门学科在科学体系中的归属和地位。在图书馆学学科性质问题的讨论中，主要有以下几种看法：

1. 图书馆学是社会科学。持这种看法的同志认为，图书馆学的研究对象是图书馆事业，图书馆学的知识积累也大都集中于这个方面。而图书馆事业是一种社会现象，以此为研究对象的图书馆学，应属于社会科学的一个门类。从图书馆学的研究方法看，在现阶段应用最多的还是社会科学的方法。而自然科学的方法虽然也有应用，但都是局部的、零散的，并没有占据主导的地位。一门科学的研究方法，对该门科学的学科性质有一定的反作用。因此，图书馆学在现阶段应属于社会科学。

2. 图书馆学是综合性科学。依据是："第一，研究方法影响学科性质，图书馆学研究中已增加了许多自然科学的内容，图书馆学教育中自然科学和应用技术的比重日趋增大；第二，图书馆学研究对象对学科性质的规定性，图书馆学是一个多学科组成的综合群体。"①

① 黄宗忠：《图书馆学导论》，398页，武汉，武汉大学出版社，1988。

3. 图书馆学既不是理论学科，也不是基础性学科，而是一种应用学科。其中又有三种不同说法：一是综合性应用学科，指各门学科中都有图书馆学应用问题；二是应用文科，这是与工程技术的应用技术科学相对而言的；三是应用技术学科，认为图书馆学不是以自然界与人类社会作为它的研究对象，不属于自然科学与社会科学。图书馆学是以自己手段为自然科学、工程技术和社会科学发挥作用进行技术性服务的知识，是介于它们之间的中间性技术学科。

4. 图书馆学是管理文献的学问，管理科学的一些原理都可应用于图书馆学。图书馆学是研究图书馆的组织和管理的理论、活动和方法的学科，因而图书馆学应属于管理科学。

笔者认为，确定一门学科性质的主要依据，是该门学科研究对象的属性。应该依据研究对象存在的范畴，进行自然科学和社会科学等性质的划分；应该依据学科间的相互关系，进行交叉学科、边缘学科、横断学科等性质的划分；应该依据理论与实践的联系程度，进行基础科学，应用科学等性质的划分。一门学科的研究方法，对该门学科的性质有一定的反作用，但不能改变学科性质；只要学科的对象没有本质的变化，学科的性质也不会改变。

四、图书馆学体系结构的划分

关于图书馆学内部结构和外部联系的探讨，经常和图书馆学研究对象的确定相关。对图书馆学内部结构和外部联系的探索过程，也往往是对图书馆学对象的认识过程。

在这方面用力较多、影响较大的是周文骏教授。1983 年 6 月，他在《概论图书馆学》的论文中说：“我现在有这样一种看法：图书馆学是由一组学科组成的一个统一体系，可以称之为图书馆科学，它的结构可以用理论图书馆学、专门图书馆学和应用图书馆学三部分来表述”。[①] 同时他对与图书馆学有外部联系的相关学科、与图书馆学结合而产生新课题的学科也进行了探讨。

从此以后，我国图书馆学教材、专著或理论文章在论及有关图书馆学体系结构的问题时，基本上都与周文骏的说法相类似。例如，倪波、荀昌荣在《理论图书馆学教程》中认为，“图书馆学体系结构由理论图书馆学与应用图书馆学两大部分构成”，[②] 将比较图书馆学和专门图书馆学都纳入理论图书馆学的范畴。谭迪昭在《图书馆学基础知识》中将其分为理论图书馆学、应用图书馆学和专门图书馆学。[③] 吴慰慈、邵巍在《图书馆学概论》中把图书馆学的体系结构描述为：普通图书馆学、专门图书馆学、比较图书馆学、应用图书馆学。[④] 宓浩在《图书馆学原理》中提出：图书馆学是由一组学科及其分支、亚分支层层展开而组成的一个知识有机整体。在这个整体中包括理论图书馆学、专门图书馆学、应用图书馆学、比较图书馆学。[⑤] 黄宗忠在《图书馆学导论》中主张将图书馆学体系结构分为三个层次，即理论图书馆学、技术图书馆学、应用图书馆学。理论图书馆学与技术图书馆学对应于普通图书馆学，应用图书馆学对应于专门图书馆学。[⑥] 郭星寿

---

① 周文骏：《概论图书馆学》，载《图书馆学研究》，1983(3)，10～18页。

② 倪波，荀昌荣：《理论图书馆学教程》，361页，天津，南开大学出版社，1986。

③ 谭迪昭：《图书馆学基础知识》，201页，广州，中山大学出版社，1986。

④ 吴慰慧，邵巍：《图书馆学概论》，254页，北京，书目文献出版社，1985。

⑤ 宓浩：《图书馆学原理》，319页，上海，华东师范大学出版社，1988。

⑥ 黄宗忠：《图书馆学导论》，398页，武汉，武汉大学出版社，1988。

主张从宏观和微观两个方面来划分图书馆学。宏观上分为普通图书馆学和专门图书馆学；微观上是每一基本学科都应包括它的理论，如藏书与读者、技术方法、专业教育等。

五、图书馆学的理论基础

什么是图书馆学的理论基础？在我国图书馆界众说纷纭，莫衷一是。1982年，刘迅同志首次将英国科学哲学家波普尔（K. Popper）的"世界3"理论引入图书馆学领域，由此引发了一场争论。应该说，通过这场争论，使人们对图书馆学的理论基础在认识上深化了一大步，并引出了一些很有价值的观点，现归纳如下：

1. 金恩晖认为，作为一门具体科学的理论基础，应能正确地揭示研究对象的本质属性，反映认识对象的客观规律，指引科学理论建设的发展方向。图书馆学的理论基础是马克思主义哲学——辩证唯物主义和历史唯物主义。马克思主义哲学是科学的世界观和方法论，用于指导图书馆学研究，对图书馆学的发展起着巨大作用。陈誉认为，马列主义、毛泽东思想关于图书馆、图书馆学、文化教育、科学及其相关领域的重要论述是图书馆学的理论基础。①

2. 于鸣镝认为，图书馆学理论基础具有层次性。辩证唯物主义和唯物辩证法是图书馆学理论基础的第一个层次；列宁关于图书馆事业的一系列论述，是第二个层次；信息论，是第三个层次。②

3. 周文骏认为，图书馆本身就是一个情报交流工具，并且是"文

① 金恩晖：《图书馆学引论》，306页，北京，学苑出版社，1988。

② 倪波，杨锦先：《图书馆学基础理论研究综述》，见《中国图书馆事业十年》，185～207页，长沙，湖南大学出版社，1989。

献”这个交流工具的存贮者、组织者和利用者。图书馆工作的任务，就是通过自己的交流作用使得社会更加合理地使用知识、情报与文献，更加合理地组织和存储知识、情报和文献，以帮助用户和读者达到认识世界和改造世界的目的。可见，得出情报交流是图书馆学理论基础的结论是有根据和符合实际的。

4. 宓浩、黄纯元认为，应该把社会知识交流作为图书馆学基础理论的基点。知识交流是一种普遍的人类社会现象，图书馆只是实现知识交流的一个社会实体，图书馆履行它的知识交流功能，必须具有相应的内在机制来适应。知识交流作为图书馆学的理论基础有三个层次：第一层次是研究社会知识交流的基本原理，揭示知识、知识载体、知识交流三者的关系，探讨知识主体吸收和利用知识的机理，建立交流模式；第二层次研究知识交流与交流的社会实体之间的相互关系；第三层次是研究图书馆知识交流的内在机制和工作机理。①

5. 黄宗忠认为，图书馆学的理论基础是一个多学科组成的综合群体。马列主义、毛泽东思想是图书馆学的指导思想，哲学、信息论、控制论、数学、社会学、教育学、心理学等都是图书馆学的理论基础，这是一个学科群，也是一个由社会科学、自然科学组成的综合体。②

六、图书馆学的研究方法

任何知识领域和科学都要建立自己的研究方法。建立图书馆学方

① 宓浩，黄纯元：《知识交流和交流的科学》，见《图书馆学概论教学参考文选》，20～38页，北京，书目文献出版社，1985。

② 黄宗忠：《图书馆学导论》，398页，武汉，武汉大学出版社，1988。

法论的体系，可以促进图书馆学走向真正科学的境界。但是，在过去一段较长的时间内，我国图书馆界对这个领域研究不多，重视也不够。直到80年代初期，系统方法在图书馆学研究中开始应用，有关图书馆学方法系统的论文才逐渐问世。在一些专著和教材中，都有篇章专门论述图书馆学研究方法问题，其中较有代表性的是以下两种：

1. 周文骏在《概论图书馆学》中认为，图书馆学有一个方法系统，包括几个层次：从专门方法到适用于一系列甚至全部科学的方法。图书馆学的专门方法一般指图书馆实践经验的综合，读者、藏书以及其他方面记录的分析等等。另一层次的方法属于邻近科学的专门方法，对于图书馆学研究来说，有社会学、经济学、目录学、心理学等方法。这类方法只有在被研究对象具有相同特征，以及和特定研究阶段相适应的条件下才能起作用。还有一个层次的方法是适用于所有科学的方法。这类方法在图书馆学研究中经常使用的有观察、调查、归纳、演绎、分析、综合、系统方法等。①

2. 黄宗忠在《图书馆学导论》中将图书馆学方法论体系概括为四个方面：一是研究课题的选择方法；二是研究信息的获取方法，包括调查法、观察法、实验法、统计法；三是科学抽象与逻辑思维方法，包括科学抽象方法、比较方法、分类方法、类化方法、分析与综合方法、归纳和演绎方法、假说方法、数学方法、历史方法；四是图书馆学研究的综合方法，包括哲学方法、系统论方法、控制论方法、信息论方法、移植方法。②

---

① 周文骏：《概论图书馆学》，载《图书馆学研究》，1983(3)：10～18页。

② 黄宗忠：《图书馆学导论》，398页，武汉，武汉大学出版社，1988。

七、图书馆学理论研究的路向

1978—1980年，全国理论战线都在清除“左”的思想影响。在图书馆学界，基础理论研究对“左”的批判，以北京大学、武汉大学合编的《图书馆学基础》为代表。这部教材的问世，初步肃清了极“左”思潮的影响，一些理论是非得到了澄清。同时，人们对传统图书馆学的理论也越来越不满意，对图书馆学基础理论的专著和教材提出了中肯的批评。接着便是一大批中青年理论研究者纷纷走上理论阵地，寻找图书馆学的理论基础，吸收国外基础理论研究成果，于是相当数量的国外基础理论专著陆续翻译成中文，美国的巴特勒、谢拉，苏联的米哈伊洛夫，英国的布鲁克斯，日本的津田良诚等人的思想也相继被引进，形成了80年代中期出现的基础理论领域中观点甚多、众说纷纭、莫衷一是的局面。这正如范并思同志所指出的：我国存在着三种不同形态的图书馆学，第一种叫“实用图书馆学”，它以对图书馆活动的流程或要素的理论描述和总结为主要内容；第二种叫“理念图书馆学”，其基本特征是对图书馆活动或图书馆学理论的各种概念进行辨析和演绎；第三种尚无适当名称，其研究目的是解决图书馆管理和图书馆事业发展中的各种问题。① 他认为，实用图书馆学的理论层次偏低；理念图书馆学则是一种抽象化程度较高的理论形态，但往往受到来自实际工作者的批评，因为它的“超前度”过大，离实际太远，对实际工作起不了什么指导作用；第三种图书馆学是在人们希望理论与实际相结合的背景下产生的，属于应用研究和开发研究的范畴，最引人注目的是图书馆事业发展战略的研究。这种研究的兴起，为图书馆学找到了

---

① 范并思：《新时期三种图书馆学》，载《图书馆杂志》，1987(4)，4～7页。

理论与实践的结合点，提供了一个参与社会发展决策的机会。

在80年代，我国图书馆学研究的特点之一是大量引进其他学科的理论与方法。这样做，固然可以在一定的范围内丰富图书馆学的内容，促进图书馆学理论的发展；但是也导致了研究领域内一些非科学成分的出现，例如生搬硬套其他学科的名词术语，牵强附会地套用其他学科的理论与方法，将图书馆学理论完全依附在其他学科的研究成果上，淡化了图书馆学自身的特点，降低了图书馆学的科学水平。

很明显，图书馆学目前仍处于前科学状态，要完成图书馆学从前科学到常规科学的飞跃，需要我们付出极大的努力。在今后一段时间内，图书馆学理论研究的路向是什么？1987年6月、1988年9月分别在上海和北京召开的全国中青年图书馆学、情报学研讨会上，都提出了理论研究必须转向的问题，强调理论研究必须联系实际，应以事业发展的需求作为理论研究的导向，实实在在地进行理论建设。笔者认为，图书馆学是一门应用性技术性很强的学科，理论研究应该建立在辩证唯物主义基础之上。脱离唯物主义基础的研究难免会产生思维的局限性，把某一局部理论当成理论整体，把中间因素看作是最终因素，结果成了偏离社会需要，对实践不起指导作用的空泛理论。研究图书馆学，不能单纯从抽象的定义、概念、模式出发，它应该成为“用实际手段来追求实际目的的最实际的运动”（马克思、恩格斯：《德意志意识形态》）。“实际的运动”是与社会需求相一致的并不断满足社会需求的运动，图书馆学理论研究要转向解决实际问题，这是使图书馆学研究从“困惑”“危机”中解放出来的重要步骤。今后，图书馆学基础理论的研究重点应是宏观现实问题。所谓宏观现实问题，是指图书情报界普遍存在的问题。宏观现实问题的研究，是连接理论与实践的桥梁，是沟通理论与实践的中介。以宏观现实问题的研究作为图书馆学基础理论研究的重点是符合科学发展规律的。① 一般地说，科学研究包括基础研究和应用研究，前者对后者起指导作用，后者反过来对前者起丰富和发展的作用。宏观现实问题，作为一种高层次的实践活动，属于应用研究的范畴，并且为图书馆学基础理论的建立、丰富和发展起保障作用。让我们共同开展对图书情报界普遍存在的宏观现实问题进行研究，从实践中归纳出理论观点，逐步建立起我国的图书馆学理论体系。

参考文献

[1]庄又逊．图书馆学的哲学研究述评[M]//中国图书馆学会基础理论研究组．图书馆学基础理论论文集，1985.

[2]徐人英．图书馆学研究是服务于现实的最实际的运动[J]. 图书馆研究与工作，1988(02).

[3]刘洪波，潘寅生．在繁荣的表象背后——评八十年代理论图书馆学研究[J]. 图书与情报，1989(04)：19—29.

[4]冯以新．图书馆学的困境与出路[J]. 图书馆工作与研究，1988(04)：27—30＋26.

[5]J. H. 谢拉，孔青，况能富．关于图书馆学的基本原理[J]. 图书馆学通讯，1982(2)：65—69.

[6]波普尔．"世界 1、2、3". 自然科学哲学问题丛刊，1980(1).

[7]蔡公天，李耀彬．试论图书馆学新的理论基础[J]. 图书馆学刊，1983(02)：6-12.

[8]金恩晖．"仙山"不在虚无飘渺间——就图书馆学基础理论的研究方向问题答某同志信[J]. 图书馆学研究，1983(3).

[9]张欣毅，刘迅．层次说——我们对图书馆学研究对象的认识[J]. 图书馆学刊，1982(3)：1—5.

① 凌建平：《图书馆学基础理论建设与宏观现实问题研究》，载《图书馆学通讯》，1988(1)：72～75 页。

[10]沈继武．关于图书馆学若干理论问题的思考[J]．图书情报知识，1985(01)：21－26.

[11]吴慰慈．关于图书馆学基础理论研究的思考——在一九八八年全国中青年图书馆学情报学学术讨论会上的发言[J]．图书馆工作与研究，1988(04)：14－15.

[12]于鸣镝．再谈图书馆学理论基础的层次性[J]．图书馆学研究，1987(01)：1－4.

[13]陈源蒸．开展宏观图书馆学的研究[J]．图书情报研究，1986(01).

八十年代中国的图书馆学基础理论研究*

20世纪80年代，是中国图书馆学研究繁荣昌盛的年代。在这十年中，图书馆学基础理论研究的广度和深度、研究成果的数量和质量、研究的手段和方法，都取得了明显的进步。本文分三部分：一、总说十年，二、十年发展的三段式，三、十年后的几点思考。

一、总说十年

图书馆学基础理论研究的目的，在于正确阐释图书馆这一社会现象，揭示图书馆活动的内在规律，指导图书馆工作和图书馆事业的发展。

图书馆学基础理论研究的轨迹，是从五六十年代侧重探讨图书馆学的定义和对象，图书馆的性质和职能，图书馆事业发展的经验和教训，逐步过渡到80年代探寻图书馆学的体系结构和科学原理，以文献、知识、信息交流活动为出发点，进行宏观和微观的整体考察，超脱就图书馆论

* 原载《图书馆杂志》，1991年第6期，与李弘合写。

图书馆学的窠臼，把图书馆及其活动置于社会的大背景下，重新审视图书馆的内外环境，力求揭示图书馆活动的本质和内在规律，使整个学科研究朝着综合性方向发展，现在中国图书馆学理论研究正在形成一个多元的、互相融合的新格局。

图书馆学研究对象问题，仍是80年代基础理论研究的一个热点。在世界图书馆学研究的大潮推动下，人们又提出了一些新的看法，其中影响最为广泛的有三种观点：①情报交流说。这种观点认为，文献是情报交流的工具，图书馆利用文献所进行的工作，实际上是进行情报交流的工作，因而图书馆学的理论基础是情报交流。随着科学技术的发展，图书馆在科学交流和情报传递中的作用越来越重要，已成为不可缺少的环节和重要渠道。图书馆一方面是文献情报的吸收源，另一方面又是文献情报的发生源，向读者提供文献情报是它作为发生源的主要手段。图书馆从搜集文献情报到提供文献情报，既包括文献情报交流和传递的过程，同时也包括文献情报的检索过程，图书馆正在起着情报中心的作用[①]。②知识交流说。这种观点认为，图书馆是社会知识交流链中的一个环节，图书馆学应研究社会知识交流及其在图书馆活动中的特殊过程和特殊规律，研究如何收集、整理、储存和传递知识载体以促进社会知识的交流，研究在社会知识交流过程中图书馆与图书馆事业自身发展变化的规律[②]。③文献信息交流说。即图书馆学是研究文献信息交流理论和方法的学科。这种观点认为，文献信息交流是人际知识交流的一种重要方式。知识的直接交流是面对面的

---

① 周文骏：《概论图书馆学》，载《图书馆学研究》，1983(3)，10～18页。

② 宓浩，黄纯元：《知识交流和交流的科学》，见《图书馆学概论教学参考文选》，20～38页，北京，书目文献出版社，1985。

交流，因这种交流受时间和空间的限制，于是人们就不得不利用文献等中介物来进行间接交流。随着人们对文献的需求程度不断增长，文献信息交流将成为一种普遍的社会现象。这种观点主张将普遍存在于社会中的文献信息交流现象作为图书馆学的研究对象①。图书馆学不仅要研究图书馆自身的结构，也要研究它在社会文献信息交流系统中的地位与作用以及它的作用机制。

关于图书馆学的体系结构，是80年代基础理论研究的又一热点。人们除了在理论上探讨体系结构与研究对象、研究内容的关系，还对图书馆学体系结构做深入的分析和描述，提出了体系结构的整体论、学科群论、范畴论等不同观点。有些研究者对图书馆学体系结构划分为三个部分，即理论图书馆学、技术图书馆学和应用图书馆学；或理论图书馆学、应用图书馆学和专门图书馆学；或普通图书馆学、专门图书馆学和实用图书馆学。也有人认为，上述体系结构的不同划分方法，基本上都是套用科学体系学提出的结构，建议从图书馆学基本概念出发，采用逻辑生成的办法来建构体系，使其能更好地体现结构体系的逻辑性，在检验评价现有的学科建设、预测学科的未来发展方面发挥作用。

关于图书馆学的学科性质，在20世纪50年代和60年代，倾向性的意见是将其归入社会科学范畴。到了80年代，随着图书馆开发文献信息职能的加强和图书馆自动化、网络化的发展，图书馆学与其他科学的联系日益紧密，使图书馆学研究的综合性日趋明显，因而一些研究者倾向于把图书馆学看作是一门综合性的应用科学。

---

① 吴慰慈，李纪有，张涵：《图书馆学简明教程》，11～12页，北京，科学技术文献出版社，1988。

在图书馆学研究方法问题上，80 年代以来除引进了欧美国家和苏联图书馆学研究的一些新方法外，还积极采用自然科学和社会科学一些新的研究方法，自觉接受哲学原理和哲学方法的指导，在一定程度上推动了学科建设，基础理论研究的哲学思辨能力有了提高。1987 年在重庆召开的图书馆学情报学方法论专题研讨会上，重点讨论了方法论体系问题，除对原有的“三层次”“四层次”进行了补充和完善，又具体地分析了系统论方法、控制论方法、信息论方法、比较方法、移植方法在图书馆学中的应用。应该指出，系统分析方法被引进图书馆学研究，既丰富了图书馆学的内容，也开拓了图书馆学的领域。将图书馆作为信息系统中的一个子系统来考察，会使图书馆学的宏观考察和微观研究得出科学的结论。

在图书馆事业建设原理研究方面，很多论文既客观地估价了中国图书馆事业发展的成就，又具体地指明了发展图书馆事业所应具备的外部环境条件和应吸取的经验教训。特别是 1986 年前后关于图书馆事业发展战略研究，初步转变了曾一度存在的玄虚清谈之风，为图书馆学找到了理论与实践的结合点，使人们明确了应以事业发展的需求作为理论研究的导向。在事业发展战略研究中人们所取得的共识是：要以国家经济、文化、教育和科学技术发展为依据制定图书馆事业发展规划，并将其纳入国家和地方的国民经济和社会发展计划之中；要改变图书馆工作的传统观念，全面发挥图书馆功能；各类型图书馆的发展应以国家财力为前提，既要注重数量，又要保证质量，既要注重馆舍、设备的建设和配备，又要加强内部科学管理；只有根据中国的国情特点和各馆的实际情况确定工作任务和实施计划，才能保证图书馆事业健康发展。

在图书馆职能问题上，人们进行了有益的探讨后普遍认为：图书馆的基本职能是保存和传递文献。传递是图书馆的中介性所规定的，没有传递也就无所谓中介性。问题是图书馆传递的对象是什么，目前还有着认识上的分歧。有人认为，图书馆是传递文献的；也有人认为，图书馆是传递科技情报的。这两种看法都是可以成立的。传递文献的确是图书馆的职能，是对图书馆传递职能形式上的概括；而传递科技情报则比传递文献深入了一层，是对图书馆传递职能在内容上的概括。但是，这样提出问题有两个无法回避的事实：一是传递科技情报不是孤立进行的，它是通过传递文献来实现的，离开了文献的传递就无所谓情报传递。因此，图书馆传递科技情报的职能是在传递文献的基础上实现的，不能离开文献传递孤立地讲情报传递。二是图书馆传递科技情报的职能与科技情报部门的职能如何区别。在当今社会里，图书馆与情报部门还有着很大的区别。其中最重要的区别就在于图书馆仍然以文献传递为主，而科技情报部门则可以进行各种形式的情报传递。因此，笼统地讲图书馆传递科技情报的职能，容易失去图书馆本身的特点。那么究竟如何表述图书馆传递的对象呢？我们认为，还是说传递文献信息为好。文献是人类思想信息的载体，文献存在的意义就在于它能够传播思想信息。图书馆对文献的传递，实质上就是传递寓于文献中的思想信息(或者称为内容信息)。这是图书馆活动的根本目的，读者到图书馆也是要获取文献的内容信息。因此，在图书馆借书还书现象的背后，隐藏着的是传递文献内容信息的本质。在这些内容信息中，能够消除读者对文献主题内容的不确认部分，这就构成了情报。所以，情报的传递也是伴随着文献的内容信息的传递一起进行的。文献信息既可以代表文献，也可以代表情报，它比较接近于对图书馆传递对象的本质概括。

除上述以外，关于列宁论图书馆、图书馆现代化、图书馆类型、图书馆网络建设、图书情报一体化、图书馆事业管理体制、图书馆改革、图书馆事业史、图书馆学思想史等领域，都取得了一些研究成果。

纵观80年代图书馆学基础理论研究的过程，我们认为有这样一些特点：①整个研究工作是有计划、有组织进行的。伴随着各级图书馆学会的建立和筹划，研究课题的选定，研究队伍的组织，研究成果的评估，都逐步地由分散、无组织的状态转入有计划、有组织的状态；②从研究课题看，既坚持理论对实践的指导作用，又注重实践经验的总结并进行理论升华，因而基础理论著述呈上升趋势。从1949年到1988年，公开发表的图书馆学基础论文总数为2000篇，其中1977年至1988年间占1903篇，基础理论研究的图书，1949年到1988年共出版约60种，其中1977年到1988年间占有51种；③注意学科之间的横向拓展，并引进相关学科的理论和方法。一方面，图书馆学与其他相关学科相互渗透和结合，注意从其他学科中吸取营养；另一方面着力开发图书馆学内部的横断分支学科的研究；④在定性分析的同时出现了计量化趋向。科研工作顺序一般是先定量，后定性，从量的变化看质的变化。如果量的积累不足，或广度、深度不够，就会导致定量不准确，就不可能有恰如其分的定性。定量分析使定性分析更具有客观依据，数学统计方法的运用，对图书馆活动的一般描述上升为理论归纳和科学抽象，并使理论更加严密和科学。

80年代图书馆学基础理论研究存在的问题主要是：①理论研究的主攻方向不甚明确，理论与实践结合不够紧密，对某些课题的研究存在着理论与实际脱节的偏向；②研究队伍的组织，研究课题的选定，研究成果的数量与质量，在各地区、各系统中发展很不平衡；③研究成果的评估标准尚待完善，研究成果的推广还要做很多工作；

④引进相关学科的理论与方法，存在着生搬硬套的做法，导致一些非科学成分的出现，降低了图书馆学的科学水平；⑤对西方图书馆学的某些理论观点和图书馆学家的学术思想，未能很好地运用马克思主义哲学的原理做出科学的分析和评价；⑥在图书馆学著述中，新的名词、术语不断涌现，而其含义又因缺乏科学依据而难以界定。有些论文未能把观点和材料、定量和定性统一起来，因而难以用定量的材料证明定性的观点，用定性的观点统率定量的材料。

二、十年发展的三段式

如果说前一部分绘出了图书馆学十年发展的概貌，那么这一部分笔者试图以时间为“经”，以研究进展为“纬”，勾勒一幅图书馆学基础理论十年发展的简图。

1. 肯定阶段(1979—1982 年)：传统图书馆学的恢复与发展

党的十一届三中全会后，整个科学界、哲学界都处在拨乱反正、解放思想的大潮中。在这种大的社会背景下，中国图书馆学会于 1979 年正式成立，随后各省市、各专业系统图书馆学会也相继成立，这标志着我国中断已久的图书馆学研究的恢复与再生。人们通过对“工具论”的批判和“阶级性”的讨论，开始清算“左”的一类东西，寄希望于新的图书馆学理论的问世。由北京大学和武汉大学图书馆学系合编的《图书馆学基础》(商务版)正是在人们的期盼下应运而生的。《图书馆学基础》定型于 1980 年，正式出版于 1981 年。它作为中华人民共和国成立后正式出版的第一部图书馆学理论专著，继承了以往的理论研究成果，初步肃清了极“左”思潮的影响，一些理论是非得到了澄清，并以新的观点阐释了图书馆网、图书馆管理、图书馆现代化等内容。该书代表了中国 70 年代末期图书馆学基础论研究的水平。

然而，也应该看到《图书馆学基础》仍囿于图书馆具体工作，带有鲜明的实用色彩和经验描述的特征，缺乏科学的思辨感和缜密感以及作为一门学科的基础部分所应具有的理论魅力。这样，也就为后来的研究中理性思辨的兴起埋下了伏笔。

2. 否定阶段(1983—1986 年)：对传统的“经验描述”的否定与理性思辨的兴起

由于不满于《图书馆学基础》的经验式总结和描述，人们开始了艰难的理性探索。1981 年就有人提出了研究知识学的建议和探讨图书馆学方法论的倡议，但当时人们还集中于肃清“左”的思想影响，这方面的研究还没有成为主流。1982 年，《图书馆学通讯》刊出了邱昶和黄昕合写的题为《论我国新时期的图书馆学研究》的论文①。作者在文章中引用库恩的科学革命论的观点，指出我国图书馆学研究正处于“危机”与“革命”的交接处。从此，开始了理论界对传统图书馆学的批判性反思，并促使理念图书馆学的兴起。1983 年刘迅的《西方图书馆学流派及其影响》一文使反思更加深入②，各种刊物上登载的反思性文章日渐增多，理论界的观念急剧更新。

1983—1986 年是十年中我国图书馆学研究的繁荣时期，图书馆学基础理论研究有了突破性进展，开发了许多理论禁区，填补了许多研究领域的空白，论文数量迅速增长。据统计，1982—1986 年刊物

---

① 邱昶，黄昕：《论我国新时期的图书馆学研究》，载《图书馆通讯》，1982 年第 1 期，31～39 页。

② 刘迅：《西方图书馆学流派及其影响——兼论中国图书馆学的发展道路》，载《图书馆学刊》，1983 年第 4 期：1～12 页。

上共发表基础理论研究论文753篇，占80年代基础理论论文总数的71.3%[①]；80年代共出版了十多种基础理论教材和专著，其中有6种是完成于这一阶段的。图书馆学界已普遍认识到，“一个民族要想站在科学的最高峰，就一刻也不能没有理论思维”。为此，理论工作者在基础理论方面进行了艰难的探索，全方位地剖析了图书馆学理论体系，突破传统图书馆学的框架束缚，在一定程度上转变了图书馆学的研究方向。这些变化，主要是人们思维方式变革的结果。

在这段时间里，人们的思维方式发生了明显的变化[②]：①由封闭式走向开放式。这表现在两方面：一是引进、借鉴其他学科的理论和方法，使之与图书馆学研究相结合，丰富、充实了图书馆学理论研究的内容，深化了人们对图书馆活动的认识，并促使人们对图书馆学的理论基础、研究对象、学科性质等进行全方位的考察，使就图书馆论图书馆学的“馆内科学”走向“社会”；二是吸收国外图书馆学理论研究的成果和方法，开阔了视野，有助于人们在更广的实践范围内，在更深层的意义上科学地去总结图书馆工作中一系列宏观、微观方面的经验问题和理论问题。②从求同式转向求异式。人们已不满足于“大一统”的局面，在百家争鸣中，力图赋予图书馆学新的内涵；但是，由于种种理性的思辨观点不能统一，尤其是单纯地从理论上阐发问题，难免脱离图书馆工作者的实际需要。③从直观式转向逻辑式。在图书馆学基础理论研究中，直观的经验描述已渐被摒弃，随之兴起的是逻辑的理性的思辨。例如，在构建图书馆学理论体系时，人们不再满足

---

① 代根兴：《评八十年代中国图书馆学理论研究的两次转向》，载《图书情报知识》，1991(1)，2～5页。

② 单波：《当代中国图书馆学界思维方式的变革》，载《图书情报知识》，1986(1)，10～14页。

于经验要素的简单堆砌，而是追求一种内在的逻辑联系，使图书馆学体系更趋合理、科学。

在整个图书馆学界进取、亢奋的气氛中，在对传统的批判、理性的觉醒、方法的引进过程中，一股脱离实际的“清谈风”也慢慢地滋长起来，人们追求一种与图书馆实际不相干的纯理论，试图借此来提高图书馆学的“高层次”研究。在学术思想、研究方法的引进中，没有认真考虑本学科的特点，盲目引进，引进后，不做深入研究，浅尝辄止，出现了很多似像非像的图书馆学分支学科、交叉学科、边缘学科和相关学科。“清谈风”刮得理论与实践相距越来越远，断层越来越大，人们对研究现状的不满与思考，促使“认识回归”阶段的到来。

3. 否定之否定(1987—1991)：认识的回归

可以说，前一阶段“理性”对“经验”的否定，是图书馆实践对新时期图书馆学理论呼唤的结果，它使经验描述式的图书馆学过渡到理性的图书馆学，这种否定是十分必要的。但是却矫枉过正，另入歧途，有人评价说“科学得过了头”，发展到了“玄虚化”的程度。一方面是图书馆实践对现有“纯理论”的失望，并继续呼唤、期盼切实有效的理论指导；另一方面，图书馆学理论因缺乏实践的支持而成无源之水，研究再难以深入下去。这种状况不仅引起实践领域中人们的不满，也引起了理论工作者的深思。要求“理论与实践相结合”成为图书馆实际工作者和理论研究者的共同呼声，对理论来源于实践又指导实践的认识开始回归。

正是在这样背景下，顺应理论与实践的需要，图书馆学研究的另一种路向产生了。它的研究目的是要解决图书馆管理和图书馆事业发展中的各种问题，力图改变图书馆学理论与实践相游离的状态，弥合理论与实践之间的断层。于是寻找理论与实践的结合点成为一时的热门话题，经院式的研究被否定，理论研究走出“象牙塔”而面向实践，面向现实①。认识回归后，首先兴起的是图书馆事业发展战略研究。1986 年，在上海召开的全国第二届中青年讨论会上，战略研究成为讨论的热点。随后，湖南《图书馆》杂志开辟“发展战略论坛”专栏，发表了一批较有影响的论文。

令理论界兴奋一时的发展战略研究，随着时间的流逝又陷入了困境。在管理决策层、理论研究层、实际工作层三个层面上都难以深入，到 1988 年，此项研究骤然降温。究其原因，除了图书馆事业管理体制的障碍外，理论界的准备也嫌不足，研究者孤军奋战，更显出研究能力的单薄。发展战略研究，要求研究者应具有广博的知识和对材料的充分占有，要运用图书馆学原理，对所研究的对象和过程进行科学的调查，在对各种因素综合分析的基础上，提出对决策部门有参考价值的方案，因而这种研究不是某些个人所能胜任的。鉴于以上原因，图书馆事业发展战略研究难以深入，难免浮于表面，泛泛而谈。

尽管发展战略研究没有取得理想的结果，但作为寻找“结合点”的一次尝试，其意义和作用是不能低估的。它否定了理念派的清谈，强调理论与实践的结合，对观念的转变和认识的回归起到了促进作用。1988 年以后，人们更加注重现实问题的研究，并继续探求新的“结合点”，这不仅为 90 年代的图书馆学发展积累了素材，而且在指导思想上奠定了更坚实的基础。

就整体来说，这十年的图书馆学是在双重否定的扬弃过程中求发展的，经过对实践的认识回归，完成了三段式发展的一次循环，这种

---

① 范并思：《新时期三种图书馆学》，载《图书馆杂志》，1987 年第 4 期，4～7 页。

循环不是简单地回到起点，而是一种螺旋式的上升过程。

三、十年后的几点思考

过去十年，图书馆学的发展历程可谓坎坎坷坷，是非成败只能由时间来评判。鉴往知来，笔者认为，要想求得今后的图书馆学基础理论的发展，首先要正确认识以下五方面问题：

1. 正确认识百家争鸣

百家争鸣，就不是一言堂，要提倡和鼓励发表不同的意见，支持新思想、新观点的诞生。凡有科学依据或以事实为基础的理论观点，必然有其存在的合理性，不要怕“众说纷纭”。图书馆学就是要在争鸣中发展，在发展中选择，优胜劣汰，适者生存。80 年代理论研究的繁荣、多元化格局的形成，就是争鸣与选择的结果。在提倡百家争鸣的时候，不要忘记“平等”原则和“宽容”态度。

2. 正确认识新思想、新方法的引进

科学发展至今，综合发展、整体化趋势已日渐明显。任何一门学科都不能孤立于整个科学体系而独立发展，都要吸收、借鉴其他学科的成果，丰富自身领域的内涵。引进新方法，吸收新思想，都是促进学科发展的必要条件，80 年代中国图书馆学的大发展已充分证明了这一点。例如，系统思想的引入，扭转了过去那种孤立、静止地分析问题的状态，为更深入地探讨图书馆活动的内在规律提供了有力的武器。系统思想的成功引进说明，只要立足现实，真正消化吸收，新思想、新方法就一定能给图书馆学研究带来新的气息。

3. 正确认识学科发展所处的阶段

科学发展一般是遵循这样的轨迹：前科学→常规科学→反常→危机→革命→新的常规科学……。图书馆学目前的状态是：没有统一的理论规范，研究存在“不确定性”和“易变性”。因此，图书馆学仍处于前科学阶段。在这个阶段中，学科自身的逻辑发展能力十分有限，向高层次理论升华的条件还不成熟，实践仍是理论的源泉。而此时轻视实践，片面追求学科体系的逻辑增长，只能导致理论与实践的脱节，最终形成对实践不起指导作用的空泛理论。

4．正确认识图书馆学的学科性质

尽管在学科性质问题上有许多不同意见，但笔者认为，图书馆学的研究对象是图书馆事业，图书馆学的知识积累也大都集中于这个方面。图书馆事业是一种社会现象，以此为研究对象的图书馆学，应属社会科学的范畴。尽管图书馆学的研究对象具有层次性，既包括微观客体，也包括宏观体系，但目前图书馆学的理论和知识仍属于对宏观体系的认识。所以，图书馆学是社会科学的一个门类。图书馆学既然属于社会科学的范畴，在研究问题的方法上，我们主张立足现实，回溯历史，着重理论。现实是进行理论研究的立足点，我们应该努力做到面对现实，关心现实，回答时代所提出的最迫切问题，这是创造性地推进图书馆学的根本道路。回溯历史，就是把历史当作一面镜子，借助它，我们可以探明现实理论问题的来龙去脉。提出和解决理论课题，是理论工作者参与社会生活实践的基本手段，对于理论工作者来说，主要任务和工作重心还是要把现实问题升华为理论，能够给予现实、历史以理论阐述，发挥理论的认识功能和实践功能。以上这三个方面是有机统一的整体，正确处理现实、历史、理论三者之间的关系，是推进图书馆学研究的重要方法。

5．正确认识理论与实践的关系

科学发展的历史表明，任何一门学科都不能永远停留在经验的描述、总结的水平上，必须通过理性思维，对实践过程中的诸多现象进行归纳、演绎，找出其中的固有规律，从而形成一个既源于实践又指导实践的理论体系。也就是说，理论的产生和发展都得靠实践的支持。科学既是理论的，又是实践的，两者是密不可分的。

80 年代我国图书馆学发展路向曲曲折折，重要原因就是在图书馆学理论研究与图书馆实践之间始终存在着一个断层，理论与实践各自在互不相干的轨道上独立进行。实践呼唤不出所需要的指导性的理论，理论研究则因缺乏实践的支持与滋润难以深入，流于空谈，趋于枯竭。现在，人们初步认识到了“症结”之所在，视线转向了现实。理论研究以解决现实问题为己任，这是“实践—理论—再实践—再理论”的科学发展的“本性复归”。笔者相信，沿着“实践—理论—再实践—再理论”的科学研究之路，经过实践中的素材积累，图书馆学理论定会在 90 年代有新的发展。

参考文献

[1]周文骏．概论图书馆学[J]．图书馆学研究，1983(03)：10－18．

[2]宓浩，黄纯元．知识交流和交流的科学[M]．吴慰慈，邵巍编．图书馆学概论教学参考文选．北京：书目文献出版社，1985：20－38．

[3]吴慰慈，李纪有，张涵．图书馆学简明教程[M]．北京：科学技术文献出版社，1988，11－12．

[4]邱昶，黄昕．论我国新时期的图书馆学研究[J]．图书馆通讯，1982(01)：31－39．

[5]刘迅．西方图书馆学流派及其影响——兼论中国图书馆学的发展道路．图书馆学刊，1983(04)：1－12．

[6]代根兴．评八十年代中国图书馆学理论研究的两次转向[J]．图书情报知识，1991(01)：2－5．

[7]单波．当代中国图书馆学界思维方式的变革[J]．图书情报知识，1986(01)：10－14．

[8]范并思．新时期三种图书馆学[J]．图书馆杂志，1987(04)：4－7．

关于图书馆学研究方法的思考*

更新图书馆学研究方法的观念，发展与当代图书馆学相适应的研究方法，探讨图书馆学研究方法论体系，具有十分重要的意义。

传统图书馆学被认为是纯人文科学，因而长期以来图书馆学的研究方法基本上沿用社会科学的调查法、历史法和比较法等；近年来又加入了自然科学研究中的统计法和测量法等。80年代，我国出版了10多部图书馆学基础理论著作，其体系结构虽各具特点，但对图书馆学研究方法的阐释却大体相似。一般都认为我国图书馆学界对方法论的探讨，起步较晚，图书馆学方法论尚未形成完整的体系结构。图书馆学研究过程中通常所采用的多为一般科学方法和哲学方法，具有本学科特色的专门科学方法还在探索之中。因此，书中就逐一介绍图书馆学研究的具体方法。现以其中一部著作为例，该著作在阐述“图书馆学对象”“图书馆学性质”之后，专门有一节介绍“图书馆学研究方法”，把

* 原载《中国图书馆学报》，1992年第3期。

图书馆学研究方法概括为：哲学方法、归纳法和演绎法、历史方法、数学方法、系统方法、调查法、类比法、移植法。不难看出，这种概括有两点值得商榷：(1)尽管作为某一种具体科学方法可能都是对的，但罗列和概括却表现出一定的随意性，多一种或少一种无关紧要，体现不出研究方法论的层次和体系；(2)有些方法不具有独立性和明确的界定，有些方法之间则相互交叉。

笔者认为，在图书馆学研究方法的研究方面，目前要着重解决以下五个问题：

第一，分清研究方法与工作方法的区别。后者是指一般操作技术，处理实际事务的本领；前者则指一般的思维方式，理性思考的角度，解决抽象问题的手段和途径。将研究方法作为对象去进行专门研究，就是一般意义上的科学方法论。从现代科学的意义上来理解，所谓方法是指人们从实践上或理论上把握现实，为达到某种目的而采用的途径、手段、工具和方法的总和。

第二，探索图书馆学研究方法体系。从方法论的角度讲，图书馆学研究方法由三个层次构成。

图书馆学研究方法的最高层次是马克思主义哲学，除辩证唯物主义和历史唯物主义的一般原理具有普遍的指导意义外，逻辑学提出了一般科学研究方法的最根本的分类：归纳法、演绎法和类比法。归纳是从个别事实走向一般的结论，演绎是从一般原理走向个别的结论。在人的认识过程中，归纳和演绎是对立统一的关系，两者相互依存、相互促进。在图书馆学研究中，归纳法和演绎法被大量使用着，也可以说是图书馆学研究中常用的方法。在研究图书馆活动以及与其有关的一切活动中，用归纳法将个别事实上升为一般结论，一直是图书馆学研究者努力的方向。例如，对图书馆性质、职能等问题的认识，大都是使用归纳法产生的结论。演绎法通常多用在引进相关学科的理论和方法时，用相关学科中比较成熟的一般原理，去推导图书馆学研究中的个别结论。这在应用图书馆学研究中不乏其例，像读者心理研究、图书馆效益研究以及图书馆管理研究等。类比法是利用事物之间某些相同点或相似点，而推导出另一些相同点或相似点，这是一种由特殊到特殊或从一般到一般的推理方法。在图书馆事业的整体研究中，经常运用类比的方法，如两个国家、两个地区图书馆事业的比较，不同时代图书馆事业的比较，不同类型图书馆的比较等。

图书馆学研究方法的最基础层次是具体的学科研究方法，像图书馆统计法、读者调查法、引文分析法等，均属于操作层次。它们应是上述三种逻辑方法的具体化。图书馆统计法，是数学方法在图书馆学研究中的具体应用而形成的带有图书馆学学科特点的专门方法。这种方法通常被应用于文献流的研究，如布拉德福定律、齐夫定律、洛特卡定律以及文献增长规律、文献老化规律等，都可以看作是图书馆统计方法应用的成果。读者调查法也是图书馆学研究的专门方法。它包括实地调查和书面调查两种主要形式。在对读者进行各种专门研究时，读者调查法是最主要的方法。当然调查法与统计法是经常结合起来应用的。离开了统计，调查就无法形成最后的结论；而没有调查，统计也就失去了基础和素材。因此，图书馆统计法与读者调查法是相互补充的。引文分析法，实质上就是以来源文献的引文(或参考书目)作为处理和操作对象的一种研究方法。它通过确定图书馆学文献的引文的时间顺序、引用频次、共引率等指标，达到收集图书馆学研究资料的目的。近年来，引文分析法的理论和实践都有很大的发展，我国图书馆学界应该重视这种方法。

在上述两者之间，存在着一个重要的图书馆学研究方法的中间层次，即一般科学方法论的层次。具体地讲，就是在当代科学发展的前沿产生的一组提示无机界和有机界、自然界和社会物质运动共同规律的横向学科群，人们通常称它为系统科学。系统科学创立和发展了一系列既适用于自然科学，又适用于社会科学的概念范畴、共同原理和共同方法。概念范畴包括系统、要素、层次；结构、功能、涨落；状态、过程、变换；时间、空间等。共同原理如整体原理、有序原理、反馈原理等。共同方法指信息方法、控制方法、模型方法等。以上所述的概念范围、共同原理和共同方法都可以应用于图书馆学研究。

第三，正确认识和运用系统科学这个一般科学方法论。系统方法作为科学体系的中间环节，起着辩证唯物主义哲学基本原理和具体科学方法论之间的联系作用。也就是说，系统方法为我们提供了符合辩证唯物主义的分析图书馆现象的方法，为图书馆学研究提供了科学的思维方式。图书馆学研究中的系统方法，是指在考察图书馆现象时，不仅要注意到该现象本身，同时也要考察该现象与组成该现象的要素之间的关系，以及该现象与其外部环境之间的关系，以便达到从整体上认识研究对象的目的。由此可见，正确认识和运用系统科学这个一般科学方法论，是使图书馆学研究方法取得进展的关键。

近年来，国内外的学者把系统科学同图书馆学课题相结合，进行了认真的探索和尝试，取得了可喜的成果。但应该指出，我国图书馆学界也有人认为把系统科学用于图书馆学研究是“标新立异”，是“提新名词”。其实，这是一种认识上的偏颇。众所周知，千百年来科学的发展正是在不断地提出新名词、新概念、新理论、新方法的过程中实现的。我们没有理由笼统地反对提“新名词”“新概念”“新理论”，问题在于“新”的是否有科学依据。当然，笔者一贯主张：一方面不能用系统科学代替马克思主义哲学，系统科学实际上是体现和丰富了马克思主义哲学的基本原理；另一方面，图书馆学同系统科学交叉、结合研究的步子要稳妥、要谨慎，要防止把系统科学的术语生搬硬套到图书馆学研究中来，要从当代图书馆实践中寻找课题，应用系统科学的方法加以研究和解决。

第四，正确处理图书馆学研究中定性方法和定量方法的关系。这个问题可以说是被人为地搞得有些混乱。一方面，把数学的定量方法部分地引入图书馆学研究的部分课题，无疑是正确的。马克思指出，科学只有当它能够成功地运用数学的时候，才算达到了完善的地步。我们在图书馆学研究中对数学手段的运用还有待开发。一些研究者由于知识结构的局限，对数学方法的理解和熟悉还有一定的距离，有的甚至存在某种程度的抵触情绪。然而另一方面，当前也出现了不顾图书馆学研究对象的特点，在诸如图书流通、图书馆网络、新书入藏、图书馆工作评估等领域片面追求量化的倾向。这恰恰与数学方法的要求相背离。就图书馆领域而言，由于人的行为的目的性和因果性的对立统一，由于许多图书馆现象不确定和确定性的对立统一，所以我认为：图书馆学研究应始终采用定性与定量相结合，以定性为主要综合描述的方法。

第五，正确对待吸收相关学科的研究成果。当代科学的发展既高度分化又高度综合，综合化占主导趋势。因此，图书馆学的发展也要符合这个趋势。由于图书馆学研究对象的复杂性和多变性，靠传统的单一学科或几个学科是远远不够的，还需要图书馆学诸分支学科和相关学科形成的学科群来联合攻关、协同作战。原有的图书馆学学科要在这种联合过程中，主动吸收相关学科中有益的理论、原则、方法和手段，从而促进本学科的发展、提高；要在这种联合过程中，大力扶植新兴学科、边缘学科的发展。近 10 年来，图书馆学的发展与其研究方法的演进是分不开的，除了传统的调查研究方法外，又根据研究任务的需要，采取系统方法、数学方法、历史方法、逻辑推理方法和比较研究方法等。其中不少方法是从相关学科中借用、移植过来的。这方面的工作也还处于探索阶段，还需我们进行深入的研究和实践。我想这将是 20 世纪 90 年代图书馆学研究的重要任务。

参考文献

[1]王崇德．社会科学研究方法要论[M]．上海：学林出版社，1990.

[2]〔印〕拉维昌德拉·劳著．王崇德，黄月译．图书情报学定量方法[M]．北京：兵器工业出版社，1989.

[3]许培玲．图书馆学研究方法的哲学思辩[J]．图书馆学通讯，1987，13(1)：69－72.

[4]文丰．图书馆学方法论的方法区分问题[J]．图书馆，1988(2)：23－26.

[5]刘东维．情报研究方法论纲[J]．情报学报，1988(3)：186－192.

[6]刘军．我国近十年图书馆学情报学方法论研究述评[J]．中国图书馆学报，1991(08)：41－46.

[7]宓浩，刘迅，黄纯元．图书馆学原理[M]．上海：华东师范大学出版社，1988，249－264.

[8]吴慰慈，邵巍．图书馆学概论[M]．北京：书目文献出版社，1985，33－39.

图书馆自动化与网络化之现状及展望*

一、网络化成为图书馆自动化进一步发展的突破口和关键

图书馆网络的思想和馆际协作活动可追溯到100多年以前，但直到20世纪60年代后，随着计算机技术的应用和通信技术的发展，真正的图书馆网实体才得以实现和发展。过去图书馆自动化系统经历了从单项系统到多项系统、从多项系统到集成化系统、从单机系统到局域网系统的发展历程，但始终没能真正摆脱“自给自足”式的小农经营方式，使得图书馆一直追求的资源共享和提供广泛的社会化信息的目标难以彻底真正实现。其问题的关键就是网络化的匮乏。

当前，在这个以计算机网络技术为标志的信息化时代，网络技术发展到基于开放系统互联和客户机/服务器模型的

* 原载《中国图书馆学报》，1991年第1期，与许桂菊合写。

分布处理阶段。这一巨大变革，使图书馆的自动化建设随之进入了网络化的崭新发展阶段。它使得图书馆网络的概念既有别于60—70年代发展起来的集中式书目系统，又有别于单个图书馆独立开发的自动化系统。从国外情况来看，美国到90年代初，图书馆的局域网已冲破围墙，发展到与因特网相连，通过地区网和因特网，各图书馆的资源得以共享，同时各图书馆也从网上得到更多的信息资源，扩大了图书馆文献资源的容量，把图书馆推向了电子图书馆时代。网络之间的互联系统因特网也日新月异，这些网络以及网络上丰富的可利用的数据资料共同构成了一个宏观的网络信息世界。图书馆只有用现代化的信息技术和观念武装自己，融入网络大环境中去建设现代化的图书馆网络，才能最终实现真正意义上资源共享的目标。因此，网络化成为图书馆自动化进一步发展的突破口与关键。

图书馆的网络化是把区域、跨区域和跨国的图书馆自动化系统，通过通信线路连接，形成图书馆的广域网。这种广域网是开放性的，除了各子系统之间可以互访外，还可以同其他的网络互联。通过网络，图书馆已不是信息孤岛或信息群岛；通过网络，图书馆之间不仅互连共建，资源共享，还实现与其他网络间的信息资源共享、传递和利用；通过网络，图书馆还和其他的信息行业融为一体。随着信息技术的发展，对信息的处理和开发逐步深入，从以揭示一次文献为主的书目电子化走向文献原文的电子化，图书馆自动化正从文献的业务管理走向文献开发的信息资源管理。电子化、网络化已成为图书馆自动化发展的主流方向。

二、我国图书馆自动化与网络化的建设现状

我国图书馆自动化起步于80年代初，至今已经历了10多年的发

展历程，现已逐步走向实用化阶段。在理论研究、系统开发、数据库建设及队伍培养等方面取得了很大进展，主要成绩有：

(一)在图书馆自动化理论认识方面，达成了共识；实践方面，有了丰富的经验

近十多年来，我国图书馆界对于图书馆自动化的作用、地位、如何发展、建设方法等关键问题进行了探讨和研究，并基本达成共识；在实践中国特色的图书馆自动化、网络化建设中，积累了比较丰富的经验。北京图书馆于1986年编制了《中国机读目录通讯格式(CNMARC)》讨论稿。1989年经讨论决定，中文书目数据库建设采用CNMARC标准，西文书目采用LCMARC标准。1990年，北京图书馆开始向全国发行《中国机读目录》，1995年《中国机读目录(CNMARC)》正式成为文化行业标准。

(二)图书馆自动化系统得到一定程度的普及，图书馆计算机设备条件得到很大改善

从北京图书馆装备的大型机，到一些大中型图书馆的中小型机和超级微机，到各类图书馆的微机，已有相当数量。自动化系统从90年代以后，由研制开发进入实际应用阶段。国内开发的一些管理系统软件实现了商品化，例如深圳图书馆的"ILAS"系统已在全国400多家图书馆使用。北京息洋电子信息研究所的"息洋图书馆集成系统"，北京图书馆的"文津图书馆管理系统"等等，清华大学图书馆、中国科学院文献情报中心、上海图书馆等则引进国外先进软件，经汉化、改造后使用。全国一大批图书馆实现了自动化管理。

(三)中国的图书馆网络建设开始起步

我国图书馆自动化与发达国家相比，差距主要在于网络化建设和利用。近年来我国通信事业迅猛发展，为建设图书馆网络创造了有利条件。90年代一些网络逐步开通。1993年，清华大学、北京大学校园网投入使用。1994年10月，云南省大学图书馆计算机管理系统(YULCS)一期工程进入测试阶段，该网络将联结整个云南地区高校图书馆。1995年，广东省公共图书馆自动化网络(ZSLAIS)，以省馆为主导，以广州、深圳、佛山、珠海市馆为重点，珠江三角洲各馆为对象，上连国家图书馆，下连部分市县级图书馆的计算机网络。“北京中关村地区书目文献信息共享系统”是运行在中国教育科研示范网(NCFC)上的图书情报资料管理和服务系统，它运筹着中国科学院、北京大学、清华大学所属的各图书情报部门的计算机设备处理能力，实现对这一地区文献信息的科学管理和网络化服务，最终建成一个以图书情报自动化服务为主要目标的中科院、北大、清华图书情报网络(APTLIN)。特别值得一提的是CERNET(中国教育科研网)的建成对图书馆自动化与网络化的贡献。CERNET现已开通了北京、沈阳、西安、上海、成都、南京、武汉、广州8个地区网的10个节点高校，10个节点高校的图书馆正在努力完善本馆自动化系统，与CERNET和因特网相连，目前各节点的图书馆站在“大地区节点图书馆”的高度来建网和上网，起到节点图书馆向非节点图书馆的辐射作用。以CERNET中国教育科研网为依托的高校文献信息服务系统的建设，其总目标是通过建立文献信息资源子网，以全国性和地区性文献信息中心为节点，连接进入“211工程”的所有学校，并与国外文献信息系统广泛联网，形成中国高校教学与科研的文献保障体系。可以认为，它的建成将基本上形成未来中国学术图书馆网络的主干。这一系统本身整体性强，目标明确，各级节点任务清楚，资源布局合理，因此其他系统应充分利用这一资源，根据高校文献信息服务系统的框架格局，寻找本系统与它的最佳结合点。

从我国图书馆网络建设实践可以看出，它从两个方面正在展开：一方面，地区图书馆网开始出现，可以预计，今后会有更多的地区性图书馆网出现，而地区间的互联，即可形成全国性的大众图书馆网络；另一方面，正在逐步建设中的高校文献信息服务体系，将形成中国学术图书馆网络的主体。

（四）数据库建设

文献数据库是图书馆自动化与网络化资源共享的根本保证。只有建立相应的通用型、标准化的数据库，图书馆才能实现各项工作的自动化，才能借助于通信网络，利用计算机对数据库的资源进行利用，实现资源共享。因此数据库建设是基础。我国的数据库建设已由各自为政逐步地走向规范化、标准化、合作化的健康发展道路。自 80 年代末期起，数据库建设有了较大进步，据统计 1991 年有 806 个，1994 年增加到 1038 个。例如，北京图书馆的《中国国家书目数据库（1988 年以后）》，北京图书馆、上海图书馆、广东省中山图书馆、深圳图书馆共同完成的《中国国家书目回溯数据库（1994—1987）》《上海图书馆的中文社科报刊篇名数据库》《中科院中西文期刊联合目录数据库》，中国科学院文献情报系统的以《中国化学文献数据库》为代表的包括化学库、光学库、生物库、物理库、稀土库、天文学和计算机库在内的中国科学文献数据库的数据总量已超过 79 万余条，已装入 NCFC 网，试进行服务。清华大学 1996 年 12 月出版的《中国学术期刊（光盘版）》是我国第一部大规模集成化学术期刊全文电子检索系统，入编期刊达 3000 种，通过设在各地的中国学术期刊文献检索咨询站，初步形成了全国性的学术期刊文献检索服务网。

（五）文献信息服务

图书馆事业在信息服务业中占有重要地位，实现广泛的社会信息服务也是图书馆追求的目标。当前图书馆事业正在进入电子化、网络化新阶段，图书馆的服务对象和用户需求有了很大变化，图书馆的服务内容、服务手段和服务方式也随之发生了变化。图书馆不但要保持传统服务，还要实现由传统服务环境向电子网络环境的转变，开发各种网络文献信息资源，提供网络信息服务。例如，中科院文献情报中心的国际联机检索系统与因特网连接，并与院内外20多个单位形成网络，检索课题逐年增加，网上的信息服务有书目查询、电子函件、联机检索、科技成果查新等；由于电子信息源、电子出版物的大量涌现，北京图书馆、北京大学图书馆、清华大学图书馆、广东省中山图书馆、广州图书馆等相继建立了电子阅览室，提供光盘检索服务。

但与国外相比，我国图书馆自动化系统建设还处于较低水平。首先在系统结构方面，大多数仍采用主机处理(host-based)模式的集中式管理系统，而国外客户机/服务器模式已成为网络系统发展的主流；其次，用户界面上仍以字符型界面为主，国外大多数系统已实现或正实现用户界面的图形化；系统平台缺乏开放性、互联性，而国外的一个软件系统往往可以在多个开发的硬件平台运行等；最主要的差距主要表现在网络化方面。一个好的集成化管理系统除了能实现图书馆的业务管理功能外，还应是开放式的，能与其他系统互联。我国的图书馆自动化建设近年来发展较快，不少馆基本实现了业务管理功能的自动化，开始步入校园网建设时期，为图书馆自动化系统向网络化发展打下基础。但总的说，仍处于集成化系统的初步实用阶段，尚未以网络化为龙头带动整个图书馆自动化建设。有的图书馆没能很好地了解计算机互联协议，软硬件配置也很不规范或不支持目前通用的TCP/IP网络协议，这就为网络化发展设置了障碍；已建成的网络仍属于低速线路，通过高速网络去传递、获取和使用文献信息资源仍处于试验阶段；图书馆员的网络知识非常缺乏，计算机与信息资源管理的熟练专业人员奇缺；大量的文献信息资源亟待开发；我国的图书馆网络化建设任重道远。

三、我国图书馆自动化与网络之前景展望

(一)整体规划，建设中国图书馆信息网络——“金图工程”

图书馆自动化、网络化建设是一项系统工程，国家图书馆网络的建成需要以单个图书馆的自动化为基础，分布式处理技术要求局域网系统具有充分的开放性，即系统之间的硬软件可兼容，数据可共享与交换等。然而这些年来，一些图书馆独自开发自己的软件系统或进行馆藏书目回溯建库，造成人、财、力的重复浪费，而且通用性差，数据标准化、技术标准化程度不够，软件质量参差不齐，显然加强国家宏观整体规划已十分必要。

我国图书馆网络建设当前任务是要形成大众图书馆和学术图书馆网两大体系。

国家教委实现的以中国教育科研网为依托的高校文献信息服务体系，可以看作是学术图书馆网络建设的起步。它将统筹安排，分工入藏，形成网内合理的文献布局，成为我国学术文献交流与共享的支撑网，为教学和科研工作服务。

与此同时，文化部正积极组织规划“中国图书馆信息网络”的建设，即“金图工程”。该工程将利用现代信息技术和通信技术，将我国的国家图书馆、各省、市、县图书馆连接起来，将其丰富的文献资源转变为数字化信息，实现网络环境下的文献信息查询、检索、联合编目、馆际互借等，并与国家教委的教育科研网协调发展，与国内外信息网络互连，为全社会公众服务，共享信息资源。并且根据我国具体

国情，今后一个时期，大力加强乡镇图书馆建设，争取每年发展1000个基本达标的乡镇图书馆(室)，普及图书馆网点，基本建成分类齐全、布局合理、藏书丰富的国家、省、市、县、乡五级图书馆网。

在建设的步骤上，《文化科技“九五”计划及2010年长远规划(草案)》中指出，我国图书馆在自动化网络建设方面首先抓中南、华东、华北沿海地区，然后扩大到其他三大区，建立以省馆为中心的计算机网络，实现联机检索、联机编目，使文献信息网成为国际信息高速公路的组成部分。到2000年，北京图书馆及上海、广东、天津、辽宁各省市骨干馆，通过国家信息网络实现书目数据共享及电子文献传输，到2010年争取实现全国100个图书馆进入国家信息网。

(二)网络环境下图书馆联合作业

1. 文献资源建设的协调与合作：联合采购，联合存储

由于图书馆自动化、网络化以及信息资源的数字化、电子化，使得我们可以获取信息，而不必关注其收藏地点。但如果整个网络范围内的各文献收藏单位缺乏必要的协调与合作，整个文献资源保障能力将会削弱。因此，文献资源的宏观控制在网络环境下仍有必要。

通过联合采购、联合存储，网内个体馆从全局出发，根据各自收藏和服务特色，确定所承担的文献认购方向，承担一定的收藏任务。各馆通过网络均能及时、准确地获得网上其他单位的文献采购情况，在制定本馆的采购政策时，相互协调，尽可能减少重复订购，力争以有限的经费订购更多新品种文献。以此组建一个比较合理的采购体系、存储体系，联合共建较完备的全国文献资源保障体系。

2. 联机编目

联机编目是网络系统功能中最基本的功能需求。网上各馆在编目时，可利用中央书目数据库中的全部或部分数据来完成自己的作业，

同时向其提供各自馆藏信息。网上编目“多快好省”，从而大大提高编目效率和质量。

3. 联机检索

网络联机检索意味着各成员馆可以根据网上提供的动态反映文献管理状况的信息，了解网上文献，来查询、获取所需文献资料。其文献检索系统包括书目数据库、事实数据库、全文数据库等等，通过计算机终端提供服务。

4. 馆际互借

资源共享是网络建设追求的最重要最直接的目标。各馆通过网络预约功能、公告栏、电子函件，实现实时的馆际互借。用户可根据需要在网络终端上查到所需文件及收藏地点，利用网络的电子函件（E-Mail）或远程登录（FTP）等方式获取。网络使长期的信息壁垒土崩瓦解，实现真正意义的资源共享。

5. 联合建库

随着我国信息网的建设，通过设置终端检索和利用数据库信息资源是满足经济发展需求的明智、有效之举；而且数据库是图书馆自动化的基础，一个国家文献数据库的质量和数量，是影响其图书馆自动化发展的重要因素。可以说数据库是网络的基础，而网络则是发展大型、实用数据库的必要条件。我国文献数据库建设的经验表明，合作建库、共同发展的原则是行之有效的。

利用网络条件进行联机的联合编目和回溯建库，并尽可能利用文献在出版过程中形成的数据如在版编目数据。除了重点建设好馆藏书目数据库，联合建库还应包括各种索引型、事实型和全文数据库、超文本数据库。要集中力量合作建设一批全国性和全局性的大型数据库，又根据各馆的优势，建设一批有特色的专门数据库，在网络环境下使资源共享最大限度地实现。因此图书馆在联合建库、开发信息产品时，应协调共建，减少重复劳动，使数据库建设高效高质地展开。

(三)我国图书馆自动化、网络化发展的趋势

在全球信息化浪潮的推动下，我国图书馆自动化和网络化建设将有较大的发展，而且这种发展应融入因特网与CERNET等大网络环境之中，实现从传统方式向信息化的转变。在网络背景下，图书馆的各项工作将全面改观，体现出以下方面的特点和趋势：

1. 馆藏模式的变化：从以收藏为主向以检索为主发展

由于电子信息资源的蓬勃发展，图书馆的馆藏载体、馆藏构成产生了深刻的变化。图书馆的资源由单一的印刷型向声像型、电子型等多媒体并存方向发展。磁介质、光介质等为载体的新型信息媒体，极大地增加了馆藏信息量。

除了藏有明确载体的信息资源外，还通过网络，连接区域内的、全国的甚至全球的所有信息资源，形成逻辑意义上的“虚拟”馆藏，从而导致了馆藏建设观念从传统的建立一个有限的物理实体转变到对网络信息甚至全球信息的把握上来。在馆藏建设中，不是试图拥有全部的信息资源，而是强调利用网络技术，能快速检索到各地的信息资源。

2. 办馆模式的变化：由独自办馆走向合作、网络一体化

这一变化全面体现在网络环境下图书馆的联合作业中，在此不作赘述。

3. 服务模式的变化：由传统的文献服务到网络化的信息服务

在做好传统文献服务的同时，努力开展各种各样的网络化信息服务：

(1)电子函件(E-mail)：这是通过计算机网络与其他用户进行联

络的高效、快速、简便的通信方式，用于新书通告，新闻发布，会议通告、信息传递等等。

(2)电子文件传递(FTP)：通过FTP可传递任何类型的文件，也可获取众多领域的信息资源。

(3)信息查询服务：为用户检索自己所需的信息和所需的数据库而提供信息源定位查询服务，联机的公共目录查询(OPAC)即在此范畴之内。

(4)网络化信息检索(NIRS)：包括实时信息(股票行情等)、新闻信息、科技信息检索等。

(5)电子图书馆：电子图书馆馆藏是电子出版物和数字化信息，用户通过终端随意选择、查询、翻阅网上电子图书馆的任何图书、资料、信息。它的服务包括全文存储和全文检索，多媒体检索，电子图书，通过网络利用信息资源等。

4. 图书馆管理模式的变化：从自给自足的封闭型走向开放型

多媒体、光盘等技术的应用，数字化电子出版物的出现，使图书馆的信息存储、传递和检索方式有了很大改变；计算机网络技术的应用冲破了过去封闭式的管理，图书馆自动化、网络化从文献的业务管理走向文献开发的信息资源管理，向着开放式的社会化的服务方式转变，这就要求图书馆管理从自给自足的封闭型向开放型变革。

参考文献

[1]吴慰慈，罗志勇．图书馆现代化网络建设的若干理论问题[J]. 大学图书馆学报，1996(03)：1—6.

[2]吴慰慈，罗志勇．中国图书馆事业发展战略研究[J]. 中国图书馆学报，1997(05)：7—13+79.

[3]周小璞．我国图书馆事业发展现状与今后工作的思路——在中国图书馆学会第五次会员代表大会上的报告[J]．中国图书馆学报，1997(06)：5－10.

[4]吴建中，马自卫．图书馆网络化发展的趋势——关于图书馆未来的对治之十二[J]．图书馆杂志，1996(05)：39－41.

[5]吴建中．网络环境下的图书馆自动化建设[J]．图书馆杂志，1997(04)：5－8.

[6]白国应．中国科学院文献信息网络建设的回顾与展望[J]．中国图书馆学报，1996(03)：57－62＋56.

[7]李希明，李广德，郑子侠．传统模式的转化与图书馆的发展[J]．中国图书馆学报，1997(05)：41－43.

[8]曾民族．面向电子信息资源的信息服务及其技术发展动向[J]．情报学报，1996(01)：51－56.

[9]耿骞，袁名敦．新形势下我国图书馆自动化的发展[J]．情报学报，1996(01)：51－56.

现代信息技术与图书馆学情报学新的学科生长点*

当前，现代信息技术如计算机技术、缩微技术、光盘技术、多媒体技术、网络通信技术等高新信息技术群的发展，使图书馆及情报工作实践正经历着前所未有的巨大变化。相应地，图书馆学和情报学的研究领域也随着高新信息技术在图书馆情报领域内的应用而不断扩展和开拓。因此有必要就现代高新信息技术对图书情报工作以及图书馆学情报学学科的发展所产生的影响做些探讨。

一、现代信息技术正改变着传统的图书情报工作

John Diehold 在关于自动化的经典著作中认为，任何技术革新都带来三个阶段的变化。第一个阶段是我们利用技术使工作做得比过去更好；第二个阶段开始于技术革新的利用结果使我们本身的工作任务产生了变化；第三个阶段是在这种转变过程中带来了社会的变化。

现以 OCLC 为例来说明，现代信息技术对图书馆及情

* 原载《中国信息导报》，2000 年第 3 期。

报工作的影响和变化。自1967年OCLC成立以来，提供了一系列以计算机为基础的产品和服务，并在国际范围内促进馆际合作和资源共享的活动中起了重要作用。OCLC的联机联合目录World-CAT和共享编目系统，给美国及世界范围内的图书馆技术服务带来了革命。当今开发的FirstSearch则在世界范围内使图书馆的参考咨询服务发生了变革。OCLC还改变了人们从事学术、科研的方式以及人们利用图书馆的方式。OCLC的发展，得益于它一直把信息技术应用于图书馆的实践和研究的前沿。从OCLC的成长可以看出现代信息技术带给图书馆事业的第一个阶段的变化，最明显地体现在联合目录等图书馆业务的技术服务方面；第二个阶段里，信息处理技术、信息检索技术以及可靠的文献传递系统，使广大范围内的资源共享得到实现，OCLC的World-CAT不仅是当今世界上最大的书目数据库和信息源库，它还支持着世界上当今最活跃的馆际互借(ILL)活动。随着新技术的应用，许多传统的图书馆任务正发生着变化；在第三个阶段，开发出了FirstSearch这样的面向最终用户的交互式的联机信息检索系统，开展联机参考服务。随着日益增多的数据库包括全文数据库上网，传统的图书馆将逐渐进入电子图书馆时代。

就科技情报工作而言，它是随着现代信息技术的产生才得以确立的。可以说情报工作、情报学是现代信息技术应用的产物。情报工作比图书馆工作更加依赖于现代信息技术。信息载体非纸质化、信息组织的数据库化、信息处理的计算机化及信息传递的电信化，直接推动了情报处理、情报检索、情报服务的进展。情报工作和情报学不但随现代信息技术而形成，也依仗它日益丰富和发展。

二、当前图书馆学情报学新的学科生长点

以网络为特征的计算机技术正重塑着整个世界，带来整个社会信息流通结构变化，改变了传统的图书馆及情报工作，促进了图书馆学情报学学科研究的生长点。最近，某些学者通过对专业文献的内容进行分析，发现图书馆学情报学学科领域内的研究最主要的便是对技术所产生影响的关注。

(一)现代信息技术把图书馆学情报学基础理论研究推向信息资源管理时代

图书馆学最初的研究对象和内容只是书本型文献的排序、整理使之便于利用。主要包括目录学、图书馆学及图书馆经营管理学。第二次世界大战后，随着社会的发展，信息的产生和需求大大增加，随之产生的情报学研究对象和内容则是信息的收集、整理、加工及传递利用。图书馆学演化为图书馆学情报学。近十几年来，现代信息技术的发展日新月异，促进社会信息化的进程不断加快，使得信息在人类社会活动中的重要性极大地提高，一种新的资源观——信息资源论已逐渐形成。而日渐壮大的信息网络使图书馆情报学等图书情报类学科置身于网络这一大背景下，成为网络上的一个结点。因此，传统的图书馆学情报学的研究突破了原先狭窄的视野和范围把研究对象的范围扩大到网络之中，以适应信息社会对信息资源管理活动的需求。另一方面，随着信息技术的发展，图书情报类学科对文献中知识、信息内容的加工处理方式更加趋于一致，更加具有共同的技术手段和相似的横断面，使得图书情报类学科有必要也有可能用更广的视野来认识其学科共性，挖掘其普遍规律。信息资源论的形成和信息技术手段的发展，使图书馆学情报学类学科集成的时机日益成熟，从而把图书馆学

情报学基础理论推向信息资源管理时代。

(二)现代信息技术向传统的图书情报业务方法提出挑战

传统的图书情报业务方法西方称为图书馆技术，包括书目法、著录法、分类法、主题法、文摘法、索引法、检索法等。图书情报的业务方法是图书馆情报工作安身立命的基本法。图书情报工作抛开这些方法，一切都无从谈起。图书情报业务方法的研究是图书馆学情报学学科体系中的胚底和基础。

现代信息技术改变了我们生产、存储、描述、分配和获取信息的方式，传统的信息媒体和信息组织方式正逐渐被电子媒体和新的组织方式所代替。但现代信息技术并不能改变信息运动、信息组织的基本规律。图书情报的业务方法也依然是图书情报工作的基本法。随着现代信息技术在传统的业务方法中的广泛应用，将极大地提高图书情报业务的科学性品质，提高信息处理、加工、组织的能力，最终提高了获取知识、信息的能力。现代信息技术背景下图书情报业务方法的研究，是对传统图书馆业务方法研究的延伸与深入，是图书馆学情报学学科的前沿课题之一。

(三)信息网络的研究将是图书馆学情报学研究的发展趋势和重点

信息网络无疑将是未来最主要的信息载体和信息交流工具。信息网络无疑亦使图书情报工作的业务操作、管理模式和服务方式发生重大变化。图书馆学情报学研究应把握这种发展趋势。同时图书馆学情报学针对全球信息化、信息网络化的趋势，具有发挥学科优势来开拓网络化时代信息资源管理的理论和方法。

1. 网络信息资源的组织与管理

传统的图书馆在长期的实践中已形成了一套有效的管理信息资源的国际标准、分类法、主题法，以保证信息资源管理的质量。在网络环境下，要实现有效地组织网络信息资源，要求研究适合网络信息资源的主题指南、分类法和主题词表，从而按信息资源之间存在的内在结构与层次，对网络信息资源进行整序和结构化，使无序的网络信息以有序化体现出来，实现对网上信息资源的组织与管理。

目前网络信息资源的主题标引理论与方法研究、网络信息资源的分类、编目、著录研究，高质量的网络OPAC研究已成为图书馆学和情报学界的重点课题。

2. 网络信息检索技术

信息检索的理论与技术是20世纪中叶兴起并成为图书馆学情报学研究的热点。21世纪图书馆和信息处理、存储进入了网络化时代，信息在网上的流动传播是交互式的，每一种信息都会通过传播而大量派生出其他相关信息。面对如此浩瀚的信息资源，如何开发行之有效的信息检索系统，才能在网络上获取我们所需信息，关键在于先进的网络信息检索技术。因此，网络信息检索技术是网络信息资源管理的又一重大课题。

在大规模分布式网络环境下，开发集成化信息检索系统。在网络平台上，集成图书馆公共目录查询、地区性和全国性联合目录、远程数据库联机检索系统、光盘网络检索系统等多种检索系统，并在此基础上进行图书借阅、馆际互借、文献传递等服务。要建立这种集成化检索系统，还需要研究开发一种能使各个检索系统间相互交流的特殊通信协议。

大规模的分布式的网络环境要求信息检索技术更加智能化。人工智能系统(Artifical Intelligent System)是利用计算机，模拟人脑的推理、思考及分析能力，以解决专家才能处理的复杂问题。智能化的检索技术，使得用户在查询文献时不必过多地掌握检索策略和方法，只需输入检索词，就可以从网络大量的信息中检索出相应的文献。智能化的检索技术研究是网络时代用户高效吸收和利用信息资源的重要前提。

3. 对传统的馆藏理论的冲击

拥有馆藏是传统的图书馆的核心要素。现代情报用户已不再仅把图书馆视为收藏书籍的殿堂，更希冀图书馆是快捷查找信息的中继站。图书馆作为社会信息网络上的一个信息枢纽，在“存取”与“拥有”的选择上，更注重存取。因此检索的质量将取代馆藏质量。从宏观意义上看，网络中的馆藏超越传统意义上的馆藏，表现为本馆的、区域的、全球的、网络的。目前，馆藏活动研究的重要问题包括：如何根据机构的目标、用户的需求和兴趣，以及本馆的服务重点、服务范围，把网上的资源组织起来，使用户的存取具有较强的针对性、科学性；如何对馆藏的重要性进行评估；如何实现馆藏间的资源共享或合作发展馆藏。

4. 信息资源共享理论与实践的研究

信息资源共享在很长时间内一直是图书情报界所努力的目标。由于经济的、技术的、地理的、组织的、功能的等原因，传统的馆际互借(ILL)活动并不能真正活跃地开展，大范围内的资源共享是不尽如人意的。随着信息技术的发展，全球千百万信息管理机构及用户联为一体，联机获取OPAC，方便的远距离检索，以及快速便捷的文献传递系统，使得信息资源共享的技术条件已经趋于成熟。在开发与研究信息资源共享技术的同时，与新技术环境相适应的关于资源共享的非技术条件的研究也提上日程，如信息传播规范研究、知识产权问题、标准化问题、资源共享的组织功能研究、资源共享的信息政策研究等等。

5. 对图书馆网络本身的研究

21 世纪的图书馆网将是整个社会信息大网络中的最重要的一部分。图书馆网络的管理和经营问题，包括：谁来管理图书馆网，网络成员的责、权、利分配，网络的组织形式，图书馆网络的规章与规则，网络的安全管理等等，都要求图书情报界认真研究。

(四)未来图书馆——数字图书馆的研究

1. 数字化图书馆

21 世纪的图书馆将进入以无纸情报交流为特征的数字化图书馆时代。因此对数字化图书馆的理论与方法的研究，开辟了图书情报理论与方法的新空间，代表了未来图书馆学的方向。关于数字化图书馆的研究内容主要包括：

(1)数据存储、压缩、转换技术与理论。

(2)全文检索技术。

(3)多媒体检索技术。随着多媒体文献的增多，如何将这些声音、图像、图形等数字化的信息按特定的特征结构单元组织起来，实现对多媒体信息的检索，是图书情报界研究的热点。

(4)电子出版物的标引、著录，包括网上出版物的标引与编目。

(5)电子图书馆建立的技术手段、方法、程序、质量控制和效益研究等。

2. 未来图书馆服务模式的研究

21 世纪数字化图书馆的技术模式，将对未来的知识组织与传播产生重大影响。图书馆的服务模式亦随之变化。传统的图书馆服务模式主要是在图书馆内，以馆员面对面地向读者提供“收藏”“借还”服务为主。伴随着电信基础设施的建设和高新信息技术的发展，远距离的服务模式得以实现。那么新的图书馆服务模式最终是什么？新的服务模式与旧的服务模式的关系及新服务的内容将是什么?等等,都是新技术的发展向图书馆服务模式提出的挑战。

3. 图书馆员角色转变的研究

技术的发展在图书馆员角色的变迁中一直是一支显性的支配力量。20 世纪中叶以前,图书馆员的角色一直主要是看书人、书籍管理者、文化传播者。20 世纪中叶步入自动化发展阶段后的图书馆员更多地被称为信息中介、信息导航员、信息经纪人等等。90 年代以来,许多学者又提出网络环境下图书馆员扮演的角色:信息资源管理者、知识导航员、网络向导、知识科学者、网络信息的过滤者、学科专家等,甚至有人建议用 Cybrarian 来作为未来图书馆员的称号。

总之,研究图书馆员角色的转变将有助于图书情报界人员面向未来、转变观念、提高知识水平和信息技能,以适应全新的信息环境。

(五)现代信息技术的进展对用户研究的影响

社会组织的生存,与生物和生态现象有某些共同点,其生存主要依赖于(1)在特定的范围内是否有适应能力;(2)是否有演进能力。图书情报工作的出发点和最终归宿在于"用户"。作为图书情报工作永恒话题的用户研究,在现代信息技术环境下,依然是确保图书情报工作是否具有适应能力和发展能力的生死攸关的重大课题。新的信息技术环境,特别是网络技术环境使人们的阅读行为、研究方式产生了嬗变,要求图书情报工作调整适应和重新设计,采取更加以用户为中心的理念来进行用户研究,包括现代信息技术对用户使用信息的行为影响研究、心理影响研究;设计更加友好的用户界面研究;用户自我服务系统的研究;最新研究终端用户的需求;等等。

信息技术对图书馆学基础理论的影响*

考查图书馆史不难看出，科学技术是推动图书馆向前不断发展的强大助推器。不论是近代的印刷技术，还是现代的缩微、复印技术，都使图书馆的工作内容和服务手段发生了很大的变化。但在图书馆的发展历程中，真正使图书馆发生翻天覆地变化的则是以计算机技术、通信技术和网络技术为核心的信息技术。由于信息技术改变了人类记录信息的方式和传递信息的手段，因此，不论图书馆形态，还是图书馆的经营理念、工作内容、服务手段都发生了前所未有的变化。图书馆实践的重大变革，使得图书馆学的基础理论也发生了一些变化。在数字化信息日益增长、网络化程度日益提高的今天，图书馆的要素、法则、基本矛盾、属性、社会职能以及图书馆学的研究对象、学科性质都有重新审视的必要。

* 原载《江苏图书馆学报》，2000 年第 3 期，与高波合写。

一、图书馆要素

图书馆是一个复杂的人工系统，系统都是由要素组成的。因此，图书馆也是由若干要素组成的。图书馆是由哪些要素组成的？这个看似简单的问题今天仍众说纷纭，莫衷一是。早在1929年，陶述先就提出图书馆是由书籍、馆员、读者三个要素组成的。1932年，杜定友提出书、人、法是图书馆的三个要素。1934年，刘国钧提出了图书馆的四要素，即图书、人员、方法和设备。1957年他把图书馆的要素确定为读者、图书、领导和干部、工作方法、建筑与设备。1988年黄宗忠在《图书馆学导论》中提出了图书馆是由藏书、馆员、读者、建筑和设备、技术方法、管理六个要素组成的。1998年徐引篪、霍国庆从系统科学方法的角度分析，以“综合—分析—综合”的系统科学分析方法为指导，兼顾图书馆过去、现在、未来的发展，将图书馆的要素概括为四个，即信息资源、用户、信息人员、信息设施。① 我们姑且称之为新四要素说。显而易见，徐引篪和霍国庆的新四要素说带有明显的时代色彩和信息技术的影子。新四要素说用“信息资源”取代“图书”是符合实际的。因为现代图书馆的馆藏早已不是纸张文献一枝独秀的时代了，不但馆藏文献类型结构发生了较大的变化，就连网络上的电子信息资源也已经成为图书馆的虚拟馆藏。因此，应该用“信息资源”取代“图书”。同时，新四要素说认为“技术方法”作为一种要素逻辑地包含在“图书馆人员”和“图书馆设施”等要素中，无法分解出来，故而未将“技术方法”单独作为一个要素列出，这也是应该予以肯

① 徐引篪、霍国庆：《现代图书馆学理论》，143页，北京，北京图书馆出版社，1999。

定的。不过，新四要素说的另外三个要素似乎倒是有值得商榷之处。首先，用“用户”取代“读者”似乎有些过于超前。我们知道，利用图书馆服务的个人和社会团体称为图书馆读者，简称读者；使用情报系统的情报服务或情报产品的单位或个人称为情报用户，简称用户。固然，随着信息社会的到来以及信息技术在图书馆应用的加强，图书馆尤其是大学图书馆和大型公共图书馆已经承担了过去只有情报机构才能做的情报工作；诚然，网络信息资源已经成为图书馆的虚拟馆藏，但目前乃至于可预见的将来，图书馆仍然是一个传统图书馆服务内容和现代信息服务相结合的文献信息中心。因此，用情报机构的服务对象——用户取代图书馆的服务对象——读者，时机未成熟，但又不能无视当前这种读者与用户的“兼职”关系，因此，将图书馆的第二要素定为读者(用户)较为合适。

其次，用“信息人员”取代“馆员”也似不妥。馆员是图书馆的简称，专指性较强。而信息人员可以指所有机构和部门从事信息服务工作的人(当然也包括图书馆从事信息开发、咨询的人员)。一般来讲，只有概念不能容纳事物的时候，才有更新概念的必要。“图书”已经不能容纳馆藏的全部文献类型，理应改为信息资源。而“馆员”的情况则不同。“馆员”的外延很大，它泛指在图书馆从事一切工作的人，具有很强的兼容性，即使图书馆演变成了数字图书馆，还称图书馆的工作人员为馆员似也无妨。

最后，用“信息设施”来包含建筑和设备也存在一定的问题。据《辞海》解释，设施即设备，是指生产或生活中所需要的各种器械用品。因此，“信息设备”涵盖不了建筑，而建筑这一要素是不可阙如的，即使到数字图书馆完全取代传统图书馆的那一天，建筑也还会存在的，所不同的是，其形状和内部结构会大不相同了。

二、图书馆的法则

纵观图书馆学发展史，时至今日，能够为世界图书馆学界普遍认可的“法则”恐怕只有印度图书馆学家阮冈纳赞提出的图书馆学五定律了。严格来说，阮冈纳赞的五定律恐怕只有第五法则“图书馆是个生长着的有机体”能够称得上法则，其余四个恐怕均不能够称为法则，则更像职业规范和准则。关于这点本文拟展开论述。我们这样评价阮氏五定律，并不是否定五定律的历史贡献及其在学术史上的历史地位，因为它毕竟是我们这个职业规范的最简明表述，它充实和完善了图书馆学的内容，对图书馆学和图书馆事业的发展有很大的影响。①

然而，五定律毕竟是在20世纪30年代那个特定的历史时期、特定的历史环境下提出来的，因此，有的“法则”在当时及以后的一定历史时期内具有普遍的现实意义，而对于目前图书馆已办在居民身边、普遍开架借书以及网络化存取的国家来说，则已经失去了现实的意义。因此，我们说，除了“图书馆是个生长的有机体”这一定律具有经久不衰的生命力外，其他“定律”已经不具有普遍的现实意义了。②

正是由于阮冈纳赞的五定律中多数定律现已失去了普遍的现实意义，不能对网络环境下的图书馆给予理论的指导，因此，美国学者米切尔·戈曼在其1995年出版的著作——《未来的图书馆：梦想，狂想与现实》中，提出了“图书馆新五定律”(Five New Laws of Librarianship)。他自称：图书馆学新五定律的提出，是站在我们职业的这位

① 《中国大百科全书，图书馆情报学档案学》，440页，北京，中国大百科全书出版社，1993。

② 袁咏秋，李家乔：《外国图书馆学名著选读》，267页，北京，北京大学出版社，1988。

巨人肩上，以当今图书馆及其未来发展趋势为背景，对阮冈纳赞图书馆学五定律所蕴含真理的重新解释。① 本文不对新五定律能否构成定律做出评论，只想介绍新五定律中与信息技术有关的一些内容。

在新五定律中，第二和第三定律都涉及了科学技术问题。首先，在“掌握各种知识传播方式”这一定律中，米切尔·戈曼阐述了这样一个思想：图书馆应对印刷文献和电子文献等各种知识传播方式给予同样的重视，应本着实用主义的原则来选择传播知识的载体和方式。在“明智地采用科学技术提高服务质量”这个第三定律中，米切尔·戈曼总结出“图书馆工作发展的历史，是一个将新技术与新方法成功地结合到现有活动和服务中的过程。”②在是否应用新技术这个问题上，图书馆员不应感情用事，而应该本着提高服务质量这个原则来对待新技术的应用。总之，米切尔·戈曼在他的第二、第三定律中告诉人们，对于信息技术给图书馆带来的巨大冲击，我们应该采取积极的、实用的而不是消极的、盲从的态度。从这点来说，米切尔·戈曼的“新五律”有一定的现实意义。

三、图书馆的属性

在网络环境下，传统图书馆所固有的中介性、社会性、学术性、服务性并没有发生什么变化。有人说，随着虚拟图书馆的出现，读者（用户）可以不用通过图书馆而直接在虚拟图书馆上检索所需要的信息，因而，图书馆的中介性受到了削弱。其实这只能说明图书馆“信

---

① 景海燕：《图书馆学新五定律》，载《图书馆理论与实践》，1998 年第 3 期，57～58 页。

② 景海燕：《图书馆学新五定律》，载《图书馆理论与实践》，1998 年第 3 期，57～58 页。

息垄断”地位的终结，并不能说明图书馆的中介性受到了削弱。因为图书馆依然存在，而且会永远存在下去。只不过是数字图书馆建成的那一天，图书馆的名称可能会发生变化，但读者(用户)还是要通过图书馆这个节点来获得所需的信息，所不同的是，可以不像现在亲自到图书馆而是在家里或任何一个上网的计算机前完成检索任务。离开了图书馆这个中介节点，用户仍然不能查找到所需的资料和信息。因此，我们说中介性仍是网络环境下图书馆的属性之一。虽然网络环境没有改变图书馆所固有的属性，但是，随着信息社会的到来，图书馆的生产性却像冰山一样浮出了水面。

决定一个行业、部门是否具有生产性，主要看该行业、部门的劳动者从事的是生产劳动还是非生产劳动。传统的经济学理论认为只有物质生产部门的劳动才是生产劳动。现在看来，这种观点已经落后于时代了。当前，人类已经进入了知识经济时代，生产劳动的性质发生了巨大的变化。现实的生产劳动应是物质生产领域或非物质生产领域以物质产品、服务或精神产品形式为社会创造的具有国民经济统计意义的社会有效劳动。它不以是否创造出物质产品，也不以价值的实现方式或产品的购买方式作为判断的标准，只要创造出价值，具有国民经济统计意义上的有效劳动，就是生产劳动。① 从这个意义上来说，图书馆员所从事的是生产劳动，因此图书馆具有生产性质。

首先，图书馆为社会提供的信息服务，同样是各种生产关系所必需的，所不同的是这种特殊服务不是用来满足某个消费者的需求，而是满足社会的公共需求。图书馆员的工作既要消耗体力，又要消耗脑

---

① 唐任伍，吴文清：《论生产性劳动》，载《当代经济研究》，1999 年第 9 期，10～14 页、37 页。

力，其为国家的教育、经济、科学技术发展所创造的价值是其他部门所无法替代的。所以他们的劳动同样是有创造价值的生产劳动。所不同的是他们所提供的劳动及部分劳动产品的价值并非通过市场，而由国家以财政预算的方式有计划地统一购买、统一支付。

其次，图书馆员的劳动是符合社会生产目的、有利于社会及人民生活健康发展的劳动，因而是有效劳动。

最后，图书馆对信息资源的开发使图书馆的生产性质充分地显现了出来。因为信息资源开发是一种创造性的生产劳动，它是图书馆以市场需求为导向，以馆藏文献信息资源和网上信息资源为开发对象，生产新的信息产品的活动。其开发的产品将和物质产品一样可以作为商品在市场中交换。我国图书馆在 80 年代初就已经开始重视加强情报服务工作，高校、公共、科研系统的图书馆都围绕重点科研项目开展了各种形式的情报服务工作，图书馆针对课题的需要开发出了诸如索引、书目、题录、综述、述评等形式的信息产品。由于经济体制及观念的原因，这些通过图书馆员生产劳动创造出来的产品不可能拿到市场上交换，都是无偿使用。尽管如此，图书馆的生产性质还是凸显起来了。80 年代中期，随着我国商品经济的发展，图书馆界开始尝试在情报服务等领域开展有偿服务。于是人们将这一时期开发的信息产品进行了有偿提供。尽管这一时期的有偿信息服务与目前的深度开发性信息服务不可同日而语，但它毕竟使图书馆的生产劳动价值得到了一定程度上的体现，因而客观上也使图书馆的生产性质色彩浓厚了一些。随着 1992 年市场经济体制在我国的确立，尤其是因特网的迅速发展和信息社会的到来，个人和团体对信息的需求达到了空前的程度，人们已不满足于传统图书馆以文献为单元的信息服务，而是需要提供以知识和信息为单元的多元化信息服务，这就为图书馆信息资源开发的劳动产品名正言顺地走向市场提供了契机。目前，对图书馆开展适当的产业化经营已经取得了共识，而信息资源开发则是产业化经营的主要内容。这就再一次证明了图书馆的生产性质。

以上我们从图书馆员的劳动属性这一角度论证了图书馆的生产性质。从社会生产角度而言，图书馆也是具有生产性质。因为社会生产不仅包括物质资料的生产，也包括精神产品的生产和人类自身的生产。而图书馆则是生产精神产品的社会组织。①

四、图书馆的社会职能

如同图书馆的社会属性一样，图书馆的社会职能也在随着社会的发展而发生变化。社会每一次大的变革，科学技术的每一次革命，都会在原有职能的基础上赋予图书馆以新的职能。1975 年，国际图联在法国里昂召开了关于图书馆职能的科学讨论会。会议确定现代图书馆有四种社会职能，即：保存人类文化遗产、开展社会教育、传递科学信息、开发智力资源。里昂会议确立的四项职能得到了图书馆学界的普遍认可。然而仅仅相隔 20 年左右的时间，由于信息技术的飞速发展，社会信息化的步伐大大加快，人类进入了知识经济的时代，在人类已经进入信息社会这么一个大环境里，社会信息的供需条件和供需关系发生了很大的变化，人们的信息需求也日趋多元化，图书馆的服务内容和方式也在发生着变化。因此，图书馆的社会职能也在发生了一定的变化。我们认为在瞬息万变的信息时代，图书馆具有如下几个职能：

---

① 于鸣镝，那春光：《图书馆的生产性质》，载《中国图书馆学报》，1993(2)，11～15 页、92 页。

(一)保存人类精神文化遗产

之所以用“精神文化遗产”取代原有的“文化遗产”，是因为广义的文化是指“人类社会历史实践过程中所创造的物质财富和精神财富的总和”,① 而图书馆保存的只是人类创造的各种载体的精神财富。保存人类精神文化遗产，是图书馆独有的从古至今不可阙如的职能。因为图书馆是人类文明得以延续的火种，没有这个火种，地球就会一片黑暗。数字化生存的时代这个职能也不会消失。

(二)开展社会教育

21 世纪的经济是知识经济；21 世纪的教育是终身教育；21 世纪的图书馆是实施终身教育的社会教育课堂。19 世纪大工业生产带给图书馆的社会教育职能在 21 世纪只会加强不会削弱。

(三)传递多元信息

21 世纪人类将普遍进入信息社会。在信息社会里个人及企业占有信息的多少将直接影响其生产质量或企业的效益乃至于命运。人们为了工作、学习、生活、娱乐将需要各种各样的信息。图书馆不仅要传递科学信息，而且还要凭借丰富的虚拟馆藏为读者(用户)提供经济信息、商业信息、生产信息等等。

(四)生产信息产品

这是当代图书馆的生产属性所决定的。在现代产业体系中，图书馆属于信息业，具体说是信息服务业。1999 年，美国重新明确了信息产业的定义，即信息业特指将信息转变为商品的行业，它不仅包括了软件、数据库、卫星通信、寻呼、移动电话和其他无线通信、有线信息及其他信息服务，也包括了传统的报纸、书刊的出版、电影、音

① 《辞海(缩印本)》，1731 页，上海，上海辞书出版社，1989。

像出版、甚至图书馆等行业。计算机和通信设备等的生产不再包括在内而划为制造业下的一个分支。[①] 我国虽然没有明确规定信息产业包括图书馆，但事实上图书馆确确实实是信息服务业的组成部分。现在，图书馆的有识之士已经形成了共识：图书馆是信息产业的一部分，再不是过去的借书馆，应将文献信息开发产业化。开发信息资源，生产信息产品，是信息社会赋予图书馆的新的使命。

(五)储备战略资源

约翰·奈斯比特曾说过："在工业社会里，战略资源是资本；在信息社会里，战略资源是信息。"这个预言已经为现实所证明。目前，各国都在加强本国的信息资源建设，以期在信息社会中立于不败之地。美国国会图书馆馆长 Billington 说过："针对美国正在建设信息高速公路这一事实和社会背景，有必要对国会图书馆的馆藏目标重新定位。国会图书馆的馆藏是国家战略信息库的一个组成部分，将为信息高速公路提供知识产品。"[②]由此，我们不难看出，在信息社会里，图书馆肩负着国家储备战略资源的职责。这是图书馆在信息社会里所特有的职能。

(六)开展文化娱乐

对于现代图书馆来说，以上五种职能固然重要，但传统图书馆的文化娱乐职能不可抛弃，这是由图书馆的性质所决定的。在人们日益注重生活质量的今天，生活中不仅需要紧张的学习和工作，还需要悠闲的娱乐和消遣，而图书馆则是高品位的文化娱乐和消遣场所。

---

① 《美国明确信息产业定义》，载《图书馆杂志》，1999 年第 5 期，40 页。

② 汪冰：《电子图书馆理论与实践》，179 页，北京，北京图书馆出版社，1997。

(七)网络导航

因特网犹如蕴藏无限宝藏的喜马拉雅山，但“淘金者”却常常由于不知道宝藏之所在而望“网”兴叹。而图书馆则恰好具备在信息的海洋里搜寻信息的专长。因此，在新的世纪里，图书馆员应该重整形象，义不容辞地担负起网络领航员的职责，这既是本身职责的延伸，也是社会的需要。

五、图书馆的基本矛盾

一般认为，藏与用是传统图书馆的基本矛盾。藏是用的条件，用是藏的目的，没有藏就谈不上用，图书馆藏书做得好，就能促进书刊的利用；反之，图书馆藏书利用率高，发挥的作用大，又能促进图书馆的采购、分编、典藏等工作。① 然而，在电子信息资源日益丰富、图书馆自动化、网络化程度越来越高的今天，图书馆的基本矛盾已经悄悄发生了变化，由原来的藏与用，正在向网络信息检索与读者信息需求转变。因为在文献呈指数增长的今天，任何一个图书馆仅凭本馆的信息资源都无法满足读者多元化的信息需求，然而，随着信息技术的飞速发展，图书馆自动化、网络化程度的日益提高，图书馆人苦苦追求的资源共享正在逐步变成现实。因此，使得藏与用这对矛盾在逐渐缩小。与此同时，图书馆对虚拟馆藏的检索能力与读者的信息需求的矛盾则显现了出来，并成为图书馆的主要矛盾。只有解决好这个主要矛盾，图书馆才算出色地完成了它的使命。因此，我们说对虚拟馆藏的检索能力与读者的信息需求是21世纪图书馆的主要矛盾。

---

① 吴慰慈，邵巍：《图书馆学概论》，6页，北京，书目文献出版社，1985。

六、图书馆学的研究对象和研究内容发生了一些变化

在讨论图书馆学的研究内容变化之前，我们有必要对图书馆学的研究对象这个基本的问题做一些说明和解释。

那么，什么是图书馆学的研究对象？图书馆学的研究对象就是文献信息流、图书馆、读者(用户)。这里的文献信息流是指尚未进入消费阶段正处于流通过程中的文献信息总和(含网络信息资源)。其研究内容包括：(1)文献信息的产生、类型以及属性、特征、功能、载体等。(2)文献信息流的形成、流量、特点及规律等。这里的图书馆是泛指具体的图书馆，而不是抽象意义上的图书馆。研究内容包括：(1)文献信息的收集、整理、保管、管理、传播等方面的理论、方法与技术。(2)不同时代、不同国别、不同类型图书馆的特征、功能及其特殊规律。(3)图书馆的发生、发展、变化及一般规律。既要研究图书馆活动的现象，又要研究图书馆活动的本质；既要研究图书馆技术，又要研究图书馆事业以及图书馆的社会环境。这里之所以把“用户”列入“读者”的队伍之中。是因为现代图书馆已经具有情报服务的功能，传统意义上的读者已经包含不了接受图书馆的情报服务以及使用其情报产品的用户了。如果说文献信息流是一股股山间小溪的话，那么，图书馆则是使无序的小溪成为有序资源的水库。读者(用户)则是这个水库资源的利用者。换句话说，在文献信息流、图书馆、读者(用户)三者的关系链中，文献信息流是信源，图书馆是信道，读者(用户)是信宿，三者共同完成了文献信息的交流过程。

由此不难看出，图书馆学的研究对象是一个多维的复杂客体。随着信息技术的飞速发展，信息产业作为国民经济新的增长点，正成为一个生机勃勃的朝阳产业。作为信息服务业组成部分的图书馆，正发

挥着独特的作用。与此同时，图书馆学的研究空间也从文献信息管理拓展到了信息、信息产业、信息服务业的领域，从传统图书馆的研究拓展到电子图书馆的研究，并由此带来了一系列理论和观念上的变化。①

七、图书馆学的学科性质发生了变化

我们认为，信息时代的图书馆学是一门综合性学科。所谓综合性学科就是运用多种学科理论和方法对复杂客体进行综合研究的学科。一门学科的性质取决于该学科的研究对象和研究方法。图书馆学的学科性质也是随着图书馆学的研究对象的变化而变化的。图书馆学在最初形成之时由于其研究对象局限于图书馆工作，研究内容偏重于技术方法，因而，其学科性质，原则上讲属于应用科学的范围。随着社会和科学技术的发展，图书馆越来越多地重视图书馆的宏观问题，特别注意图书馆与社会的关系，研究内容也增加了理论的成分，因而，其学科性质逐渐演变成了社会科学②。现在，人类已经进入了信息时代。信息技术改变了人类记录信息的方式和传递信息的手段，进而促使传统图书馆向数字图书馆演变。这些变化，使得图书馆在信息服务过程中，技术含量达到了前所未有的程度，这就使得现代图书馆学的研究对象这个本来就复杂的客体变得更加复杂化了。如此复杂的客体仅仅依靠图书馆学固有的理论和方法是远远不能解释研究对象所表现出来的种种现象和找到解决问题的办法的，必须借助社会科学、自然

---

① 吴慰慈：《回顾过去　展望未来　开拓前进——建设面向21世纪的图书馆学学科体系》，载《中国图书馆学报》，1998年第5期，3～6页。

② 吴慰慈，邵巍：《图书馆学概论》，6页，21页，北京，书目文献出版社，1985。

科学、技术科学的相关学科理论和方法，对图书馆学的研究对象进行综合研究，否则，图书馆学在信息时代会裹足不前，最终必将导致萎缩、消失，成为信息时代的恐龙。

说信息时代的图书馆学是一门综合性学科必会有人质疑，然而，谁不知道研究电子文献信息流需要借助电子出版技术以及网络出版技术的理论？谁不知道图书馆这个社会组织若要科学、有效地运行，一天也离不开管理科学理论的指导？谁不知道馆藏发展需要经济理论的支持？谁不知道知识的组织需要语言学作为基础？谁不知道藏书的保护必须依赖于生物学和化学的理论？谁不知道电子图书馆的建立、运行离不开数字化技术、信息存储技术、数据库技术、网络通信技术和多媒体、超文本、超媒体技术？谁不知道读者(用户)的研究应该运用心理学、行为科学的原理？谁不知道图书馆活动中有大量的现象可以用应用统计学、数学的方法揭示各种量的关系，继而深入到对质的认识？谁不知……

类似上文的“谁不知”可谓举不胜举。此外，图书馆学教育的情报化、图书馆学研究的情报化、图书馆工作的情报化与图书馆学者的情报学者化也从不同侧面说明图书馆学向综合性学科转化。[①] 因为情报学就是一门综合性学科。因此，我们说，信息时代的图书馆学是一门综合性学科。

结束语

信息技术的每一次革命，都给图书馆带来一次大的变革，图书馆学的基础理论当然也就发生了一些变化。但现代信息技术给图书馆学

---

① 周文骏，杨晓骏，王益明：《论图书馆专业教育的内容与方法》，载《图书馆建设》，1994(3)，5～9页。

基础理论带来的影响则是前所未有的。而且，这种影响刚刚开始远未结束。因此，一些理论问题的变化刚刚浮出水面，且被薄雾萦绕。本文只是对部分发生了变化的基础理论问题做些初步的探索性研究，旨在抛砖引玉。

面向21世纪图书馆学研究的新趋向*

——与北京大学信息管理系吴慰慈教授的通信访谈

问：您多年从事图书馆学教学和科研工作，请您谈谈对20世纪我国图书馆学研究的看法。

答：半个多世纪以来，我国图书馆学研究范畴一直处于不断的拓展和更新之中。20世纪40年代以前，图书馆学研究适应纸质载体文献和机器印刷技术的环境特征，处于相对稳定的发展状态中，主要研究领域是分类编目、书目资源管理、文献采访、文献保管与保护等。图书馆学知识的更新主要是新版分类体系和编目规则的运用，图书馆学基础理论研究主要是以图书馆作为研究对象，并逐步深入图书馆的诸要素领域。

40至50年代，虽然计算机已经问世，但当时还没有给图书馆工作带来重大影响。这个阶段，图书馆学研究的主要注意力转移到了文献工作和文献学领域，重视对文献组织和检索的研究。

* 原载《图书馆理论与实践》，2000年第5期。

60 至 70 年代，随着出版物的急剧增长，计算机在信息组织、检索方面的优势日益明显。由于 MARC 格式和集中编目网络的出现，使共享编目成为可能，分类编目工作的凸显地位开始下降，对图书情报机构管理问题的研究渐渐增加，引文分析、书目计量等方面的论文逐渐上升，联机检索和联机信息系统成为图书馆学研究中的一个新课题。

80 年代，计算机开始大量在图书情报工作中应用，研究重心转移到图书馆自动化集成系统、文献信息管理系统以及联机数据库检索系统的开发应用等方面，情报检索语言成为一个新的学科生长点。80 年代后期，随着图书馆情报网络的建设，业内人士更加重视协作协调和文献资源共享等宏观现实问题，对信息服务的研究也逐渐深化。

进入 90 年代，随着信息基础设施建设速度加快，信息化和网络化的浪潮波及社会各个角落，图书馆界日渐重视网络环境下图书情报新的发展机制问题，研究热点集中到对数字图书馆的研制。如何有效地实现多媒体信息的数字化、信息的网上传递、网上信息交互式非线性共享存取成为研究的焦点。

以上简要勾勒了近半个世纪以来图书馆学研究的发展轨迹，可以说明图书馆学的研究范畴一直处于不断更新和拓展之中，而且这个过程远没有结束，在 21 世纪将继续下去。

问：当前，知识经济已初见端倪，知识在社会生活中的地位和作用日趋显赫，人们渐渐明确，图书情报工作最有价值的核心内容，就是对知识的有效管理。在这个形势下，请问图书馆学研究的新趋向是什么？

答：21 世纪是技术唱主角的世纪。新经济的蓬勃发展，经济的全球化将改变人类生活的各个方面。技术、经济和社会环境的变迁，使得传统图书馆的转型和图书馆员角色的转换成为不可避免的趋势。在这个形势下，图书馆学研究对象的调整成为必然。图书馆学研究过去基于纸质载体文献和传统图书馆活动，是从文献收藏、整理、检索和流通的视角来开展研究工作的。在虚拟知识空间中，用户更多的是需要图书馆提供存取支持和服务，也就是要求图书馆学从知识存取的视角，研究如何帮助用户发现知识、获取知识、利用知识。图书馆的工作对象由文献单元深入到知识内容单元，图书馆学的研究对象也只能是与知识管理直接相关的图书馆工作机制或服务机制。这种工作机制或者服务机制不只限于传统图书馆机构之内，为传统图书馆员所有，而是具有了更大的适用范围。这样，图书馆学研究就有可能融入更广泛的知识经济活动中去，一方面从广阔的实践中汲取学科营养，发展专业知识；另一方面图书馆学研究成果也会产生更宽广的适用范围和更大的社会价值。

融合理论与技术，创造学科发展新优势，这是图书馆学研究的又一个新趋向。当前现代信息技术突飞猛进，网络知识产业快速发展。在网络知识产业中，图书馆学特有的分类、编目、索引、文摘、检索语言等专业理论和方法仍然占有重要的地位，图书馆学在虚拟知识空间中并没有失去继续存在和发展的机会。在网络内容提供商中，许多人是从计算机、通信、网络等现代信息技术的知识背景出发，寻求对网络世界中的信息、知识进行组织、控制和提供检索。而现在图书馆学研究越来越多的一部分注意力就放在对网络知识内容的组织、控制和提供利用。这两者分别从现代信息技术和图书馆学两个方向出发，追求的却是同一目标。IT专家主要考虑怎样提供一种完全智能、自动化、高效率的信息存取机制；而图书馆专家更多地考虑知识内容本身的合理逻辑性，寻求科学的知识建构、组织和控制的途径。这两者应该相互补充和支持，因为图书馆事业是技术敏感型的事业，在图书馆发展史上，信息技术总是渗透到图书馆业务工作和技术设备之中，并武装了图书馆员，成为图书馆事业发展中最重要的生产力因素。在图书馆学研究中，应用性技术研究无疑占有相当重要的地位。图书馆学理论和方法必须与现代信息技术紧密地结合起来，只有这样才能创造交叉发展的学科优势，并继而使之转化成为资源优势，在虚拟知识空间中产生显著的社会经济效益。

强化管理学科色彩，重视对知识的组织与控制。1998 年，国家教育部颁布了新的本科专业目录，在管理学科门类下设“信息管理与信息系统”“图书馆学”“档案学”专业，进一步明确了图书馆学的学科定位。今后，图书馆学研究应强化管理学思想，积极参与知识管理研究。不仅要重视解决图书馆机构内部的知识管理问题，也要研究社会上各类组织机构中的知识管理问题。在网络环境中，仅仅重视信息收集、整理、存储、检索，而不重视知识分析、提炼、增值、创新是十分不够的。因此，要强化图书馆学的管理学科色彩，使之与知识管理的理论与实践相适应，建设面向知识经济时代的图书馆学学科体系。

问：现在有些学者开始思考网络环境下图书馆学新的知识生长点问题，您对这个问题有何看法？

答：从去年开始，我也在考虑这个问题。这是一个应该引起关注并进行研究的问题。今年 4 月 25 日至 27 日，中国图书馆学会基础理论专业委员会和文献资源建设专业委员会在江苏常州召开的工作会议上，也探讨了新的技术环境中图书馆学新的知识生长点问题，与会者发表了很多有价值的见解。有资料表明，60 年代至 90 年代，世界图书馆学研究有三个热点，首先是信息存储和检索，其次是图书情报管理和服务，再次是信息查询和利用。在我国图书情报界，关于图书馆学情报学原理研究居第一位，图书情报服务居第二位，关于信息产业的研究居第三位。上述研究结果可以视为一个相对稳定时期图书馆学情报学的核心主题。现代信息技术的应用，促使这些核心主题的分布又发生新的变化。尤其是90年代后期以来，图书馆学一些新的知识生长点逐渐成长，主要集中在文献建构、元数据、数字图书馆、知识管理等方面。

文献建构主要指对文献形式结构与文献功能的关系的研究。当纸质文献在文献交流中退居次要地位时，文献的生产、发布、保存、存取、传递等环节都对数字化文献的结构提出了新的要求。数字化文献的形式结构直接影响其功能，比如在置标语言中，文献建构不仅决定着文献的美观性、通用性、数据压缩能力，而且元数据的嵌入还会决定文献的被检索性能。图书馆界要对网络知识空间进行有效控制，必须在文献建构的研究和设计中参与意见。

元数据(Metadata)是计算机可识读的关于数字化信息资源的信息，是关于数据的数据。因特网的发展提出了对网络知识空间的信息进行组织、控制的新要求，也促进了元数据的研究。元数据的研究有利于形成自动化、高质量的网络搜索引擎，有利于网上信息存取和检索。近年来出现了许多不同的元数据标准，如EDIFACT、MARC、Dublin Core、DOI等，却缺乏统一的标识符系统。数字化信息资源的大量涌现，越来越需要生产、维护元数据并提供元数据检索的工具和系统，元数据的标准化成为一个关键问题，各种体系的元数据正逐步走向统一和融合。图书馆学界把书目理论和元数据理论结合起来进行研究，推动了书目控制理论的发展，使书目控制的对象扩展到了虚拟知识空间。

数字图书馆不是简单地把现有图书馆藏书的数字化，数字图书馆建设是一个需要政府支持的跨行业工程，需要社会广泛的合作和协调。当前正处于数字图书馆的试验建设阶段，国内有许多试验项目正在分头展开，亟须加强数字图书馆理论与实践研究的协调。当前迫切需要解决的主要问题包括：哪些主题的文献应该优先数字化；存储格式的选择，怎样既满足当前需要，又考虑未来发展；如何协调行动，避免重复浪费和无效劳动；怎样解决网络环境下知识产权保护、文献传播的法律控制等问题。

随着知识经济的到来，知识管理越来越受到人们的关注。知识管理可以定义为组织、控制知识并为管理决策服务的过程。知识管理的核心是有效利用知识并使之增值、创造效益。图书馆学研究不能忽视知识管理的理论与实践。开展知识管理问题的研究，将推动图书馆学研究超越传统图书馆机构的局限，去面向更广阔的实践基础。同时，知识管理研究也将促使图书馆专业人员与知识管理专家(如 CIO、CKO)等角色对应起来，产生更大的社会适应能力。知识管理是一个迅速发展的领域，图书情报专家要向知识管理领域进军。

网络信息资源管理的标准化体系研究*

网络信息资源缺乏有效管理已经成为图书馆学情报学理论界、实践部门以及广大用户普遍关注的问题。虽然人们已经意识到应该对网络信息实施一定的控制，但是至今仍未有较好的解决方案。

我们认为，做好网络信息资源管理工作首先应该关注网络信息资源管理的标准化问题。为此，深入分析网络信息资源建设标准化体系的构成要素，制定一个较为完善的网络信息资源管理标准化体系是目前网络信息资源管理工作的迫切需要。

基于这样一种思想，本文分析了网络信息资源管理标准化体系的构建要素、制定策略，重点对文献信息资源的数字化和网络化建设标准、网络信息资源导航服务标准、网络信息资源共享标准、网络信息资源存储标准等四个主要领域做出探讨。

---

* 原载《情报科学》，2001 年第 19 卷第 1 期，与张久珍合写。

一、标准化的必要性

1. 网络信息资源的特性。传统信息资源的数量、范围、格式都是明确的，图书馆员可以基本把握这些信息的来源、获取方式以及如何对这些信息资源进行收集、处理和传播。网络信息的数量是庞大的，从庞大的信息中寻找特定信息是困难的；网络信息的质量是参差不齐的，既蕴藏着大量有用信息，又充斥着很多无用信息；网络信息的存在状态是多样化的，其类型多样，存储格式各异，信息处理方法是非线性的，如何掌握网络信息的存在状态是一个大问题，网络信息资源的特性要求我们必须规定信息揭示的统一标准和获取、使用信息的具体规则，以保证所有的信息资源都可以得到充分利用，同时也保证每一个用户的信息需求都可以得到满足。

2. 网络信息资源管理的特殊性。网络信息资源管理不同于传统图书馆对文献信息资源的管理，管理的对象是以超文本格式存在，集文字、图像、音频、视频为一体的多媒体信息，有特殊的存储介质，可以迅速传播、动态更新、实时交互。所以，管理网络信息资源的原则、方式、手段都发生了变化，网络信息资源管理的特殊性要求我们在实施文献信息资源数字化、网络化建设时采取标准的输入、输出格式以便实现不同图书馆网络信息资源之间的互联与交流；在网络信息组织方面实现分类体系的统一以便于畅通的数据互换；在联机联合编目方面实现目录的标准化以便用户以统一的检索途径获取信息；实现数据的标准化与统一性是网络信息资源共享的前提条件。所以，对网络信息资源管理实施标准化控制是很有必要的。

3. 我国网络信息资源管理现状堪忧。

(1)现有网络信息搜索引擎不能实现有效的管理。

针对网络信息纷繁芜杂的内容形式和组织方式，一些计算机和信息管理人员开发出各种各样的信息查询和检索工具。在迄今世界上最大的搜索引擎网站 searchpower. com 上，已收录的搜索引擎达 16242 个，如外文类有 Archie、Veronica、Yahoo、Infoseek、Lycos 等，中文类有天网、搜狐、常青藤等，以上这些检索工具可以帮助用户进行目标明确的检索。但是这些搜索引擎存在的缺陷使网络信息的管理处于无序和混乱状态。在美国一个关于网络信息标准化的倡议书中指出："随着网络资源的数量与种类的增多，我们日益需要构建一个把这些不同类型的元数据与那些资源联合在一起的体系结构（architecture）。在现在的网络世界中，发现网络资源的主要工具是 Webcrawlers 或 spiders，虽然这些工具在全文标引 HTML 网页方面很有用，但是他们的缺点也日见突出。"当时举出的例子很能说明目前网络资源的状态：输入检索词 Mercury，你会同时得到关于行星 Mercury、化学元素 Mercury、希腊神 Mercury 等文章，带着特定问题来检索信息的用户是不会同时对这些文章感兴趣的。综合性的搜索引擎的弊端暴露无遗。其弊端还表现在：搜索引擎不能对信息进行及时更新，很多信息处于"错"链接和"死"链接状态；随着网络信息数量的指数级增长，引擎数据库急剧膨胀，检索速度逐步降低；搜索引擎系统收集的大量缺乏针对性，无法有区别地对待用户的需要，也无法提供各种层次的用户的信息需求；搜索引擎仅能提供分类浏览的查询方式和关键词全文检索方式，缺乏概念的、主题的、特定学科的等多种检索途径，使检索效果不尽如人意。

（2）我国网络信息资源管理标准化远落后于国外及国际水平。

国外图书馆学情报学界在意识到上述问题后积极改善网络信息资源管理的不良状况。他们在网络信息资源管理标准化方面取得了很大进展。仅1998年召开的有关元数据标准的会议就有很多，如Dublin Core研讨会，IEEE数字图书馆会议，IEEE元数据会议，OCLC定期组织的“理解与使用元数据”研讨会，图书馆馆藏与技术服务协会(Association for Library Collections and Technical Services，ALCTS)和图书馆与信息技术协会(Library and Information Technology Association，LITA)共同主办的“为数字图书馆管理元数据”会议等等。

美国全国标准化协会(American National Standards Institute，ANSI)下设全国信息技术标准委员会(National Committee on Information technology Standards)，从事有关元数据的命名、标识、定义、分类和注册等工作。

欧盟在信息与传播技术(Information and Communication Technology，ICT)标准化方面一直在做出不懈的努力。在1998年，创建了又一个标准化组织——信息社会标准化系统(Information Society Standardization System，ISSS)，负责所有的标准化工作，提供全面的、完整的标准化服务及产品。尽可能地扩大欧洲在决定标准内容方面的能力，提高用户的标准化意识(awareness of standards)。

国际标准化组织(ISO)成立了元数据工作组负责元数据的标准与规范，工作范围包括元数据要素、分类设计、元数据管理与交流等。ISO已经制定出数据要素规范与标准(ISOIII79)。

我国在文献分类、编目标准化方面曾经做过很多努力，也取得了很大的进展。但是在网络信息资源标准化建设方面已经开始落后，理论研究开展的很少，实践中执行标准化建设方案的更少。很多图书馆还是各自为政，信息资源建设和服务对象自成体系，这与网络信息资源开放的特性格格不入。为了打破信息资源相互封闭的局面，促进网络信息资源的统一协调发展和公开公平共享，研究网络信息资源管理标准化工程，建立网络信息资源管理标准化体系是很有意义的。

二、标准化体系设计原则

1. 充分的信息内容。从总体上看，网络信息是“不可枯竭”的，是充分的。然而，当一个信息用户真正需要一定的信息时，网络所能提供的特定信息却是不充分的。信息用户常常需要花费很多时间、精力和金钱在网上寻找信息，而且经常还会一无所获。形式上网络信息资源的丰富与事实上网络信息资源的稀缺形成了鲜明对比。所以，网络信息资源的稀缺性（Scarcity）问题处处可见。网络信息资源管理首先应该关注的就是信息内容问题。一个能够达到标准的网络信息资源管理体系应该拥有充分的信息内容。不管网络信息资源负载于何种先进的载体，也不管网络信息资源管理采取何种发达的技术手段，信息内容始终是最关键的，是衡量网络信息资源管理水平的决定性因素。充分的信息内容还有赖于各个图书馆网络信息资源共享的程度，只有达到高度的资源共享才能实现信息内容的充分。单个图书馆的力量无法拥有全部的有价值的信息资源，每一个图书馆都能够获取其他图书馆及信息机构的信息资源才能最终形成一个巨大的信息网络。

2. 有序的信息组织。网络信息多而杂使用户面临着比选择传统信息大得多的困难，很多用户都不熟悉网络资源的分布，即使个别用户比较了解网络，也没有时间和精力对不断增加的网络信息一一辨别。而且现有搜索引擎的分类组织体系的大类设置、类名表述、类目排列等都各不相同，一方面不利于知识组织和信息交流，另一方面这种组织方式与组织状态对用户提出了更高的要求，要求他们熟悉每一种搜索引擎及其分类体系。大量无价值、质量差、盲链接的信息进入网络，加重了用户获得有用信息的负担，网络信息资源管理的目标重点就是使网络信息组织有序，提高网络信息可获知能力(accessibility)。组织网络信息需要有合理的组织方法，适宜的组织体系，标准的组织框架，能够实现各个图书馆的网络信息组织体系之间互操作(Interoperability)。在既定标准的基础上分别对搜索到的网络信息进行必要的控制和过滤，从而实现有效、有序的信息组织。从用户的角度看，这些标准应该符合容易使用、容易掌握的原则；从图书馆角度看，这些标准还应该清晰明了、易于理解、易于操作、切合实际。

3. 完善的检索手段。完善的检索功能主要体现在设计一个易用、高效的搜索引擎。搜索引擎应该面向所有终端用户，能够为用户提供明确的导航作用。搜索引擎不仅要具备基本的浏览检索或简单检索功能，也应该为特定用户提供专指检索或高级检索；搜索引擎还应该具有布尔检索、截词检索、邻近度检索、自然语言检索、概念检索等功能；为了达到较高的检准率，搜索引擎还应该实现对字段、范围、时间、语言、信息类型、网站等各个角度的限定检索；检索系统还可以在学科领域知识和语言知识方面给用户很大帮助，例如 UMI 公司的 Pro Quest《期刊论文数据库》在检索词输入提示框旁边插入一个关于“Subject List”(主题列表)和“Search Wizard”(检索能手)的连接，为用户提供标准的检索用词，规范用户的信息需求表述方式，帮助用户迅速搜寻到合适的信息路径，例如，如果输入 information services industry 作为检索词，系统会提示我们使用下面这个标准的检索用词，即 use instead：information industry。这样通过在检索接口处优化、更正用户提问来实现完善的信息检索。高效的检索手段还表现在不同图书馆的网络信息检索系统拥有公共用户界面(Common User Interface)帮助用户了解各个检索系统。

4. 高效的组织协调。网络信息资源管理涉及很多图书馆和信息机构，是跨地区、跨行业、跨部门的管理，其规模宏大，内容丰富，技术含量高，涉及问题多，因此，在设计标准化体系时还有一项必不可少的原则就是统筹规划，组织协调问题。即使每一个图书馆都开始认识到标准化的重要性或正在从事标准化工作，我们还是需要建立一个专门的协调机构(国外有 Interagency Groups)，负责互通信息，在必要时给予指导，协助标准的执行，促进标准化教育与培训，对各个单位的标准化工作进行适当的评估等。组织大范围的标准化工作需要让各个单位认识到标准化的时间结构(Time-frame)意义，正如美国国家信息标准组织(National Information Standards Organization)主席所说："标准化是一项长期投资，我们不应该忽视标准化的长远利益，为了实现这个长远利益我们应该进行长久的努力。"我国在文化部的召集下，本着统一的规划、统一的技术标准及统一的运行规则等原则，组建了"中国数字图书馆工程建设联席会议"来协调工程的资源建设和标准规范，这表明我们已经在网络信息资源管理标准化方面迈出了重要的一步。

三、标准化体系的框架结构

网络信息资源管理标准化体系所涉及的内容众多而复杂，设计网络信息资源管理标准化体系的框架结构可以从网络信息资源管理的构成要素上入手。本文不准备对网络信息资源管理各个方面的标准化问题逐一分析研究，而是从网络信息资源管理标准化所涉及四个主要领域来作为研究网络信息资源管理标准化的主要内容。这样有利于我们抓住关键问题并加以解决，及时排除网络信息资源管理标准化工作中的主要障碍，也有利于迅速实现网络信息资源管理标准化。通过对以下四个主要领域的论述可以描述出我国网络信息资源管理标准化体系的基本框架结构。

1. 文献信息资源的数字化、网络化建设标准

网络信息资源使图书馆的资源基础突破了传统馆藏资源的范围，发展成为馆藏资源和网上资源(虚拟馆藏)两部分。信息资源数字化存储介质上统一了文字、图像、声音与动画，集高密度存储、高速度处理与远距离传递于一身，其优势引发了众多图书馆积极进行数字化、网络化建设计划。网络信息资源管理不仅仅是面向网络信息的管理，对传统类型的文献信息资源的管理仍然是网络信息资源管理的重要工作。如何发展和改造传统信息资源建设是网络信息资源建设中一项重要任务。这项任务的核心是文献信息资源的数字化、网络化转换。目前，这项工作已经轰轰烈烈地进行着，例如国家图书馆文献数字化中心组建了书刊和缩微胶卷文献数字化加工生产线，目前年生产规模已达到5000万～6000万页全文影像数据。然而在缺乏标准化的情况下其他很多图书馆的数字化、网络化建设将会成为阻碍传统信息资源上网的主要原因，即使在完成转换后也将会因为格式不同而无法实现互联。为了实现网络信息资源建设与传统信息资源建设有机结合，我国数字图书馆国家中心担负起这项标准化任务，负责建立和健全全国数字图书馆使用的各种标准及规范，如SGML在图书馆中的应用与推广，号召有国际标准的套用国际标准，没有国际标准的制定与国际惯例相当的行业标准和规范，指出目前需要尽快制定的标准有：元数据标准、对象数据建设标准、数据导航标准等。

在网络信息的元数据标准(metadata standards)方面，人们已经普遍认同元数据标准是一个重要的网络信息管理工具，国外已经确立了明确的框架供我们参考。

目前最有影响力的元数据标准是Dublin Core标准。Dublin Core

能够植入NTML文本中来促进搜索引擎的检索功能，改进搜索的精确性。1995年3月OCLC研究人员Stuart Weibel发起在都柏林召开第一届元数据研讨会上，产生了都柏林核心元素集(Dublin Core Element Set)。都柏林核心(DC)的简练、易于理解、可扩展及能与其他元数据形式进行连接等特性，表明它在揭示网络资源方面非常有效。目前我国已由国家图书馆牵头，中国大陆、中国台湾地区以及美国等多家单位参加成立了“中文METADATA标准格式工作小组”，为全球中文文献资源管理研讨制定统一的标准格式。

目前，信息资源网络化建设与网络信息资源管理标准化工作面临的一个共同问题是：网络建设与网络标准相脱离。很多图书馆的网络信息资源管理标准化方案是一套，而真正实施的网络建设方案却是另一套。结果造成网络信息资源管理标准化程度低、功能差，互联能力弱。

2. 网络信息资源导航服务标准

与传统印刷型文献截然不同，网络信息资源是以超文本格式链接起来的非线性结构，构成立体网状的信息资源体系，各个国家、各种服务器、各种网页、各种文章上的相关信息都可以通过结点链接起来。这种链接的方便性也带来了网络信息的错综，交叉分布，使查找信息的复杂性加大。所以，网络信息资源导航服务体系应时而生。

目前的网络资源导航体系很多，采用的模式各种各样，导航水平参差不齐。拿图书馆学情报学来说，国内目前该学科导航做得较好的是上海图书馆。其优点表现在：一是内容全，连接了最新资料、研究报告、各种国内外资源站点、国内外重要论文、相关标准等；二是导航数据全，比如关于元数据的导航，著录了中文题名、作者、英文题名、网址、印刷版期刊刊期、英文简介、中文简介等，其中中文部分为导航员添加，为用户提供了更多的信息来决定是否点击进入某一站点；三是导航"航标"明确，比如对其中一个站点的介绍是："非常精彩的经过精选的关于数字图书馆的指引资源，不仅对于……人很有帮助，同样对……人也大有裨益，被引用的资源本身是很好的背景资料，主要包括……。"北京大学图书馆主页上的电子资源下设置"Internet资源导航"，该导航按学科组织，分别列出哲学、历史学、图书馆学情报学、数学、生物学等，其中在图书馆学情报学中设置的导航项目有基础资源、数字图书馆、出版物、学术会议等。在数字图书馆中链接了"全球网上的数字式图书馆资源""上海图书馆推荐的数字图书馆资源"台湾大学图书资讯学系做的"数字图书馆相关资源"导航等非常重要的网络资源。

从以上我们可以基本确定网络信息资源导航服务的标准：内容全、导航数据全、航标明确。其他图书馆应该按照这样的基本标准来从事网络信息资源导航服务。

另外，标准的网络信息资源导航还应该具备较好的连接功能(connectivity)和用户界面友好性；导航体系建立后更重要的是导航体系的维护，应该确定专门的导航员，需要不断追加新的网络资源，还要对大量的Web页、站点、网站内容进行选择、评价、标引，及时剔除已成"死链"的链接。

这些在导航服务上做得很好的图书馆是全国其他图书馆效仿的榜样，在没有一个完善的导航服务标准产生之前，这些较好的导航体系在一定的程度上可以作为建立网络信息资源导航的基本模式。

同时，我们还应该进一步研究如何实现更明确、更直接、更方便的网络信息资源导航标准。1999年2月，美国国家信息标准组织(NISO)、数字图书馆联盟(Digital Library Federation)、全国文摘与信息服务联合会(National Federation of Abstracting and Information Services)、学术出版协会(Society for Scholaryly Publishing)召开联合工作会议，就信息系统数据连接的标准化问题展开讨论。会议提出了无缝与无痛互联(seamless and painless interconnectivity)，连接应该指向内容(content)而不是格式(format)或结构(superstructure)。以上国内外已有的理论研究与实践经验对于我们研究制定网络信息资源导航服务标准极具参考价值。

3. 网络信息资源共享标准

1999 年 3 月，NISO 指定一个专门委员会(Standards Committee AT)来制定全国图书馆信息流通标准，该委员会主席 Patricia Stevens 说："我们起草这个协议的目标是帮助图书馆更加容易、更加广泛地共享资源。新协议将使不同的图书馆系统之间能够互操作和共享信息。图书馆用户将能够跨图书馆地借阅文献以获取更多的信息，享受到无缝馆际互借(seamless interlibrary loan)。"

西方国家在网络信息资源共享标准化方面已经做出很多尝试，可以为我们提供宝贵的经验。下面简要列出一些项目以供进一步研究。

欧洲广泛采用 ISO ILL 协议来开展资源共享，由欧盟资助的资源共享标准化项目有：①互借开放系统网络 ION(Interlending Open Systems Network)。②国际文献获取办法 AIDA(Alternatives for International Document Availability)。③电子文献交换 EDIL(Electronic Document Interchange)。④文献与图书馆集成 DALI(Document and Library Intergration)。⑤虚拟联合目录项目 UNIverse(开发一个隐藏信息物理分布的界面，为用户及图书馆员提供集成服务)。⑥普通信息获取体系 GAIA(Generic Architecutre for Information Availability)。英国开展的网络信息资源共享标准化项目有：①电子文献传递一集成

化解决方案 EDDIS(Electronic Document Delivery-Integrated Solution)。②SEREN(通过标准的网络工具检索、订购、传递、获取期刊论文)。③开拓图书馆服务的分布式环境 MODEL(Moving to Distributed Environment for Library Services)。

此外，澳大利亚开展的同类项目有：JEDDS、CILIA、NDIS 等，在此不再详述。

1999 年 1 月，由北京图书馆召集，全国公共图书馆、高校图书馆、党校图书馆、国家行政机关图书馆以及情报信息院(所)等系统 122 家单位在北京召开文献信息资源共建共享协作会议，签署了《全国文献信息资源共建共享倡议书》和《全国图书馆馆际互借公约》，倡议建立以国家级文献信息资源网络为主导，地区级文献信息资源网络为基础的全国图书馆文献信息资源共建共享网络。我国上海地区图书馆信息资源共享网络建设倡议建立在现有的图书馆组织机构框架之外的图书馆利用共同体，一方面强化上海图书馆的计算机网络中心，逐渐使它成为一个上海地区的图书馆共同利用的网络中心，同时以已经开通的上海高校虚拟图书馆系统为基础，进一步强化成为一个全市的跨系统的图书馆利用共同体。

这些已经制定的网络资源共享标准或协议是指导网络信息资源管理标准化的重要原则。同时，我们还应该在实践过程中及时发现现有标准的偏颇或不合时宜的地方，及时做出补充和修改。

4. 网络信息资源存储标准

因特网是发布、传播、利用信息的庞大载体，从微观的角度看，它也是海量信息源的存储器。然而从宏观的、发展的眼光看，因特网并不是人类信息、知识的存储装置。因为我们随时都会遇到这样的现象：今天可以从某个站点获得的信息，明天就可能被更改或删除。网络信息可以随时修改、动态更新的优点对信息的历史存储而言却是一大劲敌。图书馆在人类文化发展的历程中一直是科学技术文化知识的集散地，是存储“人类记忆”的社会化机构。网络信息资源的产生、传递与交流从一开始就游离图书馆这种社会化存储渠道之外。任何信息资源必须存储在一种可获取的载体上才有意义，而网络信息资源的指数级增长使其存储问题越来越严重。信息存储所采用的格式、文本类型、软硬件系统的不一，将使网络信息资源管理陷入“存而不能取”的尴尬境地，而且还面临着法律问题、经济问题、技术问题和组织问题，致使网络信息资源的稳定性、长期性在未来相当长时期内不能得到认可。很多优良的具有一定科学技术文化价值的信息没有得到保存，如果从未来回顾现在，人类的记忆显然是不完整的。因特网作为一种流动的载体不具备人类“集体记忆”的功能。而社会至今还没有建立起网络信息资源存储的社会化渠道。我们认为，图书馆应该在新的网络环境中勇于承担起这项责任，不仅应继续对传统文献信息资源实行社会化存储与利用，还应该在网络信息资源存储方面开拓出一个新局面。为此，研究、制定网络信息资源存储标准是网络信息资源管理标准化工作的又一项重要任务。值得关注的是美国正在进行的数据迁移(data migration)问题研究，针对信息利用率的高低制定出三个层次的存储方案：联机(on-line)、脱机(off-line)和介于两者之间的 near-line，并分别按照从一种存储介质转存到另一种存储介质、从一代计算机技术转存到相邻接的计算机技术、从一种软硬件系统转存到另一种软硬件系统等标准实施信息存储，以实现信息资源的存而可取。

参考文献

[1]Jessica Milstead，Susa/n Feldma/n. Metadata：Pr/ojects &standards[J]. Online，

1999 (01): 32-40.

[2]Roy Rada, John Ketchell. Standardizing the European information society[J]. Communications of the ACM , 2000(03): 21-25.

[3]William E. Moen, Building a policy for information technology standards[EB/OL]. http: //www. ifla. org.

[4]统筹规划协调组织携手共建中国数字图书馆工程[EB/OL]. http: //www. istis. sh. cn/istis/dlib/new/index. htm.

[5]都柏林核心(Dublin Core)元数据发展简史[EB/OL]. http: //www. istis. sh. cn/istis/dlib/report/report. htm.

[6]Mark Needleman. A joint NISO/DLF/NFAIS/SSP workshop[J]. Information Today, 1999(05): 14.

[7]NISO appoints committee to draft library standards[J]. Information Today, 1999(05): 64.

[8]Ruth Moulton. ILL protocol related activities in the UK, Europe and Australia. 63rd IFLA General Conference Proceedings, http: //www. ifla. org.

[9]上海地区文献资源共享协作网,华东师范大学信息学系,联合课题组. 上海地区文献信息资源共享网络构想(下)[J]. 图书馆杂志,1999(06): 4-6.

[10]Mary E. Jackson. Overview of North American interlibrary loan protocol activities. 63rd IFLA General Conference Proceedings, http: //www. ifla. org.

[11]Lorcan Dempsay. The network and the library: working in a new shared space: infrastructure and institutions[J]. The Electronic Library, 1999, 17(04): 207-211.

[12]Amanda Xu. Metadata Conversion and the Library OPAC[EB/OL]. http: //web. mit. edu/waynej/www/xu. htm.

中国数字图书馆的研发情况*

国际上数字图书馆及相关概念出现后，即引起中国有关单位的重视，并开展了相应的技术研究与开发工作。

一、数字式图书馆试验项目

1996年年初，国家图书馆在文化部申请立项。以中国博士论文影像数据库为切入点，采用客户/服务器模式，利用书目数据服务器管理数据的索引和查询，用影像数据服务器管理数字化的信息；扫描影像采用300dpi的分辨率，按CCITT的Group 4标准进行压缩和解压，将图像存储到Juke Box上；通过建立多级索引和多库连接实现检索；并能够在网上提供服务。该项目是后面各个数字图书馆项目的预研课题。

* 原载《图书馆工作与研究》，2001年第4期，与牛继舜合写。

二、基于特征的多媒体信息检索系统的研究开发项目

1996 年国家“863”攻关项目，由中科院计算技术研究所与国家图书馆合作进行，已通过技术鉴定。

项目主要研究基于特征的图像信息检索，实现按照图像的纹理、颜色、形状等特征对图像信息进行检索；研究中文信息全文检索，利用相关检索机制，提高检索效率；研究信息存储管理方法，实现跨平台的客户端检索。它是跟踪国际上数字图书馆检索系统所使用的高新技术自行研究开发的项目，其成果可用在面向影像内容的数字图书馆检索系统中。

三、SGML 的图书馆应用

该项目是 1997 年文化部立项的科研项目，由国家图书馆现代文津信息技术研究中心承担，与北京大学计算机研究所合作开发。SGML(标准通用置标语言)是国际标准化组织 ISO 于 1986 年 10 月发布的信息处理标准，目前已发展成为具有 12 个国际标准的系列。我国在 1994 年将其定为国家标准，主要应用在新闻出版的信息处理领域。现在互联网上使用的 HTML 是它的一个应用实例，而 XML 是它的子集。

目前，国内图书馆在读者服务方面一般提供 MARC(机读目录)数据，使读者可以通过检索书刊文献的题名、作者、分类、主题等获取书目的基本信息，而对文献内容则无法进行检索。但是，目前网上信息、特别是多媒体信息日益增多，仅仅通过书目进行检索已不能满足读者的需求，必须寻找能够对信息内容进行检索的方法。采用国际标准，研究并实验将 SGML 标准应用于我国的图书馆信息处理系统，可以满足在网络环境下对图书馆提出的新要求。同时，SGML 标准已

经应用在国外许多数字图书馆的建设中。所以，该项目的另一层意义还在于通过该项目的研究与实验，可以了解 SGML 的整体情况，为数字图书馆建设积累经验。该项目是数字图书馆资源数字化生产系统的关键技术之一，是数字图书馆资源库数据生产加工的必备条件。

为此，国家图书馆现代文津信息技术研究中心参照国外利用 SGML 的情况，开发了基于 SGML 的图书馆应用系统，使用户可以通过因特网的 WWW 浏览器直接存取 SGML 应用系统的数据。

该系统于 1998 年 2 月开始在国家图书馆提供用户使用，取得良好的效果，于 1999 年 5 月验收。

四、中国试验型数字式图书馆项目

1996 年 5 月，国家图书馆提出了中国试验型数字式图书馆项目，经文化部组织与协调，上报国家计委，并于 1997 年获得批准立项，成为国家重点科技项目。项目以国家图书馆为组长单位，有上海图书馆、辽宁省图书馆、南京图书馆、广东省中山图书馆和深圳图书馆等参加。

中国试验型数字式图书馆项目拟建立一个多馆协作、互为补充、联合、一致的中国试验型数字图书馆。实现由多类型、分布式、规范化资源库组成的一个试验型数字图书馆，为我国建设规范化数字图书馆提交一份初步成形的、实用的实现技术。

按照计划，该项目要组织建设若干个整体性好，符合统一技术要求的数据库，以在数字式图书馆系统中形成一个多馆合作的、具有一定规模的、整体性较强的数据库。主要有：中国古籍善本影像数据库、中国博士论文影像数据库、历史舆图与图片数据库、孙中山文献全文数据库、深圳特区文献数据库、国内外旅游多媒体数据库、民国时期(1911—1949 年)南京政府文献数据库、东北文献图录数据库和国际数字图书馆文献数据库等。

项目计划开发完成一套与国际接轨的数字式图书馆实现技术，包括：建立以SGML为基础的对象描述和编辑系统；建立统一的元数据；组织开放体系结构的数字式对象库，建立通用的库访问协议；试验建立分布式不同源数字式对象的调度系统；设计并实现方便的网络用户界面与实用的系统管理界面；数字式对象的描述方法要支持不同源的分布式查询和检索；初步实现对超大容量数据库的快速检索，支持中英文屏幕界面；试验建立多种类型的规范化信息库等，以使该项目在因特网上提供试用性的服务。

同时，该项目还要完成“数字图书馆概念与发展研究”的报告，要对数字图书馆从理论到实践，从技术到应用进行全面的调研，对数字图书馆的概念、涉及的主要技术、各国动向、应用发展前景、对社会的作用和影响、经济效益等内容进行全面分析，了解现状、跟踪趋势，掌握相关技术，并针对我国图书馆的现状和资源特点，提出建设我国数字图书馆的战略规划建议等。

目前，各参加单位正在进行相关的研究与开发，并在数字图书馆关键技术标准——元数据标准方面取得进展。

五、知识网络——数字图书馆系统工程项目

它是1998年国家“863”攻关项目，由国家图书馆与北京曙光天演信息技术有限公司合作完成。

该项目要实现一类数字图书馆体系结构的设计与开发，初步建立一个中国试验型数字图书馆系统。该系统要构筑在因特网环境上，其体系结构包含多个分布式数字资源库。系统将采用人工智能技术，实现横跨多个资源库的快速查询。数字资源建设要符合当前数字图书馆

研究和实践的相关规范，以便为在互联网上建设一批中文资源库提供一种有效的实施方案。通过该项目，可以大大缩短我国与发达国家在数字图书馆研究和实践领域的差距。

在技术水平方面，该项目要达到具有网络管理、多媒体信息查询与检索、海量信息的存储与检索、知识产权的权限管理等功能，要实现在因特网上有一定的互操作性，数字式对象的描述方法要支持不同源的分布式查询和检索，支持法律规定的知识产权保护和纳税义务，提供对超大容量数字式对象的快速检索子系统，提供方便的网络用户接口等目标。

此项目将参照国际上主流的数字图书馆研究方法和成果，结合中文数字资源特点，在系统总体框架及开发技术上与国际接轨；开发的主体工作将围绕基于 SGML/XML 的以中文资源为主的系统的建立、维护和发布；对在知识挖掘、知识聚集等方面将通过智能代理方式予以集成；对国外已有比较成熟和定型的技术，将引进并消化吸收；系统将重点考虑应用于下一代因特网的实用性。

数字图书馆系统工程项目的成果将直接应用于中国数字图书馆工程的建设中。

六、辽宁省图书馆的数字化图书馆项目

该项目是辽宁省图书馆在 IBM 数字图书馆系统的基础上，由东北大学阿尔派软件公司作系统集成和二次开发。IBM 数字图书馆在推出其产品后，就将其定位在网络环境下多媒体信息的综合管理解决方案。该方案有 5 个功能：内容的创建与获取，存储与管理，权限管理，访问和查询和信息发布。

辽宁省图书馆在该系统上计划实现古籍图书的数字处理、因特网

信息发布、多媒体阅览室和 VOD 点播。在古籍数字处理方面，该馆计划利用 IBM 的 Time Delay and Integration（TDI）数字相机对古籍进行数字化处理。

为使该系统的多媒体平台特性得以充分发挥，辽宁省图书馆搭建了一个集成的、多媒体信息工作环境。该馆在前期选择制作信息时，有意识地选择一些多媒体信息，主要有：古籍精选（连续的图像）、历史存照（单幅图像）、名人留鸿（图像与全文）、影视剪辑（视频和音频）等。

通过一段时间的实践，该馆有关工作取得相应的进展，制作了张学良和辽宁名胜两个动态专题，获得了宝贵的经验。

七、教育部的数字化图书馆攻关计划

由清华大学、北京大学、上海交大等单位承担的攻关计划，主要包括数字化图书馆的结构和检索机制及应用标准和规范的研究；图文信息联合导读学习系统；数字化音乐图书馆的雏形及一个小型的数字化视频数据库的示范系统等。

另外，上海图书馆、中科院文献信息中心等单位也在积极着手进行数字图书馆的研究与开发。

在开展数字图书馆技术研究与开发过程中，国家有关部门也将其列入国家社会科学规划等国家级的研究项目中，国内不少单位和个人也相继开展了数字图书馆软课题的研究，迄今已发表百余篇论文和报告，介绍了国外数字图书馆的进展情况，论述了数字图书馆的概念、体系结构、对社会的影响，讨论了建设数字图书馆过程中所涉及的知识产权问题、社会学问题，探讨了数字图书馆对工作人员的要求等，并对我国建设数字图书馆提出了若干建议和意见。反映了我国图书情报界和教育界对数字图书馆建设的关注。

数字时代图书馆学研究的重点领域*

20 世纪 90 年代中期以来，中国的图书馆学研究呈现出两大热点：一是数字图书馆开发，二是网络信息资源组织与管理，并由此引发出对一系列相关问题的研究。这些研究主要从理论和技术两个层面上展开，显现出以下三种发展趋势：

一是理论与技术融合的趋势。21 世纪是技术唱主角的世纪，充分利用现代信息技术提供的条件，有效组织、控制知识信息，推动知识信息的共享和创新，这是知识经济时代图书馆工作发展的方向。在这种形势下，图书馆学理论与方法必须与现代信息技术紧密地结合起来，才能创造交叉发展的学科优势。

二是跨学科研究的趋势。一方面，图书馆学与情报学、档案学、文献学等因有同族关系，在理论、方法、技术手段等方面存在明显的相同点或近似点，因此它们之间紧密联系，具有较强的学科群特点；另一方面，图书馆学与其

* 原载《郑州大学学报(哲学社会科学版)》，2003 年第 1 期。

他学科，如数学、计算机科学、管理科学、信息论、系统论、控制论、传播学等正在不断交叉渗透，图书馆学正迅速成为科学体系中的综合性应用学科。

三是理论与实践相结合的趋势。图书馆学内容体系由“理论”与“应用”两大板块所组成，这是受其自身特点形成的结构方式。近几年来，图书馆学开始重视开发性、实用性研究，许多课题围绕着当前图书馆发展面临的重大问题，如数字图书馆建设、文献资源共建共享等，应用特征不断加强。这预示着建立在实践基础之上的图书馆学，将在理论与应用之间构建一种有效的平衡发展关系。

当前，人们不仅关注图书馆学的目标和任务，更关注图书馆学的重点研究领域，进而找准图书馆学在21世纪的基本发展方向。下面我从七个方面作些浅薄的分析：

一、图书馆学基础理论研究

基础理论研究决定着图书馆学体系的构建与未来走向。只有加强基础理论的深入研究，才能总结出图书馆变革中出现的新理论、新技术、新方法。基础理论研究应该注意学科发展中基本问题的解释，如研究对象、学科结构、理论基础、学科性质、相关学科和研究方法等。其中图书馆学的理论基础问题尤为重要，它是基础理论的逻辑起点，为图书馆工作实践提供最基本的理论指导。应该注意学科新框架的建构，为新的知识生长点提供可发展的空间。应该关注应用领域的发展变化与存在难点，力求更好地贴近实践，在理论与应用之间构建一种协调发展的格局。应该关注图书馆学核心领域与学科定位研究，“理论的贫困”是图书馆学目前陷入困境的根本原因。加强图书馆学基础理论研究是发展图书馆学的根本。基础理论研究包括以下前沿性课题：

(1) 理论基础研究；

(2) 图书馆学核心领域与学科定位；

(3) 图书馆学学科体系；

(4) 知识经济中图书馆学理论与方法；

(5) 数字图书馆与传统图书馆比较研究；

(6) 复合图书馆(Hybrid Library)研究；

(7) 网络图书馆在信息传播中的价值与功能。

二、数字图书馆开发研究

从国内外情况看，数字图书馆开发研究已经超出了图书馆学界，成为一项社会化的研究课题。数字图书馆开发研究要面向应用，不仅要考虑用户需求，而且要研究著作权许可、个人隐私信息(privacy)保护和数字安全等问题。数字图书馆建设是一个需要政府支持的跨行业工程，需要社会各界广泛的合作和协调，因而机制问题也十分重要。数字图书馆开发研究与图书馆自动化研究有明显的区别和不同，研究数字图书馆将为图书馆学注入新的内容，提供新的发展机遇。

近年来，国家图书馆与有关单位合作，完成了关于数字图书馆的3个国家重点课题、1个北京市项目和1个馆级项目。3个国家重点课题是：①国家重点科研项目：中国试验型数字式图书馆；② 863/306项目：知识网络—— 数字图书馆系统工程；③ 863/300 项目：以中国高速信息示范网为运行环境的中国数字图书馆应用系统。1个北京市项目是：中关村科技园区数字图书馆群软课题研究。1个馆级项目是：数字图书馆实验演示系统。

上述项目的完成，对于全国数字图书馆建设起到了积极作用，推动了全国数字图书馆建设进程。

数字图书馆开发研究涉及领域极广，应着力研究的有以下几个方面：

（1）数字图书馆对人类信息行为的作用和影响；

（2）显知识的采掘、集聚、组织、检索技术与方法；

（3）文字、声音、图像数字化传送与复制；

（4）知识信息导航技术；

（5）数字图书馆模型与多媒体资源库建设；

（6）元数据标准规范；

（7）数字资源整合研究，包括数字资源的构成、结构、整合方式等。

三、网络信息资源开发与利用

网络信息资源开发利用是我国信息化建设的核心内容，在我国信息基础设施建设已初具规模的今天，网络信息资源建设显得极为重要和迫切。国家有关主管部门应制定相应的宏观发展战略和规划，走联合开发、规模发展的道路，避免重复浪费、效率低下；要重视数据库建设和网络建设，使两者相互促进；应面向需求，重在开发，贵在利用；应加强法制建设，规范建设工作，保护知识产权；要进行信息教育，提高人民利用信息资源的意识和能力。此课题研究应包括：

(1)网络信息组织；

(2)网络信息检索策略；

(3)基于内容的检索；

(4)“推”“拉”技术；

(5)智能检索；

(6)网站网页设计;

(7)联机公共查询;

(8)网络导航;

(9)网络信息资源管理;

(10)网络信息检索工具研究。

四、信息资源共享研究

在网络化环境下,信息资源开发、利用和共享的模式都在发生变化,不仅丰富了信息资源共享的内容,而且改变了共享的形式。信息网络突破了传统技术条件下地域、时间和行业的限制,使得全方位的信息资源共享在技术上成为可能。本课题研究内容极其丰富,主要包括:

(1)网络宽带问题;

(2)电子信息资源建设问题;

(3)语言障碍问题;

(4)网络知识产权保护问题;

(5)信息安全问题;

(6)信息资源的公共获取问题;

(7)社会信息对称研究;

(8)信息寻租的原因分析与对策研究;

(9)虚拟参考(Virtual Reference)的发展及其方法研究;

(10)数字时代的信息利益平衡研究。

随着图书馆社会职能的演进,图书馆服务方式经历了从封闭到开放,从借阅服务到参考服务、从信息服务到知识服务、从在线服务到全球化服务的发展过程。其服务内容从“提供馆藏文献”变为“帮助读者获取馆内外信息”，服务方式呈现出不断更新与拓展的前景。

由于网络通信技术的快速发展，信息超载问题日益严重。如何实现知识信息的合理过滤，培育读者知识信息的深度需求能力，这是图书馆学研究中的主要课题之一。目前，我国图书馆界在网络服务、特色服务方面取得了一些成绩，但是在主动服务和个性化服务上还比较薄弱。无论是服务理念、服务方式，还是对读者阅读规律的分析研究，都做得不够。信息资源的网络化，要求图书馆服务走向专业化、精品化、层次化与个性化。因此，这一课题的研究内容应包括：

(1)读者阅读规律研究；

(2)图书馆使用率及其在知识信息获取中的地位与作用；

(3)网络时代图书馆服务理念、服务手段与方式的演变；

(4)知识信息导航的作用与方法；

(5)信息服务理论、模式和实践研究；

(6)信息资源优化与配置研究；

(7)网络环境下知识组织原理与方法研究；

(8)知识单元的自动标引与自动检索；

(9)社区图书馆读者服务研究。

五、文献计量学研究

文献计量与分析经过长期发展已形成一些成熟的方法，如文献聚散、文献积累、文献引用，目前都是文献计量学应用的重要范畴。但是文献计量学理论与方法未能扩展到其他学科领域，而且文献计量与分析如何过渡到知识的测度与分析，这是图书馆学的重要研究课题之一。本课题的研究内容包括：

(1) 国外各种文献计量、分析的方法；

（2）权威期刊、核心期刊的测定方法；

（3）权威作者、核心作者的测定方法；

（4）学科开放度与内创度的计量分析方法；

（5）经典作品的遴选原则与方法；

（6）知识老化与知识创新的策略与方法。

六、文献类型研究

文献是随着社会进步、科学技术的发展而不断变化的。当今新的文献形式层出不穷，它迅速改变着人们的生活，也影响着人们对文献的认识和利用。文献类型已经不仅是认识文献、整理文献的需要，也是牵涉到充分利用文献的问题。可以预料，21 世纪新的文献类型，特别是数字化文献会引起巨大的社会反响。本课题的研究内容包括：

(1)数字化文献研究，如 e-books、e-journals 的特征、功能，新文献类型对人类阅读的影响；

(2)新文献类型与纸质文献类型的关系及新文献资源利用的长效化问题；

(3)新文献类型评价标准研究；

(4)文献传播与法律研究；

(5)书目信息利用方式与管理研究；

(6)古籍全文图像方式数字化研究；

(7)古典文献开发与利用研究；

(8)数字化文献保护研究；

(9)字库技术研究。

七、图书馆学专业教育研究

图书馆学专业教育虽然已经形成了完整的教育体系，但是学科建设和课程体系改革的任务仍很艰巨，师资队伍的培养也还存在众多问题，教学质量评估体系也不完备。加强图书馆学专业教育研究，对调整、改革专业教育，提高专业教育的质量具有重要作用。此课题研究内容包括：

(1)图书馆学专业教育体制、专业方向；

(2)图书馆学专业分层培养目标与规格要求；

(3)图书馆学专业课程设置；

(4)专业教材的更新与创新；

(5)社会发展对专业人才需求的调查分析；

(6)师资培养与教学质量评估；

(7)中外图书馆学教育比较研究。

以上所列只是纲目，但其中的几乎每一个问题，都包含了相当大的论述空间。我非常希望图书馆学界能够就上述问题展开深入的研究，借助各种不同意见的交流和彼此辩解，引发和推动更为多样的原创性研究实践，从而逐步焕发整个学科的创新性思维和学术活力。

网络环境下信息存储与检索技术的发展*

信息存储与检索技术是信息传递中的重要环节。信息存储方式设计检索效率，检索语言和检索效率密切相关，它在信息检索过程中起着语言保障的作用，是沟通信息的存储和检索两个过程以及标引人员和检索人员双方思想交流的桥梁。随着网络信息资源的日益丰富和复杂化，为满足不同用户能够检索到所需信息，检索语言必然朝着自然语言、用户界面友好的方向发展，这给存储与检索技术提出了更高的要求。因此，我认为有以下问题值得深入研究：

一、网络搜索引擎检索机制

计算机处理的数据量呈指数增长，随着数据信息库积累的数据和主题越来越多，怎样快速、有效、经济地检索某个主题的所有信息，就成为一个十分热门的课题。解决这个难题的方法之一是采用智能搜索技术。

网络信息检索系统的核心是搜索引擎，它需要从纷繁

* 原载《四川图书馆学报》，2003 年第 1 期。

复杂的大量信息中，筛选出符合用户需求的信息。根据搜索引擎查找相关信息方式的不同，可将信息检索分为：布尔逻辑模型、模糊逻辑模型、向量空间模型和概率模型等。

布尔型信息检索模型是最简单的信息检索模型，用户可以根据检索项在文档中的布尔逻辑关系提交查询，搜索引擎根据事先建立的倒排文件结构，确定查询结果。标准的布尔逻辑模型为二元逻辑，所搜索的文档要么与查询相关，要么与查询无关，查询结果一般不进行相关性排序。

与布尔型信息检索模型不同，向量空间模型用检索项的向量空间来表示用户的查询要求和数据库文档信息。根据向量空间的相似性，排列查询结果。向量空间模型不仅可以方便地产生有效的查询结果，而且能提供相关文档的文摘，并进行查询结果分类，为用户提供准确定位所需的信息。

基于贝叶斯概率论原理的概率模型不同于布尔和向量空间模型，它利用相关反馈的归纳学习方法获取匹配函数。虽然不同检索模型使用的方法不同，但所要达到的目标是相同的，即按照用户要求，提供用户所需的信息。事实上，大多数检索系统往往将上述各种模型混合以达到最佳的检索效果。

搜索引擎构成信息检索系统的核心，搜索引擎信息检索系统还包括对索引信息文档格式的预处理、索引信息的分析、信息索引和用户信息检索等几个阶段：①信息预处理包括信息格式转换和信息过滤两个不同层次。信关作为访问不同信息的机构访问不同组织形式的数据信息，同时过滤不同格式的文档，这使得搜索引擎不仅能够检索正文文档，而且能够检索原始格式的文档信息；②信息索引就是创建文档信息的特征记录，使用户能够检索到所需信息。建立索引需要进行下列处理：信息语词切分和语词词法分析，识别出各个语词的词干，以便根据词干建立信息索引；进行词性标注及相关的自然语言处理，也就是在切分的基础上，利用基于规则和统计方法进行词性标注，识别出重要的短语结构；建立检索项索引，一般使用倒排文件的方法建立检索项相关信息，以易于文档信息的更新处理；③查询扩展处理的目的是提高信息检索的精度和召回率。所谓精度是指检索结果中相关信息文档数与查询结果总数之比；所谓召回率是指实际检索出的相关信息文档数与信息库中总的相关信息文档数之比。为了提高信息检索的召回率，需要根据同义词词典和语义蕴涵词典扩展查询检索项；而提高信息检索的精度，可利用向量空间模型实行相关查询反馈处理，即用户从初次查询的结果中，选择内容重要的文档或文档片段，让搜索引擎依据所选文档的特征，重新进行查询，从而提高查询精度；④信息分类和摘要，即根据文本检索项的统计特征，对查询结果进行分类和摘要，便于用户从多种途径找到相关信息。

搜索引擎除了被动搜索外，也可以利用智能代理技术进行主动信息检索。信息检索系统智能用户代理，可根据用户事先定义的信息检索要求，在网络上实时监视信息源，如指定 Web 页面的更新、网络新闻、电子邮件、数据库信息变化等，并将用户所需的信息，通过电子邮件或其他方式，主动提供给用户；用户无须反复搜索所需信息，这样将大大减少用户检索信息的时间。

目前信息检索系统主要以布尔模糊逻辑加向量空间模型为主，辅以部分自然语言处理。自然语言在信息检索中的应用，将会提高信息检索的精度和相关性。

二、人工语言与自然语言

世界著名咨询研究公司Gartner集团于1999年1月20日发表的未来技术发展十大趋势预测曾明确指出："自然语言信息检索未来两年内将取代目前的关键字检索而成为最重要的搜索技术"。张琪玉教授也认为：在计算机的系统中，人工语言与自然语言、先控制与后控制的界限可淡化或取消。

信息检索的语言模式包括：①纯人工语言模式在标引中使用人工语言，检索中也使用人工语言，即标引控制＋检索控制的模式；②纯自然语言模式在标引中使用自然语言，检索也使用自然语言，即标引不加控制，检索也不加控制，不使用任何控制工具(分类表或词表)的模式；③人工语言＋自然语言接口模式在标引中使用人工语言，机内存有一部"自然语言—人工语言对应表"，标引只使用人工语言，检索则既可使用人工语言，也可使用自然语言表达检索提问，通过对应表自动转换成人工语言进行检索；④自然语言＋后控制词模式，标引只使用自然语言，检索是既可直接使用自然语言不加控制，也可使用后控制词表加以控制；⑤人工语言与自然语言混合模式，标引或者使用具有大量自然语言人工词的人工语言词表(相当于增加了自然语言—人工语言对应表功能)，并允许同时使用自然语言进行标引(不像使用自由词那样做双重标引)。或者使用后控制词表作为人工语言词表的代用品，将属于真正等同关系的自然语言词自动转换成控制词。检索则既可使用控制词，也可使用自然语言词。

具有大量自然语言入口词的人工语言词表，其主要功能就是将自然语言词转换成人工语言词。而作为人工语言系统的自然语言接口的自然语言—人工语言对应表，其功能也是要检索时将用户所使用的自然语言检索用语转换成检索系统所使用的人工语言标引用语，以便使两者能进行相符性比较。所以在自然语言系统中，将属于真正等同关系的部分自然语言词通过这两种工具使其自动转换成控制词用于标引文献是完全可能的。

将自然语言词转换成控制词作为标引用词，可以简化检索过程中的相符比较。但是，对于在人工语言中意义上并非真正概念等同的词作了等同关系处理的专指词、近义词等，可能不易于检索；若保留自然语言原词不作转换，则可提高检准率。所以，在计算机系统中采用人工语言与自然语言混合模式，标引用词既有控制词，也有自然语言词，控制工具是开放、灵活的，无疑具有更多的优点。

人工语言与自然语言、先控制与后控制的界限在计算机系统中淡化或取消，实际上并没有削弱对标引、检索过程的控制，相反可提高检索效率。其前提条件是纯人工语言模式检索系统所用词表应大量增加入口词，或配备自然语言接口。纯自然语言模式检索系统应配备后控制词表，检索软件应有自动转换功能。

三、数字图书馆的检索技术

数字图书馆所包含的内容和涉及的领域非常广泛，其检索技术五花八门，但基本上集中在两个方面，一是解决目前 Internet 上信息检索问题，二是多媒体信息的检索。

当前，Internet 上的信息检索模式是在交互的过程中进行浏览和自由词全文检索。自由词是指检索的关键词由用户自由选择，不受任何限制。客户端的 WWW 浏览和全文查找分别是在服务器端的 HTTP 服务器和由 WebCrawler 等自动搜索软件产生的索引表的支持完成的。面对网上巨大的信息量，目前的浏览方法费时费力，网络门户的分类索引难以从根本上解决问题。全文检索的自由词，也就是无控词，可能来自于文献的标题、作者、文摘或全文；而用户所选择的词又有很大的随意性。这样的全文查找，其查准率之低是难以避免的，更不要说查找图像、声频、视频等多媒体文档了。

造成上述问题的主要原因有：①自动搜索及索引软件只是进行关键词匹配，而信息检索需要的是概念匹配；②网上电子文献的无结构性。当前网络上的电子文献以 HTML 为主，HTML 基本上是无结构的，其主要功能是提供资源的超级链接；③在传统图书馆中，用户的文献查找过程是在图书馆员的协助下完成的，他们帮助用户确定准确的检索词，选择查找的信息源。而现在的网络检索机制没有提供相应的支持。改进的方法有两个：第一是实现结构检索，第二是加强语义检索。

为了实现结构检索，需要在服务器端对信息资源进行良好的组织和结构化，将所有的信息文档按照统一的方式进行标识、存储和索引。在此基础上，利用文档中的结构化描述实现高精度的检索。首先，要利用 SGML 来标记文档的结构，包括全文、章节、图表、公式、文摘和参考引文，借助一套规范的元数据和标签来实现，将文档对象化并保存在有组织的对象集合，并带有索引和视图，索引支持查找，视图支持显示，对分布式的仓储进行链接操作，并利用这种结构导引跨数据库的查找。然后，按照每个查找的需求调整查找界面，用户可以用布尔连接符来指定一个短语或多个短语，用不同的邻近度来限定，并使用 SGML 将查找限制在文档的某个指定部分。在用户的全文查询界面中进行交互式的术语提示，提供主题词表和同现词表，用户可以从任一词表中选取词汇进行全文查询。最后，状态网关要保留 WEB 交互的状态信息，通过网关提供会话历史。

关于语义检索。信息检索的目的是在信息收藏中查找包含用户所需的信息内容的文档，这里有两个问题需要解决：一是描述文档的信息内容，二是表达用户的信息需求。传统的解决方法是受控词匹配，其优点是双方参照统一词表选用相同的词语表达概念，缺点是受限于词表。当前的网络信息系统采用自由词匹配，其优点是灵活，缺点是有大量的误匹配和漏查。未来的信息系统应当是概念匹配，又称为语义检索，即自动抽取文档的概念，加以标引；用户在系统的辅助下选用合适的词语表达自己的信息需求，然后在两者之间执行概念匹配。语义检索只有在相应的信息基础结构上才能实现，实现语义检索的概念匹配是数字图书馆所面临的最大挑战。从技术角度看，语义索引首先要识别并抽取表达文档内容的概念，其方法是上下文同现统计分析，分析哪些词一同出现在同一句中，并统计其频率，构造同现词概念图，然后用抽取出来的这些概念词对文档自动标引。语义互操作即跨专业领域的词汇切换，在不同学科领域的同现概念图之间交叉互连，这样就提供了一条在不同图书馆间进行概念映射的途径，实现跨专业、跨图书馆的语义互操作。完全的语义检索有待于人工智能技术和自然语言理解技术的成熟。未来的期盼是将概念空间纳入网络信息系统的基础体系结构中，实现全网的无缝语义检索。

四、多媒体检索技术的发展

数字图书馆检索技术研究的另一个热点是多媒体信息检索技术，如地图、航测照片、声频、视频等基于内容的检索。影像是一种与文本完全不同的媒体类型，影像的组织、存储、检索、传递与利用，需要一系列新的技术，其中的核心问题是如何表示影像的内容。其次，数字影像需要大量的存储空间，影像含有丰富的内容，这些借助视频信号和声频信号来传达的信息用基于文本的处理技术很难处理，无法想象用关键词等人工标引方法来解决。怎样对影像进行有效的索引是数字影像图书馆要解决的一个关键问题。

20 世纪 70 年代，人们就对图像数据库进行研究，方法是利用人工输入图像的各种属性，建立图像的元数据库来支持查询。但是，随着 20 世纪 90 年代多媒体技术的发展，可获取的图像和其他多媒体数据越来越多，数据库容量不断增大，而这种用人工输入属性和注释的方法就暴露出了它的缺点。其一是人工注释需要大量的人力；其二是人工注释难以解决蕴藏在多媒体数据中丰富的内容以及内容感知描述的主观性；其三是对于实时流媒体的处理，手工处理是完全不可行的，必须用计算机进行实时的内容分析。由此，基于内容的多媒体信息检索研究应运而生。

实现多媒体信息检索，影像内容的理解和分段是影像处理的关键所在。由于影像数据的复杂性，对上述问题的完全解决方案，即从影像中自动抽取语义信息或通用的视觉识别系统，目前还难以实现。唯有全方位地综合应用文字描述、图像处理、语音识别、自然语言理解、视频分析等技术才是一条可行的途径。也就是尽可能地收集与影像有关的文字描述，利用语音识别尽可能采取声频信息中所包含的文字和语音信息源，提供自然语言理解，利用图像处理技术理解影像的关键内容等。

20 世纪 90 年代初，国际上就开始了对基于内容的多媒体信息检索的研究。从基本的颜色检索，到综合利用多种多媒体特征进行检索，该项技术已经发展到了高级阶段，大量原型系统已经推出，同时多媒体内容描述标准 MPEG-7 也正在制定当中。

用户习惯于通过概念来提交查询。概念查询的一种实现方式是基于文本式的描述，用关键词、关键词逻辑组合或自然语言来表达查询的概念。当词语难以足够形象而准确地描述视觉和听觉感知时，用户就需要利用媒体呈现的视觉和听觉特性来查询。多媒体内容可以在多个层次上说明：概念级内容利用文本形式描述，感知特性包括视觉特性和听觉特性用逻辑关系表示音视频对象的时空关系，信号特性通过信号处理方法获得媒体区分特征等等。获得媒体内容的方式可以是人工方式或自动方式，最好采用半自动方式，使人和计算机各自发挥特长，通过交互和学习获取媒体的内容。

多媒体内容的处理分为三个部分：一是内容获取，二是内容描述，三是内容操纵。这也可将其看成是内容处理的三个步骤，即先对原始媒体进行处理，提取内容，然后用标准形式对它们进行描述，以支持各种内容的操纵。

内容获取是通过内容结构化和特征抽取获得媒体内容的过程。多媒体数据具有时空特性，内容的一个重要成分是空间和时间结构。内容结构化就是分割出图像对象、视频的时间结构、运动对象以及这些对象之间的关系。特征抽取就是提取显著的区分特征和人的视觉、听觉方面的感知特征来表示媒体对象的性质。内容描述是指描述在以上过程中获取的内容，目前 MPEG-7 专家组正在制定多媒体内容描述标准。内容操纵包括摘要、查询、索引、检索、浏览、过滤等技术。

五、全文检索的发展

目前，全文检索技术的应用领域主要包括：企业信息门户、媒体网站、政府网站、数字图书馆、搜索引擎及商业网站。所谓全文检索，就是以各类数据诸如文字、声音、图像等为主要处理对象，根据数据资料的内容，而不是外在特征来实现的信息检索手段。通过提供快捷的数据管理工具和强大的数据查询手段，帮助人们进行大量文档资料的整理和管理工作，使人们能快速方便地查找到他们想要的任何信息。

全文检索在技术上日趋成熟。目前看来，无论是软件的商品化发展，还是技术都取得了较大进步，国内厂商自主开发的全文检索系统市场占有率已经超过90%。尽管如此，要在整体上提高全文检索系统的水平和可用性，仍需要在以下几个方面争取有更大的突破。

1. 中文自然语言处理技术。无论从数据挖掘角度来提高全文检索的查全率和查准率，还是提供更易使用的自然语言查询接口方面，中文自然语言处理仍然是关键因素。没有领先的中文自然语言处理技术，信息检索就无法实现检索效果“质”的突破，这里首先要解决的是中文字/词索引问题。

2. 全文检索系统的评价。我国全文检索技术的研究和系统开发缺乏科学的评价，国际上TREC Conference(http：trec. nist. gov)被认为是最具有权威的信息检索技术评测规范，很多实验室系统、商业系统均积极参加。我国也应研制信息检索技术评测规范标准。

3. 系统的可靠性和响应速度。应该分析用户检索表达式的使用频度，加速在子集里检索的速度，因为用户经常只在某领域内查找；无论数据库多大，检索词的检索速度均应在1秒之内，因为用户使用检索词查找的概率较大；应该采用高级Cache技术，因为Internet环境下用户使用相同检索表达式的概率较大。

4. Internet搜索引擎。全文检索技术是搜索引擎的核心支撑技术，利用HTML的置标以及超链的重要性程度，改进传统的相关排序算法，提高搜索引擎的可用性。由于Internet搜索引擎具有大数据量的特点；而机器性能的发展总是跟不上网络时代信息膨胀的速度，对于

Internet 搜索引擎来说，如何提高查询速度是至关重要的问题。

经过几年的发展，全文检索从最初的字符串匹配程序已经演进到能对超大文本、语音、图像、活动影像等非结构化数据进行综合管理的大型软件。由于内涵和外延的深刻变化，全文检索系统已成为新一代管理信息系统的代名词，衡量全文检索系统的基本指标也逐渐形成规范。首先，用户关注的是查全率，即检索出的有用资料数量与检索出资料总量的比例。检索速度或者说响应时间是提高工作效率的保障，最基本的检索速度应该达到“千万汉字，秒级响应”。此外，全文检索的跨平台和多服务器特性，必须支持流行的主流平台，如 Windows2000、Linux、Unix；应具有开放的数据存储管理机制，可以透明地连接 Oracle、MSSQL Server、DB2、Informix、Sybase 等主流的关系数据库管理系统；应有符合国际标准的信息检索开发接口；要考虑帮助用户利用全文检索技术对信息进行数据挖掘。

全文检索技术将广泛应用于各种信息数据库、信息门户建设以及从 WEB 站点检索、Internet 搜索引擎到电子商务等领域。

参考文献

[1] Gartner 预测未来数年内 10 大技术发展趋势[EB/OL]. http://www.networkworld.com.cn/cnw/qqnew/9906/990650.asp.

[2] 张琪玉. 人工语言与自然语言、先控制与后控制的界限在计算机系统中可淡化或取消[EB/OL]. http://www.libnet.sh.cn/magazine/97-5/97-5-6.htm.

[3] 李国辉. 基于内容的多媒体信息存取技术. http://www.computerworld.com.cn/2000/week/0020/002002.asp.

[4] 畅游数据的海洋：吴广印谈 Internet 时代的数据存储与检索技术[EB/OL]. http://www.pcworld.com.cn/2000/backissues/2024/2431.asp.

[5] 陆宗城. 21 世纪的情报检索与主题标引的优化[EB/OL]. http://

www. lib. pku. edu. cn/98conf/paper/d/luzongcheng. htm.

[6] 刘伟权，钟义信. 自然语言处理与全文情报检索[EB/OL]. http://210. 79. 233. 2/hqingbao/qb97/qb1/qb1013. htm[7] 王知津. 领域分析及其对情报检索的启示[EB/OL]. http://210. 79. 233. 2/hqingbao/qb97/qb3/qb3007. htm.

[8] 俞学琴. 90 年代我国情报检索浏览研究述评[EB/OL]. http://210. 79. 233. 2/hqingbao/qb98/qb98-4/qb4018. htm.

[9] 全文检索入佳境[EB/OL]. http://www. pcworld. com. cn/2000/backissues/2037/203711-02. asp.

[10] 搜索引擎在幕后怎样工作[EB/OL]. http://www. starinfo. net. cn/computer/980310-9. html.

中国图书馆学的发展与新一代图书馆学人的使命*

——在中国图书馆学会第八届学术研究委员会成立大会暨工作会议上的报告

新中国成立60年来，特别是改革开放30年来，图书馆学在中国的发展取得了明显的进步，中国图书馆学研究也显现出值得肯定的学术成就。我不想用事实性数据来说明上述结论，而是采用对研究工作有指导意义的“学术思路”“思维方式”“视野、视角”等来陈述我的看法。

一、学术思路的新进展

1. 努力重构图书馆学理论体系。这是新一代图书馆学人的学术追求，从20世纪80年代初至90年代末，先后有14本图书馆学理论著作(含教材)问世；21世纪初另有3本理论著作(含教材)出版。这17本著作(简称14＋3，包括：“概论”系列、“基础”系列、“原理”系列、“新探”系列)都是

* 原载《中国图书馆学报》，2009年第6期。

图书馆学理论体系重构的产物，是图书馆学人广泛吸收本学科和其他学科的知识体系与方法论，经过数年的盘整梳理，产生了文献信息理论、信息资源管理理论、知识交流理论等。在这段时间里，图书馆学界就图书馆精神、图书馆权利、信息平等、信息保障制度等很多理论命题展开讨论，显示出新一代图书馆学人一直在尝试构建与时代发展相契合的理论体系。时至今日，关于图书馆学理论重构的文章仍时常出现。也正是由于关注之多，关注之持久，研讨之深入，出现了角度频繁转换、理论主张多元、理论体系不成熟不稳定的问题。图书馆学理论体系重构存在的问题促成了图书馆学人对此进行反思。在不断评析、争鸣、反思的过程中，人们也学会了克服浮躁与低俗，多了一些客观与冷静。我们应该看到在重构图书馆学理论体系中积累了一些有创见、有新意、有价值的学术思想，沉淀出了一些理论上的共识。

2. 图书馆学研究的国际化视野得到拓展。改革开放以来，越来越多的国外图书馆专家“走进来”讲演、发表论文和专著；越来越多的国人“走出去”，走入 IFLA 各专业委员会，走上国际图书馆论坛，在国际期刊上发表论文，国际合作与交流是推动我国图书馆学科发展和事业进步的重要推动力。随着社会形态的变迁，媒介环境的变革以及受众接收习惯的潜移默化，国外图书馆学原有的学科体系内的各个分支领域都在结合新的命题展开新的研究。国内图书馆学界非常重视国外图书馆学的研究，积极引进国外图书馆学先进成果，为图书馆学提供了高水平发展的参照系。有些文章显示出国内研究者在国际图书馆学和广义社会科学的广阔背景下来思考图书馆学学科建设问题。对国外图书馆学成果的了解和引进，有助于我们吸收和借鉴国外先进经验，发展和创新中国图书馆学。

3. 注意学科之间的横向拓展，并引进相关学科的理论和方法。一方面，图书馆学与其他相关学科相互渗透和结合，注意从其他学科中汲取营养；另一方面，着力开发图书馆学内部的横断分支学科的研究。科研工作顺序一般是先定量，后定性，从量的变化看质的发展。如果量的积累不足，或广度、深度不够，就会导致定量不准确，就不可能有恰如其分的定性。定量分析使定性分析更具有客观依据，并使结论更加严密和科学。

4. 重视联系实际问题进行研究。改革开放带来社会诸多方面的巨大变化，纯理论的研究使图书馆学落后于社会发展需要，研究者表达了“危机感”及迫切希望摆脱“窘境”的愿望和心情。有的学者发出了图书馆学必须关注现实问题的呼唤，提出了以现实问题为导向的研究，期盼从中国的社会发展需要出发，以解决中国图书馆的实践问题、现实问题为目标。近 10 年来，联系实际问题的研究思路使图书馆学领域得到拓展，研究内容丰富多样，新兴前沿性课题不断涌现。这种研究思路表达了强烈的人文关怀，更多地表现出了图书馆学人的社会责任。例如，人们通过研究我国公共图书馆服务体系表达了构建普遍均等服务的美好愿望；通过研究图书馆 2.0 表达对用户体验的支持；通过研究图书馆职业的发展前景来助力图书馆社会定位的提升。这些视角让我们感到图书馆学对现实问题不再表现出冷漠和凝滞。

5. 在图书馆学研究方法问题上，20 世纪 80 年代以来除了引进欧美国家图书馆学研究的一些新方法外，还采用了自然科学和社会科学一些新的研究方法，自觉接受了哲学原理和哲学方法的指导，在一定程度上推动了图书馆学学科建设。1987 年在重庆召开的图书馆学情报学方法论专题研讨会上，重点讨论了方法论体系问题，除对原有的“三层次”“四层次”进行了补充和完善，又具体地分析了系统论方法、控制论方法、信息论方法、比较方法、移植方法在图书馆学中的应用。应该指出，系统分析等方法被引进图书馆学，既丰富了图书馆学的内容，也开拓了图书馆学的领域。将图书馆作为信息系统中的一个子系统来考察，会使图书馆学的宏观考察和微观研究得出科学的结论。

二、图书馆学的新变化

1. 图书馆学研究的范畴和空间扩展了。传统图书馆学是以馆藏建设、读者服务与图书馆管理为基本范畴的。20 世纪 90 年代以来，随着互联网的兴起，图书馆学研究逐渐向信息资源建设、信息服务、知识管理等领域拓展。网络环境下的知识组织原理与方法，知识信息处理方法与技术应用，知识单元的自动标引与自动检索，文献知识与信息深层揭示的原理与方法，电子文献的采集、保管与利用，科技信息交流媒体/载体的整合，社会经济信息化测度与评估，知识创新与科技信息转化机制，基于知识服务的图书馆改革与体制创新等等，都成为图书馆学研究的热点。这些重大课题的研究，有助于更新与丰富图书馆学的内容，增强图书馆学对国民经济和社会发展的推动力与影响力。

2. 图书馆学的技术含量提升了。现代图书馆普遍采用新的信息技术，主要是将计算机技术、多媒体技术、远程通信技术、高密度存储技术应用于图书馆工作领域，使图书馆服务向网络化、数字化的方向推进，这样就必须展开信息技术的应用研究。数字图书馆技术起初是以书目为中心或以图书馆自动化系统为中心，典型的成果是网络联机合作编目系统、联机情报检索系统等。随后，数字图书馆技术发展到以资源数字化为中心，主要是扫描技术、OCR 技术、海量信息存储技术、全文检索技术等。目前，数字图书馆技术发展到以资源集成为中心，核心是解决分布式异构数字资源的互操作问题，代表技术是跨库检索技术、OpenURL 技术、门户技术、元数据收割技术等。最近两年，RFID 技术(射频识别)的应用研究也比较引人注目。RFID 技术带来了全新的排架体系与标识系统，能够实现准确快速定位和导航。加强对 RFID 技术标准的研究有利于扩大其应用范围。

3. 图书馆学显现出新的生长点。20 世纪末，由于信息技术的飞速发展，图书馆作为社会知识信息媒介的功能日益重要，网络环境下的信息资源建设，知识管理系统的设计，网络信息资源开发与利用，电子资源的采集、保管与利用，数字资源整合，网络知识产权保护，智能检索，数字参考咨询，数字图书馆开发、管理与技术，开放存取学术交流模式等领域成为图书馆学新的知识生长点。这些新的生长点是图书馆学与计算机科学、信息科学、传播学等学科交叉融合的产物，说明图书馆学与这些学科的交融关系越来越密切。

三、图书馆学研究存在的问题

新中国六十多年图书馆学研究取得了值得肯定的学术成就，但是我们也必须承认图书馆学研究存在的问题和不足。

1. 理论研究的主攻方向不甚明确，对某些问题的研究存在着理论与现实脱节的偏向。重复研究依然存在，这种重复表现为选题重复、思路重复、方法重复。像知识管理、资源共享、信息服务等热点问题，发表的成果数量相当可观，但在研究思路、理论观点、技术方法因别开生面而具有创新性的著述并不多见。重复研究不过是对既有的知识总量的重组，对知识总量的增长并没有实质性的贡献。

2. 研究队伍的组织、研究课题的选定、研究成果的数量与质量，在各地区、各系统中发展很不平衡。

3. 有的研究者在著作中引进相关学科的理论和方法，存在着生搬硬套的做法，导致一些非科学成分的出现，降低了图书馆学的科学水平。

4. 对西方图书馆学的某些理论观点和图书馆学家的学术思想，未能做出科学的分析和评价。

5. 有些论文论证不够充分，不够严谨，未能把观点和材料、定量和定性统一起来，因而难以用定量的数据证明定性的观点，用定性的观点统率定量的材料。

四、新一代图书馆学人的使命

进入21世纪以来，我国图书馆学研究出现了新的态势，呈现出全面推进、注重创新、蓬勃发展的良好局面。在这种学术背景下，作为中国图书馆学会学术研究委员会的成员，担负着重要的学术责任，面临着新的使命。

1. 更加重视理论创新。科研工作者的历史使命是创新。一项学术成果是否具有创新性可以从四个方面考察：(1)在开拓研究领域方面是否具有创新性；(2)在使用研究方法方面是否具有创新性；(3)在运用论证资料方面是否具有创新性；(4)在阐述观点或理论方面是否具有创新性。具备任何一种形式的创新，都可称得上是具有创新性的学术成果。

图书馆学理论创新应该注意学科发展中基本问题的阐释，其中图书馆学的理论基础问题尤为重要。它是基础理论的逻辑起点，为图书馆工作实践提供最基本的理论指导。应该注意学科新框架的建构，为新的知识生长点提供可发展的空间。应该瞄准学科前沿性课题，密切关注应用领域的发展变化和存在难点，力求更好地贴近实践，在理论和应用之间构建一种协调发展的格局。

2. 严谨治学，摒弃“简单化”。科学研究是一种复杂的思维活动，在图书馆学研究中，要严谨治学，摒弃“四个简单”：(1)简单移植，只是对他人方法的应用和重复；(2)简单揭示表面现象，没有深入研究事物发生、发展的内部关系和外部关系；(3)简单延伸，只是进一步证实他人的研究工作；(4)简单推理，只是采用一定的实验证实已知的结论。

3. 加强实证研究。图书馆学所研究的问题大多是实践性很强的问题，因而实证研究应当是图书馆学研究的基本维度和思路。但是我国图书馆界有不少人仍然习惯于从理论命题到理论命题的推演式研究；也有学者的研究还停留在罗列各种各样的观点和结论。实证研究的缺乏不仅是一个学术风格的问题，更是一个影响学科发展的问题。

4. 突出应用研究。信息技术的进步及信息环境的变化为图书馆学研究不断注入新的活力，传统的研究范围、研究方法和研究手段受到了猛烈的冲击。为了有效地解决图书馆学理论和实践问题，人们在加强基础研究的同时，更加突出了应用研究。图书馆学应用研究在国家社会科学基金、国家自然科学基金以及省、部级项目中不断获得资助。以计算机信息处理技术为主体的图书情报现代技术研究已形成规模，其研究成果已得到了广泛应用，在应用中已产生了巨大的效益。

5. 关注方法论研究。研究方法的创新对理论创新常常具有革命性的意义。托马斯·库恩在其《科学革命的结构》一书中曾指出，范式的转换就是科学的革命，科学革命的发展过程就是一种范式经过革命向另一种范式逐步过渡的过程。在科学史上，每门学科获得重大进展往往都与方法论的突破紧紧联系在一起。具体说来，从研究方法与路径上看，今后几年图书馆学研究仍将表现为“反思”与“深化”的意识，持续对图书馆学研究范式、图书情报事业改革、图书馆职业伦理与核心竞争力、图书馆信息组织、知识管理、公共图书馆服务体系、数字图书馆等基本问题进行审视与新探。系统方法、数学方法、文献计量方法、移植法与比较法将会在图书馆学的一些新领域得到应用。就图书馆工作领域而言，由于人的行为的目的性与因果性的对立统一，也由于许多图书馆现象不确定与确定性的对立统一，所以图书馆学研究应坚持采用定性与定量相结合、以定性为主要综合描述的方法。从趋势来看，关于图书馆改革的反思研究、关于图书馆转型的趋势研究、关于图书馆发展的比较研究、关于中国图书馆传统的历史研究，可能会成为今后一段时间里的重要研究主题。

总起来说，图书馆学研究要坚持理论与技术相融合，开展跨学科的交叉研究；要坚持理论与实践相结合，面向实践，回答实践所提出的问题；要坚持基础研究和应用研究，逐步形成两者相互融合的研究格局。

以上陈述了我对推进图书馆学研究的一些看法，不知是否妥当。我的本意是做引玉之砖，引发更多的人思考此问题，共同促进中国图书馆学的繁荣昌盛。

图书馆学情报学研究新进展*

图书馆学情报学的创新与发展植根于图书情报工作的实践。当前，技术、经济、社会环境的迅速变迁决定了图书情报工作实践的深刻变化，也带来了图书馆学情报学的创新与发展。

一、图书馆学情报学面向更广阔的图书情报工作实践

首先，随着现代信息技术与图书馆学情报学理论的日益密切结合，网络知识产业如网络出版物、搜索引擎、ICP、各种专业数据库、咨询网站的大量出现，实际上扩大了图书馆学情报学研究的实践基础。其次，在网络环境中，图书馆转型和图书馆员角色转换也扩展了图书馆学情报学的实践基础；图书情报专业人员要充当信息导航员、信息咨询专家的角色，亟须图书馆学情报学新成果的指导。第三，知识管理概念引入到图书馆学情报学体系中来，为图

* 原载《城市图书馆研究》，北京，国家图书馆出版社，2012。

书情报人员提供了新的发展空间，这也扩大了图书馆学情报学研究的实践基础。

二、图书馆学情报学与现代信息技术日益紧密结合

图书馆学情报学的创新与发展，历来受信息技术的影响。现代信息技术是电子计算机技术、通信技术等多种技术的综合。计算机技术大大提高了人类生产、加工、存储和检索信息的能力，通信技术延展了人类获取和传递信息的途径。现代信息技术对图书情报工作的主要意义在于：信息的记录方式不再是模拟式和线性的，而是数字化的、非线性的。数字信息媒体具有可随机存取检索、可交互式组织再现和可快速远程传递等优势。与传统信息技术相比，这种区别是本质的，不仅改变了信息载体的表现形式和信息的组织方式，决定了图书情报机构所能采取的信息工作方法，武装了广大图书情报工作者，同时在很大程度上活跃了社会情报信息交流，增强了广大用户的信息需求。可以说，在新技术革命中，图书情报工作的各项基本组成要素无不深深地烙上了现代信息技术的印记。反映到学科发展上，就表现为图书馆学情报学与现代信息技术日益紧密的结合。

在网络知识空间里，技术(IT)和内容(Content)逐步走向融合。事实上，在迅速发展的因特网内容提供商(ICP)领域，许多技术专家是从计算机、网络等现代信息技术的知识背景出发，寻求对因特网知识空间的信息、知识进行组织、控制和提供检索，只有少数人具有图书情报专业知识。反过来，现在图书情报界把越来越多的注意力放在对网络知识空间的信息组织控制和提供利用的研究上。这两者是分别从现代信息技术和从图书情报两个方向追求着同一个目标。

随着网络的迅猛发展，图书情报工作出现了一种泛化现象：一方

面，许多以前不属于图书情报领域的机构逐步涉足网络知识的组织、控制，也就是技术(IT)向内容(Content)的发展；另一方面，图书情报工作日益结合网络的发展，充分利用新技术提供的各种新的可能性，构建业务工作的各种新的境界，也就是内容(Content)向技术(IT)的延伸。图书情报的泛化现象说明：技术(IT)和内容(Content)正在走向融合，现代信息技术和图书情报理论、方法是共生共荣的，图书情报研究与现代信息技术的日益密切结合是一个发展趋势。

三、图书馆学情报学的研究范畴处于不断更新和拓展之中

20 世纪 40 年代以前，图书馆学情报学研究适应纸质载体文献和机器印刷技术的环境特征，处于相对稳定的发展状态中。主要研究领域包括：分类、编目、文献采访、保存与保护、书目资源管理等。

20 世纪 40 年代至 50 年代，虽然计算机已经问世，但还没有给图书情报工作带来重大影响。这个阶段，图书馆学情报学研究的主要注意力转移到了文献工作，重视对文献组织和检索的研究。

60 年代至 70 年代，计算机在信息组织、检索方面的优势日益显现。随着 MARC 格式和集中编目网络的出现，共享编目成为可能，传统的分类编目工作的地位开始下降，对图书情报机构管理问题的研究渐渐增加，引文分析、书目计量的地位也日渐上升，联机检索和联机信息系统是图书馆学情报学研究中的一个新课题。

80 年代，计算机开始被大量应用到图书情报工作中，研究重心转移到图书情报自动化集成系统、文献信息管理系统以及联机数据库检索系统的开发、应用等方面，情报检索语言成为一个新的学科生长点。80 年代后期，对信息服务的研究逐渐深化。

90年代，随着信息基础设施建设速度的加快，信息化和网络化的浪潮波及社会各个角落。图书馆界、情报界日渐重视网络环境下图书情报新的发展机制问题，研究热点从电子图书馆、虚拟图书馆开始，最终集中到对数字图书馆的研究。如何有效实现多媒体信息的数字化、信息的网上传递、网上信息交互式非线性共享存取，成为研究的焦点。

21世纪前10年，图书馆学情报学研究集中于数字图书馆开发与利用、图书馆联盟、网络化图书馆、馆藏发展政策、数字资源与纸本资源协调发展、新技术在图书馆应用、与数字资源相关的知识产权问题研究等方面。

以上简要勾勒了近半个世纪以来图书馆学情报学研究的发展轨迹，这可以说明图书馆学情报学的研究范畴一直处于不断更新和拓展之中，而且这个过程远没有结束。

四、图书馆学情报学呈现出多元研究视角

多元研究视角包括：①用户视角。将图书情报工作视为一种用户服务系统，重视研究信息用户的不同需求、用户行为、信息市场、信息服务等问题。②知识视角。认为网络的实质是知识空间，图书情报机构在知识空间中充当中介角色，重视研究知识组织、知识控制、知识发掘、知识增值等问题。③技术视角。重视图书情报工作中的技术要素，关注文献建构、元数据、信息传输、搜索引擎、检索语言等技术问题。④事业视角。重视发挥图书情报事业的整体优势，强调业务协作协调和资源共建共享。关注网络化中的机制选择、政策保障、权益分配、知识产权保护等问题。⑤管理视角。认为图书情报工作的核心是知识管理，知识管理是组织机构管理的重要组成部分，并将知识

管理引入到图书馆学情报学研究中来。为提高图书情报机构的效益，图书情报专业人员提出了一系列管理概念，如岗位分类、业务外包(Outsourcing)、机构重组、委托管理(Contracting out)、战略经营管理(Marketing)、全面质量管理(TQM)等。当前，图书情报机构改革的方向主要是：坚持公益性；改革经费投入方向和投入方式，将办馆效益和投入强度挂钩；改革用人制度和分配制度，健全内部激励机制。

五、图书馆学情报学研究方法的变化

文献研究表明，20 世纪 60 年代以来，图书馆学情报学研究方法主要采用：①思辨方法；②调查方法；③历史综述法；④系统设计方法；⑤文献研究方法；⑥个案或行为研究方法；⑦讨论方法等。

信息技术的应用促进了图书馆学情报学方法论的变化。例如，信息系统的开发必然大量地运用系统分析、设计及实验方法；对用户需求的研究涉及行为分析、心理分析，越来越多地用到文献调查、用户信息调查、统计分析等方法。此外，图书情报专业交流的渠道也发生了变化，研究人员日益重视电子邮件、电子讨论组、电子期刊和丰富的网络信息。

六、调整图书馆学情报学研究的思维方式

提倡科学的思维方式，是当前我国图书馆学情报学研究的重要任务。当代科学是一个门类繁多、层次分明、结构复杂的知识系统。这个系统，不仅包括自然科学、技术科学和社会科学，而且也包括在这三大领域之间由于门类交叉、学科交叉、知识交叉、方法交叉所产生的各种各样的交叉科学、边缘科学和综合性科学。但任何科学知识，都有自己发育的过程，都有自己的演化历史。科学知识演化的 4 个阶

段是：准科学—前科学—常规科学—后科学。前科学(pre-science)的重要特征就是诸学蜂起，百家争鸣。因为“前科学”多数属于表象理论，它是研究者从各个不同侧面观察和研究事物表象效应的结果，因而对同一社会现象有着多种不同的认识和看法。例如，图书馆学研究对象的不同表述，图书馆学结构的不同划分方法，图书馆学研究现状的不同评价，过量移植相关学科的理论与方法等，都与图书馆学仍处于前科学阶段紧密相关。前科学阶段的批评或反驳对方的批评，无论多么激烈，谁也难以取代谁。前科学阶段，科学存在的形式乃是“多重态”的科学，不可能形成排斥异己的所谓“科学共同体”。这是大科学观认识某一学科的思维方式，这种思维方式，是以解放思想超越自身有限经验为前提，以人类社会图书情报活动的全部历史和实践为对象的开放型思维，这一开放型思维是开展图书馆学情报学研究的思想基础。

借杭州图书馆创办的《城市图书馆研究》面世的机会，我陈述了对图书馆学情报学研究的六点看法，不知是否妥当。我的本意是做引玉之砖，引发更多的人思考此问题，共同促进图书馆学情报学研究的繁荣昌盛。

参考文献

[1]陈光祚. 现代信息技术与图书情报学科群的发展[J]. 图书情报工作，1996(3)：5—7.

[2]顾敏，彭斐章，吴慰慈. 98全国图书情报学研究生学术研讨会特稿[J]. 图书情报工作，1998(9)：2—10.

[3]吴慰慈. 图书馆学理论与方法[M]. 北京：北京图书馆出版社，2004.

[4]赵红州. 大科学观[M]. 北京：人民出版社，1988.

[5]J. D. 贝尔纳. 科学的社会功能[M]. 北京：商务印书馆，1982.

[6]A. N. 米哈伊洛夫. 科学交流与情报学[M]. 北京：科技文献出版社，1983.

[7]赵红州. 科学能力学引论[M]. 北京：科学出版社，1984.

第二辑

资源建设

藏书排列概说*

任何一个图书馆的藏书，总要按照一定的方法，系统地依次排列在书架上，使每一册图书，每一件资料，在书库中都有一个明确的位置，以便检索和使用。

藏书在书架上的排列次序，对于合理地保管藏书，积极地利用藏书以及充分地满足读者的要求，都有着重要的意义。要做好图书保管和读者服务工作，离不开一个科学的排列方法。科学的藏书排列方法，应该便于图书馆工作人员迅速而准确地取书、归架，便于书库管理人员、采访人员以及其他工作人员了解、研究、推荐藏书，便于充分地利用书架，节约书库面积，便于保管和清点藏书。每一所图书馆都应根据本馆藏书的成分，藏书的利用情况，服务读者的方式，藏书目录的组织情况以及馆舍条件，选择符合上述要求的藏书排列方法。

* 原载《宁夏图书馆通讯》，1981 年第 3 期。

一、藏书排列法

藏书排列的方法是多种多样的，总体来说可概括为两大类：分类的排列法和形式的排列法。前者是从图书的内容出发，按照知识的体系去排列图书；后者的排列次序不是依据图书的内容，而是按照图书的形式上的各种不同的特征。

具体地说，分类排列法就是将藏书分门别类地依照分类号的次序排列。排架的顺序反映了分类法的体系。但是，同类图书的分类号是相同的，那么怎样来安排它们的顺序？这就必须借助于一种辅助方法来安排同类的书籍。表示同类书籍排列次序的符号称为书次号。

现在在我国图书馆中，同类书籍的排列方法有许多种，最常用的是按著者姓名排列的和按图书收到先后排列的两种。因此，书次号就相应地有著者号和种次号，其排列方式也相应地有分类著者号排列法和分类种次号排列法。

分类著者号排列法是把图书先按其分类号排，同类号的图书再依著者姓名的字顺排列先后。在实践中，必须用一种号码来代表著者姓名，这个号称为著者号。因此，分类著者号排列法的索书号主要是由分类号和著者号组成的。

决定著者号必须依据著者号码表。这个表的种类很多，使用的方法也各不相同。最常见的著者号码表有两类：一类按字形，一类按字音。按字形的一类中以四角号码法较为流行。运用四角号码法著者号又有许多不同的情况，有的图书馆姓取第一、二两角，名字每字都取第一角；有的图书馆姓取第一、二两角，名字第一字取第一角，第二字取第二角。各馆可以根据自己的具体情况来确定。按字音的一类，可以采用汉语拼音方案所规定的字母取号，按照拼音法的著者姓名编成号码。

在一般情况下，每种图书取得了分类号和著者号以后，在排列时就取得了自己在书库中的位置。但是，在图书数量很大的图书馆中，分类号和著者号所指示的排列位置还是不够确切。因为著者号是代表作者的，不是代表特定的一种图书的，所以还需要在著者号后附加一些符号以示区别，使一种图书的排架号进一步个别化。例如，为了区别同类同著者的不同著作，同一著作的不同版本和复本，就必须在著者号之后加上书名号、版本号、册次号和复本号等等。

这样，分类著者号排列法就可以达到完全个别化的目的，同时还能够显示出图书之间的系统性。因此，它便于按类找书，在同一类找到同一著者的著作，也能够在一个类中找到同一种书的不同版本和复本。这就便于图书馆工作者向读者介绍和推荐图书。

但是，这种排列法尚存在着一些缺点，例如，在藏书很多的大型图书馆里，为了力求排架号的个别化，使得排架号十分复杂和冗长，给取书、上架等排检工作带来了困难。由于同类图书的不断增加，书库管理人员不得不在书架每层格板都留有一定的空间，以备纳入新书，这样就使得书库空间的使用很不经济。随着新书的增加，旧书的剔除，必须调整书架，这就带来繁重的倒架工作，需要耗费很多的时间和人力。

分类种次号排列法与分类著者号排列法不同的地方，就是把著者号换成种次号，种次号就是按同类书分编的先后顺序排列、按种编号。排列时先按分类号，再按种次号。为了集中多卷书的各册，同一书的复本以及评介，论述一书的其他著作，也必须在种次号后面附加其他的号码。它的索书号是由分类号、种次号、册次号、复本号以及其他符号组成的。

种次号的优点在于它废弃了各种著者号码表，编号简单，号码单纯、明显、易记，能够节省人力和时间。但其主要缺点在于不能集中同类中同一著者的全部著作与同一书的不同版本，其复本有时也不能集中。

形式排列法，是指按照图书的外部特征来排列图书的方法，这里只介绍以下五种：

1. 登录号排列法

这种排列方法不是按照图书的内容，而是按照图书入藏的先后，即利用财产登录号的顺序去排列图书。这种排列法的索书号就是馆藏的个别图书登录号。它的优点是简便易行，省架位，不倒架，便于清点。它的缺点是同类书、同著者的书不能集中，不便于馆员向读者宣传、推荐图书。但作为科研读者，他们都是专指借书，馆员很少向其推荐。而且随着电子计算机在图书馆外借工作中的应用，能够准确地回答某种书是否在馆，谁借去了，何时还回，还可以实行预约借书。再加上复制技术的广泛利用，基本上可以解决读者的专指借书，目前，有些国外图书馆已经废弃分类排架法，采用字顺或登录号排架，这是值得我们重视的发展趋势。

2. 固定排列法

这种排列法是将图书按照到馆的先后次序，把图书固定地排列在书架上。图书的排架号(索书号)是由书架号、架层号和图书在该架层的顺序号组成的。例如，254/13 即表示图书在第 25 个书架，第 4 架层的第 13 本的位置。这就是固定排架的索书号，图书与书架的关系固定不变。

固定排列法具有节约书库面积，不用倒架等优点。缺点是图书内容不能构成一个统一的逻辑体系，同类同著者的不同著作、复本、多卷书都不能集中。但对处理那些不增不减的而且要永久保存的特藏图书，它仍不失为是一种可行的排列法。

3. 字顺排列法

它是把图书按照著者或书名的字顺顺序排列。这种排列方法不宜作为图书馆的主要排列法，因为单按字顺排列图书，虽然可以使同一著者或同一书名的图书排在一起，但是内容相同而书名不同的书籍却不能排到一处，馆员还是不能利用这种排列法来研究藏书和推荐图书。因此，最好将字顺排列法与分类排列法结合起来使用。

4. 版型排列法

是按照不同的版型来排列的，也就是按书型的大小，或装订形式来分组排列。这种排列法的优点在于充分地利用书库面积，同时还可以使书籍在架上排列得整齐美观。但这种方法不能单独使用，必须与其他方法组合起来。例如，有的图书馆虽然采取分类排架，但为了便于管理，也把特殊版型的图书按版型来排列，如大本书、图表和卷筒等。

5. 语文排列法

这种排列法的特点是首先把图书按照语文划分开来，然后再把每种语文范围内的图书，依照分类的、字顺的或其他方法加以排列。采用语文排列法时，索书号内要有表示文别的符号。通常写在分类号之前，作为一种冠号，称之为文别号。在实践中，文别号只应用于外文图书。

拥有大量中外文书籍的图书馆，不便于把所藏的中外文图书用统一的分类法集中排列，所以就采用语文排列法来分开排列。但是语文排列法并不能单独地使用，必须辅以分类的或字顺的排列法才能正确地进行排架。

应该提起注意的是，在决定多种语文图书或辞书的排列方法时，必须结合本馆的藏书划分，注意具体图书的主要功能，不能仅仅依书中主要使用的文字或书名页的著录等去考虑处理办法。

另外，多种语文图书采用一种语文排列后，应当在其他有关的语文目录中相应地反映出来。有了这样的目录联系，才能弥补语文排列法的不足。

二、各类型图书的排架

内容排列法和形式排列法各有优点，又各有弊端。但是，它们又各有特定的用途，适用于不同藏书的排架需要。

不同类型的图书，图书馆应采用不同的排架方法。排架方法的选用，主要是依据馆藏数量、藏书成分、图书流通率以及图书馆的具体条件。

1. 图书的排架

在一般的情况下，图书多采用分类排架法，这便于馆员和读者直接按类排检。

马列主义经典著作的排列问题具有重要的意义，其排列方法必须有助于馆员迅速而集中地找到读者所需要的图书。同时，又能帮助馆员在读者中宣传推荐马列主义的书籍。因此，马列主义经典著作及其介绍、评述性的有关著作，最好集中排列在一起。

在公共图书馆中，文艺书籍是读者借阅较多的书籍，在排列时可作特殊的处理。读者在借阅文艺作品时往往只知书名，因此，文艺作品的排列可以不按索书号而按作品的书名字顺次序排列，以便于馆员取书、还书。

科技图书(包括学术会议记录、学术论文集等)宜采用分类排架法。在通常的情况下，中小型科技图书馆对科技图书应逐步采用开架服务方式，以利读者查阅。采用开架服务方式，就必须运用分类排列法。

检索性工具书和参考性工具书，也应采用分类排架法，以供读者随时查阅。但不应过于强调按分类号顺序排列，可以在大类下按主题集中，以照顾读者查阅的习惯。

在图书馆中，还收藏有一定数量的大本图书。关于大本书的排架方法，大致可分为两类：即大本书分散排架和大本书集中排架。

大本书分散排架，就是与普通书统一排架，即把大本书与普通书排在一起，只是把大本书放在各书架的最低一格。这样做，对编目工作较为方便，不用考虑书型和另作标记符号。大本书平放在每个书架的底层，保管和提取亦较方便。但在藏书不断增长和书库面积有限的情况下，却不能充分利用书库的空间。

大本书集中排架有按书型分组编号固定排架和按书型分类排架两种方式，但笔者认为，大本书集中按书型分类排架是较好的一种典藏方法。这种方法是把每个书架调整为20厘米的图书按分类竖排在10厘米的格层内，40厘米以上的则按分类自下而上地平放在20厘米的格层内。卷筒挂图等也平放在这个格层内。这种排架方法，头绪少，提取方便，利于保管，又能充分利用书库面积。

在图书馆藏书中，小册子也占有一定的比重，如果像图书那样排列在书架上，就显得太软而不能挺立，容易混杂在其他图书中间，封面容易脱落，必须根据其具体情况，另做处理。归入基藏库小册子的保存，用书夹子装订起来按照索书号来排列。对于不加装订的小册子可用分组办法保存在厚纸匣中，排在各门类图书之后或放在藏书之前。凡复本较多的以及还未作正式处理的临时性小册子，可采取开架借阅的方式，按照主题或字顺排在书架上以便读者利用。对于不再流通的小册子，可按照登记号顺序排列，以便清点、注销。

2. 期刊的排架

期刊的利用率高，流通量大，在出版上有许多特点，这就决定了它们的排架同图书及非书非刊文献有所不同，现刊与过刊的排架也有所差异。

一般地说，现刊宜采用分类排架。现刊分类排架有两种方法：一是分类刊名字顺排架法，二是分类种次号排架法。这两种排架方法的共同点是：首先将现刊按知识门类分类，同类的现刊再按文种区分。不同点是：前者对同类、同文种现刊中的各种现刊按刊名字顺排列，其优点为：不必为每种现刊编顺序号，加工简便；缺点是排架较难。后者对同类、同文种的现刊中的各种现刊按种次号排列，其优点是：因有种次号，排架方便；缺点是增加了一道编种次号的工序。以采用哪种方法为好，需要根据馆藏现刊的多少，读者的查阅习惯，期刊管理人员的业务水平等具体情况而定。一般说来，以后者较为简便。

在一般情况下，过期期刊首先应按不同文种分开排架。同文种的过刊排架可采用形式排架或分类排架。

形式排架有三种可供选择的方法：一是刊名字顺排架法，即按期刊名称字顺排列，同种期刊按年、卷、数字顺序排，早期在前，近期在后。二是登记号排架法，即按过刊合订本的财产登记号顺序排列。三是种次号排架法，给每种期刊按其到馆先后顺序编一种次号，然后按此号顺序排列，种次号就是索取号。

分类排架也有三种可供选择的方法：一是分类刊名字顺排架法，二是分类种次号排架法，三是分类刊名字顺种次号排架法，此法中的种次号是根据刊名字顺的顺序而编制的一种号码。

应该注意，为方便读者利用现期期刊，应以开架服务为宜。若采用开架服务方式，其排列方法应满足读者不用查阅馆藏期刊目录而直接顺利地从架上找到所需期刊的要求。为此，刊名字顺排架法及分类排架法可供选择。若客观条件只允许闭架服务，则登记号排架法较为适宜。

3. 资料的排架

内部交流资料和零散资料，篇幅少，装订简单，但数量较多，有的还有一定的保密性，因此不宜开架，只能实行闭架借阅。又由于资料的出版形式多种多样：有铅印的，有油印的，有手写的，有复制的，而且一般页数不多，所以应装入资料盒或资料袋中，采用登记号顺序排架。这种排架法具有很多优点：登记号就是索取号，加工整理的时间短，有利于快速报道；按登记号提取，上架，速度快，效率高；登记号是连贯的，利于资料的清点；能够充分利用书架，不必留出空架位，不必经常倒架；能适应资料分类号的更换，不致因更改分类号而重新排架。

科技报告、专利说明书、技术标准等特种文献资料，因原来就编有各自的报告号、专利号、标准代号，就可按原有编号的顺序排列，原编号就是索取号。

缩微胶卷、磁带、磁盘、唱片等资料需存放在盒内，按顺序编号，实行固定排架。

三、藏书排列的符号

为了便于排列，图书馆必须在图书上作一个标记符号，使书库管理人员能够按照这个标记符号排列图书。没有这个标记符号是无法实行有次序地排列藏书的。这个标记符号称为索书号，因为馆员和读者都依据它在架上索取或归还图书，因此索书号也称为排架号。

索书号的作用在于指出图书在书架上的确切位置，是藏书组织、排架、出纳和清点的依据。所以正确编制索书号是保证藏书工作质量的有效措施之一。

索书号的组成方式是与藏书排列方式相适应的。有什么样的排列方式就有什么样的索书号。它是藏书排列方式的代表。

索书号必须能正确地反映图书馆藏书组织和藏书排列的方式，确切地指示图书在书库中的位置；必须便利于迅速地取书和归架，必须能够区别本馆所有图书，同一种书的不同版本，甚至同一版本的复本，索书号的编制必须符合简明、易见、易读、易懂、易排的原则。

应该指出，在大型图书馆里，一般都设有基本书库、辅助书库和特藏书库。为了使这些书库中的图书不发生错乱，必须对索书号做出区别的标记。通常对基本书库的图书是不做什么记号的，但对各辅助书库的图书，特别是可以借出的辅助书库的图书就必须有记号(字母、数字或混合标记)。这个记号写在索书号的最前面或上端，称为地位号或书藏号，也称冠号。

索书号编成后，必须写在书名页(或指定的页码)上，书标上，图书登记录簿上和关于该书的各种目录款目上；也可以不用书标而直接写在书脊上。

参考文献

[1]王海滨，杨文侠．科技文献管理[M]．天津：天津市科技情报所，天津市科技情报学会出版社，1980．

[2]查启森．试论书次号的地位与作用[A]．四川省图书馆学会论文．

[3]王科正等．论图书登记改革[J]．黑龙江图书馆，1978(3)：28—31．

[4]孙德邻．使用种次号排架的几点体会[J]．吉林省图书馆学会会刊，1980(2)．
[5]中国科技情报研究所．日本科学技术情报手册[M]．北京：科学技术文献出版社，1980．
[6]武汉大学图书馆学系，北京大学图书馆学系．图书馆学基础（征求意见稿）[M]，1979．
[7]周文骏．图书馆工作概要[M]．天津：天津人民出版社，1980．

大型图书馆应当控制藏书的增长速度*

分析研究图书馆藏书的增长和控制问题，对于改进图书馆藏书建设和藏书组织工作有着重要的意义。本文不避浅陋，试就大型图书馆为什么要控制以及如何控制藏书的增长速度，发表一点粗浅的看法，其目的在于引起讨论。

一

近百年来，人们对客观世界的认识不断深化，科学技术在深度和广度上不断发展，科学技术的新成果不断涌现。书刊文献是人类科学技术知识的主要载体，是科技成果的主要物质表现形式。它的积累和发展必然随着人类脑力劳动量的增长而加快，当前书刊文献量的发展速度是“爆炸性”的。据粗略估计，世界上现有科技期刊 55000 种以上，每年发表科技论文超过 400 万篇，每年提出申请的专利说明书有 40 万～50 万件，技术标准总数已达 20 万件，每年国际性科技会议资料有 10 万篇，每年出版的产品资料约为

* 原载《四川图书馆学报》，1983 年第 1 期，与乔瑞泉合写。

50 万～60 万种，科技图书的年产量达 55000 种，发行总量为 70 亿～80 亿册。

如果把世界上的科学知识区分为科技知识与非科技知识两大部类，第二部类的书刊文献(即非科技内容的)当前的倍增周期为 30～50 年，而第一部类的书刊文献(即科技内容的)的倍增周期只有 7～8 年，至多 10 年。由于科学技术的发展，每年给世界增加了两亿个情报单位，折合成比率，每年约增长 12% 。当然，在不同的科学技术领域里，书刊文献的倍增速度是不同的，例如电子计算机、原子能、环境科学等某些尖端领域和新兴的、热门的学科，其书刊文献量每隔 2～3 年就要翻一番。

美国《化学文摘》(简称“CA”)自称摘录世界化学化工文献的 98%，它从 1907 年创刊到 1965 年，文献报道总量为 350 万篇；而从 1966 年到 1975 年的十年中，其文献报道量则达 330 万篇；到 1980 年，其文献报道量累计可达 1000 万篇。(“CA”文献报道量的增长情况参见下页图表。)

从这个典型数据来看，可以得出这样的结论：科技领域书刊文献的这种“爆炸性”增长的趋势，是过去和当今各个学科领域里的共同特点。

二

图书馆是通过收集各种知识载体来保存知识，传递科学情报，进行社会教育的。随着人类知识的猛烈增长和书刊文献量的激增，图书馆入藏的书刊文献也越来越多，藏书数量的迅速增长是必然的。

年　份	报道量（千篇）	年　份	报道量（千篇）
1950	59.1	1963	179.8
1951	63.1	1964	203.4
1952	70.1	1965	216.4
1953	75.1	1966	249.2
1954	80.6	1967	269.4
1955	86.3	1968	251.7
1956	92.4	1969	385.3
1957	102.5	1970	309.7
1958	118.9	1971	350.1
1959	127.3	1972	379.0
1960	134.3	1973	356.5
1961	154.4	1974	375.6
1962	175.2	1975	454.3

在新中国成立初期，北京图书馆的藏书只有 140 万册；到 1980 年年底，发展到 1050 万册。三十多年来，北京图书馆的藏书数量增长了 7.5 倍。

在新中国成立初期，中国科学院图书馆的藏书只有 33 万册；到 1980 年年底，发展到 458 万册。三十多年来，中国科学院图书馆的藏书数量增长了 13.8 倍。

在新中国成立初期，天津图书馆的藏书只有 22 万册，到 1980 年年底，发展到 250 万册。三十多年来，天津图书馆的藏书数量增长了 11.3 倍。

藏书数量的迅速增长并不是上述几个大型馆特有的现象，我国三大类型图书馆也是如此，例如：在新中国成立初期，全国县以上公共图书馆共有 391 所，其藏书总量为 2600 多万册，到 1980 年年底，全国县以上公共图书馆发展到1732所，其藏书总量达到两亿册。三十多年来，全国县以上公共图书馆的藏书数量增长了7.7倍。

在新中国成立初期，全国高等学校图书馆只有132所，其藏书总量为794万册；到1980年年底，全国高等学校图书馆发展到675所，其藏书总量近两亿册。三十多年来，全国高等学校图书馆的藏书数量增长了大约25倍。

在新中国成立初期，中国科学院系统图书馆(包括总馆、分院馆、所馆)只有17所，其藏书总量为63万册；到1980年年底，中国科学院系统图书馆发展到142所，其藏书总量达到1200万册。三十多年来，中国科学院系统图书馆的藏书数量增长了19倍多。

国外的图书馆也存在着类似的情况，据美国图书馆协会报道，从20世纪50年代以来，美国大学图书馆的藏书数量增长了3.6倍，公共图书馆的藏书数量增长了5.1倍，研究图书馆的藏书数量增长了近4倍。

在藏书迅速增长而图书馆的书库空间和其他设备条件不能得到相应改善的情况下，必然会产生许多难以解决的问题。这些问题概括起来主要是：

1. 空间紧张

图书馆的书库空间总是有限的，如果书刊资料只进不出，书库再大，也很容易达到饱和状态。实践已经证明，书库建筑面积的增长无论如何也难以赶上藏书的增长。例如，新中国成立以来，北京图书馆的藏书数量增长了7.5倍，而整个馆舍面积(包括办公用房面积)才由17000平方米增长到50000平方米，增长不到3倍。因此，新中国成立初北京图书馆书库每平方米平均只收藏120册图书，而现在每平方米则要收藏500册图书。另据670所高等学校图书馆的统计，在

19362.13万册藏书中，因书库空间饱和而未上架的书刊有2222.99万册，占全部馆藏总数的11.48%。

2. 人力不足

目前，我国大型省、市图书馆每年入藏新书新刊在10万册左右。北京图书馆新书入藏量更大，每年进书约40万册，现刊12000种。这些书刊进馆后，需要整理、加工、保管和提供，因而人员也要相应增加。北京图书馆在1965年不满500人，现在全馆正式编制已达950人，再加上临时工作人员，已接近1100人。全国高等学校图书馆专业干部队伍，在50年代只有三千多人，今天已发展到一万七千多人。新中国成立初，全国县以上公共图书馆的工作人员只有四千多人，而截至1980年年底，已发展到19461人。从数量上看，我国图书馆干部队伍是大大地发展了，但从专业素质上看，则不适应图书情报事业发展的需要。例如武汉大学图书馆现有工作人员107人，其中大专毕业的41人，占37.9%；高中文化程度的27人，初中文化程度的27人，初中以下文化程度的13人，共占62.1%。全校文科图书占全部馆藏51%，而文科专业人员只占全馆人数的10.2%；理科图书占全部馆藏49%，而理科专业人员只占全馆人数的3.7%；外文图书占全部馆藏的27%，而懂外文的工作人员只占全馆人数的4.6%。从这个数字分析可以看出，在这支队伍中，懂专业的少，懂外语的少，高水平的管理人员少。因此，专业干部不足已成为当前图书馆工作最为紧迫的问题。

3. 设备短缺

藏书的增长，为图书馆的读者服务工作创造了良好的条件。从图书馆的职能看，它不仅要担负收集、整理藏书的任务，更重要的是要开展服务工作，充分发挥藏书的作用。要开展服务工作，就必须具备一定的条件。办好图书馆的基本条件，除馆舍、人员、经费外，还应包括设备。我国三大系统的一些大型图书馆，从藏书量来看，比外国的一般大型馆并不逊色。但是，从图书馆的用房和设备条件来看，则差距甚大。例如，日本国立大学图书馆，座位容量一般为学生总数的9.1％，每个学生占有的面积为2.4平方米；而我国的重点大学图书馆，连同简易阅览室在内，座位容量为学生总数的4％左右，每个学生占有的面积不到0.2平方米。由于阅览座位缺少，图书馆的书刊资料不能得到充分利用。

现代图书馆已不再是传统的藏书楼，而是综合使用现代技术的图书情报中心。电子计算机、自动化设备、缩微设备，光学仪器等已分别用于图书馆的编目、检索、缩微、复制、传递和保存等方面。这些先进技术的采用，大大提高了图书馆的管理水平。但是，目前我国图书馆的管理基本上还停留在手工操作阶段。因此，在藏书迅速增长的同时，又伴随着藏书的严重积压。例如，据1981年9月的统计，全国670所高等学校图书馆共藏书19362.13万册，而长期积压未编书就有881.87万册，占全部藏书量的4.55％。公共、科学专业等系统的图书馆也存在着藏书积压的类似情况。造成这种情况的原因是多方面的，但主要是缺乏经费，对图书馆设备的研制、生产和推广使用重视不够。已有的设备，供应渠道不通，有些行政主管部门层层审批，把一些图书馆必需的设备用品当作消费品加以控制，造成有设备也不能购置。有些部门由于不甚了解图书馆的性质和任务，在预算中没有考虑图书馆设备的需要，图书经费又不能购置设备，这就造成图书馆设备用品经费长期无着落的状况。

4. 藏书利用率降低

随着形势的发展，时间的推移，图书馆藏书中必然会出现一些陈旧过时、复本过多、流通率很低的书刊。这类书刊的数量，据国外的统计，约占全部藏书量的30%～40%。在我国图书馆中也存在着类似的情况，笔者曾根据十二个省、市图书馆1980年的统计资料进行测算，测算的结果是这十二个省市馆1980年藏书利用率均在20%～30%，个别馆超过30%。实践已经证明，这部分流通率很低的书刊与读者经常利用的藏书混排在一起，就会影响图书流通的进程，延长读者借书的时间，增加图书拒借率。我们国内有人提出了这样一个测算数据：藏书10万册左右的小型馆，读者借书每次只要2—3分钟，藏书50万册左右的中型馆，读者借书每次约需10—15分钟，藏书100万册以上的大型馆，读者借书每次则要半小时甚至更长的时间了。应该说明，这些数据的提出，是以采取闭架制为前提的。因为采取闭架制的大型图书馆，读者借书首先要查找目录，填写索书单，然后交给馆员，等候他们从书库中提取图书，这个过程一般需要半小时左右的时间。

藏书的迅速增长，除了给图书馆带来了上述四个问题外，还会增加查重、排片、上架、清典和目录辅导工作的难度等一系列问题。那么，怎样解决这些客观存在的问题呢？显然，单纯依赖扩建、新建书库，增加经费和工作人员都不是好办法。只有控制藏书的增长速度，通过控制，使图书馆藏书处于稳定的低速增长状态，才是现代图书馆藏书建设的发展趋势。

三

图书馆藏书量的不断增长与图书馆有限空间之间的矛盾，已经成为图书馆界的普遍性问题。为了解决这个问题，世界上很多国家的图书馆工作者都在探索对策。1976年英国大学图书馆开始试行的稳定状态理论，便是其中的一个代表性论点。这种论点是英国的巴里(Parry)、丹彤(Dainton)、阿金森(Atkinson)等提出来的。它的主旨思想就是要通过控制，使图书馆藏书的发展处于相对稳定的状态。具体地说，就是要求大型图书馆不要无限度地发展藏书的数量，而应当在藏书发展到一定规模时，控制其增长。在一个相对时限内，入藏图书的数量与剔除旧书的数量大体相当，从而使图书馆藏书低速增长。

尽管藏书建设的稳定状态理论，在英、美等国的图书馆界还有不同的看法和争议，但是它揭示了控制藏书迅速增长的途径和办法。这些途径和办法，概括起来主要是以下三个方面：

1. 精选图书

在书刊文献资料急剧增长的情况下，任何一个图书馆的藏书体系都不应该无限扩张，特别是大型图书馆的藏书结构应朝着“精化”的方向发展。所谓精化，主要包括两个方面的含义：一是指藏书的收集工作应有明确的针对性。在“情报爆炸”的当代社会里，收集工作绝不是有什么就收集什么，而是有针对性地进行精选。它的针对性是由图书馆的专业方向、服务对象和任务时限三者所决定的。没有明确的专业方向就没有收集工作的方向，忽略了服务对象的需求，就无法做出适合水平的选择，没有任务时限观念，即使书刊文献收集到馆也会失去其情报价值。二是指藏书体系的科学性。科学技术有自己的专业体系，图书馆所收藏的书刊文献也应以所反映的专业而形成体系。这个体系有纵横两个方面的要求：纵的方面要保持专业书刊内在的历史连贯性，能够反映出它们发展演变的脉络；横的方面要考虑某个或某些学科在整个科学领域里互相渗透、相互交叉的关系，使馆藏具有科学本身的逻辑，又有较高的实用价值。

建设精练的高质量藏书体系，是通过精选逐步实现的。精选必须以图书馆的方针任务为依据，不同类型的图书馆有不同的方针任务，不同的工作重点以及不同的服务对象。它们的图书采购工作，应具有各自不同的特点。一般来说，省、市、自治区公共图书馆同时担负为科学研究和广大群众服务的任务，以为科学研究服务作重点，除了应收藏综合性、基础性的中外书刊以外，要重点收藏有关发展本地区经济、文化、科学技术方面的专业书刊资料。高等学校图书馆主要服务于学校的教学和科学研究，应着重选购适合本校各专业需要的中、外教学参考书刊和科技情报资料。专业图书馆应着重收集与本专业相关的较专深的科学书刊。

采购人员经常地、系统地、有重点地了解和研究馆藏情况，摸清家底，及时掌握读者的阅读需要，是做好图书精选工作的一项必要措施。可以通过藏书的分类统计或分类目录以及总括登录来查明藏书的总量、各类藏书的数量、品种复本量及其比例，重点藏书配备等情况，以便分析藏书是否符合本馆的方针任务和图书采购的原则。可以利用全国总书目、联合目录、专题目录或各种书评材料对照本馆的藏书，检查每类藏书和必备书的入藏情况，注意各类中最新、最基本、最重要的著作是否收藏，以及丛书、多卷书、期刊等有无缺漏的现象。也可邀请有关学者、专家来馆做重点研究和指导。通过检查，以了解本馆藏书存在的问题，从而有针对性地充实馆藏的薄弱环节，选购适应本馆方针任务、服务范围的各类书刊。

外文书刊应作为精选的重点，尽可能地避免重购和错购。近年来，国外书刊涨价很快，欧美等国家的书价上涨了124%，期刊定价上涨了153%。我们外汇有限，在外文书刊的选购工作中必须注意经济分析，力求避免差错和失误。对外商举办的书展，应以眼见为实，选购而不包销。对于连续出版的多卷书和丛书，以及多次修订再版的名著，可尽量通过内部交流获得，不一定都要向国外订购。订购外文书刊要考虑利用率，利用率低的学科书刊应以紧缩为宜。为了避免浪费，外文书刊的订购工作还应严格执行查重核对和审批制度，我们要用有限的外汇获得最大的信息量。

要精选，必须加强对国内外出版情况的调研，要广泛收集国内外新书目录资料，并应有专人负责筛选，还要搜集目录以外的其他出版情报。

要精选，还必须培养具有“识书”“选书”能力的工作人员。否则，有了好书，就会由于不识货而轻易放过，或者把质量低的书当作好书，以致上当误事。因此，应当抓紧培养“能识别一书多版、旧书改版，能鉴别作者和内容交叉重复、能看原文目录、能写提要和书评”的多能选书人员。只有这样，才能切实承担起精选图书的任务。

2. 采购协调

目前图书馆的采购工作，存在着很大的盲目性。有些馆不考虑本馆的方针任务和读者对象的需要，随意买书，贪多求全，造成资金浪费和空间紧张；有些馆对馆藏心中无数，对本馆应该着重入藏哪些书刊，补缺配齐哪些书刊都不甚明确；有些馆重购轻采，有购无选，使一些不适用的书籍购多了，一些读者需要的书籍又为数很少；有些馆没有把读者的长远需要和当前需要妥善地结合起来，而是无限度地满足读者的当前需要，造成复本指数偏高和严重积压；图书馆之间缺乏卓有成效的合作，使本地区或本系统的采购协调工作无法开展，使各个图书馆难以形成自己的藏书特点，造成盲目采购和平行重复的严重浪费现象。

要扭转上述种种偏向，必须加强藏书协调工作。图书馆之间在采购工作上的分工协调，既是图书馆事业发展的整体性需要和图书资源的保存和共享的要求，也是避免盲目采购、资金浪费和控制藏书数量迅速增长的有效措施。在图书采购工作中，各馆应树立全局观点，克服各自为政、自成一体、贪多求全的倾向。各馆应根据馆际分工，明确各自的收藏范围、采购重点，平衡采购品种，协调相互间藏书的复本比例。各馆的藏书补充，尤其是外文书刊的补充，应作为一个整体，看作是图书馆网统一藏书的组成部分，作为广大读者共同享用的财富。因此，各地区的中心图书馆委员会，应根据本地的具体情况和特点，制定出本地区切实可行的图书采购协调方案，开展藏书的调整、交换、调拨和复制工作，编制新书通报、联合目录和专题索引。这样做，不仅可以互补残缺，互通有无，扩大书源，节约经费，而且可以提高藏书质量，充分发挥藏书的作用。

3. 剔除旧书

当前，世界上很多国家的图书馆都很重视藏书剔旧这个实际问题。有的国家叫藏书精化，有的国家叫除旧更新，我们把这项工作叫作藏书剔旧。不管怎样称谓，其实质都是指藏书不能只吞不吐，而要新陈代谢。

补充新书，剔除旧书，是藏书建设的两个方面。有进有出，新陈代谢，才符合藏书发展的规律。剔除藏书中陈旧过时和复本过多的书刊，处理流通中损毁的书刊，储存一定限量的流通率很低的书刊，是图书馆不断整顿藏书的一项重要任务，也是藏书组织中的一项经常性工作。

在藏书组织方面，过去和现在都是强调区分藏书。各国对此提法各有不同，有的提要把常用书与非常用书区分开来，有的提要把动态藏书与静态藏书区分开来，有的提要把利用率高的藏书与陈旧过时的藏书区分开来。这些只是提法的不同，其基本范畴和实质内容都是相同的，那就是要按照图书利用率的高低来组织藏书系统，把有区分地组织藏书与有区分地为读者服务紧密地结合起来。

实践已经证明，被区分出来的失效、陈旧以及流通率很低的书刊，除了少数大型馆以外，大多数的图书馆都没有储存保管的必要，应该从藏书中剔除出去。不过在实践中藏书剔旧是一项极为细致的工作，要慎重研究，不能草率从事。根据一些图书馆的实践来看，藏书剔旧的范围大致包括以下七个方面：

(1)陈旧过时的书刊。所谓陈旧过时的，有些图书可以从时间上考虑，有些图书可以从内容上考虑，有些图书可以从时间和内容两个方面结合起来考虑。例如大专教材，在60年代以前，大多翻译苏联的或各院校自编的教材，后来在教学内容不断改革的情况下，又编写了许多新的教材。特别是理工科教材，随着科学技术的发展，增加了许多新的内容；文科教材，几经政治运动，变化也很大。所以60年代前的大专教材，除其中的一部分可作参考外，其余的均属淘汰的对象。

已有了新版本的旧书，或是有了更新译本的旧译本，作为不收藏版本的图书馆，也可考虑剔除。

(2)流通率很低的书刊。所谓流通率很低的书刊，是指那些长期无人借阅或借阅甚少的书刊。在剔除这类图书时，必须具体情况具体分析，区别对待，主要看其内容有无参考价值。有些书刚到馆时流通率较高，但过一段时间后就无人问津，如确实无参考价值，就可以剔除。有些法律类图书，由于我国在过去一段时间里，忽视了法制教育和法学研究，致使法律类图书流通率很低，近年来随着国家法制的加强，查阅这类图书的读者日渐增多，所以对这部分图书，就不能简单地因过去的流通率偏低而剔除。

(3)复本过多的书刊。这些书是由于过去配合某一政治运动采购不当，或书店分配过多造成的。一些配合政治运动的书籍，在一定时期内曾经发挥了重要的作用，但经过若干年后，已不适应形势的要求，有些还与当前党的现行政策相抵触。对这类政治书籍，除保留底本备查外，其余的复本均可剔除。

(4)内容重复的图书资料。例如，先行出版的单篇著作、单行本，随后又出了合集或汇编本，原本无版本保存价值的可考虑剔除。

(5)不符合本馆方针任务和不适应本馆读者需要的书刊。

(6)上级通知的内容有政治性问题、停止流通的书刊。

(7)经过长期周转借阅，已经破损不堪、残缺不全、不能再修复图书。

在藏书剔旧工作中，应该反对随意性，即对书刊乱搞封存、剔除、销毁的做法。剔旧应以图书的使用价值、陈旧程度、流通情况来判断，不能以书的页数多少、开本大小、定价高低作为衡量标准。剔旧也不是简单的丢弃，应该根据图书馆的方针任务和藏书基础，甄别不同情况分别处理。最好能由文化部图书馆事业管理局统筹规划，全面安排，在全国的和地区的中心图书馆委员会下设立储存图书馆来收存被各馆剔除的书刊。此外，还可以采用下列办法处理：

(1)调拨：有些图书，在大型馆也许发挥的作用不大，利用率不高，而到基层馆就可能是有用的图书，流通量要比在大型馆大得多。但应切忌把一些没有参考价值的图书当作包袱卸给基层馆。

(2)交换：各馆剔除的图书，是按各自不同的标准进行的。某一馆不需要的图书，也许在其他馆就是较为有用的。通过交换，可以相互补充对方馆藏的品种。所以交换是使剔除书刊各得其所的较好办法。

(3)减价处理给读者：对那些不成套的或稍有残缺的书刊，可减价处理给读者，这样既可发挥图书的作用，又可回收部分资金用于添购新书。

(4)报废：对于确实已失去参考价值和有政治性错误的书刊，除在本地区或本系统保留底本外，其余的复本都可作报废处理。

藏书剔旧工作，应该有组织、有计划、有步骤地进行。要组织剔旧班子，制订工作计划，确定处理办法；事前要进行抽样调查，查明哪些书是长期无人借阅或复本过多的或流通率很低的书刊；在处理被剔除的书刊以前，应召开座谈会，广泛听取读者和馆员的意见。在剔旧班子中，应有采编部门和典藏部门的人员。这样做的好处在于：有采编部门的人员参加，可以通过剔旧工作发现书刊采购上的缺点和存在的问题，有利于改进采购工作，提高图书采购质量。有典藏部门的人员参加，是由于他们长期从事书库管理工作，对书刊流通情况和使用价值有所了解，能够保证剔旧工作的顺利进行。

要搞好藏书剔旧工作，还必须建立一套剔除书刊的审批制度和注销制度。审批制度包括剔除旧书的原则、范围、方法、步骤以及处理意见等。应把计划剔除的书刊，编成目录，报请领导部门审查批准。注销制度就是指剔除书刊后的注销手续和具体方法，应将注销书的口袋卡按财产登记号排列，并根据登记号注销财产登记簿上相应的号码；然后再把口袋卡按索书号排列，注销公务分类目录卡片上的财产登记号；根据清册注销公务字顺目录卡片上的财产登记号。如果有典藏片，应在典藏片上注销剔除图书的登记号。如果该注销的书刊已不宜在读者目录中反映，虽本馆留有版本，也必须在读者目录中抽出该书的卡片。另外，最好能设置剔除书刊登记簿，以此来掌握馆藏图书除旧更新的情况，并作为今后清点、检查、移交图书的依据。

参考文献

[1]肖自力．应当控制图书馆藏书增长速度——兼谈稳定状态理论[A]//中国图书馆学会．中国图书馆学会第二次科学讨论会论文[C]．北京：书目文献出版社，1982.

[2]林德海．图书馆藏书建设与组织的一些问题[J]．北图通讯，1978(2)：30－36.

[3]南泉．科技文献概论[M]．天津：天津市科技情报所，1980.

[4]熊第志等．专业图书馆外文书刊订购的经济分析[J]．大学图书馆，1981(1).

[5]周世辟．谈谈图书馆的藏书补充[J]．云南图书馆，1984(3－4).

[6]Brandon，A. N.；Selected List of books and journals for the small medical Library[J]．Bulletin of the Medical Library Association，1981，69(2)：185－215.

论大型图书馆藏书布局的改革*

大型图书馆的藏书数量较多，所藏出版物的类型多种多样，怎样从实际情况出发，考虑到保管和利用两个方面的要求，对全馆藏书进行合理布局，这是藏书组织中需要认真探讨的课题。

藏书布局的核心是书库的划分。现代图书馆的藏书不是各种出版物的堆积，而是经过精心选择和严密组织的知识体系，因此对书库划分的基本要求是：使藏书得到有效的利用，提高藏书利用率；使藏书适应不同读者群的需要，便于不同读者群找到他们所需要的书刊资料；便于图书馆工作人员熟悉和研究藏书，提高服务工作的效率；保证藏书的完整，避免丢失和损坏，延长图书的寿命。

大型图书馆藏书布局要适应这些要求，必须从藏书布局方式上进行改革。我们现在采用的是传统的布局方式，要完全满足上述要求是有困难的。

传统的藏书布局方式，一般是把全馆书库大体上划分

* 原载《图书馆工作与研究》，1984 年第 2 期。

为三种类型：基本书库、辅助书库和专门特藏书库，组成以基本书库为中心、以辅助书库和专门特藏书库为分支的藏书体系。

基本书库在图书馆中是处于中心的地位，起着总书库的作用。因此，它的藏书数量大，知识门类广，包括推荐性的常用书，供研究用的参考性藏书和不常用的资料性藏书。

在基本书库中，藏书成分比较复杂，类型多种多样，为充分发挥各类藏书的作用，又分别按照以下的标志，把基本书库区分为若干分藏。

按藏书的使用范围，划分为普通书库、参考书库和内部书库；按文种，划分为中文书库、外文书库、少数民族语文书库；按学科，划分为社会科学书库、自然科学书库、文艺书库；按文献的载体形式，划分为普通书库、期刊库、线装书库、缩微资料库、视听资料库等。

在我国省、市级大型图书馆中，为了保存版本和满足读者的急需，还设置了一种保存本书库。所谓保存本，就是将进馆的新书，每种抽出一本，作为保存本，除特殊需要外，一般不予外借，专供馆内阅览。

基本书库的藏书，基本上都是闭架，读者借书，必须通过图书馆工作人员作媒介，才能获得所需要的书刊资料。这种闭架形式的典藏借阅制度，读者借书往往需要等候较长时间，拒借率也较高。

在传统的藏书布局中，辅助书库是相对于基本书库而讲的。它是指阅览室、借书处、参考室、研究室等服务部门所设置的书库。这种辅助书库依附于服务部门，具有相对独立性。

专门特藏书库的藏书，一般是比较珍贵的，在一定的程度上，它反映了一个馆的藏书特色。设置专门特藏书库的目的，一是由于某一部分藏书需要特殊的保管条件，另一个是为了满足特定读者群的需要。

上述藏书布局方式存在着一定的弊端。这种弊端集中表现在藏书布局过程中，不从藏书的使用出发对藏书进行区分。国外一些图书馆的实践证明，现代图书馆藏书布局的发展趋势是把流通率高的常用书与流通率低的滞架书区分开来。而我们的不少图书馆，对藏书不分新旧，不考虑利用率的高低，习惯于闭架式典藏借阅制度，这样就使藏书与读者分离开来，滞架书很多，藏书利用率很低。例如，我国省级图书馆书刊流通率平均只有22.4%，许多高校图书馆藏书实际使用率只有30%左右，并集中于少数书刊上，大量书刊长期无人借阅。当然，出现这种情况的原因是多方面的，但是与闭架式典藏借阅制度也有直接的关系。因此，对这种藏书布局的格式，应当进行改革。改革的方向是逐步地推行三线典藏制。

所谓三线典藏制，就是按照图书的新旧及其利用率的高低，把藏书区分为利用率最高的、较高的、很低的三个部分，并按这个顺序，把利用率最高的藏书组织到一线书库，把利用率较高的藏书组织到二线书库，把利用率很低的藏书组织到三线书库。一线书库和二线书库都可以认为是辅助书库，三线书库才是基本书库。

一线书库应收藏那些具有现实性、推荐性、针对性的新书新刊，实行分科开架借阅。二线书库虽然也收藏有一定数量的推荐性书刊，但参考性藏书是它的基本特征。它的藏书数量不在多，而在精，要把那些参考性强的书刊补充进来。由于它也是读者的常用书库，所以也应实行开架借阅或半开架借阅。三线书库，即基本书库，主要是存放陈旧过时的、不常用的、流通率很低的滞架书刊，采取闭架形式，一般不外借，个别需要者可在馆内阅览。

按照三线典藏制来组织藏书，就能够把常用书与滞架书区分开来。应当指出，三线典藏制与传统的闭架式典藏借阅制度是有区别的。在传统的藏书布局方式中，基本书库是全馆的藏书中心；而按照三线典藏制的布局方式，藏书布局的出发点是让读者充分地利用藏书，因而藏书布局的主体不是基本书库，而是辅助书库的设置，凡是设置有服务机构的都应有与之相适应的辅助书库。在传统的藏书布局方式中，基本书库对全馆的各个辅助书库起着调节的作用。这种调节作用主要表现在辅助书库需要的书刊，可以从基本书库中得到补充；当辅助书库的一部分藏书，随着时间的推移而陈旧过时，又可以回归到基本书库去。而在三线典藏制的布局方式中，这种调节作用虽然还未消失，但调节的功能已相对地缩小了。出现这种情况的主要原因是一、二线书库可以直接从采编部门进书，而不是单纯依赖基本书库的调拨。因此，一线、二线与三线书库的联系主要侧重于剔除书刊的回归。

从上述分析可以看出，划分一、二、三线书库的依据是藏书利用率的高低，因此怎样确定藏书利用率就成为三线典藏制的关键问题。只有把藏书利用率的测定方法确定以后，才能正确地区分一、二、三线书库。

关于藏书利用情况的测算，在我国已有一些文章作过介绍，其中便于应用的有以下三种方法：

第一，图书周转率指标。所谓图书周转率，指的是每册图书在一年中出借的次数，或者说是平均每册图书在一年中周转的次数。这种指标是用全馆的藏书数除全年图书借阅次数计算出来的。例如，某图书馆有 100 000 册藏书，全年图书出借次数为 150 000 册次，那么，它的图书周转率则是：150 000÷100 000＝1.5。可见，图书周转率指标的计算，是以全年借出图书的次数计算的，所以不论采取什么方式借出的图书次数都应当计算在内[①]。

应当指出，一个图书馆的图书周转率是取决于这个图书馆的性质、任务以及它的借阅制度。因此，图书周转率必然会因图书馆性质、任务及其借阅制度的不同而不同。即使是同一类型的图书馆，也会因其所在地区不同，组织管理不同，人员编制的多少以及人员的专业素养的不同而有所差异。但是，无论何种类型的图书馆，都可以应用上述计算公式，根据各自的不同情况来进行其图书周转率的计算。

第二，图书流通率指标。所谓图书流通率，指的是图书流通数量与馆藏数量的比率。馆藏数量是指一个图书馆藏书中投入流通的总数量，图书流通数量是指实际被读者借阅、使用的藏书的数量，其计算方法是：图书流通率＝流通图书数量÷馆藏数量。从这个公式可以看出，图书流通数量越大，图书流通率就越高。图书流通率的统计和计算，可以以时间为单元，也可以分类统计[②]。

应当指出，图书流通率直接反映藏书的使用情况，但决定图书流通率的因素之一是馆藏总数。有的图书馆实际流通量并不少，可是图书流通率仍然不高，就是由于馆藏不精，即许多内容陈旧、不适应读者需要的图书充斥馆藏，并投入流通。因此，不断地整顿藏书，剔除馆藏中陈旧的、失去使用价值的书刊，提高藏书质量，才能使馆藏总数成为一个有实效的基数。

第三，滞架时限。所谓滞架时限，指的是一册书在两次流通之间滞留在书架上的时间长度。滞架时限的数据来源于流通图书卡上的借

---

① 丁道谦：《图书馆统计学的理论与实践》，225～226页，成都，四川省中心图书馆委员会，1981。

② 卢子博，倪波，周治华：《图书流通基础知识问答》，13～14页，北京，书目文献出版社，1981。

还记录。我国图书馆普遍实行的是书卡流通制，因而能方便地取得这类数据。为了使书卡上的流通记录准确地反映该书的流通情况，应当注意两点：一是首次上架的图书，应将其上架日期记录在书卡上，否则如果该书一直滞架而没有记录，则难以断定它是从何时滞架的；二是原书卡流通记录填满时，不应随便弃旧换新，而应将原书卡最末一行的借还记录转抄在新卡上，再丢弃旧卡。有了准确可靠的流通数据，就能根据滞架时限来建立馆藏书刊的使用模式①。

上述三种方法，都是借助于统计数据来测定藏书的利用情况。这种藏书使用统计度量法比图书馆工作人员的主观判断更为精确。因此，建立和完善图书馆统计制度是正确划分一、二、三线书库的基础。

图书馆统计包括多方面内容，藏书统计、读者统计和借阅统计是其最基本的三种统计。藏书统计必须反映出图书的入藏数量、入藏时间、价格、文别、来源和入藏图书按内容的分类数。特别是入藏图书的分类统计更是不可少的，因为它更能反映入藏图书的质量。读者统计必须反映读者的构成及其数量，反映读者数量的动态，提供读者与藏书比例关系的依据。借阅统计直接反映着图书馆藏书被读者利用的情况，主要包括图书借阅的数量指标，借阅图书的人数指标，借阅图书的内容、种类、数量指标。这三种基本统计指标都是随着时间的进程而变动的，因日、因月、因季、因年而不断变化着。这种变化表示了各个时期图书流通动态。完整、系统地记录各个时期图书流通动态的数据。就为划分三线书库提供了准确可靠的依据。

① 庄子逸，陶涵彧：《论“呆滞书刊”的剔除——兼及文献存储的最佳策略》，载《图书情报工作》，1982年第6期，8～13页。

在一些盛行三线典藏制的国家里有这样一种说法：馆藏中经过精选的20％的书刊资料，可以满足80％的读者需求；而其余80％的书刊资料，只能满足20％的读者需求①。这种说法主要是强调区分藏书，前一个20％显然是指流通率高的书刊；后一个80％，是指流通率很低的、内容陈旧的、失去使用价值的书刊。这两个百分比虽然只是大概的匡算，但我们可以从中得到一个启示，那就是图书馆藏书一定要进行区分，藏书布局要与藏书区分紧密地联系起来。如不区分，即常用书与滞架书混杂在一起，就会延缓图书流通的过程，降低藏书利用率，增加图书拒借率。

从三线典藏制的布局要求来看，就是要把能够满足读者80％需求的流通率高的藏书，集中于一、二线书库；把只能满足20％读者需求的滞架藏书，集中于三线书库。这种藏书布局方式的现实意义是显而易见的，我国图书馆应当结合本馆的具体情况，逐步地实行三线典藏借阅制度。这种制度的广泛实行，将会开创我国图书馆服务工作的新局面。

① 张欣毅，沈继武：《藏书布局模式探索》，载《图书情报工作》，1982年第5期，7～11页。

论图书馆藏书的采选、组织与利用*

一

当前，关于图书馆藏书建设研究的重点有两个方面：一是图书馆藏书结构；二是图书馆藏书组织系统。一个大型图书馆，要提高读者服务工作的质量，不仅要建设科学的藏书结构，而且要建立起实用的藏书组织系统。藏书结构的科学性，主要是看藏书的内容和成分，能不能适应当代科学技术的发展水平以及对本馆主要服务对象的情报需求所能满足的程度。藏书组织系统的实用性，主要是看藏用结合的完善程度，应着手于藏，着眼于用，藏有方向，用有保证，建立起相互协调、藏用结合的整体组织。

藏书对图书馆的重要性是不言而喻的，可以说，没有高质量的藏书就不会有高水平的服务工作。无论是过去、现在或将来，都必须承认这个基本事实。现在，我国大型图书馆藏书建设的规模是空前的，每年有数以千万件的书

* 原载《吉林省高校图书馆通讯》，1985 年第 1 期。

刊资料进入图书馆，并且有不断增长的趋势。然而，一个选择精良、组织完善、适应需要的藏书，并不是书刊资料的堆积，而是以各馆的性质、任务为依据，经过长期筛选与积累而逐步形成的藏书体系。在书刊资料的数量急剧增长的情况下，任何一个大型图书馆的藏书体系都不应无限扩张，而应该朝着“精化”的方向发展。所谓精化，主要包括两个方面的含义：一是指藏书的采访工作应有明确的针对性。在“情报爆炸”的当代社会里，采访工作绝不是盲目地、被动地吸收各种书刊资料，而是有针对性地进行精选。这种针对性是由图书馆的专业方向、服务对象和任务时限3个要素决定的。一个大型图书馆，如果没有确定的专业方向，那么，它的采访工作，就会失去方向；如忽略了服务对象的情报需求，就无法做出适合水平的选择；如果没有任务时限观念，即使书刊资料收集到馆，也会失去其情报价值。精化的另一含义是指藏书体系的科学性。各个科学门类都有自己的专业体系，图书馆所收藏的书刊资料也应以所反映的专业而形成体系。这个体系有纵横两个方面的要求，纵的方面要保持专业书刊内在的历史连贯性，能够反映出它们发展演变的脉络；横的方面要考虑某个或某些学科在整个科学领域里相互渗透、相互交叉的关系，使馆藏既具有科学本身的逻辑，又有较高的实用价值。

建设高质量的藏书体系，是通过精选逐步实现的。精选必须以图书馆的方针任务为依据。一般说来，省级公共图书馆担负着为科学研究和广大群众服务的双重任务，以为科学研究服务做重点，除了应收藏综合性、基础性的中外文书刊以外，要重点收藏有关发展本地区经济、文化、科学技术方面的专业书刊资料。高等院校图书馆主要服务于学校的教学和科学研究，应着重选购适合本校各专业需要的中、外文教学参考书刊和科技情报资料。科学专业图书馆应着重采集与本专业相关的专深的科学书刊。

加强对国内外出版情况的调研，广泛收集和认真筛选国内外新书目录资料以及其他出版情报，是做好书刊精选工作的一项必要措施。可以通过各种书目资料和出版情报来查明本馆所收藏的各类书刊的数量、品种、复本量及其比例、重点藏书配备等情况，特别是各类中最新、最基本、最重要的著作是否入藏以及丛书、多卷书、核心期刊等有无缺漏的现象。通过检查，以了解本馆藏书存在的问题，从而有针对性地充实馆藏的薄弱环节，选购适应本馆方针任务、服务范围的各类书刊。

图书馆藏书的采选，应当有计划地进行，使收集的书刊资料重点突出，系统完整，具有特色。它既要照顾到读者当前的实际需要，也要考虑到今后发展的潜在需要。任何一个大型图书馆，如果没有一个高瞻远瞩、切实可行的藏书建设计划，势必会使书刊资料的采选工作陷入盲目性，造成藏书建设的比例失调和畸形发展。藏书建设的计划，无论是长期的、中期的或短期的，都应当明确规定：收集和补充书刊资料的范围，采选书刊资料的最佳标准，补缺配套的种类和品种，重点书刊与非重点书刊的收藏比例，完成计划的经费保证以及具体措施等。只有这样，才能使藏书采选工作的目标明确，并取得成效。

在藏书采选工作中，必须优先保证重点藏书的建设。重点藏书不是主观随意性的产物，它是服务重点在藏书建设中的客观反映。重点藏书一般是以知识门类作为划分依据的，对于一个大型图书馆来说，往往以某几个知识门类作为藏书重点，有时也以某几个主题的图书作为重点。由于当代科学技术的发展呈现出既综合又分化的趋势，各知识门类之间是相互渗透、相互交叉的，重点藏书与非重点藏书之间虽有其相对稳定性，但它们之间也会随着科学技术的发展而互相转化。所以，在藏书建设中，既要保持它们各自的相对稳定性，不轻易地变更重点；同时也要注意随着它们的发展变化，重点也应有所改变和调整。图书馆重点藏书的建设，是与本馆任务和工作重点紧密联系的，一般可根据本地区的政治、经济特点或本系统、本单位生产、科研、教学的要求以及本馆的任务、藏书特点、本地区其他馆的藏书情况来确定。

在我国图书馆采选工作中，还应注意的一个问题是复本率问题。何谓复本，目前大家的看法不完全一致。笔者认为，同一种书在图书馆藏书中多于一册时，第一册称为“正本”，其余的各册均称“复本”。所谓同一种书，是指内容、出版、印刷等项完全相同的书。图书凡经改版或内容有所改动的，则不是同一种书。如一书的再版、新版、增订版的本子已与原书在内容上、版面上或印刷上有不同，就不能认为是复本。同一种书的影印本、评注本、特殊装帧本，也不能算复本。复本率也称复本指数，它指的是图书馆对每一种图书的购置所规定的复本数量，包括各类图书的复本比例，同一知识门类中各小类之间的复本比例以及同一小类不同类型著作的复本比例等。复本率是图书馆藏书建设工作中的参考标准，它主要是由读者需要的变化情况所决定的，复本比例不可能是一成不变的。一般地说，藏书的品种越多，藏书的内容就越丰富；优秀图书的种数越多，藏书的质量就越高。图书馆应该根据各知识门类图书的具体情况，结合本馆的任务和读者需要的变化情况，规定一个基数，再根据情况的变化，灵活地予以掌握。

二

大型图书馆的藏书数量较多，所藏出版物的类型多种多样，怎样从实际情况出发，考虑到保管和利用两个方面的要求，对全馆藏书进行合理布局，这是藏书组织中需要认真探讨的课题。图书馆藏书布局的方式，取决于图书馆的任务、读者数量、藏书利用的程度、藏书的数量与结构、入藏出版物的类型以及书库建筑的特点。现代图书馆的藏书是经过精心选择和严密组织的知识体系，因此，对藏书布局的基本要求是：使藏书得到有效的利用，提高藏书利用率；使藏书适应不同读者群的需要，便于不同读者群及时地获取他们所需要的书刊资料；便于图书馆工作人员熟悉和研究藏书，提高服务工作的效率；保证藏书的完整，避免丢失和损坏，延长图书的寿命。大型图书馆的藏书布局要适应这些要求，必须改革闭架形式的典藏借阅制度，实行以开架形式为主体的三线典藏制。

三线典藏制是以科学的理论方法做基础的。它既方便管理，又能促进藏书的利用，符合当代图书馆藏书组织的发展趋势。自 70 年代以来，很多国家的图书馆都把藏书区分为相对独立的组成部分，作为正确布局的必要条件。各国对此提法各有不同，有的提要把常用书与非常用书区分开来，有的提要把动态藏书与静态藏书区分开来，有的提要把利用率高的藏书与陈旧过时的藏书区分开来。这些只是具体提法的不同，其基本范畴和实质内容都是相同的，那就是要按照图书利用率的高低来组织藏书系统，把有区分地组织藏书与有区分地为读者服务紧密地结合起来。而三线典藏制，就是按照图书的新旧及其利用率的高低，把利用率最高的藏书组织到一线书库，把利用率较高的藏书组织到二线书库，把利用率很低、其中包括滞架图书组织到三线书库。显然，按照三线典藏制来组织藏书，就能够把常用书与非常用书区分开来。现代图书馆藏书组织的主要目的是促进藏书的广泛利用，把常用书与非常用书区分开来，使利用率高的图书集中在一线或二线书库，无疑是实现藏书组织目的的有力措施。

由闭架借阅逐步向开架阅览的方向发展，扩大图书开架阅览的范围，这是提高藏书利用率的主要途径。关于图书开架问题，过去和现在都进行过很多有益的讨论。我们不能把图书开架仅仅看成是一种流通方式，随着图书馆的现代化，它在图书馆科学管理中占有重要的地位。图书馆收集→整理→典藏→利用的工作过程，实质上是情报信息的吸收和传递过程，开架制调节着这个运动过程的方向、速度和目标，起催化和促进的作用。因此，这种借阅制度是情报信息传递所必需的，已被当作现代图书馆藏书组织的一个不可缺少的组成部分，是保证藏书组织实用性的重要支柱。而三线典藏制与开架借阅方式是不可分离的，它的一线书库中所收藏的具有现实性、推荐性、针对性的新书新刊，都是实行分科开架借阅的；二线书库虽然也收藏有一定数量的推荐性图书，但参考性藏书是它的基本特征，也是读者的常用书库，所以也应实行开架借阅与半开架借阅。这样，就保证了图书馆常用书刊能与读者直接见面，消除了藏书与读者分离的状态，充分体现了图书馆藏书组织的实用性。

三

图书馆藏书是供读者使用的。图书馆的真正作用是在于作为一个情报源，而不只是一个储存书刊的书库。要充分发挥图书馆的社会功能，就必须加强情报服务工作。

图书馆情报服务工作主要包括文献检索、文献服务和情报分析研究三项基本内容。检索是解决查找文献的问题，服务是解决提供文献的问题，而情报分析研究是加强情报的有效性和针对性的问题。这三者的互相配合和有机结合，就能促进图书馆藏书的广泛利用。

文献服务要采用多种形式，使蕴藏于文献中的情报能够得到有效的传播。文献中所含的情报容量的分布是不均衡的，情报分析研究是对情报的选择，提高针对性，使有用情报得到广泛而有效的利用。这里需要着重强调的是文献检索在科学交流中的作用。科学交流的过程就是情报传递的过程，即情报从情报生产者到情报吸收者之间的传递过程。文献检索在科学交流中是传递情报的一条重要渠道，是联系情报生产者和使用者的一个主要媒介，是人类为了合理地分发情报和充分地利用情报而采取的一种重要交流方式。文献检索的出现和不断发展，使科学交流从非正式的、无组织的状态逐渐成为正式的、有组织的状态。文献检索在科学交流中所起的作用，具体体现在以下 3 个方面：

1. 历代流传下来的文献和现代出版的文献是一个丰富的知识宝库。文献检索就是打开这个知识宝库的钥匙，可以充分地发挥这个知识宝库的作用，有利于智力资源的开发。

2. 协助有关人员做出正确的科研决策，提高科研效率，减少人力和投资方面的重复、浪费。

3. 由于文献量大、情报来源多以及某些检索工具和检索系统的不完善，致使获取情报的难度加大，这样就使得科研人员在获取情报方面所花费的时间增多。显然，如果文献检索的效率高，无疑可以节省科研人员的宝贵时间和精力。

图书馆的检索人员，如果能够熟练地掌握检索工具或检索系统的特点、性能和使用方法，及时地、准确地答复读者和用户的检索要求，那么图书馆藏书被利用的深度和广度将会出现一个新的局面。

图书馆藏书的利用，不能只局限于一馆的读者，还应该从资源共享的范畴加以考虑。目前，很多国家都在探索高效率、低消耗的图书情报服务体系，因此，图书馆的资源共享问题被提到重要的地位。例如，联邦德国按学科建立专业化的中心图书馆；苏联把情报部门和图书馆组织起来，开展联合的情报服务；英国则以建立大型图书馆为主，以馆际互借为辅；美国的主要特点是以立法和协议为基础的馆际互借占主导地位。图书馆资源共享如此广泛地为很多国家所重视，既是科学文化发展的要求，又是图书馆事业自身发展的必然结果。当代学科的不断分化和学科的不断综合的特点，对读者利用书刊的行为产生了深刻的影响，使他们在获取和利用情报资料方面，对图书馆和情报部门的依赖性日益增加；而图书馆和情报部门在出版物按指数比率激增的社会里，都不可能将全部出版物包罗无遗。为了提高对读者需求的满足率，只好借助于馆际协作，走资源共享的道路。

在我国，实行图书馆资源共享的迫切性是很明显的。我们也应研究建立集中的和地区的馆际互借中心的可行性，研究建立全国期刊外借中心的可行性。在目前，采取以协议为基础的馆际互借是可行的。馆际互借可按省、市、自治区来组织，形成地区性集中型的资源共享网络。随着资源共享网络化的实现，图书馆藏书利用的社会化将成为现实。

一九八三年我国图书馆藏书建设研究的综述与展望*

图书馆藏书建设理论与方法的研究，已经成为我国图书馆学研究的重要课题。1983 年，在各种图书情报刊物上共发表了 121 篇文章①。这些文章涉及图书采访、图书登录、图书典藏、图书排列、图书保护、藏书体系与结构以及藏书分工协调等各个方面，现将其中论述的主要问题及基本论点综述如下：

一、关于藏书评价的标准

什么是高质量藏书？在许多文章中都对这个问题进行了有益的探讨，概括起来有两种看法：一是认为藏书的质量取决于一定数量藏书中所含的情报容量。判断一本图书或一篇文献的情报容量，既要看它的篇幅，更要看它的内容的创新程度、阐述问题的准确性、专业的针对性以及为用户所理解和运用的程度。情报容量既取决于客观的需求

---

* 原载《图书馆学文摘》，1984 年第 1 期。

① 北京大学图书馆学系资料室：《图书馆学论文索引》，1983。

和文献所提供的信息量，又同用户的知识结构和专业素养有着十分密切的关系①。另一种看法认为衡量藏书质量的高低有五条标准：(1)看它对读者需要的满足程度；(2)看研究用书是否品种齐全，教学用书的复本率是否得当；(3)看馆藏图书的复选工作进行得怎样，对那些陈旧、过时、多余的以及形态上没有修复价值的图书有没有剔除；(4)看图书的选择是否得当，入藏书刊是否切合本馆的任务，并具有较高的科学价值和实用价值；(5)看本馆藏书重点是否突出，结构是否合理，是否形成了具有学科特点的藏书体系②。

二、关于复本率

在1983年内，有10多篇文章是研究复本率问题的。这些研究集中在如何确定复本率这个基本问题上，主要有两种意见：一种意见认为，要合理地解决复本率问题，应该具体地分析10个因素：(1)读者人数，包括登记读者和没有经过登记的“潜在读者”对馆藏图书的需求量；(2)借阅期限；(3)出版物的有效期；(4)借阅册限；(5)出版物类型；(6)借阅制度和借阅方式；(7)分馆需要量；(8)保存本数量；(9)自然磨损数和丢失数；(10)出版物的文种、价格、专深程度以及读者的特殊需要等因素③。另一种意见认为，应在分析国内外现有复本原则、复本率公式的基础上，结合我国图书馆的实际，研究出一种适合

① 肖自力：《关于改进我国图书馆藏书建设的意见》，载《大学图书馆通讯》，1983年第6期，13～21页。

② 赵景文等：《工科院校图书馆的藏书建设》，载《大学图书馆通讯》，1983年第6期，38～41页。

③ 于鸣镝：《复本数学模式初探》，载《黑龙江图书馆》，1983年第2期，7～11页。

我国国情的复本率原则方法或公式。确定这种复本率原则或公式的主要依据是：(1)图书内容的水平和学术价值；(2)读者的实际需要量；(3)藏书组织方式和流通方式；(4)购书经费、书源和书价；(5)出版物的类型及其著作方式；(6)缩微技术、复印技术等现代技术、设备的应用程度①。对于怎样计算复本率，目前有些文章已提出几个公式，但这些公式的运算都是建立在图书流通统计数据的基础上。在缺乏系统的基本统计数据情况下，对复本作精确的定量研究无疑是十分困难的。所以已经与读者见面的那几个公式，目前还是处于理论阐述和数学推导阶段，一时难以应用于藏书建设的实际。

三、关于控制藏书数量

藏书数量的迅速增长给图书馆带来的种种困难，已经成为客观存在的事实。在书库空间不能随着藏书数量的增长而增长的情况下，控制数量，探索合理的藏书量，建设高质量的藏书体系，就成为藏书建设过程中合乎实际的正确决策。对于这一理论观点，在 1983 年发表的几篇文章中，都从不同方面做出了有理有据的分析和阐述。怎样控制数量进而确定合理的藏书量呢？有些文章提出了方法和途径：(1)从确定藏书保障率入手，计算藏书的最小规模。计算方法为：藏书保障率×读者总人数，即得出最小藏书规模。(2)根据图书流通率来限制藏书数量。这种方法是建立在统计分析的基础上，凡流通率低于规定的基数时，在初选时则削减其复本量；如果实践证明是长期无人借阅的图书，在复选时则予以剔除。

---

① 朱育培：《辽宁省图书馆藏书建设概况》，载《辽宁省馆开馆三十五周年纪念文集》，沈阳，辽宁省图书馆，1983。

有的文章提出了适度藏书的概念。所谓适度藏书，就是一个图书馆运用系统分析的方法，对影响藏书的诸因素进行合理调节，使藏书在既定条件下能取得满足本馆读者需求的最大值①。如何实现适度藏书建设，这是一个更为重要的问题。适度藏书建设的制约性因素主要是购书费、采访人员处理图书的能力以及书库设备条件。本馆的购书费能采购多少书，采访人员能够处理多少书，现有的书库设备能存放多少书，不掌握这些数据，不正确处理三者之间的相互关系，适度藏书便无从谈起。建设适度藏书，就必须根据现在中外文书刊的价格以及本馆收藏书刊的价格情况，估算出年购书册数；根据本馆空余的库位、架位以及每年新购书刊所占用的书库面积，来确定每年对于书库容量来说应进书刊的最佳值与极限值；根据“工作日×日工作定额×采访人员数”这个公式来测定采访人员处理图书的能力。作为适度藏书的基本要求就是在分析以上三者关系中提出一个切合实际的数据——每年应进书刊的种、册数。

四、关于藏书结构

藏书结构是一些国家图书馆界当前在研究的一个课题。近年来我们也提出了几篇论述这个问题的文章，但总的看来还处于理论探讨阶段，探讨的主要问题是：(1)什么是藏书结构？有的文章认为，藏书结构是组成藏书体系的各个部分相互作用、相互依赖、相互结合的方式。它反映着藏书体系各部分的组织方式和相互关系。也可以说，藏书结构是藏书体系的组织法，是藏书建设的蓝图。(2)怎样确定藏书

① 杨学山：《适度藏书建设及其实现》，载《图书馆学研究》，1983 年第 4 期，49～53 页。

深度的级别？任何一个图书馆都要根据自己的任务和服务对象的需求，收集、整理各种不同学科、不同文种、不同形式的知识情报载体，以便组成一个有主有从、有专有博而又相互依赖、相互配合的具有特定功能的藏书体系。为了建设这样一个藏书体系，就必然涉及各类藏书深度的级别这个问题。有的同志根据美国一些图书馆的做法，结合我国图书馆的实际，提出了一种五级藏书结构方案①。对这个五级藏书结构及其计算方法，虽然目前还存在着不同的看法，但大家的愿望都是想从研究藏书深度的级别入手，按照藏书不同级别的具体要求，把凭经验购书的定性决策转化为定量决策，为藏书建设中的防重、防漏、有层次、有特色地收藏图书提供科学依据②。在这方面，有的同志应用模糊数学的理论，将图书馆藏书信息模糊化，对构成图书馆藏书特征模糊集和隶属模糊集进行运算，并以此作为采购决策的依据，这就使购书方式由传统的定性决策转变为定量决策迈出了可喜的一步③。(3)什么是最佳藏书结构的标志？对这个问题的认识有两种意见：一种意见认为，最佳藏书结构有三个标志，一是满足情报需求的比率高；二是收藏重点突出，藏书特色鲜明；三是品种齐全，复本恰当。另一种意见认为，一个馆的藏书结构是由该馆的性质和任务决定的，最佳藏书结构应以出色完成本馆任务为主要标志。为形成最佳藏书结构，必须妥善处理不同学科、不同专业藏书的关系，本专业

---

① 肖自力：《试论藏书结构》，载《图书情报工作》，1981年第1期，14～16页。

② 王荣安：《试论五级藏书结构计算法的不科学之处》，载《大学图书馆通讯》，1983年第9期，21～23页。

③ 张炎烈：《藏书等级结构的数理分析及其应用》，载图书情报工作，1983年第4期，33～37页。

与相关专业藏书的关系，中文与外文藏书的关系，图书的品种与复本的关系。

五、关于藏书利用率

当前，图书馆界存在这样的现象，即在给读者或用户提供书刊资料时，总感到为读者或用户所需的、有用的书刊资料比较缺乏；而另一方面，又存在书刊长期积压而用之不多、有些从未利用的现象。据统计，全国公共图书馆的书刊流通率平均只有35%，其中地市级图书馆为50.8%，省级图书馆只有22.4%；全国高等院校图书馆1981年总藏书量近两亿册，而借阅量不足9000万册，平均使用率为45%左右。许多高校图书馆书刊使用率只有30%左右，并集中于少数书刊上，大量的书刊长期无人借阅。怎样提高书刊资料利用率，这成为一个值得研究、急需解决的问题。1983年有10多篇文章对这个问题表示了看法，概括起来其基本观点是：(1)有计划、有目的、有针对性地收藏，形成与国民经济发展相适应、切合科研、生产需要的馆藏特点，这是提高藏书利用率的基础。(2)科学地管理、充分地揭示、及时地报道馆藏，这是提高藏书利用率的关键。鉴于主题目录具有读者检索的直接性、反映主题的灵活性、字顺排列的客观性、同主题资料的集中性，适用范围的广泛性等优点，因此有人主张图书馆在健全目录体系时，不仅要提高分类目录的质量，而且要迅速建立和全面推广主题目录，使其在整个目录体系中处于主导地位。(3)开展情报快讯服务，定题定向跟踪服务、书目情报服务等形式多样的情报服务，这是提高藏书利用率的重要途径。(4)对读者或用户进行情报知识和检索技能的培训，提高整个社会的"情报意识"，使广大读者或用户能够很好地利用馆藏，这是提高藏书利用率的有效措施①。

六、关于藏书的复选与剔除

对这个问题近年来发表了不少文章，仅在1983年就有16篇之多。但在文章中所使用的概念还不统一，有的称“复选”，有的称“复审”，有的称“再选择”，而论述的内涵和外延基本上都是一致的。对于复选的必要性，一些文章都明确指出，藏书复选是藏书建设的重要组成部分。它是针对第一次选择而言的，如果说第一次选择发生在书刊进馆之前，那么复选则是在已有的藏书中进行的。无论第一次选择进行得何等仔细，力图采选最切合读者需要的出版物，但随着时间的推移，藏书中还是免不了要积压许多不被利用的出版物，这是由文献老化规律决定的。因此，必须对藏书进行复选；否则，藏书很难与本馆任务和读者的情报需求相适应②。

关于藏书复选的程序与方法，在一些文章中虽有涉及，但都不够具体。一般认为，只有在对图书馆藏书的构成及其被利用的情况进行全面研究的基础上，才能够进行藏书的复选。藏书研究的目的是要弄清楚在图书馆全部藏书中，哪些书刊是具有现实的或潜在的价值，哪些书刊已经失去了现实的或潜在的价值。

关于藏书研究的方法，在一些文章中已经介绍了多种，但笔者认为便于应用的还是统计分析法。因为藏书的统计分析可以为我们提供对藏书数量、构成及其利用的客观认识。准确可靠的藏书统计，可使

---

① 张健：《科技情报资料利用率问题》，载《情报学刊》，1983年第1期，61～64页。

② 邵国秀：《略论图书馆藏书的再选择》，载《河南图书馆季刊》，1983年第1期，8～14页。

我们掌握藏书的总量及每年的增长情况，藏书按知识门类或专题的分布状况，图书的流通率、拒借率等等。这样就可以使我们清楚地看出哪些类的藏书基本上符合读者需要，哪些类藏书不能满足读者需要，改进藏书建设工作就有了依据。

藏书复选与藏书剔除是紧密联系的。经过复选，就可以区别不同情况开展剔除工作。关于剔除的范围，很多文章提出应以多余的复本书刊和经过时间的考验证明已经失去时效而又无保存价值的书刊为重点，并呼吁建立地区的或系统的储存图书馆。

以上综述的 6 个方面，是 1983 年我国藏书建设研究的主要之点。当然，研究的领域不只是这些方面，还涉及其他问题，为节省篇幅，就不一一赘述了。应当肯定，近几年来我国图书馆界关于藏书建设的研究是有成效的，有些问题的讨论也是逐步深入的，这对于藏书建设理论的确立，明确藏书建设工作的性质和特征，研究藏书建设工作的方法都是至为重要的。但是现有的研究，包括 1983 年和前几年在内，大量的还是由个人分散、单独进行的。为了改善和加强藏书建设的研究，各级图书馆学会和有关方面，今后应当把分散的力量更好地组织起来，确定选题，明确重点，开展有计划、有组织的研究。选题要面向实践，来自实践，把理论研究和实际应用紧密结合起来。要抓住各类型图书馆藏书建设方针、收藏范围、收藏重点、采购标准、选书理论与方法、藏书深度级别、藏书评价的依据与标准、复本率、科研和教学用书体系、藏书组织模式、藏书建设的协调与布局、藏书的复选与剔除以及新技术在藏书建设工作中的应用等问题，继续进行卓有成效的研究。不仅要出理论文章，也要出方案、规范、措施和方法。

近年来，有些同志对藏书建设领域的某些数学模型进行了深入的研究，这是可喜的。但要避免纯数学推导，防止不切实用或失之周密，降低数学模型的科学性。藏书建设中建立数学模型的目的，主要是运用数学这一工具描述藏书建设工作的客观规律，使感性物上升为理性物。我们的重点应该放在运用数学领域中的某些定理、法则来解释藏书建设中的现象，力求付诸实践。目前，藏书建设理论和方法的研究还不适应藏书建设实践的需要，我们要认真总结自己的经验，注意吸收国外的研究成果，逐步形成有中国特色的藏书建设理论方法体系，用以指导我国图书馆藏书建设工作。

全国文献资源布局学术讨论会观点综述*

文献资源布局是全国图书情报界广泛关注的研究课题。为了交流研究成果，促进国家文献资源的合理布局，从而更好地开发和利用文献资源，中国图书馆学会学术工作委员会与广西图书馆学会于1986年11月6日至10日在南宁市共同召开了全国文献资源布局学术讨论会。会议主要讨论了三个课题：①全国文献资源的综合布局(简称为一级布局)；② 在一级布局总体规划指导下的省、自治区、直辖市文献资源布局；③ 各系统、各部门、各专业文献资源布局。在这三个课题中，以一级布局作为讨论的重点。

出席会议的各地代表五十余人，共收到论文五十篇。与会代表就文献资源布局的意义、原则、目标、模式、措施等问题进行了讨论。现将其中的一些观点综述如下，供读者参考。

---

* 原载《图书馆工作与研究》，1987年第1期。

一、文献资源布局的含义

有的同志认为，文献资源布局是指文献资源在地理位置上的分布和配置，它包括两层含义：一是指文献资源在空间上的客观分布状况；二是指人们为改变文献资源在空间上的客观分布状况而对文献资源进行合理的配置和布局。有计划、有步骤地对分散的、庞杂的文献资源进行整序，逐步地使全国文献资源形成统一的整体，建立起能够满足整个社会情报需求的文献保障体系。

一些同志指出，全国文献资源的综合布局不同于工农业生产的布局，除了自然条件的约束外，更多的要受不同地区人们的文化素质、科技发展水平及情报需求的影响。从一定的意义上来讲，它是一项十分艰巨而复杂的知识情报存取的系统工程，如果规划不当，势必造成重大的失误。因此，我们必须对影响文献资源布局的有关因素进行深入的研究，结合我国国情，提出合理的布局方案，以便建立最佳的文献保障体系。

有的同志还具体指出研究全国文献资源布局和研究一个单位的藏书结构有所不同。后者着重考虑的是一个单位的具体条件、目标和措施；而前者是要从建立国家情报系统中的文献收藏系统出发，着重于宏观的条件、目标和措施。也就是说，既要考虑各单位的收藏情况，又要考虑各单位之间的联系；既要考虑宏观对微观的指导作用和规定性，又要考虑微观对宏观布局的适应性。因此全国文献资源布局的研究，是我国图书情报事业发展战略研究的重要组成部分。

二、全国文献资源布局的原则

文献资源布局的原则是形成文献资源布局方案的基础。因此，与会代表就这一问题展开了认真的讨论。在讨论中，很多同志针对当前我国文献资源布局的状况和问题，提出了一些有创建的构思和设想。概括起来，主要有以下三种看法：

第一种看法认为，全国文献资源的综合布局，应该以讲求文献资源建设的经济效果、最大限度地满足整个社会的图书情报需求为目的。为此，文献资源布局必须遵循五条原则：①文献资源布局要与我国的科学、教育、文化事业及国民经济的发展相适应；②文献资源布局要和各地区、各部门科技、教育、管理人员的知识水平、情报需求及吸收能力相适应；③文献资源布局要同各地区的工农业生产相适应，要充分利用各地区的知识传统和优势；④文献资源布局要有层次，用不同层次的情报资源集合来满足不同层次的情报需求类型，促进图书馆之间的相互依赖和联系，便于形成图书馆资源共享网络；⑤文献资源布局要有利于现代化技术的应用，便于直接将文献资料转换成计算机处理的文献数据库。

第二种看法认为，我国文献资源布局应在以下四项原则的指导下进行：①要建立完备的全国文献保障体系，尽可能收集齐全世界上为我所需的、有价值的文献资料，应能满足国内需求的95%以上；②建立有中国特色的布局模式，在强有力的集中指导调节下，充分调动各部门、各地区的积极性，建设国家的文献资源体系；③将地理位置上的科学的均匀分布作为布局的首要考虑因素，以块块为主进行布局；④确认文献供应中的“适度不便”原则，打破“以我为中心”和“多中心”的局面，大大减少全国、特别是一个地区、一个城市中的重复收藏现象，以节约费用，保证全国文献资源建设的完备性。

第三种看法认为，文献资源合理布局不是单相平面分布，应是多维立体结构。既应统筹理、工、农、医与人文、社会科学各学科领域，又应兼顾中、英、日、德、俄、法等多文种文献分布。他们强调开展文献资源的宏观研究是文献资源合理布局的先决条件，合理布局不是平均分配，要考虑历史条件，对那些馆藏有特色的老馆重点资助，犹如对基础较好的老企业进行技术改造，投资少而收效快。忽视历史特点，平均分配经费只会浪费国家更多的人财资源。合理布局还应考虑逐步填补我国空白。例如，西班牙语系国家医学文献约占世界医学文献 4%，意大利、波兰、捷克等东欧文种文献又各占世界医学文献 4.6%，但我国极少引进这些国家的医刊，形成了许多空白。在幅员辽阔，人口众多的中国，委托少数图书馆选订他们的代表刊物，实属必需。另外，由于“文化大革命”使我国出现了六七十年代全局性文献资源短缺，这段历史时期的文献对我们十分有用。全国各地都来补充这段空缺是不可能的，在考虑文献资源合理布局时，选择若干具备条件的单位，有计划填补某学科、某文种 70 年代的文献空白，对发展我国科学事业是十分有益的。

三、全国文献资源布局的目标

有的同志指出，确定全国文献资源布局的目标必须实事求是，从实际出发。现在，我国文献资源建设存在三大问题：一是文献资源贫乏，覆盖面小；二是平行重复，浪费严重；三是文献资源的地理分布很不均衡。在确定全国文献资源布局的目标时，就必须认真研究和切实解决这三大问题。在文献收藏上，从全国看，收藏的品种和类型要齐全，利用率高的涉及专业面广的重要文献要有收藏，利用率低的和专业面窄的重要文献也要有收藏，覆盖面要大。大到什么程度呢？应从提供文献保障的要求出发，凡属国内外文献检索工具和检索系统中检出的重要文献都应能保证提供。在文献资源建设过程中，要减少不必要的重复浪费，节约资金，提高效益。从局部看，每个文献单位都应提高常用书刊的完备程度，减少非常用书刊，提高文献利用率，降低文献呆滞率；从全局看；应减少各单位、各系统间的不必要重复。特别是大套出版物的进口和高价文献的进口应有所控制。在文献配置上，应适当控制大型综合性文献中心的发展，加强各种专业和专门的文献中心的建设，从专门化中求齐全程度。在目前，由系统的开放和联合实现国家布局和区域性布局；在不久的将来通过联机联网，满足综合性的情报需求。条条布局，块块协调，既便于投资，又便于领导。通过条条布局，块块协调，来促进区域性布局的发展，并尽可能地减少区域性布局对国家级布局的压力和依赖。区域间的梯度差是由区域间文献机构设置情况、工作水平及需求情况长期形成的，应在文献资源比较贫瘠的地区，有计划、有步骤地建立新的文献资源布局基点。同时，文献资源布局密集的地区，应支援贫瘠地区，逐步实现文献资源布局的相对均衡。

四、全国文献资源布局的模式

对此问题与会者意见分歧，没有形成统一的模式方案。讨论中的主要问题有：

全国文献资源布局的级次：有的同志主张，我国文献资源布局模式以建立三级保障体制较为可行。

第一级是国家文献资源中心，由北京图书馆、有关省馆、中国科学院图书馆、中国科学院系统中的某些地区图书馆、有关的高校馆组成。参加一级布局的成员馆，主要是依据馆藏基础、馆藏特色、人员结构、服务水平以及现代化设备的应用等因素来决定。它们根据各自的馆藏特色分工收藏，要求将所承担的学科领域的文献资料尽量收集齐全。要特别注意对外文书刊、各种边缘学科文献以及书价昂贵的、有重要价值的文献资料的收集。一级布局应该起国家文献资源保障中心的作用。国家应对一级布局成员馆给予宽裕的财政资助，人员编制要放宽，并用现代化设备武装这些馆，同时规定这些馆要编印新书通报、联合目录，生产二次、三次文献，向全国图书情报单位提供优质服务。

第二级是地区文献资源中心，或按行政大区设立，或按数省经济联合作业区设立，全国可能有6—8个地区级文献资源中心。二级布局成员馆的组成，除了考虑图书馆本身的条件外，还要考虑地理分布、经济、文化建设的实际需要以及人口密度等因素。地区级文献资源中心，旨在满足本地区文献需求量的大部分，并积极组织本地区文献资源建设的协调和协作。

第三级是以一个省、自治区、直辖市为单位，由省馆或实力较强的高校馆作为牵头馆，把本省、自治区、直辖市的文献资源布局安排好并使之网络化，努力搞好本地区的文献资源服务工作。从某种意义上讲，第三级文献资源中心是三大文献资源中心中最活跃的部分。这一级文献资源若能布局得当，建立起图书馆网络，就能大大地减轻一、二级文献资源中心的压力。

一级布局的模式：一级布局的模式问题，实质上就是怎样建设国家级文献资源中心问题。对此，会上提出了三种方案。

第一种方案主张，在全国只建立一个文献资源中心，那就是北京文献资源中心。这个中心由北京图书馆、中国科学院图书馆、中国社会科学院图书馆、中国农业科学院图书馆、中国医学科学院图书馆、地质部全国图书馆、中医研究院图书馆、北京大学图书馆、清华大学图书馆、中国人民大学图书馆以及其他一些大型文献收藏单位组成。

第二种方案主张，在全国建立三个国家级文献资源中心，除北京外，还应建立上海、四川（成都或重庆）两个国家级文献资源中心。这两个中心同样也是由公共、高校、科学专业以及其他文献收藏单位所构成。

第三种方案认为，我国幅员辽阔，文献资源一级布局不宜过于集中，应以均衡地分点布局为好。从历史、地理、政治、经济、文化、教育、科学等各种条件考虑，一级布局应在北京、上海、沈阳、广州、武汉、重庆、西安七个城市设点，即建立七个国家级文献资源中心。七点一级布局的覆盖面可以笼罩全国，而且符合国家“七五”计划提出的地区布局和地区经济发展政策，同东、中、西三大经济建设布局是相对应的。

笔者认为，上述三种方案各有所长，都有各自的出发点。但在讨论中对三种方案的可行性分析都不够充分，应在充分论证其可行性的基础上，进一步提出各自的实施方案。

一级布局的特性：一级布局要面向全国，这是与会代表的一致意见。问题是国家级文献资源中心的收藏是囊括一切，还是藏二、三级文献资源中心收藏所缺。有的同志认为，一级收藏的水平高于二、三级，其特性不应表现在“全”字上，一级收藏要藏二、三级中心之所缺。二、三级收藏有的，它不一定要有；二、三级中心没有收藏或无力收藏的，它一定要有收藏。一级布局的收藏要有重点，没有重点便没有特性。一级布局的收藏重点应放在五个方面：①具有历史价值的重要文献；② 难得的、稀有的文献；③ 高价文献；④ 大部头著作；⑤ 罕用文献，即文献反映的学科偏窄、偏深、被人利用不多的文献，或文献所用的文字偏稀、偏难、能阅读的人不多的文献。

有的同志认为，一级布局的收藏应着重在两方面的文献：一是进口文献，二是古籍文献，这两方面的文献要尽全收藏。在文献内容方面，要注意收集新技术和高技术领域的文献，收集那些配合国家重点开发的微电子技术、信息技术、新型材料方面的文献，收集基础研究和应用研究方面的文献，为国家的长远发展做好必要的科学技术文献的储备。

储存图书馆的建设：建立储存图书馆，是全国文献资源整体化建设的重要内容。为了适应文献资源布局的动态变化，与会代表一致认为，应当有步骤地组建国家、区域和系统的储存图书馆。有的同志指出，图书馆藏书储存的明确分工，将少数人问津的书刊集中保管在少数图书馆中，可以排除大多数图书馆藏书中的呆滞成分，为常用书、新书腾出架位，有利于缓和“书库危机”；可以增强藏书的实用性，有利于藏书的合理组织与布局；通过对文献的复选，精化了馆藏，可以促进藏书的新陈代谢和良性循环；还可以控制藏书量的无益的指数增长，保持了图书馆藏书的“动态平衡”与“稳定性”。

有的同志主张全国出版物的保存体制可采取四种模式：① 建立全国性的储存馆，按照规定的范围收藏各馆剔除的图书；② 建立全国性的储存馆，但不规定严格的收藏范围，各馆可以将自己认为应该剔除的图书寄送给储存馆，由储存馆决定这些图书是否保存。对于不保存的图书由储存馆进行调剂和交换；③ 按地理区域建立储存馆，在一个区域内保存图书；④ 分散保存，即各馆之间对图书储存进行分工，各馆分别建立自己的储存书库。无论是哪种模式的储存馆，都不只是收藏各馆剔除的无用图书或少数人问津的图书，而且还要保证能够随时将这些藏书提供给全国或本地区的任何一个图书馆使用。

五、几点建议

全国文献资源合理布局，是一个理论性很强、实践起来颇为复杂的课题。在我国现有条件下，应该采取哪些措施来促进全国文献资源的合理布局？与会代表提出了一些很好的建议：

①在文献管理运行系统中，条条块块分割是极大弊端，必须打破。要打破的不是条条块块本身，而是它们之间的分割和产生分割的思想和做法。这里包括条条与条条的分割，块块与块块的分割，条块之间的分割。这种现象必然妨碍全国文献资源的合理布局和文献保障体系的建立，打破这种分割的积极办法是发展图书馆界的横向联系，成立跨系统的、有权威的全国文献资源协调委员会。

② 为了保障资源的开发、管理和利用，我们应该遵照宪法的有关规定，从我国的国情出发，尽快制定具有中国特色的文献资源保护法，使文献资源的开发，利用、管理受到法律的保护。

③文献资源布局是以社会需要为依据的，又以文献资源的充分利用为目的。因此，在全国文献资源合理布局的基础上，必须确立文献资源共享的原则和方法，并把它作为文献布局中各文献收藏单位的重要职责。

④全国文献资源布局的范围不能仅限于图书馆界，还应注意出版发行机构、科技情报机构、档案机构与图书馆界的协作和协调工作。

贮存图书馆的由来、发展与作用*

第二次世界大战以后，图书馆事业发生了巨大的变化。由于出版物数量的激增，图书馆藏书急剧增长，这就使得图书馆的空间紧张成了当代图书馆事业的一大难题。解决这个难题的途径之一是建立贮存图书馆。本文仅就贮存图书馆的概念、发展、任务和作用等问题，做一些探讨和阐释。

一、贮存图书馆的概念

贮存图书馆，又称为保存图书馆、储备图书馆或储存图书馆、寄存图书馆。贮存（deposit 或 depository）一词来源于两个拉丁词，即 depositua——单独存放的，和 arium——保存的地方。在图书馆藏书中，少数图书的使用频率很高，有一部分图书的使用率一般，而相当一部分图书是不经常使用的。为了解决空间问题，通常把这一部分罕用图书定期剔除。专门保存罕用图书和具有潜在科学价

* 原载《图书情报通讯》，1989 年第 1 期。

值的未用图书的图书馆，就称之为贮存图书馆。贮存图书馆一般只设有简陋的办公室和小型的阅览室，采用固定排架方式，书架间的行距很小，近来也有用密集书架的，一般可增加藏书量35%左右。

所有图书馆都具有一定的贮存职能。按照惯例，国家图书馆则享有依法接受本国一切出版物的权力。因此，有的贮存图书馆与法定呈缴本图书馆十分相似。例如，在英国，贮存图书馆是指根据法律被授权免费接受已出版的全部图书的图书馆，亦称版本图书馆。这种贮存图书馆的主要职能是永久保存由出版商送交的图书和其他出版物。又如，在美国，被授权接受全部或部分美国政府出版物的图书馆，称贮存图书馆。美国政府出版物采取多种发行方式，除出售、分送外，根据1895年颁布的印刷法和1962年的贮藏法(公法87—579号)(1978年修正)，美国政府出版局将其部分出版物免费分发给全国1390个贮藏图书馆，数量约占政府出版局出版总数的54%。这些贮藏馆有义务向所在地区的公众提供借阅服务。苏联的贮存图书馆(称寄存图书馆)是为科研与生产服务的图书情报统一体系的有机组成部分。它不是无用图书的仓库，而是在全国若干最大图书馆的基础上建立起来的，积极活动的图书馆机构，其职责不只是收集各图书馆中未用图书和少数人问津的图书，而且还应将这些图书提供给本地区的所有科学图书馆使用；在必要的时候，还要提供给国内的任何一个图书馆，全面开展对读者的借阅与书目服务工作。

二、贮存图书馆的由来与发展

贮存概念，大约产生于19世纪末期。而这种思想的产生，则必然还要早一些。1886年，美国哈佛大学校长C. W. 埃利奥特(1834—1926年)发现读者使用的图书仅仅是馆藏的一小部分，而大部分馆藏未被读者使用。因此，他在 1898/1899 年度报告中提出：将那些有人用的书与无人用的书区分开来，并寻求比铁制书架更密集的形式来贮存无人用的书。1900 年，哈佛大学图书馆馆长莱恩支持埃利奥特的主张，同意分开贮存“死书”。1901 年，埃利奥特提出要定期检查哈佛的馆藏，区分出那些无人使用的图书，予以密集贮存；并认为全国需建立 3—4 个贮存馆，其地点可设立在纽约、华盛顿和芝加哥。1902 年，莱恩建议由哈佛大学图书馆、波士顿公共图书馆、马萨诸塞州图书馆以及其他新英格兰地区的图书馆共同建立合作的贮存图书馆。到了 1908 年和 1909 年，古尔德提出建立地区图书馆。他认为这种图书馆不仅要贮存，还要开展交换和互借，从而起到水库般的调节作用。在此期间，美国近代图书馆事业的巨擘杜威(1851—1931 年)和大学图书馆专家富斯勒(1914—?)等人大力倡导建立贮存图书馆。以后很多国家都建立了贮存图书馆。

在英国，不列颠博物馆于 1905—1906 年在伦敦西北郊建立了报纸的贮存图书馆。1916 年，英国建立了国家中心图书馆，作为馆际互借的中心。这个图书馆主要是由各图书馆所提供的书刊资料组成的，所以它成了英国事实上的国家贮存图书馆。

1934 年，法国国家图书馆在凡尔赛建立一个贮存馆以保存不常用的书刊资料，这些书刊资料可在馆内阅览或送到巴黎总馆供读者使用。

1941 年在美国东北部六州建立的新英格兰贮存图书馆应该说是贮存图书馆的进一步发展。这是一所由 7 个馆联合管理的贮存图书馆，它们是：马萨诸塞州立图书馆、马萨诸塞州理工学院、马萨诸塞州历史学会、波士顿公共图书馆、波士顿文史图书馆、波士顿大学、哈佛大学。其中哈佛大学贮藏的图书最多，至 1947 年已把 20 万册图书存入该馆。这所贮存图书馆造价较低，只设一间小阅览室，其余空间全部装上可容纳 100 万册图书的书架。它提供三种贮存形式：一是永久贮存，所贮存的书刊资料可随时利用；二是临时性贮存；三是所谓的“死”贮存，即对那些从不向一般读者开放的资料所进行的贮存。这种联合管理的贮存图书馆在其他地区也发展起来，贮存的图书，有的仍归属原来的图书馆，有的归属贮存图书馆所有，其做法不一。

贮存图书馆从联合管理又向前发展了一步，即不仅贮存罕用书刊，而且还主动采购并向其他图书馆提供这一类利用率低的书刊。芝加哥的“科学研究图书馆中心”(简称为 CRL)就是这一性质的机构。它成立于 1949 年，初期称“中西部地区图书馆馆际合作组织”，于 1965 年改为现名。它是美国中西部 12 个州的图书馆协作组织，主要成员是大学图书馆，经费由参加馆支出。它不仅仅联合贮存各成员馆的书刊，而且还通过采购、捐赠、呈缴本等途径增加稀有资料，其中包括外国的学位论文、报刊、政府公报等等。罕用书刊既然由它统一采购和收藏，并供参加馆共同使用，那么参加馆就可以不必再添购各种各样的边缘资料以及昂贵的，但一旦需要又是极其重要的资料。CRL 的参加馆目前已达 70 多所，并把业务活动扩大到加拿大、墨西哥等国，实际上已成为一个国际组织。它的贮存职能有两个方面：一方面是被动的，即接受其他馆交来的书刊资料；另一方面是主动的，即收集那些低利用率的书刊资料。它的目标是节省空间和经费，并扩大科研资料的供应。在这个基础上，CRL 还担负了一项职能，那就是作为馆际互借所需资料的供应中心。该组织采取 4 种贮存方式：一是赠送；二是永久贮存但保留所有权；三是不定期贮存并保留所有权；四是租库贮存。实际上，绝大多数贮存都是采用第一、二种方式，采用第三、四种方式的很少。

1964年，美国还诞生了一所专科性的贮存图书馆，那就是纽约市医学图书馆中心。至1968年，该中心有23个成员馆，贮存方式有两种：永久性贮存和租借性贮存，所贮存的大多为医学期刊、年度报告和学位论文等。该中心不仅仅是一个贮存中心，它还为纽约市编制医学期刊联合目录，并以外借和复印形式提供资料。

有的国家是依据全国统一规划设立贮存图书馆的。例如，苏联部长会议于1966年11月26日在一项关于全国性科技情报系统的决议中，十分明确地强调了建立贮存图书馆的必要性。1967—1971年间，在国立列宁图书馆领导下，进行了一项全面细致的调查研究，并讨论了各种可能的实施办法。1975年，苏联制定了《全国图书馆贮存保管组织章程》，该章程确认了66所图书馆作为全苏的贮存图书馆。并从1975年起，把全国各种类型图书馆藏书中罕用的和多余的复本移送给承担贮存任务的图书馆。苏联有全苏、加盟共和国、地区间、地区四级贮存图书馆。按照不同的范围保存图书。

除上述外，荷兰、丹麦、瑞典、芬兰、匈牙利、保加利亚、德意志民主共和国等也都普遍设立贮存图书馆。

从当今世界各国情况看，贮存图书馆是多种多样的，概述起来有4种模式：①建立全国性贮存馆，按照规定的范围(如某一年限以前出版的图书，或某一年限内未曾使用过的图书等)接受各馆剔除的图书；②建立全国性的贮存馆，但不规定严格的收进范围。各馆可以将自己认为应该剔除的图书移送给贮存馆，由贮存馆决定这些图书是否保存；③按地理区域建立贮存馆，在一个区域内保存图书；④分散贮存，即各馆之间对图书保存进行分工，各馆分别建立自己的保存书库，即附属馆形式的贮存馆，或总馆本身临时贮存低利用率的资料库。另外，还有两种特殊类型的贮存图书馆：有一类贮存馆与法定呈缴本图书馆的职能相同，即国际性组织往往指定若干图书馆(一般是每个国家指定几个馆)作为这些组织出版物的接受单位。例如欧洲许多大学图书馆可以按照自己选定的官方语种，分别免费接受欧洲共同体的各种文件和其他出版物。在一些国家里，同一个图书馆可以既接受联合国出版物又接受欧洲共同体的出版物。另一类特殊的贮存馆是专藏未出版资料的贮存馆，例如马丁·路德大学图书馆专门接受那些已经以普通形式出版了摘要的科学论文，贮存的论文全部照相，若读者需要，该馆可提供复制件。

三、贮存图书馆的任务

选入贮存图书馆的是较少为读书利用但具有潜在科学价值的出版物。这里“出版物”一词定义为“公众能使用的知识在各种载体上的记录”。它不仅包括以纸张为载体的传统印刷品，也包括缩微资料、机读资料和声像资料等。现代科学技术的发展，尤其是微电子技术的飞跃发展，信息已经可以在电子计算机内贮存起来，并通过远距离通信和各种终端设备直接传送给读者。这里的“读者”一词，应译为“使用者”，因为对各种出版物不但要读，也要看，要听，我们只是习惯上还称之为“读者”而已。读者包括个人，也包括团体、政府机构等集体读者。读者不只包括出版物的实际使用者，也包括那些由于社会、经济、文化诸原因不知道、不会、不能使用出版物的潜在读者。读者使用出版物的目的主要是为得到教育，为进行科学、技术研究以及制定规划、进行决策而收集情报。因此，贮存图书馆应该最充分地收集与保存各自服务区域国民经济和科学、文化、教育所需要的具有潜在科学价值的国内外出版物。

贮存图书馆藏书的来源不同。其中应包括的，首先是在各馆藏书的初选和复选过程中被剔除的图书；其次是本地区或本部门在中心图书馆影响范围内的各馆中重复的和不合特色的出版物；再次是接受那些被改组的、改变特色的和被撤销的图书馆藏书。但其中的群众政治读物、中小学教科书、科学普及读物、情报参考文献、时间性很强的出版物、某些零散报纸和期刊以及严重破损的图书，都不应纳入贮存图书馆馆藏。

最充分地收集与保存国内外具有潜在科学价值的出版物，是贮存图书馆的基本特点。建立贮存图书馆的目的在于：更合理地组织馆藏图书，根据地区特点和读者需要，有计划地布局图书资源，改进书目服务工作，建立起科学的文献保障体制，减少许多图书馆由于重复收藏而扩建书库的经费开支。

当今世界范围内的文献数量和类型不断增多，文献语种隔阂不断扩大，文献老化的时间日趋缩短，在这种情况下，读者不仅要利用本单位、本地区的贮存文献，还要利用外地的、全国的乃至国际的贮存文献。因此，需要建立多分支机构的贮存图书馆系统，每个经济地理区都需要一两个贮存图书馆。贮存图书馆应承担的任务是：从各类型图书馆接受不常用的出版物；按学科知识，每种收藏1—2份；满足读者和各图书馆对所需书刊的要求；通过本馆目录，全面地反映馆内收藏的全部书刊；指导有关图书馆做好不常用书刊的发掘和重新分配工作；负责保持藏书处于最佳人造气候，注意对出版物的及时修复，对虫害和火灾采取预防措施，并清点库藏的出版物，保证贮藏图书的完整无损。

四、贮存图书馆的作用

建立贮存图书馆，可以使一般的、没有保存任务的图书馆毫无顾虑地剔除本馆藏书中陈旧过时及利用率很低的书刊，精化藏书，提高图书馆工作效率。在没有建立贮存图书馆之前，尽管各图书馆也做了一些藏书剔除工作，但总是瞻前顾后，特别是担心剔除了藏书品种，一旦读者有需求，本图书馆就无法满足。有了贮存图书馆，各图书馆也就有了查找罕用书刊的最后基地；有些书刊虽然从本馆剔除了，但仍可在需要时能够从贮存馆获得。

各馆将多余的复本以及陈旧过时或利用率很低的“呆滞书刊”移交给贮存图书馆，就大大缓和了各馆书库空间紧张的状况；贮存图书馆也可以将需要长期保存的图书以密集方式存放，节约了空间。还可以采取特殊措施保护图书，延长图书的寿命，一旦需要即可提出使用。

建立贮存图书馆，还可以促进馆际藏书协调，使藏书补充避免不必要的重复；对那些多余的、不予集中保存的图书，则可以用来供各馆之间调剂或交换，从而促进文献资源的充分开发与利用，并使整个图书馆藏书从收集到贮存趋向体系化，为全国文献资源保障体制的建立奠定基础。

五、结束语

为了推进贮存图书馆的建设，就必须在出版物从生产到使用的各个阶段采取切实可行的具体措施。光有本国出版物的缴送制度和采访政策还不够，还必须有完善的全国保存政策并加以实施。只有这样，才能不仅保证出版物的入藏，而且能够长期保存下来，随时向本国或国外读者提供借阅或复制件。

全国出版界、图书馆界、情报中心以及其他文献收藏单位联合起来，同心协作，研究并解决贮存图书馆建设中的各种问题，使贮存图书馆在中国及早实现。

文献类型和特点概析*

文献类型，是人们按照文献的不同属性对文献所做的分类。区分文献类型，研究不同类型文献的作用和特点，便于有目的地补充藏书，科学地整理、组织藏书以及有区别地宣传、利用藏书。

划分文献类型，既可以文献的内容、性质为标准，也可以文献的形式为标准。

按文献的内容，性质划分：

1. 指导性文件：包括党和政府的决议、指示、报告、法令等。它的作用是向群众宣传党的路线、方针政策和中心任务。形式有单行本、汇编本等，具有时间性强，出版及时等特点。

2. 科学著作：涉及社会科学，自然科学和应用科学等各个领域，一般是围绕某一学科或某一方面的专门问题进行系统论述，包括古今中外的科学家、思想家、社会活动家及一般作者的科学论著、资料整理专著和论文集等，它

* 原载《图书与情报》，1990 年第 4 期。

在图书馆藏书中占有重要地位。

3. 通俗读物：指普及科学技术、文化教育、文学艺术知识的出版物。其内容深入浅出，文字通俗流畅，形式喜闻乐见，体裁多种多样，具有思想性、科学性、艺术性并举的特点，为广大读者所欢迎。

4. 教材：是按学科体系的要求，结合学生的知识水平编写的各门学科的教学用书。具有内容相对稳定，阐述系统准确，文字表述概括等特点。教材有供基础课、专业课、公共课使用之分，还有补充教材及专为自学用的教材。一般来说，大学教材都可以当作科学著作来看待。

5. 工具书：是广泛收集某一范围的知识材料，按一定方式加以编排，供解决疑难问题或提供资料线索的读物。根据内容，可分为综合性的工具书和专业性的工具书；根据用途，可分为检索性的工具书和参考性的工具书。工具书有多种形式，如字典、辞典；百科全书、年鉴、手册；类书、政书、书目，索引、文摘；历表、年表；地图、图谱等。它是人们学习和研究的良师益友，善于利用工具书可收到事半功倍的效果。

6. 少儿读物：为5—15岁的少年儿童编写的各种基础知识以及各种文艺读物。这类读物对教育培养新一代起着重要的作用。

7. 特种文献资料：内容广泛新颖，类型复杂多样，从不同角度反映了当前科学技术的发明创造、最新水平和发展动向，对生产和科学研究有重要的参考价值。特种文献资料的主要品种有：

科技报告：也称研究报告，是关于某项科研成果的正式报告，或是研究课题进展情况的实际记录，反映各阶段的研究成果和最后的总结报告，包括技术备忘录、札记、技术报告书等。它的内容专深具体，许多最新的研究课题和尖端科学的资料，往往首先反映在科技报告中，所以它是较珍贵的科技文献。它的特点是每个报告单独成册，有机构名称与统一编号。

政府出版物：是各国政府部门及其专门机构根据国家的命令出版的文件。它内容广泛，包括行政性文件(如法令、条约、统计等)和科技文献(如研究报告、技术政策等)，它是了解各国政治、经济、科学技术情况的一种重要文献。

会议文献：指各国和国际性学术会议文献，包括科技工作者在会议上报告的科研成果，对当前重要科研课题的讨论，学术活动，经验交流等。它能反映科学技术的最新成就和发展趋势，是科研人员的重要参考资料。

专利文献：专利制度是世界各国用法律形式保护科学技术发明权的一种制度。企业或个人新的发明创造(包括新技术、新材料、新工艺、新产品)。根据专利法可向本国或他国政府专利机构申请专利权，获准后，可在规定年限内享有垄断权。在此期间，凡别人采用此项发明创造，须付给发明人以一定的报酬，称为专利。到目前为止，世界上有112个国家实施专利制度，70多个国家设有专利机构，一年发表专利约100万种以上。专利包括专利说明书、专利公报、专利文摘、专利分类表及专利索引等。专利文献主要指专利说明书，即发明者向政府申请专利的发明创造说明文件。专利反映了最新科技成就，是一种对科技人员和产品设计人员有较高参考价值的文献类型。

标准资料：包括技术标准及其汇编、规格、规程和规范、标准化期刊、标准化组织或机构发布的通报以及标准检索工具书等，其中以技术标准为主。技术标准按内容可分为三类：一是基础标准，指有关术语、词汇、符号、缩写、绘图、定义、命名标志、量值、单位等方面的标准；二是制品标准，指有关制品的形状、尺寸、材料、质量、性能、要求、分类和公差等方面的标准；三是方法标准，指有关产品试验、检验、分析、测定等方法以及技术条件之类的标准。标准按其使用范围可分为：国际标准；区域标准；国家标准；专业标准；企业标准。标准按其成熟程度可分为：法定标准，试行标准和标准草案。技术标准主要是对工农业产品的工程质量及其检验方法所做的共同的技术规定，是从事生产和建设的一种共同技术依据。一个国家的标准反映该国的经济政策、技术政策、生产水平、加工工艺水平、标准化水平和自然条件、资源情况等，对于全面了解和研究各国的工农业发展情况有着重要的参考价值。

学位论文：高等院校本科生、研究生或派往国外的留学生毕业或为考取硕士、博士学位而撰写的论文。一般篇幅较长，其实验方法、设备或数据较全，探讨的问题较专，其中不少论文有独创见解。

产品样本：又称产品说明书，是对定型产品的性能、构造原理、用途、使用方法，操作规程、产品规格所做的具体说明。包括单项产品的样本、企业产品一览等。在技术上比较成熟，数据比较可靠，并有较多的外观照片、结构图，直观性强，便于造型、仿制，可供设计新产品参考。

按文献的形式划分：

1. 印刷型：包括铅印、油印、石印、胶印等。目前仍是一种主要的出版形式，其优点是读取直接，便于阅读和流通。但也有缺点，主要是贮存密度低，物质量大，入藏要占据较大空间。这种类型的文献主要有以下品种：

图书：是一种成熟定型的出版物，形式多种多样，其共同点就是都有封面、书名、正文，用印刷或手写的篇页组成一个整体，并装订成册。每种图书都有一个中心主题，论述全面系统，是图书馆藏书的主要成分。

小册子：是篇幅较小的图书。联合国教科文组织(UNESCO)规定49页以下的图书称为小册子。各国对此都有不同的规定。它与图书的区别是装帧简单，出版及时，现实性强，宣传效果好，多为宣传教育和普及科学文化知识的通俗读物。

期刊：也称杂志，是对有固定名称，采用统一形式连续发行(定期或不定期)的出版物。它的内容围绕某些学科或某一研究对象而由许多文章编辑而成。一般都有统一的版式，每期有连续的卷、期号或年、月顺序号。出版周期短，内容新颖，及时反映最新的科研成果或最新的文学艺术作品。期刊的主要品种有：学术性期刊、政治性期刊、评述性期刊、动态性期刊、资料性期刊、检索性期刊、商业性期刊、文艺性期刊、科普性期刊等。

报纸：就其特点来说，它与期刊有许多共同之处，也有统一固定的名称、固定的出版周期。但是报纸的时间性更强，出版周期更短，多以日、周、旬为期。它是以最快的速度报道世界各地发生的最新事件为主要特点。报纸可分为全国性的，地区性的；综合性的，专业性的。

2. 缩微型：即缩微复制品(microform)，包括缩微胶卷(microfilm)、缩微平片(microfiche)、窗孔卡片(aperture cards)、缩微胶套(microjackets)、胶片活页(film folios)、缩微印刷品(micropint)等。它是用摄影技术将手写型或印刷型文献缩摄在感光材料上的资料，缩微资料已获得广泛的应用，因为它具有存贮信息密度高、重量轻、体积小、价格便宜、便于实现自动化等优点。但它的生产、保管和利用，都需要专用设备和相应条件，在阅读机上阅读也不方便。因此，在相当长的时间内，缩微资料将不会完全取代印刷型文献。

3. 机读型：机读型资料是电子计算机能够识别和阅读的资料(Computer-readable-materials)。这种资料是将文字信息转换成机读代码，按一定格式输入，存贮在磁性载体上(磁带、磁盘等)；再由计算机用打印纸、磁带或缩微胶卷等多种介质输出。其中，若用磁带输出，可作为数据生产单位的产品，供出售或租借。这就是市售机读磁带(Magnetic Tape，MT)，即机读形式的二次文献。MT是一面涂有磁性材料的塑料带，厚0.02英寸，宽0.5英寸，有600、1200、2400、3600英尺长几种。两端标有BOT(带始端)和EOT(带末端)符号。常用的MT，多为9磁道、1600或3200BPI。MT数量日益增多，引进MT以建立自己的数据库，用途是很广泛的。

4. 声像型：声像资料(Audio-Visual Material)是记录声音和图像的资料，又称视听资料或直观资料。它是以感光材料或磁性材料为存贮介质，以光学感光或电磁转换为记录手段而产生的一种文献，其特点是能够传递形象化的情报，具有直观、生动、形象的效果。在科学研究中，声像型文献对于认识罕见的自然现象，探索物质运动的机制和结构有其独特的功能。声像资料的主要品种，按人的感官接收方式可分为三种类型：一是视觉资料，包括照相底片、胶卷、幻灯片、无声录像带、无声影片等各种形象记录资料；二是听觉资料，包括唱片、录音带等各种发声记录资料；三是音像资料，包括有声影片、配音录像带等各种能同时显像发声的记录资料。

随着视听技术与电子技术的发展，专门的声像出版社的建立，声像资料在社会文献中的比例日趋增大，已逐渐受到图书馆界的重视。

上述文献类型的划分方法及其特点分析，是从图书馆学的观点出发，带有学科的特殊性。假若我们追求文献类型划分标准的广义化，还可以按文献情报加工的程度，把文献区分成一次文献，二次文献和三次文献。

一次文献(primary document)是刊载科学研究、设计、制造、实验、调查等各方面的直接成果的文献。一次文献中的主要品种有：书籍，包括专著、论文集、教科书、会议录、机关出版物等文献；期刊出版物，包括杂志和报纸；特种科技出版物，主要指标准资料，专利文献，企业单位的技术文件，技术目录，产品目录，材料和设备的价目表等。一般地说，一次文献是以作者本人的科研、生产和工作成果为依据而创作的原始文献。它在科研、生产、设计、试制等方面都有可供直接参考和借鉴的作用，具有实际的使用价值和理论价值，是主要的情报源。

二次文献(secondary document)是对一次文献进行情报加工的产物，主要是向人们提供一次文献线索的文献。二次文献主要包括书目、索引、文摘和图书馆目录。它是根据实际需要，按照一定的科学方法将特定范围内的大量的、分散的一次文献进行加工、整序和汇辑而成的，能较为全面、系统地反映某学科或专题文献的线索。因此，它是累积报道和查找文献线索的工具。二次文献的编排出版具有连续性和系统性，在整体设计上是有规划、有分工的，从而使各学科都有其检索工具，并共同形成较完整的检索刊物体系。

三次文献(tertiary document)是指通过二次文献所提供的线索，对某一范围内的一次文献进行分析综合后而编写的文献。属于三次文献的主要有综述、述评、专题研究报告、百科全书、词典、年鉴和手册等。三次文献的形成，往往是根据特定的任务和目的，所以具有很强的针对性。它产生于对大量文献中的信息、知识、事实、数据进行综合、分析之后，凝聚着科研人员共同的科学劳动，是情报研究的直接成果，具有较高的学术价值和使用价值。

一、二．三次文献是对文献情报进行不同加工的结果，它们所含的知识量是各不相同的。为了充分认识和利用文献情报资源，对三级文献结构层次进行科学分析是十分必要的。它对指导图书情报机构对各类文献进行收集、加工、管理和合理布局有着十分现实的意义。

参考文献

[1]南泉．科技文献概论[M]. 北京：书目文献出版社，1986.

[2]许鸿英，陈光楹．文献收集[M]. 北京：中国科学院文献情报中心，1989.

[3]周文骏．文献交流引论[M]. 北京：书目文献出版社，1986.

[4] UNESCO. Bulletin For Librariea[M]，1976.

[5]王秀成．科技文献及其处理技术[M]. 北京：书目文献出版社，1986.

[6]姜树森．国际连续出版物数据系统(ISDS)手册[M]. 北京：科学技术文献出版社，1988.

[7]吴慰慈，刘兹恒．图书馆藏书(试用教材)[M]. 北京：北京大学图书馆学情报学系，1988.

藏书排架方式浅析*

一

图书馆藏书不仅需要正确地组织和划分，而且需要科学地排架。图书在书架上按什么样的次序排列，这对于每个图书馆都是一个十分重要的问题。科学的藏书排架能使馆员迅速而准确地取书、归架，直接从书架上了解藏书，熟悉藏书，从而主动地向读者推荐图书；并能节省书库面积，充分利用书架，减少倒架的麻烦，易于进行藏书调查，便利藏书的典藏保管。

藏书排架，就是将馆藏全部书刊按照一定的标识有序地陈放在书架上，并形成一定的检索系统。藏书排架的目的，主要是为了检索使用，要达到检索使用的最佳效果，必须明确藏书排架的基本要求，从实践中概括出来的藏书排架的基本要求是：① 取书、归架迅速简便，有利于提高检索效率；② 建立实用的排列系统，便于读者选择使用藏书；

---

* 原载《图书馆工作与研究》，1991 年第 1 期。

③建立清晰准确的排架标识，减少误排错排，提高藏书利用率；④ 注重经济效益，节约书库面积，减少劳动消耗；⑤ 易于进行藏书调查和清点。

完全实现上述五项要求，实际上存在着困难。藏书排架与目录组织不同，它只能单线排列，一册书排列在一个位置上，不像目录卡片可以多方面反映，多途径排列检索。藏书排架存在着局限性，难以实现形式简便与内容系统两全其美。这个问题合理解决的途径在于：选择适合不同藏书类型的排架方式，尽可能找到各种排架方式的结合点，兴利除弊，取长补短，灵活地运用各种排架方式。

二

藏书排架方式，归纳起来可分为两种：按图书内容排架和按图书形式排架。内容排架法是以图书的内容属性作为排架依据的。它又可以分为分类排架法和专题排架法两种，后者是前者的一种变通方式。

分类排架法是按藏书内容所属学科体系排列的方法。具体地说是将藏书分门别类地依照分类号顺序排列，排架的顺序反映了分类法的体系。内容相同的图书、复本书、再版书可以集中排列在一起。这既是它的特点，也是它的优点。采用分类排列方式时，藏书是按分类号，同一类书再按辅助号顺序排列，排架号是由分类号与辅助号两部分组成的。分类辅助号方式有多种，其中主要有分类种次号排架法，分类著者号排架法，分类书名号排架法，分类登记号排架法等。分类种次号和分类著者号是图书馆使用较普遍的两种分类排架方式。

分类排架法的优点是：①能使图书按学科门类集中地组织起来，成为一个有内在联系的，有逻辑性的科学体系；②便于馆员和读者直接在书架上找到同类或相近类别的图书，馆员通过分类排架，可以系统地了解藏书，熟悉和研究藏书，便于宣传推荐和阅读辅导；④便于读者因类求书。分类排架法的缺点是：①不能充分利用书库空间。因为图书馆总要不断地搜集整理新书入库，为了集中同类书籍，就必须在每类号之后或每架格之后留出一些空位，以备排列新书。这对书库空间的利用是不经济的；②在增加大量新书或者借出的书大量还回时，常常要调整书架，这样会增加馆员的劳动强度，耗费一定的时间和人力；③由于分类排架号的冗长繁杂，给排检藏书带来一定的困难。

专题排架法也是按图书内容排列的方式。它是将图书按专题范围集中起来，带有专架陈列的性质。这种排架方式具有很大的灵活性，可以根据图书馆的特定任务，组成专题书架陈列，起到为配合图书馆的特定任务而推荐图书的作用。专题排架法只能作为辅助方式，不适于用来排列大量的基本藏书。

形式排架法是根据书籍的形式特征来排列图书，主要有以下几种：

登录号排架法：依照入藏图书的个别登录号码顺序排列，用藏书的登录号作为排架顺序号，也作为索书号。这种排架方式对于取书、归架、清点藏书都很方便，而且节约书库面积。其缺点是不能将同类、同著者的图书集中在一起，因而不能系统地反映出藏书的内容体系，对于读者和馆员利用藏书会感到不便。

固定排架法：这种排架方式是将图书按照到馆的先后次序，把图书固定地排列在书架上。图书的排架号是由书架号，架层号和图书在该架层的顺序号组成的。它具有节约书库面积、不用经常倒架等优点；其缺点是图书内容不能形成一个统一的逻辑体系，同类同著者的不同著作、复本、多卷书都不能集中。但对处理那些或要永久保存的特藏图书，它仍不失为是一种可行的排列方式。

字顺排架法：把图书按照著者或书名的字顺顺序排列，具体方法与中文字顺目录排列法相同。这种排列法不宜作为图书馆的主要排架方式，因为单按字顺排列图书，虽然可以使同一著者或同一书名的图书排列在一起，但是内容相同而书名不同的书籍却不能排到一处，馆员还是不能利用这种排架法来研究藏书和推荐图书。因此，最好将字顺排架法与分类排架法结合起来使用。

书型排架法：是按照图书的不同书型来排列的。也就是按图书开本的大小来排列，然后在同一书型中再按种次号顺序排列。有的图书馆虽然采用分类排架，但为了便于管理，把那些书型特殊的图书按书型大小排列，如大本书、图表、卷筒等。这种排架法的优点在于它能充分地利用书库面积，同时还可以使书籍在书架上排列得整齐美观。但这种排架方式不能单独使用，必须与其他方法组合起来。

语文排列法：这种排列法的特点是首先把图书按照语文划分开来，然后再把每种语文范围内的图书，依照分类的、字顺的或其他方法加以排列。采用语文排列法时，索书号内要有表示文别的符号。这种符号通常写在分类号之前，作为一种冠号，称之为文别号。在实践中，文别号只应用于外文图书。拥有大量中外文书籍的图书馆，不便于把所藏的中外文图书用统一的分类法集中排列，所以就采用语文排列法来分开排列。但语文排列法并不能单独地使用，必须辅以分类的或字顺的排列法才能正确地进行排架。应该提起注意的是，在决定多种语文图书或辞书的排列方法时，必须结合本馆的藏书划分，注意具体图书的主要功能，不能仅仅依书中主要使用的文字或书名页的著录等去考虑处理办法。另外，多种语文图书采用一种语文排列后，应当在其他有关的语文目录中相应地反映出来。有了这样的目录联系，才能弥补语文排列法的不足。

年代排列法：按图书出版的年月顺序排列。有时在年代之下再分大类，或按不同的出版单位作为顺序。

地理排列法：按照图书出版的国家，省、市所在地的名称排列。这种排列法，主要适用于地方志、地理志和游记等书籍的排列。

形式排架法的优点，是排检迅速简便，节省空间，充分利用书库书架，不用经常倒架。它适用于流通量较小的专门书库密集排列藏书。它的缺点是不能将同类书集中在一起，所以馆员无法直接利用架上的书籍，向读者宣传、推荐和提供。读者不通过检索工具就无法借到图书资料。它也不适于开架阅览。

上述七种形式排列法中，登录号排架法及字顺排架法可以单独使用，其他几种均不能单独使用，必须与其他排列方式结合起来使用。

总之，分类排列方式和形式排列方式各有利弊，同时，它们又各有特定的用途，适用不同藏书的排架需要。

三

不同类型的书籍应采用不同的排架方法。规模较大的图书馆，往往同时采用多种方式排列图书，并使各种方式结合起来，互相补充，取长补短。排架方式的选用，主要依据馆藏数量、藏书成分及特点、图书流通率、读者需求量以及馆舍条件和现代技术的应用程度。

1. 图书：在一般情况下，多采用分类排架方式，就是将图书按照分类号顺序排列起来。但是，在同一类目中往往有多种图书，同类图书都有相同的分类号。那么，怎样来排列它们的顺序呢？有以下三种方法可供选用：

(1)按种次号排列。种次号就是一类中到书的顺序号。排列时先按分类号，再按种次号。

(2)按著者号排列。必须把著者姓名变成数字号码。最简便的是四角号码，如“华罗庚”，姓取左右上角，名各取左上角，其号码为“2460”。姓名为两个字的，则姓与名各取左右上角，如“老舍”为“4480”。姓名为四个字的，则每字各取左上角。集体著者则取其简称，如“中华人民共和国第一机械工业部”，则取“一机部”，其号码为“1040”。

(3)按书名号排列。即确定书名最前面的四个字或最能代表书名的四个字取号，如《飞行力学手册》，取“飞行力学”四个字的左上角，其号码为“1249”。

采用分类排架法，则一本书的分类号加上种次号或著者号或书名号组成此书的排架号。

2. 期刊：根据期刊的特点，其排架可区分为现刊排架、过刊排架和现刊过刊混合排架。对于现刊，通常是开架阅览，其排架方式以分类排架为宜。因为期刊按类集中，便于读者按其专业选择阅览，如按刊名字顺排列，读者就要到各个架上去寻找自己需要的期刊，既不便于读者，也会给管理人员增加负担。若采取先按大类后按刊名字顺的排列方式，虽然排架与分类目录不一致，但读者却能在大类中按刊名字顺找到自己所要查阅的期刊，实际上是方便了读者。同时，此种排架方式不受刊号的影响，不会产生大量的倒架现象。过刊的排架一般都是首先使用语文排列法，即按文种将期刊分成中文、西文、俄文、日文等几部分，然后再采用其他方法加以配合。在我国图书馆中，常用的有：登录号排列法，种次号排列法、固定排架法、刊名字顺排列法、分类种次号排列法、分类刊名字顺排列法等。在期刊种数不多的收藏单位，可以把现刊和过刊放在一起排架。采用这种办法最好是全部或大部分过刊均已装订并加注了分类号、种次号之后再进行，这样可以使各种期刊集中，便于管理和借阅。

3. 科技报告、技术标准、专利文献：这些文献一般都有其编号，可按原编号排列。科技报告编有报告号，技术标准编有标准代号，专利文献有专利说明书号或文件号，可仍按科技报告号、技术标准代号、专利说明书号顺序排列。

4. 零散资料：大批零散资料应装订成册，按登记号顺序排列。

5. 缩微资料：缩微胶卷的排列标志是“柜号＋抽屉号＋顺序号”；缩微胶片和缩微卡片的排列标志是原有编号或“分类号＋顺序号”，排列在目录抽屉里。

6. 报纸合订本：其排架有两种方法，一是按报名字顺笔画或音序排架，二是按地区排架。地区排列顺序可用《中华人民共和国行政区划代码》(GB2260—84）的各省（自治区、直辖市）的排列顺序。另外，有些图书馆按报纸的内容性质排架，先综合性，后专业性；再按先中央，后地方的顺序；再以笔画或音序区分其先后次序。

在现代图书馆的排架实践中，要根据书刊资料的实际情况，选择最适合的排列方法。排架方法一经确定，就应保持稳定，不宜轻易变动。不管采取何种方式排架，书刊资料在一个书架上的排列是自上而下，由左向右；就某一排书架来说，是从左到右，来回巡回。图书、期刊、资料排列后，应在每一部分或每一大类开始处，设置排列标志，以醒目地指明有关书刊资料的位置，以利于查找。

四

我国图书馆对不同类型、不同用途的藏书，一般是采用不同的排架方式。有时将两种或两种以上的排架法结合使用，以发挥不同排架法的固有长处，克服各自的局限性。在一般情况下，中外文普通图书，主要采用分类种次号排架法或分类著者号排架法；报纸杂志，一般是采用综合形式排架法，先文种，再年代，再字顺或序号排架。特种文献资料和内部零散资料，采用登记号或序号或字顺排架法。保存本书库藏书有时采用固定排架法或其他形式排架法密集排列藏书。对于大型图书馆，无论采用哪种排架法，都应编制相应的排架目录，排架号反映在目录卡片上，以供检索。

藏书排架虽属技术方法问题，但对于馆藏文献的开发与利用是至关重要的。因此需要寻求一种能够适应三线典藏制的藏书排架方法。早在 1984 年前后，有的图书馆学研究者通过对各种藏书排架号的结构进行分析，提出了一种三段式组配排架号※，其构成是“分类号＋著者号/登录号”。其中分类号采用较粗的分类，以避免分类号码过长；著者号可以采用相应的方法编制，但每个馆应有统一的规定；登录号是按书型和文种划分后，同种文献的顺序登记号。它既可反映文献的不同种类，又可缩短登录号码的长度。例如柯岩所著《寻找回来的世界》，其排架号为 I534.k64/5192。当该书在一线书库时，采用分类号与著者号相组配，使它能和同著者同类的其他书籍集中在一起；当该书转到二线书库时，则分类号与登录号相组配，这时登录号起种次号的作用，便于取书与归架，并能从登录号排列顺序上了解该书的新旧程度；而当该书进入三线书库后，由于较少被利用，则可以仅用登录号对其进行排列，达到既节省书库空间，又免去倒架问题。

这种组配式排架号，能灵活地适应不同藏书排架的需要，并能松动分类排架与图书分类法之间的联系。特别是在图书分类法进行大的修改或图书馆变换分类法时，不会再出现目前藏书分类排架的“一刀切”“几条龙”状况。因为大量过时的藏书已转入三线书库，而一、二线书库的某些藏书也伴随着时间的推移逐渐转入三线书库；一、二线书库新的藏书采用新的分类法，原有藏书转入三线书库后采用登录号排架，与分类法无关。这样，这种排架号起到了一号多用的作用。尽管编制排架号比较麻烦，号码复杂、冗长，但这种组配制排架法能与三线典藏制藏书布局相适应，可以从整体上提高图书馆工作效率。

随着图书馆工作范围和服务方式的变化，读者人数与图书流通量的增长以及贮存图书馆系统的建立，促使人们用新的眼光来看待各种排架法的作用与意义。在19世纪末期，由于开架制在西方的广泛应用，因而分类排架法被认为是唯一值得采用的方法；而到20世纪50年代，由于文献数量的急剧增长，使各类型图书馆书库迅速地饱和，因此人们又从逻辑排架法被迫转向各种形式排架法；在70年代，由于失去时效的藏书与频繁利用的藏书区分了开来以及贮存收藏系统的建立，年代排架法又成了贮存图书馆的主要排架法之一。可以期待，在未来图书馆中，随着新型文献的出现，定会出现许多新的排架方式。

参考文献

[1][苏]斯多利亚洛夫，阿列菲也娃，赵世良等．图书馆藏书[M]．北京：书目文献出版社，1983.

[2]吴慰慈，刘兹恒．图书馆藏书[M]．北京：书目文献出版社，1991.

[3] Stephen Ford. The Acquisition of Library Materials[M]. ALA，1973.

[4] 郭星寿．图书馆与资料室管理手册[M]．成都：四川科学技术出版社，1987.

论文献资源建设的合作系统*

——系统结构分析

当前，我国图书馆的投入与产出矛盾日益尖锐。一方面，文献数量激剧增长，社会对文献的需求量也更加迫切；另一方面，书刊价格上涨，文献收藏费用增加。尽管各馆都在不断增加购书经费，但仍无法摆脱捉襟见肘的困境。面对这一矛盾，图书馆应采取的对策之一，就是要逐步地由微观的馆藏建设转向宏观的文献资源建设，形成文献资源建设的合作系统。本文试就其系统结构作一些分析和探讨。

一

文献资源建设走向一体化、协调发展之路，就是要建立起一个人工系统。在此系统中，各组成要素通过一定的结构关系，完成系统的整体功能，即文献资源建设的全方位协作，实现文献资源的共享。

要建立一个合理的文献资源建设合作系统，首先要对我国文献资源建设的现状有深入了解。在此基础上，决定

* 原载《图书馆建设》，1992年第2期，与李弘合写。

应对哪些因素加以改变，应建立哪种新的结构，使之具有相应的功能。了解现有系统的过程，就是系统诊断的过程。笔者从以下三方面进行考察：

1. 从管理体制看：现有的文献资源管理体制，属于既不集中、又不分散的类型。说它不集中，是因为它被多头领导、条块分割，缺乏统一管理，处于各自为政的状态，无力实现宏观控制。不仅图书馆、情报机构、档案馆各成体系，就是同一系统内也少有协作，各文献收藏单位都独立行事，没有集中统一领导；说它不分散，是因为它又受条块的限制，被行政约束，微观缺乏灵活性，缺少自立，且布局不均。因此，从一定意义上讲，现有文献资源管理体制是集“集中”与“分散”的弊端于一体，既缺集中统一的优点，又失自立分散的长处。在这种管理体制下协调合作实属艰难。

2. 从文献资源建设层次上看：目前世界上有三种主要模式，即：①分散型模式，既考虑国家级的自足，同时也考虑地区级的自足。我国图书馆界由于受“以藏为主”传统思想的影响，在文献资源建设上缺乏层次性；②集中型模式，国家级文献收藏作为第二求助对象，第一求助对象是各地区、各系统的各种类型图书馆。第一求助对象纳入国家文献收藏系统之中，由国家统一领导，国家图书馆起组织、主导作用。该种类型在满足需求上也具有层次性，而我国则显现不出这种层次性；③集中—分散型模式，建立跨学科的文献收藏中心，向专门化方向发展。而我国各个文献收藏单位均据自己的收藏方针，建设自己的馆藏，国家缺乏文献资源建设的总体目标及总的调控机制，形成了各种各样的“大而全”、“ 小而全”的分散形式，这与文献资源共享所要求的“通过个体功能的专深达到整体功能的全面”成对立之势。

3. 从组成要素及其协作关系看：现有体系各要素间的协作关系，

没有形成全方位的合作，即在文献资源建设的“采购、贮存、利用”三方面协作关系单一，较多采用的只是“馆际互借”形式，而对协作采购、协作贮存则涉猎甚少。造成这种协作单一的原因很多，其中之一就是系统中的组成要素不齐全，如缺乏总的主管、协调部门，缺乏联合贮存文献单位，缺乏文献交换部门等等。在没有打破“壁垒”的封闭体系中，各个文献单位从各自的自我系统进行协作，不考虑文献资源建设的整体目标，整个协作也是处于宏观失控状态。

二

诊断了原有系统，为下一步的系统设计奠定了基础。系统设计的首要任务就是确定目标，系统总目标的实现是靠多方面条件来保证的，这就要求在系统总目标下又分出多个子目标。这样由总目标和一系列子目标就构成了一个多层次的目标系统。文献资源建设的总目标就是通过文献资源建设的全方位合作，实现人类文献资源的全面共享。在此总目标指导下，确定各个文献部门的分目标，从而形成文献资源建设的目标体系，为管理及控制明确方向。

文献资源建设合作系统是由主管协调机构及各种类型的文献单位所组成的统一体。这些组成成分间的结构决定了系统的功能实现，如下图所示：

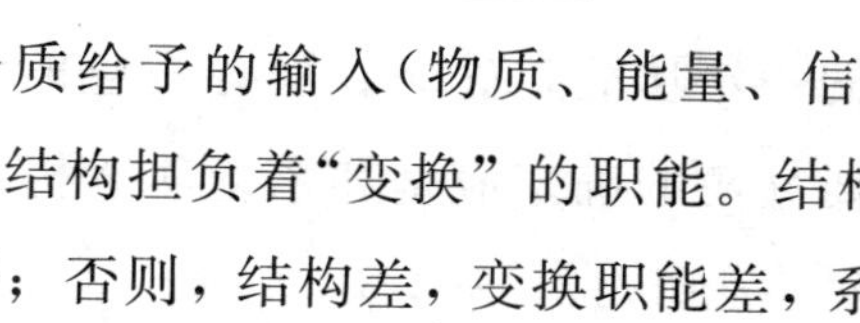

系统将外部介质给予的输入（物质、能量、信息）通过系统内部结构变换为输出，结构担负着“变换”的职能。结构好，变换职能好，系统的功能也就好；否则，结构差，变换职能差，系统功能也就差。

系统的结构可用下列公式表示：

$$E^{**}=\max P\,(X,\ R,\ C) \quad (1)$$

$$P \to G$$

$$P \to O$$

$$\mathrm{Sopt}=\max\,\{S \mid E^{**}\} \quad (2)$$

式中：

X：系统组成要素的集合；

R：系统组成要素的相关关系的集合；

C：系统要素及其相互关系在阶层上的可能分布形式，是 R 的特例；

P：X、R、C 三者相结合构成的系统结构的效果函数。

$P\to G$：表示 P 函数在对应于系统功能的条件下。

$P\to O$：表示 P 函数相应于系统环境因素约束的条件下。

E^{**}：表示 P 函数在两个前提条件($P\to G$ 和 $P\to O$)下所能得到的最优结合的效果。

Sopt 式：表示具有最佳结合效果的系统结构中能给出最大输出的系统。

以上公式表明，系统的整体功能是系统内部的综合协调与表征，而系统要素的结合性 X，相关性 R 及阶层性 C，则是作为系统结构主体骨架的内部特征，正是由它们才构成了系统的具体结构形式。因此，笔者就从这三方面入手，考察、分析文献资源建设的合作系统。

1. 对 X 的考察

为了实现系统的一定功能，系统必须有相应的组成部分，即系统的要素集。系统的要素集的确定应是和系统功能相对应的，即：

$$X=\{x_1 \mid x_i\in X,\ i=1,\ 2,\ \cdots,\ n\}$$

文献资源合作系统也是由相应的组成成分构成的，这些成分包括文献资源建设的主管部门、协调机构、各类型图书馆、各类型情报所、各类型档案馆及其他文献部门，如：贮存（寄存）文献机构，文献交换机构等。它们彼此协作，各司其职，共同完成系统的总体功能，实现系统的总体目标。在此过程中同时求得各个文献部门最佳的存在条件。

2. 对 R 的考察

系统要素的确定只是说明根据功能要求，选定了各种所需的要素，但是它们能否符合功能要求，还要看它们之间的相关关系如何。系统的属性不仅取决于它的组成要素的质量和合理性，还取决于要素之间的所应保持的某种关系。二元关系是相关关系中最基本的关系，其他更为复杂的关系则是在二元关系的基础上发展起来的，可以表示为：

$$R=\{r_{ij} \mid r_{ij}\in R，i，j=1，2，\cdots，n\}$$

$$当\ r_{ij}=\begin{cases}1\ 时，要素间存在二元关系\\0\ 时，要素间不存在二元关系\end{cases}$$

我们首先来考察文献资源建设合作系统中存在的二元关系，如下表：

二元关系 要素 / 要素	D	$A_{(i)}$	$A_{(j)}$	$B_{(i)}$	$B_{(j)}$	$C_{(i)}$	$C_{(j)}$	E	F
D	0	1	1	1	1	1	1	1	1
$A_{(i)}$	1	0							
$A_{(j)}$	1								
$B_{(i)}$	1			0					
$B_{(j)}$	1								
$C_{(i)}$	1					0			
$C_{(j)}$	1								
E	1								
F	1								

D. 代表主管部门或协调机构

A. 代表各类型图书馆

B. 代表各类型情报所

C. 代表各类型档案馆

E. 代表各类型贮存机构

F. 代表系统中其他组成要素

D 与 A、B、C、E、F 的关系是组织管理、协调控制的关系；

E 与 A、B、C 的关系是协作贮存关系的特例，即 E 集中存放 A、B、C 的剔除文献；

$A_{(i)}$ 与 $A_{(j)}$ 的关系是图书馆系统内的关系；

$B_{(i)}$ 与 $B_{(j)}$ 的关系是情报系统内的关系；

$C_{(i)}$ 与 $C_{(j)}$ 的关系是档案系统内的关系。

在实际的文献资源合作系统中，存在的不仅仅是简单的二元关系，系统的全方位合作，即采购合作，贮存合作及利用合作是通过各个要素交叉的、立体的多元关系来实现的。可将文献资源合作系统的多元关系模拟如图 1：

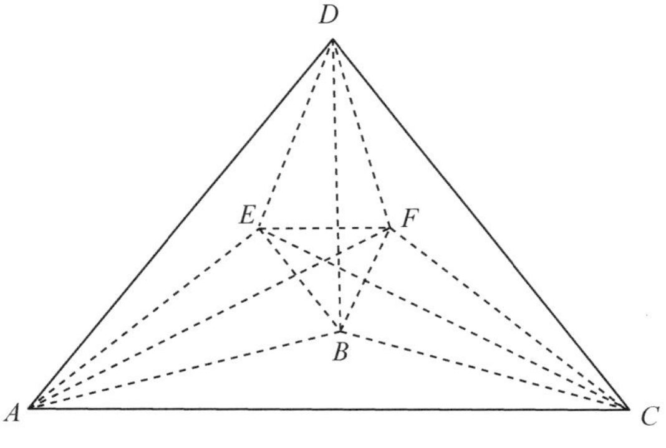

图 1

3. 对 C 的考察

系统的功能是由许多功能团及其联合共同实现的。这些功能团在联合起来实现整体功能时是有一定的阶层关系的，表现出一定的阶层结构。

在文献资源建设合作系统中，满足需求上的“三级保障体制”就是一种阶层结构，具体讲就是：第一级，各地区根据实际需要，建立综合性的图书馆、情报系统，重要的图书馆，情报中心分工合作，在满足研究级文献上协调，满足 80％的需求。在自动化网络建设上，本地区可自成体系，同时又要与其他地区联网；第二级，具有独特优势的专业图书馆、情报部门、高校图书馆，在专门领域内具有文献的国家收藏水平，解决各地区不能解决的问题，在满足需要的 80％之外，再解决 15％的需求；第三级，国家图书馆、情报所及其他大型文献收藏单位，提供昂贵的、罕用的文献资料，在满足 80％、15％需求的基础上，再解决 5％的文献需求。

在文献资源建设的合作系统中，合作的过程上也存在着阶层性。采购、贮存、利用，后者都是以前者为基础的，前者都是为后者服务的。协作采购，解决经费不足，文献品种少，数量下降，重复收藏等问题；协作贮存，是在协作采购的基础上，分别贮存文献，形成各具特色的文献贮存。同时，对于剔除文献实行协作，联合贮存，这些都有利于解决空间紧张、利用率低的问题；协作利用，现采用的馆际互借就是措施之一。在协作采购、贮存的条件下，协作利用成为必然。各单位文献互通有无，视文献资源为国家财富，人人都可以方便地利用。

三

文献资源建设的合作系统不是孤立存在的，而是处于社会大环境之中，这就不可避免地要受到环境因素的影响与制约。因此，创造一个良好的环境对于系统的生存是至关重要的。如：

1. 社会心理因素。虽然在理论上认识了文献资源共享的必要性，但传统观念和思维方式仍有着巨大的支配力量。如自给自足、贪大求全的心理抑制实现共享的自觉性和能动性；又如传统的由点到网、自下而上的建网思想，不利于系统的自上而下的调控，过分强调节点的功能，而忽视了整体功能的实现。因为要素的功能之和并不等于系统的总体功能，因而要确立宏观的思维方式，系统要素要按系统的功能要求活动，而不是由要素的活动决定系统的功能要求。

2. 技术条件因素。健全的联合目录、书目数据库和联机检索网络，是实现文献资源共享的前提条件，它们影响着资源共享的开展；复制能力、费用情况，影响着对文献资源共享的支持能力；传递手段，交通、通信情况影响着系统的层次性。传递手段不发达时，层次多就不利于共享；层次少，效率有所提高，共享还显示出其魅力。传递手段发达，则对系统建设十分有利，阶层性对效率的影响会因发达的传递而减小。

3. 法规因素。文献资源共享，需要用法规进行调控。系统要素的确定，要素间关系，分目标，总目标的确定等都应有明确的法规规定，各要素都按其行动准则、活动规范行事，通过各个分目标实现系统的总目标。如，通过法规确定的“呈缴本制度”，剔除文献的“贮存（寄存）制”，采购文献的“分担采购制”，文献使用时的“馆际互借制”，等等。即使不是国家制定的法规，文献合作系统的主管、协调机构也必须制定一些有约束力的协议或规则，让大家共同遵守，保证共享的实现。

四

文献资源建设的合作系统是由一系列组成要素构成的。这些要素又都有各自的小系统，有各自的结构形式。笔者只从宏观角度浅析了大系统的结构及其系统的环境，而对组成要素的小系统结构及其环境没有涉及，而后者对分目标的实现具有决定作用，从而影响到总体目标的实现。这方面问题有待另文探讨。

参考文献

[1] 邹珊刚等. 系统科学[M]. 上海：上海人民出版社，1987.

[2]赵红洲等. 科学计量学的历史和现状[J]. 科学学研究，1984(2)：26－37.

[3]安江平. 加强馆际协作，实现资源共享[J]. 图书馆学通讯，1986(1)：38.

[4]陈军. 情报系统文献存贮策略研究[J]. 情报学刊，1981(1)：9－16.

论我国文献资源的整体布局*

文献是记录人类知识信息的载体。文献的集合是人类知识、信息的总汇。经过加工、整理、组织、布局的有序文献，便可成为全社会共享的文献资源。一个国家的文献资源，是该国家知识储备和科学能力的重要组成部分，标志着该国家对人类知识信息的积累和存取水平。对文献资源的开发和利用，可产生巨大的社会效益和经济效益。我们应该高度关注我国文献资源的整体建设，使其更加有效地为社会发展服务。

一、我国文献资源的分布

我国文献资源的分布是不均匀的，从东部到西部由富集走向贫集，呈梯度递减趋势。这种趋势主要表现在：(1) 公共、高校、科学专业三大类型图书馆主要分布在华东、华中和华北三个大行政区。这三个地区集中了全国三大类型图书馆的62.8%，其中又以华东沿海地区更为集中，

* 原载《图书馆论坛》，1994年第3期。

约占全国总量的四分之一。(2) 就系统而言，我国文献资源集中分布在：文化部所属的公共图书馆系统，国家教委所属的高校图书情报系统，国家科委所属的科技情报系统，国防科工委所属的国防科技情报系统，中国科学院所属的自然科学文献情报系统，中国社会科学院所属的社会科学文献情报系统。这六大系统的大、中型图书情报机构大都分布在东部地区。(3) 对主要学科处于前 20 名的文献优势馆，其量级指数按地区分别相加，得出各地区的量级指数值。量级指数值高的地区有：北京、上海、天津、湖北、江苏、广东、辽宁、浙江、福建等。(4) 我国文献资源已形成北京、上海两大富集区。在全国具有文献优势的 30 个图书馆中，有 6 个位于北京，藏书量占 30 个馆藏总量的 30.7%；有 4 个位于上海，藏书量占 30 个馆藏总量的 20.8%，京、沪两地共藏有 30 个馆藏总量的 51.5%。文献资源在少数大城市中富集，能形成相对集中的文献保障，起到方便使用的效果；但是过分集聚，很容易产生文献重复收藏，文献利用率不高，馆际之间的藏书不能形成互补关系等负面效应，也不利于文献资源在全国范围内的合理布局。

二、我国文献资源的收藏水平

文献储备是一种社会文化现象，它受众多因素的制约。从根本上说，文献需求是文献资源收藏水平的依据，而经费、来源、人员和藏书建设软环境也是确定收藏水平的重要条件。由于上述因素的制约和条件的限制，我国文献贮存量和文献收藏的单位水平偏低。这种情况主要表现在：(1) 文献收藏的整体水平不高。以图书为例，虽然北京图书馆藏书达到 193 万种，但其他馆收藏水平与之相去甚远，除上海图书馆外，藏书在 50 万～66 万种的只有 8 个图书馆。(2) 文献收藏的相对完备程度偏低。据调查，在 266 个学科和主题领域中，只有 27.4%达到完备水平，即使加上基本完备部分，总数也只有 74.8%。另有 25.2% 的学科和主题领域的文献处于极其薄弱或空白的状态。(3) 外文文献入藏总量明显不足。1986 年，全世界出版图书 80 余万种，我国引进 10 万种，约占 13%。其中，科技图书约占 33%，社科图书仅占 8%。出版报纸、期刊 10 万种，我国引进 2.7 万种，约占 27%。出版科技报告、专利、标准资料等 2300 万件，我国引进 50 万件，约占 2.2%。(4) 存在着大量的重复收藏。据中国科技情报研究所统计，全国外文原版科技期刊的重复度为：自然科学 7.2，农业 6.1，医药卫生 5.8，工程技术 5.5，平均重复度为 6.0，京区为 3.3。重复收藏必然造成引进的品种减少，并且使某些学科的外文期刊成了空白。(5) 文献购置费短缺，入藏的文献品种下降。尽管各省、自治区、直辖市文献资源贫富不均，但文献购置费短缺却是普遍现象。据 27 个省、自治区、直辖市统计，297 个图书馆平均文献购置费只有 41.69 万元。其中，除北京、上海、天津、江苏外，其他省、自治区、直辖市的文献购置费都明显不足，难以适应目前书刊价格上涨、文献品种增多的趋势。文献购置费的紧缺，造成了文献品种尤其是外文书刊品种锐减的局面。例如，中国科技情报研究所近几年内用于订购原版期刊的经费由 150 万元增到 400 万元，而所订品种却由 8000 种下降到 2700 种；中国科学院文献情报中心在 1985 年到 1988 年间，经费由 186 万元增到 355 万元，品种也由近 5000 种下降到 3500 种。

以上矛盾现象的出现和形成，是我国文献资源建设过程中强微观机制、弱宏观调控长期作用的结果。改变我国文献资源贫乏现状的出路在于实现文献资源的合理布局，通过馆际间的协作形成完备的国内文献收藏，同时有重点地分工协作收集国外重要出版物，逐步建立全国文献资源保障体系。这样就能够增强我国文献资源对研究、开发与决策的支持能力，最大限度地满足全社会对文献信息日益增长的需求。

三、文献资源整体布局的含义

文献资源整体布局是指文献资源在地理位置上的分布和配置。它包括两层含义：一是指文献资源在空间上的客观分布状态；二是指人们为改变文献资源在空间上的客观分布状态而对文献资源进行合理配置，有计划、有步骤地使全国文献资源形成统一的整体，建立起能够满足整个社会情报需求的文献保障体制。

文献资源布局受工农业生产布局的制约，但又不同于工农业生产的布局，除了自然条件和经济发展战略的约束外，更多的要受不同地区人们的文化素质、科技发展水平以及知识情报吸收能力的影响。由于我国图书情报事业一直缺乏宏观的调控机制，条块分割的体制使得合作不易，协调更难。因此从一定的意义上来讲，文献资源布局是一项艰巨而复杂的知识情报存取的系统工程，如果规划不当，统筹不力，势必造成重大的失误。我们必须对影响文献资源整体布局的有关因素进行充分的论证，结合我国国情提出合理的布局方案。

研究全国文献资源整体布局方案，离不开对一些有代表性的中心图书馆藏书结构的分析和评价，但它与研究一个馆的藏书结构有所不同。后者着重考虑的是一个单位的具体条件、目标和措施；而前者是要从建立国家情报系统中的文献收藏系统出发，着重于宏观的条件、目标和措施。也就是说，既要考虑各馆的收藏情况，又要考虑各馆之间的联系；既要考虑宏观对微观的指导作用和规定性，又要考虑微观对宏观布局的适应性。因此，全国文献资源整体布局的研究，是我国图书情报事业发展战略研究的重要组成部分。

四、文献资源整体布局的原则

文献资源整体布局的原则是形成文献资源整体布局方案的基础。在这方面，我国图书情报界的有识之士已经发表了数十篇论文，针对当前我国文献资源建设的现状和问题，提出了一些有创见的构思和设想。笔者认为，布局原则问题实质上是布局的指导思想问题，应该从我国的国情出发，以讲求文献资源建设的经济效益，以最大限度地满足整个社会的文献需求为目的，并要制定出实现这个目的的措施和手段，用以指导文献资源整体布局的主要方面和全过程。具体说来，我国文献资源整体布局应遵循以下的思想原则：（1）文献资源整体布局要同国家的科学、教育、文化事业及国民经济的发展相适应；（2）文献资源整体布局要和各地区、各系统、各部门科技、教育、管理人员的知识水平、情报需求能力相适应；（3）文献资源整体布局要同各地区工农业生产相适应，要充分利用各地区的知识传统和优势；（4）文献资源整体布局要有层次性，便于形成资源共享网络；（5）文献资源整体布局要有利于现代技术的应用，便于直接将文献资源转换成计算机处理的文献数据库。

文献资源整体布局，不是单相平面分布，而是多维立体结构。在贯彻上述五条原则的过程中，既要统筹理、工、农、医与人文、社会科学各学科领域，又应兼顾多文种文献分布。要充分考虑历史条件和传统优势，对那些馆藏有特色的大、中型图书馆应重点资助，使其继续保持和发展馆藏特色。整体布局还应考虑逐步填补某些学科的文献空白，在幅员辽阔、人口众多的中国，委托少数图书馆选订罕用文献和读者面比较狭窄的核心书刊，对发展我国科学事业是十分有益的。

五、文献资源整体布局的目标

当前，我国文献资源建设存在四个问题：一是文献资源贫乏，覆盖面小；二是平行重复收藏，浪费严重；三是文献资源的地理分布很不均衡；四是近年来由于书刊价格上涨，文献入藏量呈下降趋势。在确定文献资源整体布局的目标时，应认真研究和切实解决这四个问题。

在文献收藏方面，从全国看，收藏的品种和类型要齐全，利用率高的涉及专业面广的重要文献要有收藏，利用率低的和专业面窄的重要文献也应有收藏，覆盖面要大。应从提供文献保障的要求出发，凡属国内外文献检索工具和检索系统中检出的重要文献都应该保证提供。

在文献资源建设过程中，应通过协作减少不必要的平行重复，节约资金，提高效益。从局部看，各文献收藏单位都应提高常用书刊的完备程度，减少非常用书刊，提高文献利用率，降低文献滞架率；从全局看，应减少各单位、各系统间的不必要重复。特别是大套出版物和高价文献的进口应在协调基础上有所控制。

在文献配置上，应适当控制大型综合性文献中心的发展，加强各种专门文献中心的建设，从专门化中求学科文献的完备程度。专门文献中心可以由各专业单位，也可由综合性图书情报单位承担，一个单位也可以承担若干个专业中心的任务。由于全国没有统一的文献资源整体布局规划和措施，各单位分散进行文献资源建设，导致文献资源分布不均衡，造成某些地区文献过分集聚、某些地区文献匮乏的现象，使文献供给与需求脱节。这种区域间的梯度差是由区域间文献机构设置情况、工作水平及需求情况长期形成的，应在文献资源比较贫瘠的地区，有计划、有步骤地建立新的文献资源布局基点。同时，文献资源富集的地区，应通过适当方式支援贫瘠地区，逐步实现文献资源布局的相对均衡。

文献资源整体布局的重点是研究级学科文献的建设与分布问题。作为全国文献资源保障体系，应力求满足用户对国内出版物需求的100%，对国外文献的满足率应在90%左右。为了实现这个指标，我们应高度重视大型综合性图书情报单位在布局中的骨干作用。它们不但在许多领域的收藏达到了专深而完备的程度，更主要的是它们的广泛全面的入藏方针，较高层次的收藏水平，使其具有支持多学科研究的能力。它们是我国图书情报事业的主导力量，国家应该继续加强对它们的领导和投资，在拨款方面实行政策倾斜，扭转因文献购置费紧缺而造成的文献品种锐减的局面。

六、文献资源整体布局的模式

我国在建立文献资源保障体系时，有以下五种模式可供选择：(1) 集中型布局模式。这种模式是把全国重要的文献资源集中于少数中心图书馆，读者直接向这些中心图书馆提出文献服务的需求，由它们用外借、复制、阅览等手段来满足读者需求。(2) 集中型专业文献中心布局模式。这种模式是由一些大型专业图书馆所组成，每个专业图书馆负责全面收藏本专业的文献，根据读者需要，开展各种服务工作。(3) 按文献类型集中藏书的布局模式。这种模式是由少数国家级中心图书馆按照文献类型集中收藏文献，建立专门种类的文献中心，如期刊中心，专利文献中心，标准资料中心等。读者需要什么类型的文献资料，就分别到特定的文献中心去获取。(4) 分散责任的布局模式。这种模式由一批大、中型图书馆按照分担入藏的原则建立，不要求建立新的馆藏，而是强化它们在国内的地位。所有成员馆都有责任按国家级水平提供各自领域的文献。成员馆可获得经费资助。以支付在分担领域内采购附加文献的一部分费用。这种布局模式需要一个能担负起组织作用和协调作用的中心实体。(5) 以地区为基础的分散型布局模式。这种模式由地区中心图书馆组成图书馆系列，满足本地区读者需求的 80%，并由国家图书馆和专业图书馆构成国家文献资源体系的最后保障。地区中心图书馆要有充足的政府拨款，以便收集本地区所需的文献。

以上五种模式各有长处和不足，各有一定的适用范围。我国不能照搬某一种模式，而是应当吸取它们的优点，找出适合我国国情的布局模式。根据我国文献资源分布态势和管理体制上的特点，笔者认为我国文献资源布局以建立三级保障体制较为可行。

一级布局是国家级布局，由中国国家图书馆—北京图书馆牵头。参加一级布局的成员馆，主要是依据馆藏基础、人员结构、服务水平以及现代化技术设备的应用等因素来决定。它们根据各自的馆藏特色分工收藏，要求将所承担的学科领域的文献尽量收集齐全，提高文献收藏的完备程度。要特别注意对外文书刊、各种边缘学科文献以及价格昂贵的、有重要价值的文献的收集。一级布局应该起国家文献资源保障中心的作用，其收藏水平应高于二、三级布局，并能保证向读者提供所需要的具有历史价值的文献，难得的和稀有的文献，大部头著作以及罕用文献。就文献内容而言，一级布局要注意收集新技术和高科技领域的文献，收集那些配合国家重点开发的微电子技术、信息技术、新型材料方面的文献以及基础研究和应用研究方面的文献，为国家的长远发展做好必要的科学技术文献的储备。一级布局的任务是建立相对完备的文献收藏，担负这一任务的单位可以是中央级单位，也可以是某地区布局或某系统布局的成员。考虑到我国幅员辽阔，文献资源一级布局不宜过分集中，应以均衡分点布局为好。从历史、地理、政治、经济、文化、教育、科学等各种条件考虑，一级布局应在北京、上海、沈阳、成都、武汉、广州、西安七个城市建立国家级文献资源中心。七点一级布局的覆盖面可以笼罩全国，而且符合国家提出的地区经济发展政策，同东、中、西三大经济建设布局是相对应的。

二级布局是省、自治区、直辖市布局，由省级馆或实力较强的高校馆作为牵头馆，把全省、自治区、直辖市的文献资源布局安排好并使之网络化。二级布局的任务是核心收藏，主要是满足本地区最常用的需要。全省（自治区、直辖市）文献资源是一个整体，每个文献工作部门的文献收藏，都是其中的一个组成部分。根据分工协作原则和资源共享原则，全省文献资源建设的目标是逐步建立起一个学科门类齐全，文献收集完备，利用方便，经济合理的文献保障体系。要根据全省对文献情报的需要，设立学科文献中心。学科文献中心的布局，必须与经济、科学、教育、文化发展的布局相一致，既要考虑到各文献收藏单位原有的优势，也要注意到未来发展的需要。学科文献中心，对本学科领域国内外有价值的文献应尽可能收集齐全。在收集国外原版书刊和价格昂贵文献时，学科文献中心之间要加强联系，分工协作，减少重复，增加品种，扩大学科覆盖面，提高文献保障率。为实现这个目标，应制定全省原版外文书刊和价格昂贵文献订购协调办法，并认真贯彻执行。

三级布局是系统布局。根据我国现阶段图书情报纵向管理体制的现状，文献资源布局的近期目标，应当是在各专业系统内部首先实现本系统的合理布局。目前我国正在进行中并已取得初步成效的文献资源布局项目，大都是在各系统内部进行的，例如国防科工委系统，中医药研究系统，中国农业科学院系统等。系统布局的任务是保证本专业文献的完备收藏，其最高层单位必然是国家一级布局的成员，其第二层次的单位应与地区布局相结合。我国专业系统划分很细，不同专业系统各自收藏不同学科门类的文献。先在不同的专业系统内进行文献资源合理布局，就为以后跨系统的整体布局创造了物质条件和经验准备。系统布局可实施三级网络结构。第一级为本系统的文献情报中心。它收藏的文献比较丰富，人员专业素质较高，经费支持能力较强，在网络中起组织协调作用，是本系统文献保障体系的后盾；第二级为本系统的一些专门学科文献中心。它们按照一定的专题收集文献，并使之达到研究级以上水平。以上两级的文献资源主要是满足读者较高层次的需求；第三级为基层图书情报单位。它们的任务是为本单位的科研和生产服务。这样，通过专业系统内纵向的三级网络结构，依靠专业内部的文献保障体系，就基本上能够满足专业读者提出的文献需求。

七、文献资源整体布局的实施步骤

在文献资源整体布局的实施过程中，条块分割是极大弊端，必须打破。要打破的不是条块本身，而是它们之间的分割和产生分割的思想及做法。这里包括条条与条条的分割，块块与块块的分割，条块之间的分割。这种现象必然妨碍全国文献资源的合理布局和文献资源保障体系的建立。打破这种分割的积极办法是发展馆际之间的协作和系统之间的横向协调，在此基础上加快网络化的进程。

基于以上认识，全国文献资源整体布局的实施步骤，可以考虑分三步走：第一步，国家级图书情报单位之间实行学科文献的分工协调；

第二步，各系统内部实现纵向协调，建立不同学科和专业领域的文献保障体系；第三步，各系统之间实行横向协调，这是布局中难度最大的一环。为实现这个目标，必须紧紧依靠部际协调委员会的正确领导，大力推进全国布局。只有这样，才能逐步建成由各种特色文献集合组成的全国文献资源保障体系。

参考文献

[1] 肖自力，李修宇，李久琦．全国文献资源调查与合理布局[J]．图书馆学通讯，1990(4)：4－11＋92．

[2]吴慰慈．全国文献资源布局学术讨论会观点综述[J]．图书馆工作与研究，1987(1)：10－14．

[3]张学华．我国的文献资源分布[J]．图书馆学通讯，1990(4)：17－30＋92．

[4]张小青．试论我国文献资源的控制管理[D]．北京：北京大学，1988．

[5]林申清，董焱．中国文献资源布局模式研究[J]．图书馆学通讯，1990(4)：35－39＋92－93．

[6]张炎烈，姚学军．十年来文献资源布局研究评述[J]．高校图书情报学刊，1989(1)：8－15．

网络时代文献资源共享的新模式：电子文献传递*

一、什么是电子文献传递

顾名思义，电子文献传递（Electronic Document Delivery）就是把文献以电子方式传递给用户使用，它是基于数字化技术的文献提供，是面向网络时代文献资源共享的崭新模式。

我们已经处在信息社会，文献信息产品事实上成为一种昂贵的产品。当前，出版物价格的上涨幅度已经超过了图书情报机构经费的增长幅度，这主要是因为：(1) 这是一个信息高度发达并越来越起关键作用的时代，知识日渐升值；(2) 社会信息生产与需求的旺盛，导致信息载体与信息服务供不应求，价格上涨；(3) 文献产品深层次的信息加工和新技术手段的应用，使其中包含的劳动量增加。为了以最少的花费来保证最大限度的用户需求，图书情报机构不断地寻求文献资源共建、共知、共享的途径。共享的初级

* 原载《中国信息导报》，1996 年第 9 期。

阶段是馆际互借(Inter Library Loan)，但是，馆际互借只能一本书每次服务一个用户。后来，馆际互借发展到文献提供(Document Supply)阶段，著名的如英国不列颠图书馆文献提供中心(BLDSC)的服务，它使用了复印机，使一篇论文可以复制多份，同时提供给多个用户利用。可是，依靠邮政手段来传递纸文献，其服务的速度往往难以令人忍受。看来，只有将文献资源数字化，它才能具有无限制复制的可能；而只有通过实在的数据通信通道，文献信息才能即时传送到世界的每一个角落。从这个意义上来说，只有基于计算机信息网络的文献资源共建和共享才是解决用户和图书情报机构之间供求矛盾的唯一出路。于是，为了快速、高质、有效地共享文献信息资源，电子文献传递服务应运而生了。

二、电子文献传递的发展阶段

电子文献传递的理念可能产生于第一台计算机诞生的年代。60 年代中期，利用早期的传真技术，就有人进行了电子文献传递的试验。电子文献传递最初还很大程度上依赖于手工操作，但它不断地从信息技术的发展中汲取力量，得到了迅速发展。图书情报界现在并存着 3 种模式的电子文献传递系统，反映了它的发展轨迹：

1. 第一代：联机订购系统

电子文献传递与二次文献数据库检索，尤其是索引、文摘数据库检索有着密切的联系。许多联机书目数据库的服务商，如 ESA/IRS、Dialog 等，同时收藏有这些书目数据所指文献的原文，并开展了文献提供服务。用户通过联机检索得到一批书目数据，就可以在联机的同时立即订购这些原文资料，数据库服务商会在一段时间之后将原文传真给用户。联机订购系统的缺陷在于效率较低，因为工作人员还是得到书架上取书，然后复印、发传真。即使不同的用户对同一篇文献提出了相同的要求，工作人员还是免不了重复劳动。但是，联机订购系统很容易实现，技术要求较低。

2. 第二代：位图数据库系统

传真机光栅扫描形成的图像被称为位图（Bitmap）。如果把位图数据存储在计算机上，就可以使电子文献传递的效率得到很大提高，因为位图数据可以通过计算机网络的电子邮递或文件传输功能即时传送到用户的工作站上去，从而使联机书目查询、订购和收发文献集成在一个系统之中，实现一体化服务，不需要工作人员的手工劳动。

位图数据库系统又可以分为供方系统和需方系统两大类型。供方系统就是把可能有潜在需求的文献事先进行扫描，并存储其位图数据以待利用，典型的例子如欧洲的ADONIS计划。而需方系统是只有当文献出现了实际需求时，它才有可能被扫描并保存其位图数据，因而这类系统的位图数据库是累积增长的，典型的如美国国家农业图书馆和北卡罗莱纳州立大学图书馆（NAL/NCSU）联合开发的“数字化文献传输计划”。

位图数据库系统对于解决现有印刷文献的电子传递问题是十分有效的，但是它的缺陷在于文献数据是图像数据，机器无法识别。

3. 第三代：机读文献系统

现在，电子出版物正在迅速增加，标准通用标记语言（SGML，ISO 8879）和公文结构与交换格式（ODA/ODIF，ISO8613）逐渐成为电子出版物的格式标准。标准的电子出版物会使得文献扫描和存储位图数据成为多余，从而也会使电子文献传递真正发展到机器可读文献的网络传递。这将是理想中虚拟图书馆的基本业务支持。

机读文献系统的优势在于其存储的文献数据计算机是可以识别

的，从而为文献信息的自动化处理和资源共享提供了更多的方便。基于机读文献的电子文献传递尚在进一步发展之中，因为它需要有较大规模的全文数据库，而且一般是供方系统。但是，如果它与图书情报机构的其他服务，如联机检索、馆际互借等集成于一体，它将成为文献提供的强有力工具。

三、电子文献传递系统的相关技术标准

电子文献传递只是计算机信息网络在图书情报界的一种具体应用，因此，这里将只讨论开放系统互联参考模型（OSI/RM，ISO 7489）应用层中与电子文献传递相关的协议：

1. SR & ILL

进行联机检索和对电子文献传递进行管理，系统设计必须遵循信息查询和馆际互借协议 SR & ILL。

SR（Search and Retrieve，ISO DP 10162/10163）用于远程数据库查询和数据库之间的记录传输，它首先规定了数据库查询表达的通用格式，这是独立于数据模型的；然后规定了对提问到主机的传输管理、查询过程管理以及结果反馈管理等操作的约束。Internet 上一个著名的查询工具 WAIS 就是应用 SR 的一个典型。SR 在美国的对应标准是ANSI Z39.50—1992(2nd ed.)。

ILL(Inter Library Loan，ISO DIS 10160/10161)用于馆际互借所有功能的描述，它首先把馆际互借的操作划分为 3 种模式：简单事务处理是请求方与应答方直接通信的模式；链式事务处理是请求方与应答方的一切通信都必须有中介方来干预的模式；隔断事务处理是请求方直接沟通应答方提出互借请求，而应答方的反馈和文献传递必须由中介方来干预的模式。其次，ILL 也定义了 21 种操作，每一种操作都

实现馆际互借处理中的一个细节功能。ILL 在美国的对应标准是 ANSI Z39.63。此外，SR & ILL 都规定了它们应当采用的通信协议。

2. GEDI

电子文献传递的标准化组织是电子文献交换研究小组(GEDI)，它是由欧美的许多图书馆组织，如 OCLC、RLG、BLDSC 以及德、法、荷的主要图书馆和图书馆网络共同建立的。1991 年 9 月，GEDI 制定了一系列推荐标准，包括对电子文献传递的服务模式、文件格式和文件传输机制的约束，总称为 GEDI 标准。

GEDI 服务模式是建立在管区(Domain)这个概念的基础之上的。所谓管区，就是能够参与到电子文献传递事务中来的一个或多个人与机构的集合。管区分为 GEDI 管区和个别管区两类。

GEDI 在管区的层次上进行电子文献传递需要有共同的协议，而个别管区内部的电子文献传递有或多或少的自由度。个别管区可以通过中继功能接入 GEDI 管区。

GEDI 文件格式规定了文献扫描图像的分辨率、压缩代数等方面的属性，同时对电子文献传递中文献供需双方的信息描述、文献的书目描述等作了要求。GEDI 明确认为：GEDI 文件格式包括文献表达和文献描述，是两个独立的部分。在文献表达方面，如果文献数据是位图数据，GEDI 推荐采用 B 类标记图像文件格式(TIFF Class B)；如果文献数据是机器可读的，它必然兼容于 SGML 和 ODA/ODIF。在文献描述方面，由于电子文献传递与 SR & ILL 的应用相关，GEDI 文件格式中某些字段可以从 SR & ILL 的应用中直接生成，这大大便利了文献查询、订购和传递的一体化。

在文件传输机制方面，GEDI 首选 OSI/RM 的文件传输、存取和管理协议(FTAM，ISO 8571)，当然也推荐采用 Internet 的 FTP。

四、发展我国电子文献传递的建议

文献提供由手工作业发展到电子文献传递，这是一个进步。许多国家已经在这个领域开展了有益的试验，典型的如欧共体图书馆计划(European Commission Library Plan)之下实施的“馆际电子文献交换计划”(EDIL)，该计划耗资100万英镑，其目标是要在英、法、德、荷四国的电子文献传递系统之间率先实施GEDI推荐标准。其他类似的试验如美国科罗拉多州丹佛城(Denver，Colorado)的科罗拉多研究图书馆联盟(CARL)公司经由Uncover和Uncover 2检索系统而提供的电子文献传递服务，它集期刊论文索引、期刊目次报道、馆藏目录、期刊联合目录和文献传递于一体，个人用户可以直接检索使用，不再经由图书情报机构中介代理，是期刊资料整理和服务的崭新模式。此外，OCLC、BLDSC等都在电子文献传递领域进行了有益的探索。

电子文献传递是图书馆界为了摆脱经费紧张的压力，提高文献共享水平而发展起来的一种新的业务形式。我国图书馆界同样面临着书刊订数减少、经费日益紧张的困难，开展电子文献传递服务将是必然的选择。

事实上，如果在我国开展电子文献传递服务，首先遇到的问题将是通信费用的问题。从国外的情况来看，利用传真机收发文献显然是昂贵的，但通过Internet和有政府资助的学术网络(如英国的Super JANET和美国的NREN)，则可以大大降低通信费用。我国的图书馆界正在进行计算机联网，现有的图书馆互联网络有北京中关村地区运行在NCFC上的图书情报网络APTLIN和广东省珠江三角洲地区公共图书馆自动化网络；CERNET的建设为高校图书馆的系统互联创造了有利条件。此外，国家科委和中国科学院正拟建立“中国科技网”，文化部也将实施“金图工程”即建立“中国图书馆信息网络”(CLI-NET)。所以，在我国开展电子文献传递服务的试验是有现实基础的。

在技术的发展史上，有些阶段是可以被跨越的。在我国开展电子文献传递服务，应立足于高起点，使用计算机信息网络来传输文献，即直接进入第二、三代系统。所以，当前应做好一些准备工作，尤其是文献资源方面的准备工作：

1. 有意识地收集利用国内外的电子出版物。有计划地建立起我国的电子出版物收藏体系，在技术成熟的时候提供网络共享利用。

2. 跨国信息资源利用。我国是发展中国家，对国外的出版物收藏既贫乏又不成体系，但随着数据通信联系使得全球一体化的网络成为可能，我国可以尝试开展电子文献传递的国际合作，根据国内需求有计划地引进和利用国外的数字化文献资源。

3. 倡导和实施我国的印刷文献数字化转换计划。国外已有一些机构在这个方面迈出了实质性的一步，如美国伊利诺伊大学的谷腾堡计划(Gutenberg Project)、卡内基·梅伦大学的水星计划(Project Mercury)等等。80年代以来，我国图书馆界曾有计划地开展了文献缩微复制工作，实现了珍贵文献的缩微化。今天，我们需要一个新的实现印刷文献数字化转换的计划。

从文献资源建设到信息资源建设*

一、问题的提出

自近代图书馆学在我国诞生以来，我国图书馆从事信息资源建设工作的名称一直处于变化之中。其变化过程是：采访→藏书补充→藏书建设→文献资源建设，现在则演变为信息资源建设。目前，不论是理论界还是实际工作部门，在表述信息资源建设这项工作及学科时，用语极为混乱，有的称文献资源建设，有的称文献信息资源建设，有的称藏书建设，有的称馆藏建设，有的称馆藏发展，有的称信息资源建设。造成这种称谓混乱现象的原因主要有两个：第一，由于信息技术的飞速发展，人类记录和传播信息和知识的手段与方式发生了根本的变化。这种变化导致了图书馆藏书建设实践和理论的变革。在这实践和理论变革时期，人们的思想和观念也会发生较大的变化，同时，由于目前我国正处于由传统图书馆向自动化、网络化、数字化图书馆

* 原载《中国图书馆学报》，2000年第5期，与高波合写。

的过渡阶段，很多问题尚不明朗，因此，人们的思想观念难免出现一些分歧。第二，由于同样的原因，理论界也未能就学科名称问题做出及时的研究和探讨，客观上也助长了专业术语名称的混乱。这既不利于学科理论的发展，也不利于实际工作的开展。因此，有必要对表述混乱的学科名称进行梳理和科学的规范，从而建立起一个全新的信息资源建设理论体系。

二、文献资源建设理论的局限性

文献资源建设这个为我国图书情报界所独创的概念及理论自 80 年代中期诞生以来，很快便获得了图书情报界的普遍认同，这在我国图书馆学情报学界还是少有的现象。文献资源建设理论的提出，既丰富了藏书建设理论，又推动了我国图书情报界文献资源共建共享的步伐。然而，仅仅相隔 10 年左右的时间，即 90 年代中期，我国的一些学者就提出了文献资源建设要向信息资源建设发展的问题。人们不禁要问，为什么文献资源建设这个受到理论界和实践普遍认同的理论在提出 10 年多以后就失去了生命力呢？答案是：人类记录和传播知识、信息的手段和方式的巨大变化导致了文献资源建设理论的嬗变。

我们知道，“文献资源建设”从“藏书建设”演变而来。20 世纪 70 年代末、80 年代初，我国深重的国门伴随着改革、开放的浪潮徐徐打开。随着经济建设的迅速开展，社会对文献信息的需求越来越大。80 年代初，全世界每年出版图书 71 万种、期刊 6.5 万种，而 50 年代中期全世界每年出版图书仅 28.5 万种、期刊 2 万种。因此藏书建设必须像走 50 年代中期曾经走过的协调的道路。否则，无法满足经济建设和科学发展的需要。而当时国外已将信息与原材料、能源并列为三大战略资源，国内有识之士也认识到了文献对经济建设、科学研究及文化发展是一种重要的资源。在这样的历史条件下，文献资源和文献资源建设的概念便应运而生了。

应该说，文献资源建设理论是对藏书建设理论的丰富和发展。它突出强调了文献收藏的整体观念，彻底摒弃了自给自足的思想。它推动了文献共享的进程，确立了资源观念和特色观念，即使在信息高速公路四通八达的今天，仍具有很大的现实意义。然而，信息技术给信息记录、传播的手段和方式所带来的变化是人们始料不及的。就在80年代末90年代初我们正在文献资源建设理论的指导下开展大规模的文献资源普查和文献资源布局大讨论的时候，美国已经进入了电子图书馆的研究阶段，而且正在进行对信息资源是强调“拥有”还是“获取”的大讨论。在讨论的过程中，美国研究图书馆协会(ARL)就将成员馆的资格和定级标准确定为“根据其对联机和计算机网络资源的检索质量来决定，而不是由图书的采访质量来决定”。而且，1991年ARL的成员馆中就已经有80%的馆规划或实施了强调获取(access)而不是拥有(ownership)的政策、服务和资金再分配。然而，存在决定意识。我国在当时的社会和技术环境下，人们不可能产生超越现实的认识。因此，也就出现了同一个时期内，中美两国藏书建设理念迥异的现象。

然而，当1994年4月中国正式联入1982年就正式诞生的因特网，尤其是1995年万维网技术成熟之后，海量的电子信息资源犹如狂飙从天而落。面对因特网上的信息海洋，图书馆人首先想到是什么呢?恐怕是：资源共享终于实现了!

的确，得益于信息技术的因特网的迅速普及，使得全球信息资源共享由美好的理想正在逐步变成了现实。图书馆的馆藏空间发生了结构性变化，图书馆的馆藏空间结构由单一的物理馆藏演变成物理馆藏+虚拟馆藏。而在虚拟馆藏中，除了商业性电子信息资源(商业性数据库和网络电子出版物)、政府及学术团体电子信息资源以外，还有相当多的是国内外文献情报机构的信息资源。这恰好证明了经济学上的一个不是原理的原理——没有免费的午餐。也就是说，网络世界是你中有我、我中有你。作为以向社会提供信息服务为己任的图书馆，若要从网上获得信息资源，就必须向网上输送信息资源，尽管没有人做此规定，但也没有人否定这是一个不争的事实。因此，图书馆若想利用虚拟馆藏，就必须建设虚拟馆藏，即以丰富的馆藏文献信息资源为对象，开发出各种类型的数据库并上网服务，这是网络环境下图书馆的必然选择，也只有共同建设虚拟馆藏，图书馆才能真正做到资源共享。尽管目前由于知识产权的制约，大量信息资源不能以全文数据库的形式上网服务，但先进的电子文献传递手段已为我们克服了远程获取一次文献的技术障碍。因此，开发馆藏文献信息资源，建设虚拟馆藏已是网络化图书馆信息资源建设的重要组成部分。而这一重要的组成部分是文献资源建设理论所没有容纳的。因为受当时生产力发展水平的限制，文献资源建设理论的提出者不太可能预见到90年代中期以后，偌大的地球一夜之间变成了一个“村落”。因此，文献资源建设理论强调的仍然是充分地占有文献资源，所不同的是文献资源建设理论突出强调了信息资源建设的整体意识。应当说，这在当时的历史条件下是有着重大现实意义的。然而，在网络化的今天，文献资源建设理论则暴露出了很大的局限性。正如沈继武和肖希明在《文献资源建设》一书前言中所说的“藏书建设名称，已难以涵盖我国文献资源建设实践和理论研究的内容”那样，文献资源建设理论也已涵盖不了我国信息资源建设实践和理论研究的内容，有必要加以丰富和发展。

三、信息资源建设理论的浮出

(一)图书馆界研究现状

我国学者意识到文献资源建设理论的局限性是在1996年前后。代根兴在“中国文献资源建设研究理论的回顾与展望”一文中提出将文献资源建设深化为信息资源建设的观点，并认为文献资源建设可能被信息资源建设所取代。同年，吴晞在《文献资源，信息资源和信息资源建设》一文中也认为应该用信息资源建设取代文献资源建设，并做了较详尽的论述。然而上述两篇观点新颖的论文并没有引起学术界普遍的注意。在其后的两年时间里，学术界并没有对这一理论观点的提出展开应有的讨论。直到1999年年末和2000年年初，一些理论工作者对这一新的理论展开了研究，其中，董焱和刘兹恒在《网络环境下我国图书馆的发展方向》一文中专题论述了网络环境下我国图书馆应由文献资源建设向信息资源建设转变，并具体探讨了转变措施。张久珍在《论信息资源建设》一文中充分肯定了文献资源建设理论的历史与现实意义及其局限性，并论述了信息资源建设理论的现实意义。

(二)情报界的研究现状

早在图书馆界提出文献资源建设概念，并用之取代藏书和藏书建设概念的时候，情报学界就已经对信息资源、信息资源建设的一些问题展开讨论了。随着80年代中期国外信息资源管理理论的引进和国内对此领域研究的趋热以及我国正式联入因特网以后，信息资源建设就已经成为信息机构的工作内容和情报学理论界的研究内容了。但与图书馆界不同的是，情报界所说的信息资源建设是指网上信息资源建设，即数据库的建设，而不是图书馆界所理解的取代“文献资源建设”的含义。1995年3月21日，国家计委、国家科委、国家信息中心联合下发了《关于开展全国信息资源调查的通知》，对全国数据库和电子信息网络资源进行调查。原国家科委科技信息司司长朱伟认为信息是由基础性数据库和动态性网上资源所组成，但他又承认制品媒介提供的信息也属于信息资源，只不过是信息资源以电子信息为主罢了。1997年4月28日原国家科委下发了《国家科委关于加强信息资源建设的若干意见》。该文件将数据库建设确定为信息资源建设的重点。由此可以看出，图书馆界和情报界对信息资源建设的理解是不完全一样的，甚至是有很大不同的。网络环境下的图书馆工作和情报工作已经是水乳交融，难分你我了。因此，我们认为，面对共同的社会环境和技术环境，图书馆界和情报界关于信息资源建设的不同理解是完全能够加以整合的。

(三)我们的观点

1. 关于信息资源

在确定信息资源建设的概念之前，首先有必要明确什么是信息资源，这是构筑信息资源建设理论大厦的基础。关于信息资源的定义，国内外众说纷纭、莫衷一是。综合国内外的各种定义，可以归纳为四种类型。

(1)宽泛型。持此观点的学者认为信息资源概念的外延很宽泛，它包括信息活动中的各种要素，如信息、设备、技术和人等。

(2)狭窄型。认为信息资源是专指文献资源或数据库。

(3)折中型。认为信息资源的概念有广义和狭义之分。广义的含义与宽泛型的定义类同；狭义的含义是指人类社会经济活动中经过加工处理有序化并大量积累后的有用信息的集合。

(4)信息本体型。认为信息资源特指经过人类开发与组织的信息的集合。

我们认为，前两种类型给信息资源界定的范围，要么过宽，要么过窄。过宽使人不知所云，过窄又不能全面、准确地反映事物的本质。如果信息资源包括信息活动的各种要素的话，那么自然界的水资源、森林资源、矿产资源、石油资源等又如何理解呢？难道上述各种自然资源的概念也包含与之相关的人类活动的要素吗？显然不是。不错，信息资源有别于自然资源，它是一种人工资源。但谁又能认为同为人工资源的文献资源包含了文献活动中的各种要素呢？第三种类型将信息资源区分为广义和狭义。狭义的定义基本上值得肯定，而广义的定义与宽泛型的定义是一致的。尽管第三种类型的狭义定义接近了信息资源的本质，但在现实中人们仍然会由于定义中包含着广义的成分而无所适从。因此，我们认为"信息本体型"的定义基本上是可取的。但表述上似应加以完善，应表述为：信息资源是经过人类采集、开发并组织的各种媒介信息的有机集合，也就是说信息资源既包括制品型的文献资源，也包括非制品的电子信息资源，强调任何一个方面都是片面的。

2. 关于信息资源建设

基于上文对信息资源的界定，我们认为信息资源建设是人类对处于无序状态的各种媒介的信息进行有机集合、开发、组织的活动。信息资源建设的结果形成为信息资源。因此，网络环境下的信息资源建设既包括文献型的资源建设，也包括数据库的建设，还包括对网络信息资源的开发与组织。

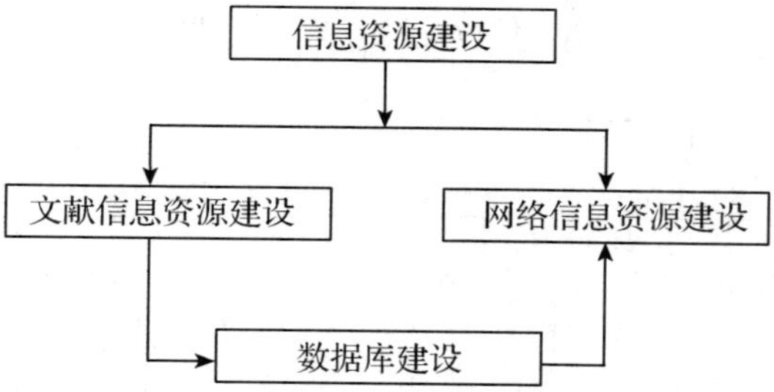

图 1

如图 1 所示，信息资源建设活动要比文献资源建设活动宽泛得多、复杂得多。只有将文献资源建设、数据库建设与网络信息资源建设有机地结合起来，才能称得上完整的信息资源建设。那么，信息资源建设与文献信息资源建设和藏书建设（馆藏建设）是什么样的关系呢？

我们认为，信息资源建设与文献信息资源建设和馆藏建设是包容关系。信息资源建设犹如一级类目，属于宏观层面；文献信息资源建设犹如二级类目，属于中观层面；馆藏建设犹如三级类目，属于微观层面。文献资源建设尽管失去了“统帅”地位，但其作用并未削弱，而且只能加强不能削弱。因为网络环境下更需要文献资源的整体化建设，同时也有条件比过去做得更好。而微观层次的藏书建设则是宏观和中观建设的基础，舍此，则宏观与中观建设无从谈起。因此，我们说三者各司其职，谁也取代不了谁，每一个概念都有其特定的含义。但在称谓上也可以称文献信息资源建设和馆藏建设为信息资源建设。

3. 关于信息资源建设的理论体系

从学科体系角度来讲，信息资源建设属于应用图书馆学的一个分支学科。既然是一门学科，就应具备相应的理论体系。图 2 是我们设计的信息资源建设理论体系结构。

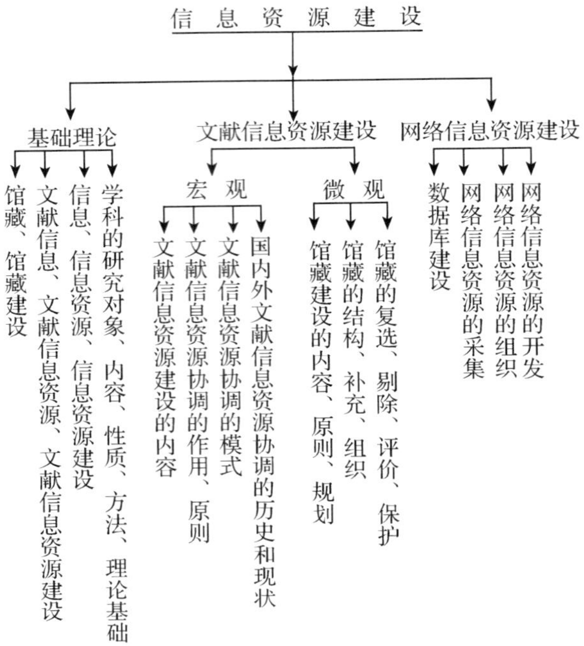

图 2　信息资源建设理论体系结构

如图 2 所示，信息资源建设的理论体系分为 3 大部分。第 1 部分为基础理论，研究内容为学科的基本概念、研究对象、内容、性质、方法及理论基础等。第 2 部分均为原文献资源建设理论的研究内容，它仍然是网络环境下信息资源建设的主要内容之一。第 3 部分即网络信息资源建设理论。这是传统文献资源建设理论所没有的，但它又是新时期信息资源建设必不可少的内容，而只有搞好网络信息资源建设，图书馆才能充分地满足读者和用户的信息需求，充分地履行社会所赋予的职能。

结束语

阮冈纳赞说得好，图书馆是个生长着的有机体。推而论之，图书馆学理论也应当是不断完善、丰富和发展的。“藏书建设”发展到“文献资源建设”是历史的必然，而文献资源建设发展为信息资源建设也是学科理论无奈的嬗变。我们必须正视现实，并积极地研究人类信息传播领域所发生的变化，只有这样，才能推动信息资源建设实践的健康发展。

参考文献

[1]朱强．加快整体化建设步伐，迈向21世纪[J]．大学图书馆学报，1997(2)：7—10.

[2]杨沛超等．从藏书建设到文献资源建设[J]．情报资料工作，1991(5)：5—7.

[3]代根兴．中国文献资源建设理论研究的回顾与展望[J]．图书馆．1996(3)：1—6.

[4]吴晞．文献资源，信息资源和信息资源建设[J]．图书馆，1996(6)：4—7.

[5]董焱，刘兹恒．网络环境下我国图书馆的发展方向[J]．中国图书馆学报，1999(6)：34—38.

[6]张久珍．论信息资源建设[J]．图书馆学研究，2000(1)：19—22.

[7]国家科委关于加强信息资源建设的若干意见[J]．中国信息导报，1997(5)：3—4.

[8]朱伟．加强信息资源建设，再创科技信息辉煌[J]．中国信息导报，1997(1)：7+26.

[9]孟广均等．信息资源管理导论[M]．北京：科学出版社，1998.

[10]汪冰．电子图书馆理论与实践研究[M]．北京：北京图书馆出版社，1997.

从信息资源管理到知识管理*

信息资源管理概念首先出现于20世纪70年代后期的美国。它是由计算机的应用所引发的信息理论与管理理论相结合的产物，是信息实践发展到信息处理自动化和信息传递网络化时期，为加强对信息资源的集中管理而产生的一种新概念和新理论。

信息资源的合理配置和共享，是信息资源管理的基本要求。信息资源的配置是指信息资源在时间、空间和数量三个方面的有效配置，其目的是为了实现信息资源的共享。信息资源管理的功能在于改进数据交流和利用网络系统，以最大限度地缩短管理过程中信息流的时间。信息活动作为一种普遍的人类活动，主要是在三个层面展开的：在社会组织的微观层面，信息资源管理活动主要体现为一种过程管理；在社会组织体系的中观层面，信息资源管理活动主要体现为一种网络管理；在国家政府的宏观层面，信息资源管理活动主要体现为一种政策法规主导的调控管理。

* 原载《图书馆论坛》，2002年第5期。

信息真正成为资源，则要求加强信息资源管理。信息资源管理不只是对信息的管理，而是对涉及信息活动的各种要素（信息、人、机器、机构等）进行合理的组织和控制，以实现信息及有关资源的合理配置，从而有效地满足社会的信息需求。

随着社会进入知识经济时代，知识的创造、转移、共享和增值成为人们关注的焦点。人们不再满足于对信息资源的控制，希望得到的不仅仅是关于“什么是什么”的信息，而希望得到 Know—how、Know—why、Know—what、Know—when 等知识层面的东西。在知识经济时代，有必要了解从信息资源管理到知识管理的发展变化，它们之间的内容差异及相互依赖的关系。

一、从数据、信息到知识

从数据、信息到知识是递进的关系。一般认为，数据是事实的集合，为某种用途而存储。信息是数据加上具体应用环境（Context）。知识是信息加具体应用环境。智慧（Wisdom）是知识加经验。每一层次比它的下一个层次更有价值。在较低的层次，使用机器实现自动化，对数据、信息增加价值；而在较高的层次，需要用人的判断力来增加价值。

“知识管理”一词来自彼德·德鲁克（Peter Druker）的一句话。在1988 年，他认为知识工人是组织新经济的个体，在这种新经济中硬的“通货”是知识。知识管理是一个过程，个人通过这一过程学习新知识和获得新经验，并将这些新知识和新经验表达出来，进行共享，以用来促进、培养、增强个人的知识和机构组织的价值。

知识管理由不同的互相关联的功能所组成，这些功能使知识从其隐藏处显露出来。当市场成熟时，为实现这些功能，一些重要产品便开始出现。这些技术产品的功能包括知识查询和获取、知识检索和查找功能，还有类似于 Lotus 和其他软件覆盖的知识创造和知识共享的工具。

当前，有一些信息系统提供商，包括文档管理、数据库管理系统的提供商，也在竭力推广知识管理的概念。但知识管理与文档管理是不同的概念，文档管理是在知识管理下的一个有价值的从属物，它的功能在于能够很好地完成文档查询工作，仍然属于数据管理和信息管理的范畴。为了提供知识查询新产品，信息系统提供商必须参与到被实际应用的具体语境和社会环境中去。

二、信息资源管理的特征

信息资源管理是研究管理、评估和利用组织的信息资源的新兴学科。它综合了信息科学与信息系统的理论与方法，也是知识管理的思想基础和理论支撑。

有效的信息资源管理活动应包括五方面关键行为：(1)识别：有什么信息？信息如何进行识别和编码？(2)所有权：谁对不同信息实体及其关系负责？(3)成本与价值：信息采集与利用时进行价值判断的模型；(4)开发：如何进行信息增值或刺激信息需求？(5)利用：如何最大限度地扩大信息的价值？

那么如何将信息作为战略资源进行管理呢？

(1)要理解信息的作用。信息能对产品和服务进行价值提升，改进信息流可以提高决策和内部运营的质量；

(2)领导者要带领本企业进入信息资源管理行动，从信息资源中开发价值；

(3)按照用户信息需要，确定信息资源的政策。重要的是建立获取和管理信息的政策，使信息所有权、信息的公共获取和信息共享保持利益均衡；

(4)开展信息等级评估，建立信息资产记录。对信息依其属性进行分类，建立知识映射地图(Knowledge Mapping)，这也被称之为“关于组织的知识”；

(5)要进行系统化的监测。这包括法律的和制度的，政治的和社会的，经济的和技术的以及产业内部环境、市场、客户和竞争对手等。要面向关键的执行人员，及时提供可选择的和适合个别需求的关键信号的传播；

(6)统筹软、硬件和内、外部资源。当把内外部数据并列起来考虑的时候，当把硬的数据与定性分析及其评价相统筹的时候，真正的类型信息和观点才得以产生；

(7)引入信息挖掘和提炼技术。优化的信息管理系统应包括数据挖掘(Data Mining)、信息提炼(Information Refining)和知识编辑(Knowledge Editing)。可使用技术例如智能代理软件，为用户提供友好而实用的信息格式；

(8)整合信息开发利用技术。电信技术、办公自动化系统、出版、文献工作技术正在被整合，通过开放的网络互联，利用这种技术的整合，使用诸如 www 等手段，不仅可以用于外部信息的传播，而且可以用于内容共享信息。

三、知识管理的特征

知识管理是对知识显性的、系统化的管理。它联系着知识的创造、组织、扩散、开发和使用。

许多知识管理计划集中于两个重要方面：一是更好地共享现有的

知识，二是新知识的创造和转移。

在知识管理中，最普遍的实践过程包括：(1)创造和发现新知识。通过数据挖掘、文本挖掘、环境监测(Environmental Scanning)、知识启示、业务模拟、内容分析等途径实现；(2)共享和学习的团队合作，包括学习网络、经验共享、人际对话、定期的知识共享活动、跨部门的团队合作、决策记录、员工专业技能描述、知识资产清单登记、智力资本的测度等。

知识管理是以计算机为基础的，这对于提高知识管理的效率极为重要。通常被人们利用的技术包括：(1)基础设计技术：如群件(Groupware)、内部网、文献管理、知识管理组件等；(2)思考工具：如概念的映射工具、创新的辅助工具等；(3)知识的收集、发现工具：如搜索引擎、预警服务、数据挖掘、智能代理软件等；(4)知识的组织、存储工具：如数据仓库、联机分析处理(OLAP)、元数据、XML等；(5)应用工具：如客户关系管理(CRM)、专业技能描述工具(Expertise Profiling)、竞争情报等。

知识管理是信息资源管理的延伸与发展。如果说信息资源管理使数据转化为信息，并使信息为组织设定的目标服务，那么知识管理则使信息转化为知识，并用知识来提高特定组织的应变能力和创新能力。信息资源管理经历了文献管理、计算机管理、信息资源管理、竞争情报管理，演进到知识管理。知识管理是信息资源管理发展的新阶段，它与信息资源管理所经历的各个阶段不同，要求把信息与信息、信息与活动、信息与人连接起来，在人际交流的互动过程中，通过信息与知识的共享，运用群体的智慧进行创新，以赢得竞争优势。

知识管理的作用在于培育集体创造力。知识可以渗透到劳动对象、劳动工具、劳动力以及科技、教育、经济等各个方面，其作用越来越强化。知识作为无形资产变得日益重要起来，声望、商誉、商标、专利、注册设计、联机网络以及员工的经验与技能等智力资本，都需要评估和管理。

知识管理的目标是推动创新。创新是技术行为与经济行为的有效结合。它表现在技术上有改进，经济上有效益。创新主要有技术创新、管理创新、制度创新。制度创新是前提，技术创新是动力，管理创新是保证。知识管理就是要加快知识流动，其目的就是要推动创新。

四、从信息资源管理走向知识管理

20 世纪 70—80 年代，有人试图发明一种基于知识的计算机系统。其实这是难以实现的，因为他们陷入了试图开发一种“思想的机器”，而不是利用机器来提升人类的思考能力。显性知识是可以用文字和数字来表达的，而隐性知识则是高度个性化、难以形式化的，观点、直觉、预感就是隐性知识的直接表现。

从信息资源管理提升到知识管理，必须经历一个学习过程，这包括：(1)隐性知识的社会化，即个人直接向他人学习新的技术；(2)显性知识的外在化，即将知识通过对话，表达为可见的形式；(3)实现显性知识的链接，例如存储在数据库或者文献中的知识；(4)隐性知识的内在化，即通过实践活动来学习感性知识，或将书本知识转化成为内在的体验。

在信息技术发展的历程中，20 世纪 60—70 年代是自动化的时代，流行数据处理；80 年代是通信技术的时代，流行电子邮件、联机网络；90 年代是认知计算的时代，通过协同工作和办公自动化，实现了对知识管理的支持。

Internet 是巨大的信息源。它将信息直接带给用户，超级的搜索引擎和代理软件，将知识送到桌面。在某些人看来，共享隐性知识只能依赖面对面的交流。而 Internet 可以帮助完成这个过程，它越来越拥有主机事务处理和数据库应用等特性，利用 Web 浏览器提供的界面，在不同的系统之间实现了信息和知识的共享。

信息技术支持着知识管理的价值链，随着技术层次越来越高，人和组织的因素越来越重要。消除知识管理障碍的关键在于高层管理的支持，贯彻始终的价值取向，强有力的构想和实施步骤。

参考文献

[1]乌家培. 知识管理日趋重要[N]. 中国改革报，1998-08-04.

[2]查先进. 面向高速信息网络的信息资源有效配置[J]. 情报学报，1999(3)：63－67.

[3]吴慰慈. 信息资源开发利用与图书馆发展[J]. 图书情报知识，1996(4)：30－32.

[4]马费成，陈锐. 面向高速信息网络的信息资源管理[J]. 中国图书馆学报，1998(3)：14－19.

[5]Knowledge Management[EB/OL]. http：//www. skyrme. com/km. htm.

[6]Skyrme D. J. From Information Management to Knowledge Management：Are You Prepared? [EB/OL]. http：//www. skyrme. com/pubs/ articles. htm.

[7]Gray D. Knowledge Management and Information Management：The Differences[EB/OL]. http：//www. it-consultancy. com/extern/sws/km-info. htm.

[8]Knowledge，Information and Data[EB/OL]. http：//www. processedge. com/store/whitepapers. htm.

文献资源共建共享中的著作权问题*

文献资源共建共享过程中遇到的著作权保护问题，不是图书情报界的特性问题，而是网络社会的共性问题。传统的著作权法律体系已经滞后于网络经济的迅速发展，许多国家的著作权制度，乃至有关国际公约，都存在进一步完善的问题。文献资源共建共享，不会等到著作权法律制度十分完备的情况下进行，而且这个完备永远只是相对的完备。图书情报界迫切需要知道在现行法律制度下，哪些行为既有利于文献资源共建共享，又不违背著作权保护的宗旨，在两者之间寻找最佳平衡。本文不讨论如何完善著作权法律制度的理论问题，而是侧重分析当前形势下图书情报机构可以采取的行为和立场。

在文献资源共建共享体系中，可以利用的信息资源大致分为两大类：第一类是大量公共信息，主要指超过著作权保护期限的文献，作者声明提供免费利用的作品或软件产品，政府出版物（如法律、法规、国家机关的决议、决定、

---

* 原载《江西图书馆学刊》，2002年第3期。

命令和其他具有立法、行政、司法性质的文件及官方正式译文），时事新闻，历法、数表、通用表格和公式等。对这一类信息，基本不涉及法定许可问题，将允许用户自由复制、存取、传递。更为多数的另一类是非公共信息，包括图书情报机构集中采购或分散采购的各种载体的信息资源，图书情报机构开发的有自主著作权的信息产品，以及通过征集、捐赠、交换等多种渠道获得的信息资料等等。对非公共信息，在提供网络服务之前，必须周全地考虑不同领域不同情况下的著作权保护问题。

一、文献数字化中的著作权保护

在文献资源共建共享过程中，资源建设的一种重要形式是将文献作品以扫描、录入等方式进行数字化转换。从数字化的特征来看，它是将作品在机读载体上进行再生，虽然载体形式发生了变化，但作品内容的组织形式没有发生变化，因而具有明显的复制特征。

如果数字化的对象是没有著作权限制的公共信息，图书情报机构的行为是比较自由的，但必须尊重著作权人的署名权、作品的完整性等精神权利，不能任意隐匿著作权人姓名，不能任意篡改作品内容的组织形式。

若数字化的对象是非公共信息，就必须严肃对待作品的著作权问题。从网络化的目的来看，数字化主要是为了扩大作品的传播范围，数字化之后是要把文献提供给用户进行网上浏览和下载的。所以，仅仅尊重著作权人的人身权利是不够的，要设法获得著作权人的法定许可，并向著作权人支付一定的报酬。除非图书情报机构能够证明自己的数字化行为适用合理使用原则。

在文献资源共建共享初期，一些图书情报机构将有著作权限制的文献作品进行大规模扫描和数字化转换。要完全杜绝这种行为不太可能，比较妥当的做法是：尽可能获得法定许可，与著作权人协议报酬问题；或者在正式场合进行公告，提示著作权人有权拒绝作品的数字化转换，一旦著作权人提出异议，立即停止数字化作品的网上传播。

在著作权问题没有得到妥善解决的情况下，应采取控制措施：一是要尽可能地控制文献作品的传播范围，如控制在校园网、内部网之内；二是不能用它来营利，只能用于公益性服务；三是争取控制在合理使用的范围之内，如供教学科研人员为科学研究或者课堂教学使用，供国家机关为执行公务使用，或者供图书情报机构保存文献使用；四是对用户利用方式进行限制，如主要提供浏览服务，通过使用专用软件等技术手段尽量少地提供下载、编辑、复制或打印等授权。

二、电子文献传递中的著作权保护

文献资源共建共享扩展了文献传递的时空界限。传统意义上的馆际互借仍保持了文献作品内容和文献载体形式的统一，所以馆际互借中没有过多地涉及著作权问题。但开展电子文献传递则不然，对著作权人来说，作品一旦数字化并开展了电子文献传递服务，著作权人的合法版权收益就有可能减少。可以想象一个图书情报机构拥有了一份数字化文献，其他图书情报机构便有了利用的可能性，出版物的发行量将大幅度下降，网上复制传递活动也难以控制。对著作权人来说，他们考虑的是：第一，电子文献传递中能否有效地进行著作权保护；第二，能否获得较为满意的回报。

对网上浏览是否构成复制行为，目前还有争议。但网上文件下载则明显是属于复制行为。由此推论，电子文献传递就相当于传统的文献发行方式。也有学者倾向于把电子文献传递划为向公众传播的方式，即类似于广播的行为。所以开展电子文献传递，应当先获得著作权人的授权，并向著作权人支付报酬。

关于报酬计算标准，可以参考英国、澳大利亚等国家特有的公共借阅权（Public Lending Right）框架。这个框架根据图书馆文献外借的统计数据，确定文献的使用频率，从而计算出应支付给著作权人的作品使用补偿费用。在文献资源共建共享中，也可以通过与著作权人协商，议定电子文献传递中的报酬标准，按照文献作品的浏览、下载、网上传递次数等指标来计算。还有一种方法，就是根据服务范围和用户群数量的大小，一揽子买断文献作品在文献资源共建共享体系上的传播权，以后不再涉及费用问题。反过来，文献资源共建共享对著作权人也带来了好处，如有利于作品的宣传和推广，这个因素在议定报酬时也要纳入考虑范围之内。总之，电子文献传递中的许可使用费率是可以协商解决的。

文献资源共建共享体系在支付上述费用时可能获得的经费来源，主要是图书情报机构或文献资源共建共享体系的文献信息资源建设费，也有一部分将来自向用户收取的信息使用费。这里，用户的付费并不标志图书情报机构的营利行为，而是用于补偿著作权的许可使用。今后的文献资源共建共享体系，可能会具有数字化文献作品的著作权管理功能，用以向特定用户群授权使用作品，确认用户的身份，统计文献浏览、下载和电子文献传递的频率，也有向用户扣缴费用等功能。

三、信息产品开发中的著作权保护

图书情报机构开发网页、多媒体数据库等形式的信息产品，也要涉及著作权保护问题。一方面是在利用其他文献作品时要防止侵权行为，另一方面对开发出的有自主知识产权的信息产品也要实施保护措施。

对于题录型、文摘型信息产品，如果引用在先作品的内容，可以不向原作者支付报酬，但应正确地标明信息的出处。如果是全文数据库，应考虑数字化转换中的知识产权保护问题。如果是改编作品，适用改编作品的原则，还要注意不可任意歪曲、篡改原作品。我国著作权法第十二条规定改编、翻译、注释、整理已有作品时，不得侵犯原作品的著作权；第三十四条规定出版改编、翻译、注释、整理编辑已有作品而产生的作品，应当向原作品的著作权人支付报酬。

数据库是一种特殊的作品形式，多媒体数据库以及网页的开发，必不可少地要摘录、引用或者直接采用在先作品中大量的文本、图像、声音、动画等，这也要求开发者注意获得在先作品权利人的许可，并像论文的参考文献一样，指明出处。如果是在网上下载获得的，还要尽量提供对信息来源的网上链接。

从数据库、多媒体、网页等信息产品的整体形态来看，它们也是一种富有创意的作品，应同著作一样享有著作权。如果在文献资源共建共享过程中应主要依法保护他人的著作权，避免侵权发生，那么在网络化初步形成之后，就要注意依法保护图书情报机构自身的著作权了。当他人利用文献资源共建共享体系的资源库时，应当有相应的技术手段和管理措施，防止网页、多媒体、数据库等信息产品被剽窃、套录或未经授权的复制、建立镜像。因此，要进一步深入研究和采用网络作品著作权保护的技术，例如水印等。

网上信息产品如果是由网络管理中心组织图书情报机构联合开发

的，著作权应由网络管理机构持有。其他由各图书情报机构独立开发的归各图书情报机构独立拥有。总之，文献资源共建共享过程中自主开发的信息产品受著作权法保护，这已成为一种共识，除非自愿放弃这种限制，提供网上免费的传播和利用。

四、信息经营活动中的著作权保护

网络环境下的著作权法律制度尚不健全，但还是有原则可循的，应尽量依法办事。在合理使用与非合理使用、营利与非营利之间要尽可能协调好。未来的全国文献资源共建共享体系，仍要以非营利为主；但在网络化建设成熟之后，提供有限度的营利性服务也是可行的。但非营利性服务与营利性服务所承担的权利和义务不同，这一点必须明确。对非营利性服务活动中涉及的著作权保护，应主要纳入合理使用的范围之内，尽可能免费地为广大用户提供更多的公共文献信息服务。对营利性服务活动，则要服从于著作权贸易的有关规定。在合理使用的范围方面，我国《著作权法》有明确规定。从理论上而言，个人使用和非营利使用是基本原则。用户个人使用，一种是消费性的，另一种是专业性的。他们的使用结果对著作权人来说也是有区别的。现在，以图书情报界为代表的一方，与著作权所有者的另一方从各自的利益出发，就扩大或者缩小合理使用的适用范围存在明显的分歧。双方要在既有利于信息利用与共享，又有利于保护著作权人合法权益的平衡点上寻求一致。

五、集体著作权管理制度

文献资源共建共享过程中可能的侵权行为表现在四个方面：未征

得原著作者许可的使用；使用后未支付稿酬；侵犯作品的署名权；侵犯作品的完整权。网络建设中要取得著作权人的许可，由于著作权人队伍庞大，不可能一一单独协商，只能寻找集体解决的途径。

设在国家版权局下面的中国版权保护中心，是版权贸易、计算机版权登记和著作权使用管理中心，下设中国著作权使用报酬收转中心，具有负责法定许可作品使用报酬的收转职能。根据我国著作权法规定，报刊可不经作者许可转载其他报刊上的作品(作者声明不得转载的除外)，但应按规定向作者支付稿酬。作者不明的，应在转载后的一个月内将报酬寄送中国著作权使用报酬收转中心。文献资源共建共享过程中如果使用已经发表的作品，可以尝试采用上述方法，依靠中国著作权使用报酬收转中心将报酬转寄著作权人。

在网络环境下，为便于确认及查证著作权、应强化著作权登记与管理，采取著作权集体管理制度，并设立相应机构，即著作权集体管理机构。文献资源共建共享体系管理中心代表网络内所有图书情报机构，与著作权人或者著作权集体管理机构协商签订许可使用协议。该协议应涉及文献数字化的授权、许可网上存取和下载的环境与条件、许可使用范围、商业开发的附加条件、制作超文本链接的条件、作品的范围确定、协议有效期限、委托关系的法律文书、违约责任等内容。文献资源共建共享体系管理中心也可以委托代理机构具体进行谈判工作，并形成标准化的许可证协议文本，法定许可的协议文件应在网上在显著位置公示。

总之，图书情报机构既要成为知识产权的忠实保护者，又要成为合理使用最有力的倡导者和争取者，把知识产权保护意识贯穿于网络化的全过程，推动社会知识共享和知识创新。

六、信息资源共享与知识产权保护相辅相成

信息资源共享与知识产权保护已成为信息资源建设的两大问题。信息技术为信息共享开辟了广阔的道路，共享建立在信息开发的基础之上，要求扩大信息的可得性，限制信息专有与垄断，代表了社会公共利益；而知识产权基于对个人智力劳动的尊重，具有专有性和排他性，用以保障社会知识创新，代表的是社会发展利益。显然，二者是对立统一的关系。

法制是对权利与义务关系的调整，旨在达到制度上的均衡与公正。如何达到制度均衡，对知识社会的信息共享和创新至关重要。

信息市场角色的区别，表现为买方立场与卖方立场两方面。所谓卖方立场，即知识产权人的利益要求，其合理性在于：智力劳动成果无形化、创造难、传播易，其权益易受侵犯，在市场交换中需要法律赋予其专属所有权。所谓买方立场，即市场买方（含公共用户及中介方）作为消费者的主权要求，表现在追求信息效用最大化，以较少的支付，容易、方便、较多地获取信息，促进信息广泛流通，减少制约与障碍，打破信息垄断。

发达国家作为当今世界信息商品主要产出国，占据垄断地位和卖方优势，使国际信息市场呈不完全竞争特征。不对称信息条件下的交易，显然对信息生产弱势国具有不平等性质。由于经济发展水平的制约，发展中国家在信息资源的共享上受到严重影响。人类要在适应知识产权国际秩序中通过合理适度的法制调整，努力解决文献资源建设与共享受到限度性障碍的矛盾，以求得制度均衡，促进科学文化公益事业的进步。当然，这也是知识产权保护的出发点和最终目标。

从公共选择的理论角度看，任何制度安排，都是一种成本收益比较之下的较优选择。要寻求知识产权制度均衡，立法适度，执法适中，则须从经济人的角度权衡这一公共选择的效益性，评估其合理性，把握其适度性。在建立和完善知识产权制度的过程中，一方面切实加强产权人合法权益的保护，另一方面以有利于信息流通、推动资源共享、扩大社会效益为基点，注意避免私权过度膨胀，以寻求制度均衡，使两方面相互促进，相辅相成。

参考文献

[1]霍国庆．论信息资源的共建和共享[J]．现代图书情报技术，1998 (6)：3－11.

[2]李家清．我国资源共享网络的障碍及其对策[J]．图书情报工作，1999(11)：35－37.

[3]于丽英．版权法律保护与文献信息工作[J]．大学图书馆学报，1998 (1)：27－29.

[4]赵宾．文献资源共享中的知识产权保护问题[J]．洛阳大学学报，1998(3)：9－12.

[5]李蓉．关于信息资源共享与知识产权保护的制度均衡[J/OL]．http：//www. cu. net. cn/xsdhiws. html.

[6]CALIS 项目概况[EB/OL]．http：//www. calis. edu. cn/gaikuang. html/

[7]沈传尧．论网络环境下文献资源的开发利用与共享[J/OL]．http：//www. nlc. gov. cn/disk4/xnchm/xsjl－2scy. htm.

[8]肖自力．关于文献信息资源建设的思考[J/OL]．http：//www. libnet. sh. cn/magzine/00－08/p25. htm.

[9]崔雅萍．网络环境下信息资源建设的知识产权保护[J]．情报学报，1998 (5)：52－55.

[10]刘志刚．电子版权与图书馆的合理使用[J]．情报理论与实践，1999 (2)：36－39.

[11]袁泳．计算机网络上数字传输的版权问题研究[J]．中外法学，1998(1)：80－85.

[12]吴汉东．美国著作权中合理使用的“合理性”判断标准[J]．外国法译评，1997 (3)：45－58.

[13]沈红芳．对多媒体作品引发著作权问题的思考[J]．图书情报知识，1998(4)：42—44．
[14]柳励和，罗素蓉．版权保护与文献资源共享[J]．中国图书馆学报，1997（3）：75—79．
[15]谢竞．文献资源共享中的知识产权问题研究[J]．情报杂志，1999（1）：19—20．
[16]董炳和．网络传输与公共传播权[J]．著作权，1999（3）．
[17]李明德．美国正在审议通过实施 WIPO 两个新条约的议案[J]．著作权，1998(4)．
[18]方平．美国的版权大辩论及其对图书馆的影响[J]．图书馆，1996（3）：10—12．
[19]何炳祥．对我国电子数据库保护之管见[J]．情报资料工作，1997（6）：30—32．
[20]应明．数字技术对版权制度的影响与我国《著作权法》的修订[J]．著作权，1999(2)．

网络环境下图书馆信息资源建设*

——兼谈数据库产业的现状和发展趋势

一、网络时代图书馆资源观的变化

20世纪90年代互联网出现后，图书馆发展进入网络化、数字化的新阶段。在网络环境下，图书馆藏书发展发生了三个变化：

（一）馆藏内涵的变化

图书馆馆藏不仅包含印刷型书刊资料、缩微资料、视听资料；而且延伸到各种电子出版物、电子信息资源，即包容了各种不同信息格式和信息类型的电子资源，还包括外部信息资源，即图书馆虚拟馆藏。也就是人们习惯地把图书馆馆藏简称为：实体馆藏＋虚拟馆藏。

（二）馆藏发展目标的变化

面对"快速变化的用户需求、快速变化的研究项目、快速变化的经济状况"三种变化的挑战，馆藏发展目标必须重新定位。美国学者F. W·Summers提出：图书馆馆藏发展

---

* 原载《数字图书馆论坛》，2004年第5期。

将从根据用户的潜在需求收集资料转变为根据用户的现实需求来提供信息，把图书馆建设成为信息资源库。

(三)馆藏评价标准的变化

图书馆馆藏从一馆封闭式自我建设转变成为信息资源共享的图书馆联盟。馆藏评价的重要指标之一是信息存取质量，选择性存取的质量决定着图书馆服务能力，以信息存取质量为尺度将成为馆藏评价的重要标准。

上述三个变化，提升到图书馆资源观的高度来认识，主要有以下两个基本点：

(1)图书馆信息资源建设的对象不再局限于传统的文献概念，而是包括传统的印刷型文献、电子出版物和网络信息在内的涵盖范围较广的信息资源。图书馆信息资源建设的手段，不仅包括对文献的入藏，也应包括对光盘信息、网上信息的组织、导航和租用。①

(2)由于互联网的快速发展，图书馆正成为信息网络中不可缺少的信息节点，用户使用图书馆的行为也发生了变化，由原来对文献的需求进而转向对信息的需求，即用户不再只重视信息载体的差别，而是注重信息的效用。为适应这种变化，图书馆不能只局限于向用户提供文献，而应提供包括本馆文献在内的所有网络上的可获得信息。

二、图书馆信息资源建设所面临的新任务

根据 G. Edward Evans 教授所阐述的观点和用户的多元化信息需求，在网络环境下图书馆信息资源建设所面临的新任务主要是：构建

---

① G. Edward Evans：Developing Library and Information Center Collections. Libraries Unlimited，INC. third Edition，Colorado，1995.

各种不同信息格式和信息类型的资源系统。在现实的图书馆中，我们面对的资源通常可以划分为非数字资源和数字资源。非数字资源一般也称为传统资源，主要包括以纸介质为主的资源，如图书、报刊、文件、手稿、地图、图册、图纸等；除此之外，还有照片、图片、胶片、胶卷、缩微平片以及唱片、录音带和录像带等。应当指出，大部分传统资源及其所蕴含的内容仍然被隔离在数字世界之外，这是因为数字化需要巨大的资金和人力投入。这样的投入对于大多数图书馆来说，都是不可能做到的。因此，图书馆及其读者必然要与传统资源长期为伍，并充分发挥传统资源的作用。

数字资源指存储在计算机或者相关介质中的资源，可以通过网络进行数据传输、信息检索和访问，其表现格式包括文本、图像、音频、视频和多媒体等。图书馆不但拥有大量的非数字资源，而且已经在过去的20多年时间里积累了相当规模的数字资源。一个典型的图书馆的数字资源通常包括下面几种：本地书刊目录、联合目录；本地的或远程的文摘索引数据库或者其他二次文献数据库；本地的或远程的全文电子期刊；全文电子图书或其他一次文献数据库；电子教学参考资料；本地的各种自建数据库；本地网络资源学科导航；独立的光盘工作站（Standalone CD-ROMs）；离线的光盘和磁盘（Off-line CD-ROMs）；网络光盘库（Net-worked CD-ROMs）；等等。这些数字资源有的是通过购买获得的，有的是由图书馆自行开发的，有的是与其他图书馆进行资源共享获得的，来源不一，因而使用的方法各异。在当今网络环境下，作为信息保障机构的图书馆，一方面仍然在提供着主要以纸介质为载体的传统资源为主的信息服务，另一方面又已经积累了大量的数字资源，并创新了一系列相应的服务模式。从信息资源建设的角度分析，我认为当前图书馆应做好以下六个方面的工作：

1. 在馆际协作与资源共享的前提下，利用有限的经费购买重要的、适用的印刷型图书与期刊等传统文献，从资源建设方面做好传统图书馆与数字图书馆的衔接工作。

2. 注重新型媒体文献的入藏工作，包括目前以CD-ROM为主导存储技术的各类型光盘文献、数据库、音像制品、教学软件等。今后以DVD为主导技术的光盘信息将成为主流产品。

3. 利用网上信息资源建设虚拟馆藏。利用超文本链接技术，将网络上现有信息进行虚拟链接，建立图书馆的虚拟性典藏——体外馆。

4. 知识组织工作。包括文献分类、主题标引、编目，做好文献书目控制工作，也包括网上信息的标引与组织，进行网络信息导航以及新信息的自动生成。

5. 加强各类型数据库建设。数据库建设是信息服务的基础，是现代信息资源建设的核心。数据库主要类型包括书目数据库、文献数据库、索引数据库、事实数据库、全文数据库等。

6. 将馆藏特色文献转化为电子信息资源。图书馆独立地或与商业公司合作，将馆藏中有独特价值的印刷型文献转化为扫描版或全文版电子文献，制成光盘或上网传播；加强数字化文献资源保障体系建设工作。

三、图书馆信息资源建设应采取的策略

(一)首先要明确馆藏建设应处的地位

由于图书馆服务模式的变革，馆藏建设已不具有传统图书馆那样的中心位置，但不能由此认为馆藏建设是无关紧要、可有可无；更不能认为既然可以通过网络得到信息，就不必要进行馆藏建设了。因为不管图书馆模式如何发展变化，在今后相当长的时间内，图书馆提供原始文献服务这一基本职能是不会改变的。所以重视非数字资源馆藏

建设，并把它作为图书馆信息资源建设的重要基础和整个信息资源建设的一个重要方面，放在一个恰当的重要地位，乃是图书馆信息资源建设的策略之一。

(二)坚持我国信息资源自主权

这就必须建立文献资源保障体系，实现资源共享。这不是老生常谈，从国际图书馆界来看，这是一条越走越宽广的文献资源整体化建设之路。美国的 GALIEO（Georgia Library Learning Online）、Ohio Link 和我国的 CALIS 等就是证明。实现资源共享，关键是要建立开放机制、资源配置机制、利益分享机制、激励机制、风险共担机制。从 20 世纪 80 年代中期开始，由于书刊价格猛涨，文献购置经费严重不足，图书馆文献入藏量急剧下降，且下滑趋势难以制止。要解决这一问题，必须从改革分散管理体制和克服自给自足观念入手，走整体化建设之路，经过统一规划，统筹协调，建立起能在一定范围内有效地保障社会需求的文献资源保障体系。建立文献资源保障体系的方针是:“整体规划、合理布局、相对集中、联合保障”。这样做，不仅有利于克服重复建设、浪费极大的弊端，而且有利于提高资源利用率，充分发挥我国有限资金的效益。

(三)建立资源与服务的整合机制

当前图书馆界流行的一个术语是“整合”。整合是将分散的资源和独立的服务按照一定的知识管理规则和服务目的组织在一起。在组织过程中要消除新的与旧的系统和服务之间，不同的新系统和服务之间的不兼容性，增强与已有的系统或服务相互融合的可能性。整合表现在不同的层次和不同的方面，首先是基于界面的整合，即通过一个统一的表现层(通常是 Web)来获取不同的资源，但这只是表面的浅层次上的整合，图书馆主页属于这一层次的整合；第二层次的整合是基于数据的整合，它对来源不同的二次文献数据进行归并，或者提供一次和二次文献之间的链接。这种整合在不同的资源和系统之间建立关联，它提供的不仅仅是检索的结果，还有对检索结果的理解以及建立在这种理解之上的继续使用资源的途径。图书馆的各种导航系统，如电子期刊导航和数据库导航，可以看作是这个层次的整合；第三层次的整合是基于系统的整合，通常指异构系统的整合。这种整合通过一个统一的界面连接到一种机制，或者是软件，该机制或软件试图按照语义的一致性（Semantic Consistency）而获取目标资源。当前利用Z39.50协议进行检索均属于这一范畴；第四层次的整合是基于服务的整合，是整合的最高层次。它以资源为基础，以终端用户的需求为中心，通过对技术的应用，从不同的资源和系统中挖掘相关信息，加以组织并向用户推送，其目标是形成一个学习和研究的有机环境。围绕资源，不论是一种资源还是按照较高的相关度选择的一组资源，也不论是基于数据还是系统，往往更容易为用户建立一个有用的或者可用的整合了的机制。这一层次的整合应该是我们目前所关注的重要问题。

与整合密切相关的问题是认证。对于数字资源的使用，已经不再像以往对印刷型资源的使用那样，只要进入图书馆使用借阅证就可以进行了。能够确认身份与资源使用权的用户名和密码成为使用数字资源的必备钥匙。由于每一种资源都有独立的、不同的认证过程，当资源越来越多的时候，认证就会变成一个主要的问题。对于用户而言，不得不使用众多的用户名、密码组合使得使用数字资源的代价大大地提高了。因此，怎样建立一个无阻碍的认证机制，是我们在考虑整合问题时首要解决的问题。认证涉及各方面的问题，包括图书馆所属机构的

IT架构、图书馆系统、用户权限和版权等等。①

(四)高度重视书目数据库建设

与传统的馆藏建设不同，图书馆信息资源建设必须高度重视书目数据库的建设，这是图书馆信息资源建设的特点。网络化的图书馆仍然需要提供原始文献服务，就离不开数字化的书目数据库作为服务的基本工具，因而书目数据库建设对图书馆有着特殊的重要性。在信息资源建设中，图书馆要尽可能使用联机编目，把本馆文献的各种书目数据库建设起来，同时要积极参加地区性、行业系统、全国性的书目建设，把全国总书目、全国联合目录、各种核心期刊目录、各种专科书目的数据库逐步建立起来。

(五)深度开发信息资源

传统图书馆对馆藏文献的开发主要靠编目工作，因为编目工作可以揭示文献的形式特征，这是文献流通的基础。这种开发只停留在以册为单元的层次上，是一种浅层次开发。在网络环境下，用户需求已经发生了很大的变化，不满足于一次文献的借阅，更需要图书馆为其提供快捷的、针对具体问题的解答性、咨询性服务，这种服务的内容往往是以知识或信息为单元。因此，图书馆别无选择，只能走深度开发信息资源之路。在这方面，当前有两个问题值得我们去关注：

一是馆藏特色文献的开发问题。要把特色馆藏开发与个性化服务结合起来，个性化服务包括个性化定制服务、个性化推荐服务、个性化知识决策服务，这三种服务都要通过相应的软件系统来实现。二是网络信息的保存问题。网络信息保存是信息技术的发展对于图书馆学

---

① 聂华：《数字图书馆——理想与现实》，《大学图书馆学报》，2004年第1期，14～22，46页。

研究提出的新的研究课题。美国学者 Peter Lyman 曾经指出："作为文化产品的网络已经成为最大的信息资源集合，目前约有 40 多亿公共页面以及 5500 多亿深层网络页面。这些网页用 220 多种语言写成，已经成为千百万用户寻找信息的第一个所在"①。在网络上充斥着大量垃圾信息的同时，也有相当一部分有价值的信息，对后人有用的信息，有必要对这一部分信息进行长期保存。另外，由于网络信息的动态性特点，其消失的速度也很惊人。与其他物理形态载体的信息相比，网络信息的生命更脆弱，更容易破坏。尽管现在对网络信息寿命没有确切的数据，但一些相关机构和学者的估计可能在某种程度上说明这个问题。例如，Alexa 在 2001 年曾估计在网页产生 75 天后就会消失；后来 Internet Archive 将网络信息的寿命扩展为 100 天；后来 NDIIPP（美国国会图书馆制定的"国家数字信息基础结构和保存项目"的简称）的研究报告中指出网络信息的平均寿命为 44 天。可以说，我们正在失去网络上有价值的学术和文化资源。因此，对网络信息进行有选择的保存就显得十分迫切。

从 1994 年开始就有国家图书馆、档案馆以及其他机构开展各种网络信息保存的实验研究项目。据调查，欧洲已经有 15 个国家开始网络信息保存的实验研究项目。开展该项目研究的国家图书馆有：美国国会图书馆、加拿大国家图书馆、澳大利亚国家图书馆、瑞典皇家图书馆、丹麦国家图书馆、挪威国家图书馆、法国国家图书馆、英国国家图书馆、捷克国家图书馆、德国国家图书馆、荷兰皇家图书馆、新西兰国家图书馆、日本国会图书馆、南非国家图书馆等。还有很多

① Peter Lyman：Archiving the World Wide Web. http：//www. clir. org/pubs/reports/pub106/web. html.

大学图书馆也开展了网络信息保存的研究项目。可以说国家图书馆和大学图书馆是目前从事这方面研究的主力军。

网络信息保存的研究尚处于起步阶段，对于网络信息保存应包括哪些研究内容还有待明确，我认为以下的问题应该着重研究：

1. 探讨网络信息保存与其他载体保存的区别，提出网络信息保存的目标。

2. 网络信息保存对象的界定、保存的内容和方法、保存的责任主体问题。

3. 数字文献的收集、保存和提供检索的经济和法律问题；对网上动态文献的呈缴制度问题。

4. 网络化存贮图书馆(Networked Deposit Library)的构建问题。

5. 数字信息的长期保存的技术策略问题。

6. 对目前主要网络信息收集工具进行比较的基础上，探讨应用于网络信息保存的机器人程序应该具备的功能问题。

7. 研究网络信息长期保存所需要的技术支撑，包括保存元数据、永久标识符号等，并分析其在网络信息保存中的应用。

8. 对美国 NASA（美国国家航空和航天局）和 CCSDS(美国空间数据系统咨询委员会)联合制定的资源存取和长期保存的标准：开放档案信息系统(Open Archival Information System，简称 OAIS)的评价及其应用问题。

四、数据库产业的现状

1. 数据库是在计算机可读介质上按一定的结构组织的信息集合，是开发和利用信息资源最常见的一种形式。数据库产业就是按照一定的社会信息需求把信息加工为计算机可读介质并提供服务的信息服务行业，是信息产业的重要组成部分。数据库内容覆盖范围、数量、质量、品种、类型、使用率和市场规模等，通常能够代表一个国家信息资源开发利用的水平，也是“信息强国”的衡量指标。数据库产业包括数据库、数据库生产者、数据库提供者三个部分。

2. 数据库分类：数据库主要分为文字型、数字型、图像型和声音型等种类。文字型数据库又分为书目型、指南型、字典型、全文型等。数据库的学科分布是随着国家的发展目标、科学研究和教育的需要以及信息市场需求的变化而变化的。在以知识经济为主体的社会环境中，商贸类数据库从20世纪80年代末期至今，在各类型数据库中仍然占最大比例，约30%；综合性数据库居第2位，占18%；科学、技术、工程数据库排列第3位，占17%；法律数据库居第4位，占11%；生命科学、医疗、卫生数据库居第5位，占10%；人文社会科学数据库占6%，居第6位；新闻类数据库占4%，居第7位；其他占4%，居第8位。数据库载体：44%为联机形式，37%为CD-ROM，软盘占9%，磁带为6%，3%为批处理形式，其他1%。

3. 数据库容量：1975年，每个数据库记录数平均值为17.3万条；1985年达到55.8万条，1997年达到116.6万条；2001年达到153.4万条。在各类型数据库中，11.26%的数据库记录数量在100万条左右，其中超过1亿条记录的数据库只占0.36%；2.78%的数据库记录在1000万条—1亿条；8.03%的数据库记录量在100万条—1000万条。每条数据库记录的字数一般在200—2000字。每个数据库记录的平均数和绝对数的增加，代表一个国家数据库产业的实用性、成熟性和累计性。

4. 在20世纪60—70年代，美国大多数数据库，都是由美国政府机构组织生产或资助民间生产的。专业性学会和其他非营利的学术性机构在开发自然科学和社会科学数据库中发挥了主导作用。尽管欧洲国家和亚洲日本最近几年在数据库生产方面急起直追，力图抗衡美国的垄断地位，在数量上有很大提高，但1999—2001年期间美国的数据库产品仍占60%，这说明美国仍是当今世界头号“信息强国”。美国发展数据库产业的战略和具体做法值得借鉴。例如：①政府和私营企业密切合作，保证资金投入；②以先进的信息技术为依托，科学地开发和有效地利用信息资源；③重点建设数据库资源，促进网络信息资源的开发；④加强信息政策法规研究，营造信息资源开发的良好环境；⑤重视信息人才开发，吸引外国科技人员。

5. 数据库生产力的衡量标准：从美国发展数据库产业的历史过程看，数据库的生产能力和产业化程度是长期积累和发展的结果。衡量数据库生产力或数据库产业化水平的标准是：①实用、精品、商业数据库数量；②数据库质量，其衡量标准是：A. 数据库容量；B. 数据库产品数据的覆盖年限；C. 数据库数据的更新速度；D. 数据库标引深度。③数据库覆盖率；④数据库收全率；⑤数据库检索性能；⑥数据库时效性；⑦数据库规范性；⑧多媒体数据库；⑨数据库产品形式和经济价值。

6. 目前数据库产业已经发展成为一项国际性产业，数据库生产投资的国际化、数据库内容的国际化以及数据库生产与联机服务的跨国经营越来越普遍。数据库产业发展的国际化主要表现在美国公司继续扩大兼并和拥有其他国家的信息产品以及其他国家逐渐实现对美国数据库和信息产业的渗透。这种渗透的方式有：①通过美国代理人直接将产品出口到美国市场；②与美国合作者建立合资企业；③获得美国公司控股权；④全面收购美国公司。

五、数据库产业的发展趋势

(一)万维网给数据库产业带来了机遇

目前与因特网相连的数据库有3000多种，因特网为数据库产业的发展提供了新的机遇，主要表现在：①扩大了市场范围；②提高了服务效率；③提供了便捷的信息传递形式；④大大减少了联机检索中的远程通信费用。

(二)全文数据库的比例继续增长

最早的数据库主要是文字型的，文字型数据库在各种类型数据库中占70%左右。在20世纪60—70年代，文字型数据库中，书目型占主体地位；但到了80年代中期，全文数据库的比例扶摇直上，从1985年的28%增加到1997年的50%；而书目型则从57%下降到24%，可谓后来者居上。从1997年以后的发展情况来看，文字型数据库的数量在持续增加，其中最突出的类型是电话指南数据库、报纸数据库、化学、专利和公司数据库、光盘数据库。目前，全文数据库的数量与书目数据库的比例已经达到2∶1。

(三)在数据库的学科分布中，商业和经贸类数据库占的比例最大

在以信息经济为主体的社会环境中，商业、经贸类数据库从20世纪80年代末期至今，在各类型数据库中仍然占最大比例。这说明，在商业和经贸领域，数据库的适用范围十分广泛。

(四)联机数据库仍居主导地位，光盘发展迅猛

光盘技术是20世纪70年代发展起来的一种光学信息存储技术，是80年代世界十大电子科技开发项目之一。进入90年代，光盘已成为世界范围内十分普及的一种信息媒体。目前，光盘的类型主要有三种：只读光盘、一次写入光盘、可擦写光盘。其中可擦写光盘具有与

磁盘相似的功能，信息能随录随放，并可以反复擦除和重写，特别适合需要经常更新内容的信息的存贮。在美国，光盘产品的数量每年已发行1万种。

当前，我国有很多图书馆和信息机构在研讨特色数据库建设问题。笔者认为开发特色文献数据库应注意：①坚持标准规范的建库原则和共知共享的目标，使数据具有可共享性与永久保存价值，要实现数据的一次输入、多次使用，一家输入、大家利用的客观效果；②图书馆要根据自身拥有的优势，根据社会发展对文献信息的需求，选择适合的主题，系统地从书刊、音像资料、数据库文献中摘录有关信息，运用信息重组技术，深度标引和序化，揭示其价值，研制成多层次、多方位、新颖独特的数据库；③图书馆可建立本馆文献资源定位系统，使自行开发的特色数据库上网流通。应通过网络节点在主页中介绍自己的资源特色、馆藏文献书目数据库和特色数据库的使用方法，利于网上优势互补；必要时还可建设站点索引或搜索引擎；④在具体操作中，一定要把握好原则性、前瞻性、效益性和本馆的个性化，重视标准化，避免重复投资，克服利用软件的随意性，不满足于系统浅层次开发和运作，应用软件的选择要坚持高起点，并建立与此相适应的运行机制。

参考文献

[1]陈光祚．因特网信息资源深层开发与利用研究[M]．武汉：武汉大学出版社，2002．
[2]刘春茂．网络信息资源组织与服务的辩证分析[J]．情报科学，2003(1)：42－44＋52．
[3]彭前卫．开发利用网络信息资源的若干思考[J]．图书情报工作，2000(6)：31－34．
[4]张怀涛，索传军，代根兴．网络环境与图书馆信息资源[M]．郑州：郑州大学出版社，2002．

[5]郑巧英．数字图书馆的一种模式——网络图书馆[J]．现代图书情报技术，2000(2)：6－9.

[6]张久珍．电子信息资源网络建设策略分析[J]．四川图书馆学报，2003(4)：43－47.

[7]Evans G． E. Developing Library and Information Center Collection[M]． 3rd Edition. Colorado：Libraries Unlimited，INC，1995.

[8]聂华．数字图书馆——理想与现实[J]．大学图书馆学报，2004(1)：14－22＋46.

[9]刘家真．馆藏文献数字化的原则和方法[J]．中国图书馆学报，2001(5)：42－45，2001(6)：45－48.

[10]吴慰慈．图书馆学基础[M]．北京：高等教育出版社，2004.

信息资源开发战略研究*

一、发达国家开发信息资源的政策和战略

所谓信息资源开发，主要是指电子信息资源开发。电子信息资源开发起主导（关键性）作用的是各国政府所颁布的政策和战略。

（一）美国政府的信息资源开发战略

美国历来重视科学技术的发展，尤其是信息技术和信息产业的发展。美国政府把信息资源的开发和利用作为发展信息产业的基础和核心，作为国家信息化建设的关键和重点。20世纪80年代以来，通过计算机化、数据库化和网络化的发展，传统的、以手工为主的信息资源逐步过渡到现代的、以电子为主的信息资源。他们把信息资源的管理，尤其是电子化信息的生产、传播、获取和利用，作为美国政府的一项基本国策来加以推广和实施。下面举一些例子：

---

* 原载《电力信息化》，2005年第10期。摘自2005年第9期《信息化参考》的“信息资源开发战略研究”。

1985年12月，美国颁布了《美国联邦信息资源管理政策》，即A130号文件，1987年8月，美国发表了《电子信息收集的政策指南》；1990年，美国全国图书馆与信息科学委员会发表了《公共信息准则》；1993年9月，克林顿政府制订、颁布了NII计划，并于随后提出了NJII行政计划，这两个计划的宣布和实施，标志着信息资源的战略地位在美国全面确立，同时也宣告了信息资源的开发和利用进入一个新的历史发展时期。

在新世纪，美国政府的信息资源开发战略包括以下内容：(1)政府和私营企业密切合作，保证资金的投入。(2)重点建设数据库资源，促进网络信息资源的开发，美国目前经过注册的数据库大概有30000多个，而且它们有共同的特点——规模大、信息容量大、功能齐全、更新较快、商业化程度较高。(3)加强信息政策法规研究，创造信息资源开发的良好环境。这一点是非常重要的，因为随着信息交流范围的扩大，信息活动中出现了一系列新的矛盾，例如信息安全、信息保密、信息犯罪、信息污染、信息经济利益等问题，这些问题都严重影响着信息资源的有效开发与合理利用，它们不能单凭技术手段来解决，必须辅之以政府的管理和法规的约束来共同创造一个开发和利用信息资源的良好环境。(4)重视信息人才的开发，吸引外国有关科研人员，美国政府为此制定了一系列的政策，对发展中国家的人才有很大的吸引力。比如普及计算机技术、网络技术教育，培养高层次的信息技术人才；强化信息资源管理，设立首席信息主管(CIO)等专门职位；培养精通业务的信息经济人和信息管理者队伍；在大学里为一些贫困大学生每年提供无息贷款，而且要求各大公司拿出利润的5%用于对在职人员、技术人员的培训等。1991年10月颁布的新《移民法》，主要目的是吸引和增多外国的信息科技人才。现在美国一些大的信息公司，印度理工学院的毕业生、中国的留学生和其他一些国家的人才都不少。新《移民法》对吸引、吸纳外国的人才起到了很大作用。

（二）欧共体国家的信息资源开发战略

1. 法国。法国政府一直奉行信息自主的独立政策，重视数据库和信息网络建立以及信息的传播和利用，避免过分依赖别国的信息资源，同时注意保护本国文化和国家主权。在方针政策上，20 世纪 80 年代初，法国政府就提出了《电子技术 5 年计划》和《全民信息计划》。1986 年，法国政府与信息有关的 8 个专业组织了 8 个专业化组织，提出了关于国家文献政策的一系列建议，在组织体制上先后建立了国家科技信息研究所、科技文献与信息共济协调联会，以及各种类型的科技信息服务部门。同时，法国还参与了有关信息政策和法规的制定。

2. 德国。德国早在 1974 年就批准了第 1 个“四年发展计划”，是联邦政府促进信息与文献工作计划。1986 年，又批准了《1985 年—1988 年联邦政府专业信息规划》。1994 年 8 月，又公布了第 3 个信息发展计划——《1990—1994 年联邦政府专业信息计划》，其核心内容包括以下 5 个方面的政策：(1) 加强和改善电子信息系统，建立高质量的数据库；(2) 改善技术信息环境和经济发展条件，提高德国产品的新技术含量和国际竞争力；(3) 加强信息科学人才的培养；(4) 加强信息领域的国际交流与合作；(5) 增强信息政策和法律的指导、调节功能。该计划确定这一时期的工作重点是：1990—1994 年直至 2000 年，国家重点资助专业信息机构和科技图书馆，提高公众利用科技信息的水平，改进数据库的生产和供应以及文献提供服务。1996 年 2 月，德国政府通过了《信息 2000 年》，为信息社会制定了新的法律框架，德国的信息与服务规范化随之出台。这个法案具体规定了服务提供者的权利和责任，定向服务中的个人数据保护法，传播有害信息的法律责任，数据库著作权保护，信息服务根据什么来制定及其价格指标、价格体系怎么来确立。

3. 英国。英国的国家信息政策的制定和实施，其国家图书馆为此起了一定的作用。英国国家图书馆研究与发展部主持了一个大的项目——“英国信息2000年预测与政策研究”，邀请英国国内专家共同探讨、预测21世纪信息生产、处理、存储和利用方式的发展趋势。英国政府还提出了电子政府的计划。

4. 西欧国家联盟。这些年也做了很多工作。由其组成的欧共体在规划和实施信息资源开发利用方面做出了巨大的努力。20世纪80年代以来，欧共体提出并实施了多项重大计划。例如“欧洲信息技术研究与发展战略计划”“欧共体环境信息协调计划”。还提出了很多重要方案，例如欧共体关于数据库著作权的方案、关于数据库保护的指令、关于服务法律责任的指令等。1995年2月，欧共体委员会共同主持了西方7国信息社会会议，目的在于研究和确保发达国家平稳地从工业化社会逐步过渡到信息化社会。这次会议欧共体国家共同开发了3个信息资源开发项目：电子图书馆计划、多媒体计划和网上政府项目。

5. 日本。其信息资源开发战略主要体现在数据库产业方面。日本的数据库服务业开始于20世纪70年代初期，大约比美国晚10年。1972年，日本科技情报中心和日本特属情报中心先后推出了科技信息磁带数据库和相应的服务。20世纪70年代中期，随着公用数据库网的建立和汉字终端的普及，为日本数据库产业提供了良好的技术环境。为了振兴日本的数据库产业，日本数据库产业协会提出了很多的方案。其中，1996年提出的《日本国数据库准备出境方案》内容包括9点：（1）促进公共数据库的公开和流通；（2）税收方面实行优惠待遇；

(3) 官方和民间共同承担建设数据库的任务；(4) 提高数据库利用技术和培养技术的人才；(5) 明确数据库著作权权力；(6) 促进数据库的国际流通；(7) 推进技术开发工作；(8) 按行业建设不同类型的数据库；(9) 促进地方数据库产业的发展。

从以上各国的介绍可以看出，各发达国家在开发信息资源方面都把数据库产业作为一个重点加以发展。

二、发达国家信息资源开发的基本经验及对我国的指导意义

(一)发达国家信息资源开发的基本经验

1. 政府高度重视和支持。表现在投入方面，特别是在数据库开发初期作为政府投入，而且要根据需要加大投入。美国政府从 20 世纪 50 年代开始，通过国家科学基金会下设的科学信息服务处对自然科学基础学科的二次文献给予了重点扶持；在 20 世纪 60 年代，资助的经费达到 1000 万美元，资助的目的即发展二次文献加工的自动化，建立大规模的机读目录。在美国政府的大力支持下，美国的信息资源得到了较快的发展，得到了较为有效的开发和利用，而且为数据库产业和电子信息服务业的发展奠定了信息储备和用户基础，在国际市场上具有相当强的竞争力。1994 年，美国国家科学基金会拨款给各地研究项目机构和美国航空航天局，资助 6 个数字图书馆的研究项目，共计达到 2440 万美元。这种支持使美国在网络化、数字化时代，在全球开始保持竞争力的优势。

当然，政府的高度重视和支持最主要体现在数据库开发初期的投入上，数据库启动以后政府全部包下来是不可能的，就是美国也做不到。

2. 政府应采取政策，鼓励私人企业参与国家信息系统的建设。中国现在也在做，但是有的省只给任务、不给启动经费，谁接受任务，谁就用自己有限的经费来开发数据库，怎么可能持久呢?

3. 信息资源开发要以用户需求为导向，对公益性的信息服务要给予优惠. 同时扩大对商业用户的服务。如果中国省馆或其他类型的专业图书馆承担了有关部门开发数据库的任务，就一定要给予资助。

4. 政府对信息资源开发采取优惠政策。以美国和欧洲所采取的政策做比较，二者在信息服务业的国际竞争中美国始终保持优势，其中一个重要原因即服务业的增值税问题。美国对信息服务业的增值税一般是5%—7%，欧洲则高达17%，商家通过产品和服务将这部分税收加到消费者的身上，欧洲的消费者必须同时为使用联机服务和远程通信支付17.5%的附加税，其结果是欧洲用户不愿意使用本国的产品，本国的企业也不愿在这一领域投资，这对电子信息资源的开发和电子信息服务业的发展是十分不利的。

5. 国家的电信政策应该有利于信息资源的开发利用。在对网络信息利用的过程中，政府应制定相应的电信资费政策，使国家的信息基础设施得到充分利用。各国的实践证明，电信资费过高和电信垄断将直接影响国家信息化进程，也影响到信息市场规模的扩大和信息资源的共享，垄断的结果是低效、价高、服务水平低。美国和新加坡引进了竞争机制，降低了电信资费，使信息网络进入了平常百姓家，使普通人能够享受到远程教育，共享信息社会。

(二)对中国的指导意义

1. 信息资源作为国家和企业的发展战略资源，它的开发速度应该与信息基础设施的建设保持同步，与信息资源增长的速度和用户需求的变化保持同步。

2. 信息产品的开发利用具有很强的用户导向性，用户将决定信息产品和服务的命运。信息资源的价值是根据信息资源的利用情况来决定的，用户的评价又是决定信息价值的主要因素。因此，在设计、开发一种新的信息产品时，应该经常进行用户需求和市场调查，明确产品的市场定位。

3. 加强对电子信息资源开发的宏观调控，避免重复劳动。小规模的运作或自产自销的生产方式是没有出路的。现在中国开发的数据库有 1300 多个，但仔细分析很多是小库，而且更新的速度很慢。

4. 信息资源开发与服务的重点应该以国内市场及科技、经济和政府部门为主，以工薪阶层可以承受的价格来培育电子信息产品市场，要采取综合和多样的营销策略，单一营销的方式已很难发挥作用。

5. 在网络环境下，信息资源开发和增值作为无形资产具有越来越大的生存空间和发展潜力，而且将成为新的经济增长点。这既是理论问题，又是实践问题，是应该研究的课题，更主要的还是实践问题。

6. 国际市场上网络信息服务企业和产品的品牌将具有越来越重要的地位，具有高附加值的品牌信息产品将具有更大的优势，甚至能够实现面向全球市场。所以，信息产品的品牌非常重要。牌子进入国际市场，产品就会得到大家的公认，企业就可能发展壮大，否则就可能陷入困境，甚至失败。

论网络时代图书馆的资源观*

各位领导，各位老师，各位馆长，各位同志：

今天是南京图书馆全体馆员的节日，也是我们全国图书馆人共同的节日。在这样一个有意义的日子里，在这样一个气势恢宏、开阔的南京图书馆新馆，我们来参加南图新馆全面开放和百年馆庆这么一次学术讨论会，我感到非常高兴。首先我代表北京大学信息管理系对南图新馆全面开放与百年馆庆表示热烈的祝贺！我也感谢南图领导邀请我参加这次非常有意义的盛会。

今天，我想借这个机会讲一个问题，就是：网络时代图书馆的资源观。因为时间的关系很难全面展开。今年(2007年)3月24日—26日我在美国参加了一次由北美一些国家(参加)的关于“信息资源开发和利用”的会议。我想就这次会议上涉及这个问题的观点作一些介绍，同时也谈谈我对这个问题的理解。

20世纪90年代互联网出现之后，图书馆发展进入了网

* 原载《新世纪图书馆》，2008年第1期。

络化、数字化的时代，在网络环境下图书馆馆藏发生了三个变化。第一是馆藏内涵的变化。图书馆馆藏不仅包含印刷型文献、缩微资料、视听资料，而且延伸到各种电子出版物、电子信息资源，外部信息资源成为图书馆的虚拟馆藏，也就是现在人们习惯地将图书馆馆藏简称为实体馆藏加虚拟馆藏，也就是说图书馆馆藏是由这两个部分构成的。

第二点是馆藏发展目标的变化。面对快速变化的用户需求、快速变化的研究项目、快速变化的经济状况这三种变化，馆藏发展目标必须重新定位。美国有一位学者提出：图书馆馆藏将从根据用户的潜在需求收集资料转变为或者转向为根据用户的现实需求来提供信息，把图书馆建设成为信息资源库。

第三个变化是馆藏评价标准的变化。图书馆馆藏从一馆封闭式建设转变为信息资源共享的图书馆联盟。馆藏评价的重要指标之一，在网络环境下，是信息存取的质量。选择性存取的质量决定着图书馆服务能力，以信息存取质量为尺度将成为馆藏评价的重要标准之一。

上述三个变化促使图书馆新资源观的确立，这是这次会议上涉及的一个很重要问题，我认为讨论也很充分。我理解的图书馆新资源观有两个基本的内容。第一是图书馆信息资源建设的对象不再局限于传统的文献概念，而是包括传统的印刷型文献、电子出版物和网络信息在内的涵盖范围广泛的信息资源。二是从网络图书馆的概念出发，网络图书馆这个概念现在已经使用得很普遍了，也就是online，或在线的或联网的。图书馆不是一个孤立的个体而是一个整体(总体)。从网络图书馆这个概念出发，根据用户的多元化信息需求来构建不同格式和不同信息类型的资源系统。我认为新资源观主要包括两个方面、两个主要内容、两个基本要点。近五年来，图书馆新资源观确立之后发生了哪些变化呢？按照我的理解，它发生了两个方面的变化。第一个是调整信息资源建设的政策；第二个变化是加强信息内容建设，其中包括网络信息内容的建设。

调整信息资源建设的政策，从哪些方面来调整呢？这里首先有一个很重要的问题。在这次会议上讨论最多的、涉及范围比较广的就是非数字资源的定位问题。当前很多信息机构，包括图书馆在内，都非常热衷于发展数字资源。这当然是对的，是我们这个事业发展的需要，但与此同时，对非数字资源的重视程度有所下降、有所下滑。这种现象是在图书馆转型过程中客观存在的一种误解或者叫误区。中国有这种认识上的偏颇，美国及其他一些发达国家也曾经有过这些认识上的偏颇。这个问题来源于拥有与获取的讨论。这个讨论的时间很长了，那么现在怎么来看这个问题？在现实生活中，图书馆面对的资源可以划分为数字资源和非数字资源，而当前图书馆服务的70％以上是非数字的。即使是数字形式的资源，由于许多网络产品以IP地址为授权范围，读者在正常情况下也必须到图书馆才能使用。因此人们将长期生活在数字的和非数字信息资源共存的社会空间，非数字信息资源在相当长的一段时间内仍然是信息交流的主渠道和正统方式。

下面有几个结论，这个结论不是我做的，是克劳斯德（音）做的，他讲了两个要点：

一个是传统的文献依然长存；另外还有一句话，人们已经认识到：图书馆的未来是数字的和非数字的，也就是印刷型文献共存的未来。由此引申出数字图书馆和传统图书馆之间的关系。数字图书馆的出现并没有否定传统图书馆继续存在的理由，以印刷型文献为主要处理对象的图书馆不会走向消亡，也不可能成为印刷时代的纪念品。数字图书馆的出现并没有否定传统图书馆继续存在的依据。数字图书馆和传统图书馆之间的关系不是替代的关系，而是互相依赖、互相促进(的关系)。在相当长时间内，传统图书馆与数字图书馆将长期并存，互为补充，共同来满足用户的信息需求。

关于正确处理数字资源和非数字资源的关系问题，在这次会议上就讨论到这个层面。大家可以来分析判断。

那么如何进行调整呢？我归纳了一下，大概需要做五个方面的调整。

第一个方面，在馆藏发展模式的选择中，如何处理拥有与存取的关系。我们高度概括一下，就是实为主、虚为辅，就是实际馆藏是主要的，虚拟馆藏在目前阶段是辅助的。有人提出过了一段历史时期之后还会不会这样，会议上有人说还会是这样，但是可能表现形式不同而已。

第二个问题，在馆藏资源体系建设中，如何实现实体馆藏与虚拟馆藏的协调发展。这次会议上给了三个比例可以供我们作为参考。第一个比例是 7∶3，7 代表实体馆藏，3 代表虚拟馆藏；第二个数字是 6∶4；第三个比例是 5∶5。但是我发现了一种比较奇怪的现象。就拿高校图书馆来说，越是历史悠久的大学图书馆，传统馆藏的比例，即实体馆藏的比例越高。香港那些 college library，就是学院级的(图书馆)，特别是担负着远程教育职能的、规模不是很大的那些学院，它的比例(虚拟馆藏的比例）却很高。这些学院因为要发展远程教育的原因，也可能是因为资金、馆藏结构比起哈佛、斯坦福等那些高校的大馆，它的结构要简单一些，所以出现这么一种现象。这是我的理解。这三个比例协调发展，我们还可以讨论这个比例怎么来确定，因为这是一个很实际的问题。根据美国的情况，大概在 20 世纪 90 年代是数字资源高速发展阶段，但进入 21 世纪之后逐渐平稳下来。

第三个问题，在馆藏资源建设和评价中如何确定电子资源的评价标准与选择标准。这个问题现在争议最多，没有一个统一的标准，但是有一个道理对我有启发。它提倡需求决定评价。这个需求不是一般的需求，而是情报需求，information needs，是高层次一点的、带有一点深加工性质的需求，是更提高一点的、更进一步的需求。这个需求决定论怎么理解？就是两句话，一个是需求决定服务，（一个是）服务决定资源。我们实行了多年的方式，在这个问题上，正好相反。过去我们实行的是什么呢？有多少钱买多少资源，有多少资源我提供多少服务。我们现在提出需求摆在第一位，根据需求，而且强调的是现实需求，来决定开展哪些服务，而服务决定资源，因为资源是基础。这种思维方式我觉得比较实际。我们过去在这个问题上，强调系统性，强调连续性，这是不切实际的，为什么不切实际呢？因为它很难做到，很难实现。

第四个方面，作为图书馆资源组成部分的网络信息资源如何整合和检索的问题。在这届会议上集中强调了就是要即时地建成分布式的数字资源，包括开放信息，包括跨库检索，包括一站式检索，等等。

第五个方面，在新的信息环境中，信息资源共建共享的模式与运行机制问题。这个问题谈了很多，有一点对我们有启发，就是创新服务方式的目标是三句话：第一个是服务的个性化，第二个是服务的多样化，第三个是服务的规范化。

这是新资源观确立之后发生变化的第一个方面，即对馆藏发展政策进行调整。第二个方面是信息内容建设，信息内容建设强调信息内容的稀释和揭示或者说表示。我们不能光从文献的形式特征上来进行揭示，要深入到内容，深入到知识信息单元。这里我想简要介绍一下信息构建问题，就是IA。因为这个问题是近年来情报学研究的一个重点领域。信息构建是美国的一个建筑师，曾经担任全美建筑协会的执行主席，叫沃尔玛(音)的人提出的。沃尔玛一生写了60多本著作，其中有两本是关于信息构建方面的。一本书叫作《信息饥渴》；另一本书是他最主要的一本书，是他的代表作，叫《信息建筑师》。他这个理论(信息构建理论)提出来以后，他同时代的人对信息构建作了阐述。那么信息构建包括哪些内容？根据有关资料，我认为它包括五方面的内容。

第一点，他阐述了信息建筑师(有时候也提设计师)的概念和职责，信息建筑师或设计师应该致力于让信息变得可理解，它利用图形、图表、图解，在不同的领域来表述信息，使复杂的信息变得清晰易懂。

第二点，坚持一切围绕着内容的原则，优化信息结构，对读者表达信息内容，帮助读者获得或掌握信息内容。

第三点，强化信息组织、标识、导航和检索系统的设计，帮助用户成功地发现所需要的、特定的信息。

第四点，强调信息质量、信息标准。一个方面是信息度。所以现在信息的可视化研究在美国有好多课题，大概有十个课题，其中七大课题都在高校。第二个是可理解。不是所有的信息都很容易理解的，它要可以理解，这是信息素质教育一个很重要的内容，因为理解了信息价值才有可能充分地利用它，所以只要用户能准确地定位信息，信息提问就是成功的。

第五点，加强IA教育，就是加强信息设计师的培养。现在有三所高校已经设立了这个专业，相关的IA职业培训有很多。

由于时间关系，我就讲这么多，谢谢大家！

(邹婉芬根据讲话录音整理)

信息资源开发与利用的十个热点问题*

当前，很多国家将信息资源开发利用提高到国家战略的高度，上升到国家信息化核心的地位。加强信息资源开发利用、提高开发利用水平，是发展信息资源产业、推动传统产业改造、促进经济社会全面发展的重要途径，是增强国家综合国力和国际竞争力的必然选择。

一、指导思想问题

指导思想属于发展战略的范畴，是制定政策、确定社会发展目标和任务的依据。信息资源是现代社会最重要的战略资源，是一个国家经济发展和社会进步的重要保证。信息资源和经济活动相结合，使信息资源具有很强的渗透性，可以广泛地渗透到经济活动的方方面面。同一信息资源可以作用于不同的对象，并产生不同的经济效果。人们通过对信息资源特性以及信息成本、价值的研究，发现信

* 原载《中国图书馆学报》，2008 年第 3 期。本文系作者于 2007 年 10 月 21 日在北京大学图书馆学开放论坛上的演讲。

息具有完备的经济属性，从而在理论上确立了信息资源作为经济资源的重要地位。因此，很多国家都把开发利用信息资源作为推进社会信息化的首要任务。为完成这个任务应遵循的指导思想是：①走联合开发、规模发展的道路，避免重复开发，效率低下；②加强数据库建设和信息网络建设，并使两者相互促进；③重视因特网资源的开发利用，加强信息高新技术的应用；④加强信息法制建设，保护知识产权；⑤促进公共领域信息(Public Domain Information，PDI)的公开与交流，倡导并推进零障碍获取信息资源；⑥推行信息素质教育，提高公众利用信息资源的意识与能力。

上述6条，是国内外信息资源开发利用实践经验的总结和概括，反映在美国联邦政府和相关机构先后颁布的《美国联邦信息资源管理政策》(A—130文件)、《电子信息收集政策指南》《公共信息准则》《美国国家信息基础设施：行动计划》(即NII计划、GII计划、NGI计划)；《欧共体信息环境协调计划》《欧共体关于数据库著作权的指令》《欧共体关于数据库保护的指令》《欧共体关于信息服务法律责任的指令》等等；也体现在中共中央办公厅、国务院办公厅于2006年9月12日公布的《2006—2020年国家信息化发展战略》文件中。对于发展中国家来说，开发利用信息资源的战略目标是帮助广大民众跨越数字鸿沟。

数字鸿沟又称信息富有者和信息贫困者之间的鸿沟。目前全世界84％的移动电话用户、91％的传真机、97％的互联网主机、77％的网络化图书馆分布在发达国家。这种不平衡使得信息富有者与贫困者之间的差距正在加深，它将加剧全球的贫富差距，危害全球共同繁荣的前景。

中国不仅与发达国家存在相当大的数字差距，而且国内不同区域之间也面临着缩小数字鸿沟的艰巨任务。信息产业部提出的解决办法：一是发展经济，增强综合国力；二是制定符合国情的信息通信发展战略，努力构筑和完善信息基础设施，加强发展信息通信技术及其产业，推进社会信息化进程；三是建立普遍服务保障体系，缩小数字鸿沟；四是加强国际合作，促进全球经济协调发展。

我们还应该明确，政府主导是消除数字鸿沟的一个重要手段。国家科技部推出的消除数字鸿沟西部行动，主要是普及有中国特色的网络计算机、通讯教育、电脑农业、网上政务和远程医疗等，从而逐步解决信息不对称问题，缩小西部地区与东部沿海地区在信息化方面的差距。

二、非数字资源定位问题

当前，很多信息机构(包括图书馆)都热衷于发展数字资源，对印刷型书籍的重视程度有所降低。这是图书馆转型过程中客观存在的一种误解，中国图书馆界有这种认识上的偏颇，美国及其他国家也曾有这种认识。这个问题源于“拥有”与“获取”的讨论。讨论的主题是：在图书馆信息资源建设与服务中如何正确处理“拥有”馆藏信息资源与“获取”馆外信息资源之间的关系。这场讨论始于1975年，当时在美国《图书馆杂志》《图书馆趋势》《图书馆采访》《图书馆管理杂志》等学术期刊上发表论文进行争辩，一直延续到20世纪末年。在讨论中，一种观点认为“获取”比“拥有”更重要，主张多一些获取，少一些拥有，有的甚至认为“获取”应取代“拥有”。另一种观点认为“拥有”与“获取”同样重要，二者不可偏废，只有这样才能保证信息资源建设与共享的可持续发展。

在现实生活中，图书馆面对的资源通常可以划分为数字资源和非数字资源。而当前图书馆的服务70%以上是非数字的，即使是数字形式的资源，由于许多网络产品以IP地址为授权范围，读者必须到图书馆才能使用。因此，人们将长期生活在数字与非数字信息资源并存的社会空间，非数字信息资源在相当长一段时间内，仍然是信息交流的主渠道和正统方式，传统的印刷型文献依然长存。正如美国图书馆学专家华尔特·克劳福德所指出的“人们正在认识到，图书馆的未来，是数字的和印刷文献并存的未来”。以印刷型文献为主要处理对象的图书馆不会走向消亡，也不可能成为印刷时代的纪念品。

美国大学图书馆协会(ARL)给数字图书馆下的定义是目前最全面和最权威的定义：

·数字图书馆不是一个单一的实体。

·数字图书馆是把许多地方的资源连接在一起的技术。

·众多数字图书馆和信息服务的连接对最终用户应是透明的。

·数字图书馆的目标是让广大用户最大限度地获取信息、得到信息服务。

·数字图书馆的馆藏不应局限于原件的替代品，还应包括无法用印刷方式表现或传递的实物，并将其数字化。

从以上界定的内涵看，数字图书馆的出现，并没有否定传统图书馆继续存在的依据。数字图书馆与传统图书馆之间的关系，不是替代的关系，而是互相依赖、互相促进的关系。在相当长的时间内，传统图书馆将与数字图书馆长期并存，互为补充，共同满足用户的信息需求。

三、图书馆资源观问题

20世纪90年代互联网出现后，图书馆发展进入网络化、数字化的新阶段。在网络环境下，图书馆馆藏发展发生了三个变化：一是馆藏内涵的变化。图书馆馆藏不仅包含印刷型书刊资料、缩微资料、视听资料，而且延伸到各种电子出版物、电子信息资源，还包括外部信息资源，成为图书馆虚拟馆藏，也就是人们习惯地把图书馆馆藏简称为实体馆藏＋虚拟馆藏。二是馆藏发展目标的变化。面对“快速变化的用户需求、快速变化的研究项目、快速变化的经济状况”的挑战，馆藏发展目标必须重新定位。美国学者 F. W. Summers 提出：图书馆馆藏发展将从根据用户的潜在需求采集书刊资料转变为根据用户的现实需求来提供信息，把图书馆建设成为信息资源库。三是馆藏评价标准的变化。图书馆馆藏从一馆封闭式自我建设转变为信息资源共享的图书馆联盟。馆藏评价的重要指标之一是信息存取质量。选择性存取的质量决定着图书馆服务能力，以信息存取质量为尺度将成为馆藏评价的重要标准。

上述三个变化，促使图书馆新资源观的确立，主要有以下两个基本点：一是图书馆信息资源建设的对象不再局限于传统的文献概念，而是包括传统的印刷型文献、电子出版物和网络信息在内的涵盖范围广泛的信息资源；二是从网络图书馆(On-line Networked Libraries)的概念出发，根据用户的多元化信息需求，构建不同信息格式和信息类型的资源系统。

在新资源观导引下，图书馆信息资源建设有了新发展，主要显现在调整信息资源建设的政策和网络信息内容建设两个方面。由于图书馆所处的信息环境发生了重大变化，需要在新的信息环境中调整信息资源建设的政策，其主要内容包括：①在馆藏发展模式选择中如何处理“拥有”与“存取”的关系，一般采取实体馆藏为主，虚拟馆藏为辅。②在馆藏资源体系建设中如何实现实体馆藏与虚拟馆藏的协调发展，一般以7∶3或6∶4或5∶5的范式施行。③在馆藏资源选择与评价中如何确定电子资源的选择标准和评价标准。一般说来，美国高校图书馆在采集电子资源决策中，会优先考虑那些有权威性、质量高、适合学校重点学科发展的资源，在经费配置中优先保障，取得合理的资源配置和较好的成本效益。④作为图书馆资源组成部分的网络信息资源如何整合和检索，一般是集成分布式数字资源，包括开放链接、跨库检索、一站式检索等。⑤在信息资源共建共享模式与运行机制方面，国内外有识之士普遍强调服务方式的创新，所追寻的目标是服务个性化，服务多样化，服务规范化。

网络信息内容建设是信息资源开发利用的新发展，其常用方式有：①利用国外源的信息集成；②自建数据库；③按专业分类建立导引库；④利用站点导航和搜索引擎等手段，有目的、有选择地从网上下载信息，按照统一格式建成检索系统；⑤数据库镜像。

四、信息构建问题

随着计算机网络应用的普及和信息生态环境问题的日益严峻，关于信息构建(Information Architecture，简称IA)的提法逐渐在西方国家风行，其理论与实践问题引起了图书馆学情报学界的关注。最初提出IA概念和相应研究领域的是美国建筑师沃尔曼(Richard Saul Wurman)，他将信息的收集、组织和表示与建造建筑物所要解决的问题相比较，确认信息构建是组织信息、设计信息环境、信息空间或信息体系结构以满足信息需求的一门艺术和科学。R. S. 沃尔曼著述丰富，其中与IA理论探讨相关的是两本书：一是《信息饥渴》(*Information Anxiety*)，另一本是《信息建筑师》(*Information Architects*)。他和他的支持者对信息构建的理论贡献主要是：①信息建筑师的职责是“让信息变得可理解”。他们利用图形、图表、图解在不同的领域表述信息，使复杂的信息变得清晰明朗。②遵循“一切围绕着内容”的原则，优化信息结构，对读者表达信息内容，并帮助读者获得和掌握信息内容。③强化信息组织、标识、导航和搜索系统的设计，帮助用户成功地发现和管理信息，要求信息机构为用户提供清晰的易于信息获得的界面。④强调信息质量的衡量标准是信息清晰度和可理解，只要用户能准确定位信息，信息提供就是成功的。⑤加强 IA 教育，开展相关的职业培训，旨在培养信息设计师(Information Designer)或信息建筑师(Information Architects)。

信息构建的研究目的是：“使信息可以被理解”和“按表达预定意图的方式传递信息”。信息构建的研究内容集中在三个方面，即信息体系各部分之间关系的系统体系结构；生产、传递和交换信息的技术体系结构；信息流及其管理的运行体系结构。信息构建突出信息的有序组织，强调用户对信息内容的方便访问与容易理解。从目前的情况来看，IA 的贡献主要表现在知识映射、认知检索、知识服务等方面。

五、信息可视化问题

信息可视化是近年来国际上提出的一个新课题。信息可视化要解决人们如何和信息资源之间进行“对话”的问题。信息可视化不仅用图像来显示多维的非空间数据，使用户加深对数据含义的理解，而且用形象直观的图像来指引检索过程，加快检索速度。海量的数据可以通过可视化变成形象，能激发人的形象思维，有助于从表面上看来是杂乱无章的海量数据中找出其中隐含的规律，为科学发现、工程开发、医疗诊断和业务决策等提供依据。

信息可视化的应用研究主要集中在一维信息至多维信息的可视

化、时间序列信息可视化、层次信息可视化和网络信息可视化等方面，一些应用成果已经在数字图书馆、各种信息系统、大型数据库、数据仓库、文档界面和网络信息服务等领域中有所应用。

六、信息资源质量评估问题

信息资源评估的对象，不仅包括信息机构本身所拥有的各类型信息资源，还包括可存取的信息资源。评估方法也与传统文献资源有所不同。信息资源质量评估指标应包括：①信息资源结构体系的完备性。实体资源和虚拟资源的比例是否合理，是信息资源结构体系完备性的一项重要指标。这个比例并不是固定不变的，它因信息机构而异。信息资源结构体系的完备性还包括信息资源的学科结构、载体结构、等级结构、文种结构和时间结构的合理性，主要体现在不同载体、不同学科与不同存取方式的信息资源，能否在数量、质量和使用方式上相互补充，合理配置。既能突出特色，又能最大限度地满足用户需求。②信息资源的组织加工水平。信息资源的组织加工是信息机构的一项重要工作，组织加工的水平越高，信息资源的利用价值就越高。所以在评价信息资源质量时，应当考虑信息机构能否根据用户的特定需要，对各种信息资源进行深层次加工，形成类似“综述”“述评”“研究报告”之类的信息产品并提供给用户利用。③信息资源的易用性。影响信息资源易用性的因素很多，在实体资源方面包括：信息资源的布局是否合理，揭示是否准确，借阅手续是否烦琐，开放时间和借阅期限是否足够等。在虚拟资源方面包括：信息设备的数量和布局，网络开通的时间，免费还是收费以及收费的标准，是否有明确的指示和介绍，手续是否烦琐，网络的速度和设备的稳定性等。④信息资源的共享能力。信息资源的共享能力包括：馆际互借能力、对外合作能力和网络信息资源的获取能力。链接是否丰富？所链接的资源是否与主题、学科有关？是否定期检查网站链接信息的更新状况？能否通过常用的搜索引擎或资源指南找到？是否被其他站点选为链接对象？这些因素都会对信息资源共享产生一定的影响。⑤信息资源的利用率。信息资源的利用率是评估信息资源质量的一个重要指标。它不仅包括传统信息资源出借率、阅览人次等统计数量，还包括信息机构的主页被点击次数、网络数据库等虚拟资源的登录次数、下载数量、接受有关信息咨询的数量统计等。

七、信息资源使用成本问题

信息资源从开发到利用，历经生产、分配、交换、消耗四个环节，包含了一个价值转移和增值的过程。因此，考察信息资源成本可根据不同的环节划分为信息资源生产成本、服务成本和用户成本。生产成本是指信息开发机构为开发信息产品所消耗的人力、物力和财力；服务成本是信息产品的拥有者以及信息设备的拥有者向他人出售信息产品，提供信息咨询服务、提供信息交流条件所需要花费的费用；用户成本指信息消费者为了获取所需信息所花费的费用。这三种成本是信息价格确定的基础，也是评估信息效益的基础。

八、信息资源的整合与检索问题

信息导航是提供信息导航的服务机构通过人工或自动的方式，将网上信息按一定的规则进行组织编排，置于某个特定的网络服务器主页上以方便人们查询的一种服务方式。信息智能导航技术在信息资源整合中具有智能选择信息源，自动定位目标信息位置，而不需要人工指向局域网或因特网地址，合理分配网络资源等作用；能提高检索的速度和效率，是电子信息资源揭示与整合的重要手段。

OPAC(Online Public Access Catalogues)即联机公共查询目录，是一种在因特网上对馆藏信息资源进行远程检索的工具。现在越来越多的图书馆已经开发了本馆的OPAC供用户通过网络来查询馆藏资源，而不用到图书馆里来翻阅卡片目录。OPAC本身就是一种电子化、网络化的书目数据库，从实际操作层面上看，当前很多图书馆合作建设联机公共查询目录，这是实现电子资源整合的一个重要途径。书目数据库作为一个基本的参考源，已经超越了目录卡片的局限实现了电子化检索、网络化查询。联合建设OPAC是共享参考源的重要举措，这使得用户不仅超越了目录卡片，而且能够方便地跨馆检索，为开展馆际互借和文献传递服务提供了重要的基础保障。当前的OPAC系统发展趋势是：不断深化信息揭示的深度，从提供书目数据到链接全文；从书目信息到相关信息，包括书评、期刊目次；从实体馆藏到虚拟馆藏；从文本信息到视频、音频信息等。

文献自动标引和多语种自动识别在信息资源整合中具有分析检索条件和信息检索自动化的作用，用户在同一界面中完成检索任务，并使反馈给用户的信息较少漏检、误检和重检。

推送(Push)技术是一种新的信息服务技术，其核心是建立一个信息代理机制，由此先按用户的请求自动组织网上信息，再用推送和网播(Netcasting)的方式送到用户的桌面。用户利用推送技术可以避免在网上漫无目标的查寻。

九、发展信息服务业问题

信息服务业是以知识、信息为资源，以提供智力服务为特征的现代服务业，具有很强的渗透性和增值性，可渗透于第一、第二、第三产业的各个领域，使之有效地利用知识与信息资源。

广义的信息服务业包括信息咨询、信息传播、网络服务等众多领域，但都是以信息资源的开发为基础，以信息资源的有效利用为目的。为此，我们必须确立信息资源开发和利用的核心地位，使信息服务业成为信息内容与信息利用紧密结合的中介，在信息内容的开发与利用方面下功夫。

发展信息服务业是现代社会中经济发展战略不可缺少的重要内容。综观20世纪世界各国经济发展历程，信息服务业已成为经济增长的亮点。在西方国家，信息服务业发展迅猛，潜力巨大。信息服务业的发展应沿着资源建设和传播的网络化、资源开发和利用社会化的战略目标推进。

十、网络信息保存问题

由于网络信息的动态性，我们正在失去网络上有价值的学术和文化资源。因此，对网络信息进行有选择的保存，就显得很有必要。从1994年开始，欧美已有15个国家开始网络信息保存的实验研究项目。这个项目应该研究的问题有：①探讨网络信息保存和其他载体保存的区别，提出网络信息保存的目标和范围。②网络信息保存对象的界定，保存的内容和方法，保存的责任主体问题。③数字资源的收集、保存和提供检索的经济和法律问题。④网上动态文献的呈缴制度问题。⑤网上存储图书馆(Networked Deposit Library)的构建问题。⑥数字信息长期保存的技术问题。⑦保存元数据、永久标识符及其在网络信息保存中的应用问题。⑧联合制定资源存取和长期保存的标准问题。

在印刷品世界，信息产品制造者或是版权所有者通常都会将保存的责任转交给图书馆或档案馆。在数字产品时代，这种分工被打破。在数字产品创造的初期就要考虑保护问题，即防止有价值信息消失的工作，涉及数字产品创作者、提供者和所有者的合作。在IFLA/IPA的联合声明中指出“出版者应该担负短期保存的责任，长期保存的责任由图书馆承担”。由于网络信息保存是一个新的研究课题，因此在当前阶段，提出问题比解决问题更为重要，综合上述对网络信息资源保存面临挑战的分析，现对网络信息资源保存提出以下建议：①建立分布式保存体系，由多个保存机构在合作的基础上共同进行网络信息资源的保存。要制定标准、使用元数据、确定优先级别。分配保存责任。②国家图书馆参与并领导网络信息保存。联合国教科文组织的《数字遗产保存指南》中指出：“尽管数字保存必须在合作的基础上进行，但是必须有相应机构来进行领导”，“既然国家图书馆拥有法定权利去获得和保存该国出版的文化财产，因此国家图书馆在网络信息资源的长期保存中应该起领导作用”。③优化网络信息资源保存的政策法规环境。政策法规环境的优化主要应该在相关的法规中体现与网络信息资源保存相关的内容。在《图书馆法》中应该明确规定：赋予图书馆为保存的目的复制网络信息的权利，赋予图书馆为保存的目的修改网络信息格式的权利。④制定保存元数据标准。对于网络信息资源来说，由于URL地址的不稳定。不能以此作为共建共享的基础，需要唯一标识符技术。在唯一标识符技术还没有成熟之前，如何避免重复建设，就必须建立在对网络信息的元数据进行充分描述的基础上，因此应该颁布网络信息保存元数据的标准和细则。

参考文献

[1]中共中央办公厅，国务院办公厅. 2006—2020年国家信息化发展战略[EB/OL].

[2006-09-12]. http://www.gov.on/jrzg/2006-05/08/content_275560.htm.
[2]孙建军，柯青. 论国家数字信息资源战略体系的构建[J]. 中国图书馆学报，2007，33(5)：73—78.
[3]索传军，赵梅亭. 数字馆藏质量管理系统研究[J]. 中国图书馆学报，2007，33(5)：68—72.
[4]韩芸. 信息资源产业及其在我国的发展策略[J]. 中国图书馆学报，2006，23(6)：41—44.
[5]刘辉. 信息资源配置方式的理论模式分析[J]. 中国图书馆学报，2005，31(2)：68—70.
[6]陈源蒸. 数字图书馆非图书馆. 大学图书馆学报，2005，23(4)：2—8.
[7]G. Edward Evans. Developing Library and Information Center Collection[M]. Libraries Unlimited，INC. Third Edition. Colorado，2005.
[8]Electronic Resources Collection Development Policy[EB/OL]. [2006-11-09]. http://www.lib.utk.edu/～colldev/elresed.html.
[9]National Digital Information Infrastructure and Preservation Program[EB/OL]. [2006-09-02]. http://www.digitalpreservation.gov/ndiipp.
[10]Zins Chaim. Models for classifying Internet resources[J]. Knowledge Organization，2002，29(1)：20—28.
[11]袁海旺. 虚拟图书馆的昨天、今天和明天[M]. 北京：华艺出版社，2002.
[12]程焕文，潘燕桃. 信息资源共享[M]. 北京：高等教育出版社，2004.
[13]吴慰慈. 图书馆学新探[M]. 北京：北京图书馆出版社，2007.
[14]初景利. 复合图书馆建设目标与实施策略[J]. 图书情报工作，2005，49(11)：54—57.
[15]康微. 网上图书馆导航体系评价[J]. 情报科学，2004，22(4)：495—498.
[16]周晓英. 论信息集合的信息构建(IA)[J]. 情报学报，2004，23(4)：456—462.
[17]黄如花. 网络信息组织的模式[J]. 中国图书馆学报，2004，30(1)：27—31.
[18]王军. 基于分类法和主题词表的数字图书馆知识组织[J]. 中国图书馆学报，2004，30(3)：41—44.
[19]沙勇忠，任立肖. 网络用户信息查寻行为研究述评[J]. 图书情报工作，2005，49(1)：128—132.

[20]王火青. 个性化定制服务：图书馆信息服务的创新[J]. 图书馆论坛，2004，24(1)：110－112.

[21]黄晨. 资源整合模式及其实现研究[J]. 大学图书馆学报，2004，22(1)：25－28.

[22]马张华. 论自动标引的实际应用[J]. 图书情报工作，2003(2)：48－51.

[23]李书宁. 网络信息检索工具的现状与发展趋势[J]. 科技情报开发与经济，2004，14(5)：1－2.

[24]孙瑾. 网络信息资源评价研究综述[J]. 大学图书馆学报，2004(1)：25－31.

[25]Esther Grassian. Thinking Critically about World Wide Resources[EB/OL]. http://www.library.ucla.edu/libraries/college/help/critical/.

[26]How to Critically Analyze Information Sources，Cornell University Library[EB/OL]. http：//www.library.cornell.edu/olinuris/ref/research/skill26.htm.

[27]Jeffrey Beall. 10 ways to improve data quality[J]. American Libraries，2005，36(3)：36－37.

[28]苏瑞竹. 联机公共检索目录(OPAC)的现状及发展趋势[J]. 情报科学，2000，18(1)：91－95.

[29]崔宇红，刘涛. 图书馆数字资源与OPAC系统的整合[J]. 图书馆杂志，2003(1)：55－56.

[30]张忠友. 检索系统的演进：从OPAC到IPAC[J]. 中国信息导报，2001(5)：56－57.

[31]陈传夫. 我国信息资源公共获取的差距、障碍与政府策略建议[J]. 图书馆论坛，2004，24(6)：54－57.

[32]孟连生. 中国数字参考咨询发展概述[J]. 图书馆理论与实践，2006(1)：1－4.

[33]张晓林，宛玲. CSDL外购数字文献资源的长期保存策略[J]. 大学图书馆学报，2004，22(6)：26－32.

[34]赵俊玲. 国外关于网络信息资源保存的研究[J]. 中国图书馆学报，2004，30(3)：80－83.

[35]张晓林. 元数据研究与应用[M]. 北京：北京图书馆出版社，2002.

[36]冯项云. 国外常用元数据标准比较研究[EB/OL]. [2006-02-23]. http：//www.idl.pku.edu.cn/pdf/metadata2.pdf.

公共图书馆馆藏发展的特点与策略*

引言

天津图书馆是我青年时期工作过的地方。这段经历是非常宝贵的，它是我日后多年学术生涯的基石和沃土，使我终身受益。今年，天津图书馆喜迎百年华诞，特撰文以为贺。

一、图书馆馆藏新格局

(一)什么是馆藏

馆藏(collection)是图书馆服务的根基，但是目前尚无公认的定义。霍利·李(Hur-Li Lee)认为，传统馆藏具有直观性、拥有性、用户社区和统一检索的特点，但是数字时代需要结合“信息查询语境”(information seeking contexts)来定义。“什么是馆藏不重要，重要的是我们要想想用户希望使用和经常利用的、有用的、有效率的、可获取的馆藏

---

* 原载《图书馆工作与研究》，2008 年第 7 期。

是什么。”

(二)馆藏新格局

OCLC 的劳肯·丹普瑟(Lorcan Dempsey)和艾瑞克·柴尔卓斯(Eric Childress)2003 年提出了“馆藏格”(collection grids)的概念，用以揭示日益复杂的馆藏新格局。“馆藏格”用管理程度和资源异质性这两个变量将馆藏分为四个象限。2007 年丹普瑟在其博客上作了修订，增加了行政管理(机构记录/报告/新闻等)内容，现归纳如图。

资源异质性 \ 管理程度	高	低
低	图书/期刊/报纸 政府文件 CD/DVD 地图 乐谱	网络免费资源 开源软件 新闻组存档文件
高	特藏/古籍/地方文献 档案/手稿 学位论文	研究、学习和行政管理 e 印本/技术报告 教学对象/课件 学籍档案 研究数据 机构记录 报告/新闻等

馆藏格(collections grid)图

二、馆藏发展的原则与方法

随着信息环境和用户行为的变化，图书馆逐渐放弃了亚历山大式的集藏梦想，针对服务对象发展馆藏，并且形成了馆藏发展政策等一系列资源管理方法。

(一)馆藏发展政策简史

20 世纪 50 年代和 60 年代早期，馆藏发展政策从美国公共图书馆兴起，最初是抵御审查和支持知识自由的工具；20 世纪 60 年代末到 70 年代初，馆藏发展关注社区服务；20 世纪 70 年代末，随着图书馆资金的减少，图书馆制定馆藏政策要说明钱花得物有所值；20 世纪 80 年代，馆藏发展主要探讨 CD—ROM 等多媒体数据库资源；20 世纪 90 年代起，在线全文资源兴起，馆藏发展面临拥有和存取的挑战。21 世纪，结合新的信息环境和用户习惯，国外图书馆新一轮的馆藏发展政策修订工作已经开始。

(二)馆藏发展政策的框架与基本原则

馆藏发展政策框架包含图书馆使命和目标陈述、目标用户、预算与资金、责任分工、采选标准、各类型/各学科资源发展计划、资源共享、捐赠与交换、剔旧、馆藏评估、版权保护、信息自由和隐私权等内容。馆藏发展最基本的原则是“量体裁衣”。“体”包含资源、用户和图书馆实力(人力、财力和地利等)三个方面，关键是要“量”准用户需求。通过增加人员和经费主动“长高”则另当别论。

(三)用户需求分析

估量用户需求可以采取多种方法，如分析本地的统计资料；问卷调查、访谈大众、政府领导和本地知名人士；统计本馆读者类型、分析利用记录，观察读者阅读习惯等。据此了解本地的历史、地理、政治、经济、文化等基本环境，人口构成与特质，区内其他信息服务机构、教育机构及文化休闲设施等，从而定位或调整图书馆的服务。这项工作理论上简单，实际操作起来并不容易，并且不是一劳永逸的。

伊文斯(Evans)建议图书馆员从回答以下几个问题入手分析用户需求：(1)什么是社区(大众)最重要的感觉需求？(2)什么是社区(专家)最重要的规范需求？(3)哪些需求与本馆的使命和工作实践最相关？(4)怎样协调多元甚至冲突的需求？(5)比较现实地满足用户资源

需求的预期是什么？(6)各种情况下用户的成本怎样？(7)每种选项花费机构与合作单位的直接和间接成本是多少？(8)各种方案的预期效果是什么？可以度量吗？(9)时间安排是否可以建立一个有效的程序？(10)是否有可以提供的资料？(11)各选项与现有服务结构的兼容性如何？

三、公共图书馆的特殊性

(一)用户构成

与其他类型的图书馆相比，公共图书馆的用户结构最为复杂，年龄、受教育程度、民族、种族、宗教信仰、职业、收入及社会地位等差异很大。随着普遍服务原则深入人心，青少年读者、老年读者、残障读者、住院病人和监狱服刑人员等特殊群体的阅读权利和需求逐渐受到关注。

普遍服务是公共图书馆的基本原则和服务态度，但是图书馆服务不可能惠及每个人；此外，以用户为中心也不等同于满足用户的所有要求，那么馆藏发展应当做出怎样的选择？20 世纪 40 年代末，美国公共图书馆界曾激烈争论小说和流行读物的地位。卡内基基金会随即资助美国社会科学研究委员会开展了一次关于图书馆、馆藏、服务及读者现状的调查。在总结报告中，波尔森(Berelson)建议，图书馆的目标应当是“慎重”(serious)的，首先应当为“文化敏感人群”(culturally alert community)服务而不是试图满足所有人。

(二)信息公开

由公共财政支持的公共图书馆也是社会公共服务体系的一员，有义务公开信息并接受社会监督。在美国，凡政府支持的图书馆其统计数据、馆藏政策、年度报告、联络信息等都是公开的。信息公开一方面督促图书馆自觉提高效率；另一方面也打开了图书馆与社会的沟通之门，为社会理解、参与和支持图书馆事业提供了方便。

(三)网络服务和技术支持

网络服务不是公共图书馆特有的，但是为了便利大众理解和使用，公共图书馆网站的信息构建和技术支持非常重要。页面设计力求简捷，远程多媒体数据库等服务功能齐全，演示和帮助文档位置要明显。除了在线技术支持外，图书馆还可以通过开设上网辅导培训提高用户的信息素养。此外，自建和订购的数字资源也要考虑用户构成及其需求。

(四)场所服务

公共图书馆是大众交流和文化休闲的重要场所。图书馆不仅据此满足传统的到馆阅读，还通过举办展览、故事会、讲座、读者沙龙等活动丰富社区的文化生活。因此，馆藏发展要呼应场所服务的主题。

四、美国公共图书馆馆藏发展策略

(一)扬长避短

尽管目前馆藏格局复杂，新资源、新技术、新理念不断涌现，但是国外许多公共图书馆并未因此乱了阵脚，而是采取了扬长避短的策略，这可能与他们长期接受的因地制宜、注重传统服务的专业教育有关。在馆藏发展方面，扬长避短表现为：(1)特大型公共图书馆引领理念、资源、技术和服务的前沿。例如，纽约公共图书馆就是ALA大型研究型图书馆联席会成员，其馆长与哈佛大学等著名高校图书馆馆长定期交流工作、探讨问题。(2)大型公共图书馆紧跟技术前沿，拓展远程服务和数字参考咨询。(3)中小型公共图书馆以场所服务为主，重点发展图书、期刊、报纸、DVD、地方文献；此外他们还通过联合采购和馆际互借等合作方式提高资金利用效率。(4)许多小型公共图书馆不自建网站，而是融合到郡县政府的服务网中，或者委托信息服务公司发布基本信息。

(二)本地服务

本地居民是公共图书馆的“衣食父母”，因此，美国公共图书馆非常注重场所服务。除了图书/期刊/音像资料借阅、故事会、讲座、展览等常规服务外，纳税填报、慈善义卖和社区活动都可以在图书馆举办。图书馆就是社区居民的“第二起居室”和社交场所。笔者曾就电子资源建设情况咨询美国某小型公共图书馆的馆长，他引用了一句读者的话作为回答：“我成天对着电脑工作，再要在电脑上看书会使人感觉索然无味。”

(三)信息公开

美国公共资金利用比较透明，公共图书馆也不例外。名录、统计信息全面细致，由此不难解释美国图书馆协会(ALA)的年度报告为什么能做得那么精细了。

(四)多元文化

全球化给欧美国家带来了大量的移民，也形成了包容多元文化的社会需求。笔者偶然发现，美国康涅狄格州斯坦福市的费格森(Ferguson)公共图书馆主页上竟然有中、法、意、葡、阿拉伯语等十种文字的界面，说明其服务的用户群体十分复杂。

(五)联合采编和馆际互借

联合采编和馆际互借历经多年发展，形成了比较常规的渠道和方式。多数图书馆使用OCLC的编目记录。馆际互借一般在区域联盟成员间展开，用户等待两周左右可以收到图书馆的取书通知，如果寄书到家则邮费自付，借期为一个月，不续借，更不能复印。

(六)游戏服务和网上“听书”

有的公共图书馆向青少年提供电子游戏，甚至有的大学图书馆也为这些在 e 环境中成长起来的学生提供“游戏馆藏”(gaming collection)。

网上“听书”是近年来新兴的数字资源利用方式。这些可以听的“书”以 MP3 格式的小说类图书为主，图书馆注册用户可以免费下载。“听书”不仅便利了视障人士和不识字的儿童，而且还是人们上下班途中、晨跑健身时绝佳的“伴奏”，满足了人们在快节奏现代生活中的文化需求。

五、对我国公共图书馆的启示

(一)立足本地用户需求，逐步扩大用户群

本地用户，尤其是经常利用图书馆的“文化敏感人群”是公共图书馆服务的重点。另外，公共图书馆还要主动挖掘潜在用户群。近年来，国内公共图书馆通过服务体系构建、延伸服务等方式扩张服务网络，取得了较好的社会效果。

(二)扬长避短，不赶时髦

公共图书馆馆藏发展要综合考虑本馆的传统、资源优势、地域特点、用户构成和服务能力，做到扬长避短，不赶时髦。在资源建设方面，不赶时髦是指量力而行。例如，不盲目攀比购买“大部头”、数据库等信息资源，或者未经调研就匆忙上马古籍和地方文献“特藏数字化”项目。“馆藏格”明显揭示了信息资源和图书馆服务能力之间的关系，有助于图书馆进行信息资源建设决策。例如，联合采购同质性较高的资源，协调开展特藏的数字化和数字信息共享服务等等。

(三)信息公开，政策公开

我国公共图书馆靠国家和地方财政拨款，和本地用户没有直接联系，这是我们的优势也是影响效率的原因之一。随着公民社会的兴起，公共服务纳入公共监督是必然趋势。阳光是最好的防腐剂，所以图书馆应提早准备。另外，信息公开和政策公开是图书馆与社会有效的沟通手段。公开信息和政策不仅能够减少冲突，还有利于吸引社会智力和财力，改进服务水平，提高图书馆的社会影响力。

(四)尝试馆藏发展政策等管理手段

国内许多公共图书馆制定有采访方针、捐赠与交换办法、藏书剔旧原则和网站内容发布规程等规章制度，但是系统地制定馆藏发展政策(或文献资源建设指南)的还不多见。2007 年出版的《文献资源发展政策研究》一书，虽然是针对高校图书馆编写的，但是其“研究报告”比较全面地梳理了资源建设方面国内外的研究成果，“编制指南”也有比较强的操作性，可供借鉴。

理论上讲，馆藏发展政策是计划、管理、内外交流和馆藏评价的工具。实践当中，也有学者对制定馆藏发展政策的必要性提出质疑，认为馆藏发展政策缺乏灵活性、过程复杂、制定困难，是形式主义(wasted words)。[11]笔者认为，政策文件只是形式不是目的。一哄而上、照猫画虎地制定所谓的“馆藏发展政策”纯属赶时髦，但是在实践的过程中主动思考、积极尝试才是图书馆事业发展的推动力。看别人打篮球和自己上场是两种截然不同的感受。技术的成熟要在球场上磨炼，馆藏发展也一样，“上场跑一圈”才能真正得到锻炼。

附记：北京大学信息管理系博士研究生谷秀洁为本文写作提供了研究资料，特此致谢。

参考文献

[1] LEE H L. What's collection? [J]. Journal of the American Society for Information Science. 2000, 51(12): 1106—1113.

[2] Collections grid [EB/OL]. [2008-06-15]. http: //www. oclc. org/reports/escan/appendices/collectiongrid. htm .

[3] DEMPSEY L. Collections grid and digital conservancy [EB/ OL]. (2007-10-09) [2008-06-15]. http: //orw eblog. oclc. org/archives/ 001450. html.

[4] AMEEN K. Collection management policy (CMP): a framework to achieve library goals [EB/OL]. [2008-06-15]. http: //www. pu. edu. pk/departments/10-pj-lis07. pdf.

[5] HOFMANN F W, WOOD R J. Library collection development policies: academic, public, and special Libraries [M]. Maryland: SCARCROW PRESS, INC, 2005: 3.

[6] 吴明德. 馆藏发展[M]. 台北：汉美图书有限公司，1991.

[7] EVANS G E, SAPONARO M Z. Developing library and information center collections [M]. Connecticut: Libraries Unlimited , 2005: 41.

[8] JOHNSON P. Fundamentals of collection development and management[M]. Chicago: ALA, 2004: 13.

[9] The Ferguson Library, Stamford's Public Library [EB/ OL]. [2008-06-15]. http: //www. fergusonlibrary. org.

[10] Gaming Collection [EB/ OL]. [2008-06-15]. http: //www. library. uiuc. edu/gaming/index. php.

[11] SNOW R. Wasted words: the written collection development policy and the academic library [J]. Journal of Academic Librarianship, 1996, 22(3): 191—194.

第三辑

图书馆学教育

图书馆学专业教育改革刍议*

随着图书馆学专业的纷纷设立和在校学生人数的扩大，如何办好这些专业，提高教学质量以培养符合规格的图书馆专门人才？这是值得重视和研究的重要课题。据有关部门的统计，我国现有19所高等院校（或分校）设置了22个图书馆学专业或情报学专业，其中四年制12个，三年制1个，二年制9个。这些专业1981年在校学生人数已超过1000人。这些专业教育基本上还是沿袭50年代的办学模式，同迅速发展的科学技术和图书馆及情报事业很不适应。它的主要毛病是专业面窄，适应性差；课程内容比较陈旧，知识废旧率高；教学方法呆板，“满堂灌”的现象比较严重，教学效果不佳。因此，改革图书馆学专业教育，是人心所向，势在必行。

一、扩大专业面　改变单一办学模式

图书馆学教育与图书馆事业的发展息息相关。图书馆

* 原载《江苏图书馆工作》，1982年第3期。

学教育的发展，为图书馆事业的发展提供干部保证；而图书馆事业发展对专业干部的需要，则是图书馆学教育发展的动力。我国图书馆事业是一个多层次的统一体，在这个统一体内包括有1732所县以上公共图书馆，2000多所科学专业图书馆、700多所高等学校图书馆、15万所中小学校图书馆、11万所工会图书馆等等。这些不同类型的图书馆对干部有不同的要求，若按一个模式办学，则很难有效地培养出为各类型图书馆所需要的专门人才。而当前的实际情况是：各校图书馆学专业大都是培养大学本科生，主要是面向省、市以上公共图书馆、科学专业图书馆以及高等院校图书馆。换句话说，目前22个图书馆学专业主要是向全国4000多所大型馆输送专门人才；而26万多所中小学校图书馆和工会图书馆则没有专业干部的来源。这是我国图书馆学专业教育的结构与图书馆事业的发展不相适应的一种表现。

要改变这种畸形发展的状况，我国图书馆学专业教育应该从单一的办学模式中解脱出来，在各个学校之间实行统筹安排，合理分工，逐渐形成各自的办学风格和特点。只有这样，才能适应不同类型图书馆对干部的不同要求。

近几年来，一些综合性大学、师范院校、理工科院校和医科院校纷纷增设图书馆学专业、科技情报专业、社会科学情报专业和图书馆、情报资料专业等等，这就产生了一个高等图书馆学教育的分工问题。各个院校之间在培养图书馆专门人才方面如何合理分工呢？笔者作了一些调查了解，一种倾向性的意见是：综合大学的图书馆学系应同师范大学、理工科大学、医科大学的图书馆学系（专修科、专业）有所区别。后者宜于办应用图书馆学及边缘图书馆学专业，侧重培养从事图书馆情报实际工作的专门人才。具体地说，师范大学的图书馆学系（专业）应侧重培养高等院校图书馆、中小学校图书馆的专业人才；

理工科大学的图书馆学专业应侧重培养科学专业图书馆的专业人才；医科大学的图书馆学专业应侧重培养医药系统图书馆的专业人才。综合性大学图书馆学系则应充分体现综合性大学的特点：理论基础较厚、知识面较宽、适应性更强。其主要任务是侧重培养图书馆学专业的师资和图书馆学领域的研究人员以及适应性更强的图书馆、情报工作人员。这种适应性更强的图书馆、情报工作人员应作为图书馆、情报的管理人才来加以培养，他们应掌握丰富的管理科学的基本知识、技术和技能以及业务统筹的能力。

为了培养理论基础较厚、知识面较宽、适应性较强的专门人才，综合性大学图书馆学系在前两年的教学中，必须使学生学完必修的课程，以奠定坚实的基础；在后两年根据国家的需要和学生本身的条件因材施教，促使他们向专门化方向发展。

二、改善课程结构　更新课程内容

从国内外的实践来看，我国图书馆学专业教育的发展，必须对教学内容进行改革。过去我们的教学内容偏重于社会科学，自然科学基础知识的教学很不够；图书馆学专业知识的教学，基本上还是停留在传统技术方面，对图书馆现代技术和情报学的研究重视不够，这就导致我们图书馆学的教学内容比较陈旧。今后，要学习外国的先进技术，加强图书馆现代技术的研究，以便确立传统技术与现代技术相结合的教学体系。同时还应增加科技情报学方面的课程，以适应图书馆工作情报化的发展趋向。

当前，有些同志建议增加新课程，要求多学新知识。这些要求无疑是合理的。我们一定要走改革之路，就是要改善课程结构，才能从旧的课程体系的束缚中超脱出来，使图书馆学系的面貌焕然一新。现在大家都缺乏经验，不可能马上提出一个完善的改革课程结构的方案。根据过去的经验，参照国外大学图书馆学系课程设置的情况，我们认为在改善综合性大学图书馆学系课程结构的时候，应注意以下几点：

1. 加强基本理论、基本知识、基本技能的训练；

2. 确定各门课程的任务与范围，减少各门课程之间的重复；

3. 适应我国图书馆、情报工作发展的需要，适当增开一些必要的新课程；

4. 适当压缩图书馆学专业课程的教学时间，浓缩传统的图书馆学课程的内容，加强科学研究，提高教学质量。

在改善课程结构过程中，可能会发生增的多、减的少、学时不够的问题。从某些大学进行初步改革的经验来看，这个问题是可以解决的。例如，加强“三基”并不一定要增加学时，而是依靠提高教学质量。另外，多开一些选修课，减少必修课，这样不仅可以减轻学生的负担，而且在学时不变的情况下能使学生学到自己想学的新课程。

与改善课程结构相联系的，还要不断更新课程内容，及时吸取图书馆学研究的新成果，如对读者心理学、图书馆统计学、文献经济学、图书馆科学管理、行为科学与读者工作、图书保护技术、比较图书馆学的研究等等。这些对丰富图书馆学的教学内容都将起到一定的促进作用。一本教材或讲稿，讲它三年五载也不修改，恐怕是不行的。改善课程结构是一个长期的过程，不可能一蹴而就；而更新课程内容是每学期、每学年都要做的。后者是前者的基础，只有在不断更新课程内容的基础上，才能搞好课程结构的改革。

三、改进教学方法　造成生动活泼的学习风气

综合性大学图书馆学系办学过程中的教条主义毛病，突出地表现在教学方法方面，这就是人们常讲的“满堂灌”。只注重灌输书本知识，忽视培养学生独立分析问题和解决问题能力的事实是不可否认的。

教学方法呆板，不能因材施教，同课程结构不合理、课程内容长期不更新有关，也是同现行的“学时制”和考试制度分不开的。目前，大多数综合性大学图书馆学系还是实行“学时制”，一般的必修课占三分之二以上，选修课的门数甚少，这种“一刀切”的办法，把学生的手脚捆得死死的，哪还有什么生动活泼的学习局面呢？上面讲的扩大专业面和在三、四年级向专门化方向发展的意见，都是以多设选修课为条件的。当然，最好是逐步地过渡到“学分制”。

重讲课，轻实习，轻辅导，是一些大学图书馆学系存在的又一种偏向。有的学校，因种种因素的制约，连“图书分类”“图书编目”一类的课程都不搞课堂实习，这怎能巩固课堂教学的效果呢？要改变“满堂灌”的状况，就必须重视对学生的辅导，重视实习，并采取“案例教学”“现场教学”“社会调查”等方式，来丰富教学内容，活跃学习生活。

我从自己的经历中感到，学生在校四年期间只安排一次综合性的毕业实习是不够的；除毕业实习外，还应该在二年级下学期或三年级上学期安排一次阶段性实习，平时也要结合教学内容多组织学生深入实际，进行专题性的调查研究。这样有利于培养学生的独立钻研和实际工作的能力。

图书馆学是一门实践性很强的学科，单纯依赖于课堂教学，难以保证教学效果。有些专业课的课堂教学时数可适当减少，让学生有较多的时间主动地去进行自学。同时要指定适量的参考书，让学生自己

到图书馆或系资料室去查找。大学教师教给学生的，不能仅限于书本知识，更重要的是要授以治学方法。帮助学生掌握科学的治学方法，这应该是大学教师的职责。

要想把学生从“课堂记笔记，考试背笔记”的沉重负担下解放出来，教师必须根据自己的专长讲授自己的学术见解，以弥补教科书的不足。为此，教师就应花费相当的精力，去从事科学研究，以便及时地把本门学科的最新成果和研究心得传授给学生。大学是教学和科学研究的中心，大学教师如果不认真地进行科研，在课堂教学中没有自己的学术见解，那就很难避免照本宣科的沉闷局面，其教学质量也是难以提高的。

四、改革的关键是教师

图书馆学专业教育的改革，归根到底要取决于教师。教师队伍的学识水平和正确的学风以及解决实际问题的能力，是改革成效大小的关键性因素。大学图书馆学系（专业、专修科）的改革要有一个全盘的考虑，一门课程的改革往往会牵涉到其他一些课程，课程的改革又会波及教材的改革，最后还是要落实到教师队伍的建设上来。因此，我们要搞好大学图书馆学系的改革，就必须抓住教师队伍建设这个关键。目前，全国各大学图书馆学系，除了少数几个系师资力量比较雄厚之外，多数系都是师资力量不足。怎样解决这个困难呢？可从以下三个基本途径加以考虑：

1. 从本科生、研究生中多挑选一些优秀的毕业生充实现有的教师队伍；

2. 从现有的图书馆和科技情报部门在职人员中，选择基础理论知识较好和具有丰富的实践经验的同志，兼授一部分图书馆学、情报学专业课程；

3. 实行人才流动，适当抽调少数骨干教师支援新增设的图书馆学系（专业、专修科）。

作为大学图书馆学系的教师，不仅应具有正确的学风和丰富的学识，而且要有解决实际问题的能力。图书馆学应该是一门致用之学。综合性大学图书馆学系的教学计划对于培养目标一直提出了分析问题和解决问题能力的要求。这实际上就是理论联系实际的要求。但是，大学图书馆学系的教学工作与此要求相距甚远。

教师在课堂讲授时，要努力做到"实、活、新"。即使讲基本原理，也应联系实际，深入浅出，生动活泼。教师讲课不必拘泥于教科书的逻辑次序，在基本内容不变的前提下，教师可以充分利用生动实际的新材料，进行分析归纳，从中引出深刻的理论问题。学生如此学得的知识会更加实惠和牢靠，也能培养解决实际问题的能力。

综合性大学图书馆学系应该高度重视对学生的智能培养。根据我国的《学位条例》，大学本科教育的主要任务是打好基础，同时给予必要的专业训练，使学生毕业后既能适应国家建设对本门专业人才的多方面的需要，又具有进一步提高成为高一级专门人才的坚实基础。这里所说的"坚实基础"，包括马列主义的基本理论、本专业的基础知识以及基本技能。《学位条例》的这些要求，具体到综合性大学图书馆学系，就是要使学生在掌握马列主义基本理论、扩大本专业的知识面的同时，更加重视学生智能的培养和提高。智能的提高有助于知识的深化，对图书馆学专业的学生，必须培养的智能主要包括思维能力、调查研究能力、语言表达能力、独立处理问题和组织管理能力等。

加强对学生的智能培养，必须采取正确的态度和方法，既要反对教条主义，又要反对经验主义。因为这二者都是以理论与实际相互脱离为特征的。总之，每个图书馆学专业的学生都要有一定的书本知识和实践的经验，既要有一些间接的经验，更要有一些直接的经验，两者不可偏废。

加强对学生的智能培养，在教学安排上，必须广开选修课，重视生产实习和社会调查，在教学方法上，教师在搞好课堂教学的同时，要指导学生自学；在考核制度上，应根据具体情况，实行开卷考试或口试的办法，扭转死记硬背的偏向。

理工科有实验室或实习工厂，农科有实习农场，医科有附属医院，我们图书馆学系也应有自己的实验图书馆，或选定一个甚至几个图书馆和科技情报单位，进行定期和不定期的实习。这是加强对学生智能培养的一项重要措施。

加强对学生的智能培养，对教师提出了更高的要求。为了使他们能胜任这样的任务，应尽可能地让他们参加全国性和地区性的图书馆工作会议或学术问题讨论会；保证他们参加实际工作的时间，结合他们所开的课程到图书馆或科技情报单位去备课、进修。同时教师还应加强与图书馆的经常联系，由图书馆供给他们教学和科研所需要的资料，并把他们编写的教学大纲和教材分发到图书馆去，征求意见。这样，一方面帮助了教师提高教学质量，解决教学中理论联系实际的问题；另一方面也帮助了图书馆工作人员提高理论水平。

五、发展中等图书馆专业教育

各类型、各级图书馆对干部的需要是多方面的，不一定都是需要高等学校图书馆学专业的毕业生。因此，应该发展图书馆中等教育，招收一部分初中毕业生，经过二三年的训练，使他们成为图书馆中级专业人才。

中等图书馆专业教育在我国一直是薄弱环节，全国至今尚未建立一所正规的中等图书馆专业学校。只有图书馆学高等教育，没有图书馆学中等教育，这是我国图书馆学教育的结构不合理的具体表现。中级图书馆专业人才的需要量很大，适应面很广，县以下公共图书馆、城市中的区图书馆、工会图书馆以及中小学校图书馆都需要。就是省、市以上公共图书馆、高等学校图书馆、科研单位图书馆，也需要相当数量的中级图书馆专业人才。所以要根据国家财力的可能，统筹规划，妥善安排，在一些大区或有条件的省市创办若干所中等图书馆专业学校。

中等图书馆专业教育既可以由国家举办，也可以由大区图书馆协作组织联合举办，如条件允许，某些大馆也可以单独举办。课程设置应以图书馆学专业课为主，并开设一些必要的文化基础课和工具课。专业课的教学内容要与实际工作紧密结合，着重于基本训练。基本训练的目的在于在不长的时间内，使学生掌握图书馆基础工作的理论和方法。基本训练的具体内容是指做好基础工作所具有的基本技能。例如采购工作，则应掌握选书的原则和方法，采购工作程序，书业现状，图书验收、登记的方法和程序等；编目工作，则应掌握分类表及分类规则使用法，著者号码及附加号码的使用法，检字方法，著录规则及目录组织规则等；读者服务工作，则应掌握典藏方法，出纳及借阅制度与方法，查阅目录与工具书，图书保护技术与方法等。

基本训练是做好基础工作的起点，基本训练越扎实，才越有可能把基础工作做好。

为了培养实践能力较强的中级专业人才，中等图书馆专业学校在教学安排上，应保证学生有更多的联系实际的机会，或建立勤工俭学制，或施行半工半读制，尽力避免学校教育与社会实践脱节的现象。

谈谈《图书馆学基础》课的教学*

《图书馆学基础》或《图书馆学概论》，是现有十余所高等院校图书馆学专业都开设的一门课程。这门课程在整个专业课程教学中的地位和作用，它的教学目的和要求，它的内容、范围和体系以及它与其他专业课的关系，已经成为教学实践中需要研究和解决的问题。为了这门学科的发展和这门课程教学水平的提高，本文不揣浅陋，就上述问题谈一些不成熟的认识和看法，抛砖引玉，请教同行。

一、教学目的

三十多年来，各校图书馆学系所开设的图书馆学课程，名目繁多，称谓不一。但从它们的内容性质来看，大体上可以归纳成三类：以图书馆学基础理论为主的引论，以介绍图书馆工作为主的概论和介乎引论与概论之间的基础。不论是概论，或是基础，其教学对象大都是刚刚触及图书馆学的本科（或专修科）新生。他们从中学考入大学，在文史哲

---

* 原载《大学图书馆通讯》，1983年第6期。

或数理化方面，一般都具有一定的基础知识；而对图书馆学则感到陌生，既缺乏感性认识，更缺乏理性认识。面对这样的教学对象，就决定着在这门课程的教学中，必须进行专业启蒙教育，使学生从整体来认识图书馆学这门学科。

这门课程虽然担负着专业启蒙教育的任务，但不应停留在对图书馆工作流程的描述上。它是一般介绍性的入门课，其研究对象是图书馆的理论与实践的各种综合性问题，重点讲述图书馆学的基本理论和基本知识，是图书馆专业文、理科本科生共同必修的专业基础课。作为一门专业基础课，它的教学目的是：

1. 使学生全面认识当代图书馆学的基本问题，系统地掌握图书馆学的基本理论和基本知识；

2. 向学生提供国内外（主要是国内）图书馆学基础理论和应用理论方面的研究情况，开拓他们的视野，巩固专业思想，增强事业心，并为他们以后攻读图书馆学其他课程奠定基础；

3. 将教学工作和国家的图书馆事业建设结合起来，对学生加强分析、综合训练，提供科研方法指导，培养他们独立地从事图书馆学研究的能力。

二、内容范围

关于这门课程的内容范围，是一个需要研究和探讨的课题。今年7月，教育部全国高等学校图书馆工作委员会委托吉林省高等学校图书馆工作委员会和东北师范大学图书馆学系主持召开的《图书馆学基础》课程研讨会，对这个问题进行了深入的研讨。与会代表在认真总结《图书馆学基础》课程教学经验的基础上，提出了十多种方案。各校的具体情况不同，学制年限和课程门数以及师资力量都存在着较大的差异，在这种情况下，可不必追求统一的模式。为了提高教学质量，培养图书馆专门人才，促进图书馆学的学科建设，应当在“百花齐放，百家争鸣”方针指导下，鼓励并支持各家创立风格不同、各具特色的崭新教学体系。

根据当前我国图书馆学的研究水平和图书馆学课程的设置及其教学情况，我对这门课程的内容范围及其建设方向有以下几点认识和看法：

1. 这门课程既然是一门专业基础课，那就应该以研究本学科的基础理论作为自己的核心内容。图书馆学的发展，从根本上来说是理论发展，当代图书馆学的发展趋势是重视和加强基础理论的研究。因此，这门课程论述的范围主要是图书馆学的基本理论和基本知识。从教学的角度看，应侧重于基础理论观点的讲授，图书馆技术方法不是本课程的基本内容。

2. 什么是图书馆学基础理论？全面准确地回答这个问题不是很容易的，直到目前仍然是众说纷纭，立论各异。但在各种各样的立论之中，我们可以概括出近现代图书馆学所研究的基本问题：①文献的一般概念，社会功能和作用，图书馆的组成要素及其产生的历史条件，图书馆的时代特征、基本属性、一般属性，图书馆的社会职能以及图书馆工作的基本规律；② 图书馆学的研究对象和内容结构，图书馆学的学科性质，图书馆学的研究方法，图书馆学的相关学科；③图书馆学的产生和发展，各个重要发展阶段的著名图书馆学家及其代表著作，我国图书馆学理论研究的现状，外国图书馆学的发展概况；④ 新中国图书馆事业的发展及其评价，我国图书馆事业建设的基本原则，图书馆类型的划分及其标准，各类型图书馆的方针、任务及其工作特点，组建图书馆网的指导思想、组织形式、工作内容和图书馆网的形成与发展，电子计算机检索网络及其布局和结构等；⑤图书馆系统，包括图书馆工作系统的构成、特征，图书馆工作组织；⑥图书馆工作机械化、标准化和自动化。

上述六个方面的问题，是图书馆学基础理论研究的主要问题，应作为《图书馆学基础》课程讲述的基本内容。当然，近现代图书馆学的研究还涉及图书馆藏书、图书馆读者、图书馆管理等方面的问题，我认为这些问题应在《图书馆藏书》《图书馆读者工作》《图书馆管理》等专业课中去讲授。

3. 这门课程是一门侧重理论的基础课，它所包括的理论观点应该来自人们的图书馆工作实践，又能指导人们的图书馆工作实践，进而推动图书馆工作的不断发展。图书馆学同其他科学一样，也包括基础理论和应用理论两个方面，二者既相区别，又相联系。基础理论是应用理论的基础，在这门课程中，我们加强基础理论的讲授无疑是必要的，但是不能因此而忽视应用理论问题的讲授。在全面开创社会主义图书馆工作新局面的阶段中，人们提出了大量的实际问题，要求我们给以科学的解释和理论的说明。如果忽视应用理论的研究，基础理论就难免要脱离实际。因此，坚持理论联系实际，切忌泛泛空论，应是这门课程教学最根本的指导思想。

4. 当前，这门课程存在的主要问题是理论基础薄弱，内容体系不够完善。因此，我们必须改善课程结构，更新课程内容，对教学内容进行改革。在这方面，要做的具体事情很多，但我认为首要的是确立正确的认识路线和思想路线。如果从虚无主义的态度出发，一概否定三十年来我国图书馆学基础理论的研究成果，不加分析地照搬西方国家的某些东西，把一些所谓的新观点、新概念、新方法机械地塞进我国图书馆学领域，不仅无助于图书馆学基础理论研究的加强，而且也脱离我国图书馆事业和图书馆工作的实际。图书馆学基础理论研究应当建立在图书馆事业和图书馆工作实践经验的基础上，不能虚构模式。运用马列主义的立场、观点和方法，批判地继承国内外图书馆学研究的遗产，充分地吸取三十年来我国图书馆学基础理论的研究成果，努力建设具有中国特色的图书馆学基础理论体系，才是这门课程建设的正确方向。

5. 为了丰富和更新这门课程的教学内容，必须吸取其他科学技术、特别是与图书馆学有密切关系的科学的研究成果。把图书馆学基础理论问题的研究和社会学、教育学、心理学、情报学以及系统理论等等结合起来，就有可能超脱就图书馆论图书馆的老套子。当然这种引进应力戒生搬硬套，选好它们之间的交结点，做深入的研究，引进其他学科的新理论、新观点，是为了丰富本课程的内容，以建立起图书馆学的理论体系。

6. 在安排这门课程的教学内容时，还有一个应注意的问题就是要减少它与其他各门专业课之间的重复。因为它是一门导论性的基础课，在内容上确有与其他专业课相互交叉的地方，从微观角度看，两者是相互衔接、相互渗透的。为减少它们之间不必要的内容重复，我也主张在整个图书馆学专业内容比较丰富、师资力量比较雄厚、教学计划比较完整的条件下，使这门课程应向引论的方向发展。这样处理，既可以加强基础理论的建设，又可以避免它和其他课程内容的重复。

三、教学方法

课堂讲授是这门课程教学的主要方法。为了培养理论基础较厚、知识面较宽、适应性较强的专门人才，教师在教学中必须深刻讲述图书馆学基本理论问题，以奠定学生坚实的理论基础。教师在课堂讲授时，要努力做到“实、活、新”，要紧密联系实际讲基本原理，深入浅出，力求生动活泼。教师讲课不必拘泥于教科书的逻辑次序，在基本内容不变的前提下，可以充分利用生动实际的新材料，进行分析归纳，从中引出深刻的理论问题。学生这样学到的知识会更加实惠和牢靠，也能培养学生分析问题和科学研究的能力。教师还应该根据自己的专长讲授自己的见解，以弥补教科书的不足。为此，教师就应该花费相当的精力去从事科学研究，以便及时地把本学科的最新成果和研究心得传授给学生。

图书馆学是一门实践性很强的学科，这门侧重理论的基础课，单纯依赖于课堂讲授，也是难以保证教学效果的，还必须增设参观、课堂讨论、专题讨论会、阅读参考文献等教学环节。

在教学过程中，组织学生参观有代表性的图书馆和科技情报单位，可以避免课堂教学与社会实践脱节，使学生有接触实际的机会。要紧密结合教学内容，组织针对性强的参观活动，使学生从微观方面，实际地了解图书馆和情报工作，增强感性认识。

课堂讨论不宜泛泛组织，应围绕图书馆学研究中的现实课题进行。事前要有所准备，注意调动学生研究现实问题的积极性，写好发言纲要。通过讨论，使学生在课堂所学到的理论观点和知识得到充实和运用，使理论与实际相结合，培养他们独立思考和分析问题的能力。

专题讨论会是在课堂讨论的基础上进行的，实际上是课堂讨论的引申和提高，主要是选择课堂讨论中有见解的学生，让他们把自己的发言写成文章进行交流，以充实课堂教学的内容。

为了巩固课堂教学的效果，教师在讲完每章之后，本着少而精的原则，按专题指导学生阅读参考文献。参考文献分必读和选读两个部分，对于必读的参考文献，提倡学生写读书笔记，进行理论观点的分析和归纳。对其中某些理论性强、现实意义较大的问题，要求学生简略地回答自己的见解和看法。这样做，可以使学生有较多的时间主动地去进行自学，有利于学生掌握科学的治学方法。

在改进教学方法的同时，这门课程的考核方法也应做相应的改变。过去，通常是采取闭卷考试，其考试成绩往往不能完全反映学生对授课内容所掌握的程度。为了全面地衡量教学效果和学生的实际水平，扭转死记硬背的偏向，可实行闭卷、开卷或口试，结合平时考查，评定学习成绩。不论采取哪种考试方式，考题都应以整个课程为对象，范围可以宽一些。只有这样，才能真正考出学生对整个课程所掌握的深度和广度。成绩评定以后，还要对考试试卷进行讲评，纠正考试中的差错和失误，这对于巩固教学效果具有一定的意义。

我国图书馆学教育的现状与展望*

图书馆学教育与图书馆事业的发展息息相关。图书馆学教育的发展，为图书馆事业的发展提供干部保证；而图书馆事业的发展对专业干部的需要，则是图书馆学教育发展的动力。

新中国成立前，由于图书馆事业的落后，图书馆学教育也处于极不发达的状态，全国只有一所正规的图书馆学校，即武昌文华图书馆学专科学校。新中国成立后 35 年来，我国图书馆事业有了较大的发展，图书馆学教育也相应地有所发展。尽管在其发展过程中，有时快，有时慢，有时顺利，有时受挫；但从整体上看，还是不断前进，不断进步，取得了比较显著的成就。

第一，从图书馆学教育的规模来看，是不断发展，逐步扩大的。新中国成立初期，为了适应图书馆事业发展的需要，文华图专并入武汉大学，成为两年制的图书馆学专修科。同时，北京大学也设立了图书馆学专修科，学制也是两

---

* 原载《图书馆工作与研究》，1984 年第 3 期。

年。1953年，北京大学图书馆学专修科学制改为三年。1955年，武汉大学图书馆学专修科也改为三年制。到1956年，北京大学和武汉大学的图书馆学专修科均扩充为四年制的图书馆学系。从此，这两个图书馆学系成为我国培养大学本科生的重要基地。

1958年以后，我国图书馆学教育有了新的发展。在北京大学和武汉大学图书馆学系扩大招生人数的同时，还在吉林师范大学，中国科技大学增设了图书馆学专修科，在北京文化学院设立了图书馆学研究班，在河北、天津、湖南、四川等省市的文化艺术学校开办了图书馆专业班。这些专修科和专业班，虽然在1962年前后都停办了，但它们在开办期间也为一些图书馆输送了一批专业干部。

近几年来，我国图书馆学教育发展之快，规模之大，是我国图书馆学教育史上未曾有过的。据有关部门不完全统计，全国已有19所高等院校新设了图书馆学系（专业或专修科），在校学生达1500人左右。为了适应图书馆工作情报化的发展趋势，武汉大学图书馆学系于1978年增设了科技情报专业，中国人民大学档案系、大连工学院（现为大连理工大学）、山东大学等院校也相继新设了社会科学情报专业、科技情报专业或情报资料专业。另外，在河南、湖南、天津等省市还创办了图书馆中等专业学校，填补了我国图书馆学中等专业教育的空白。

特别令人感到欢欣鼓舞的是今年经教育部正式批准，我国第一所图书情报学院已在武汉大学建立。这个学院是在武汉大学原图书馆学系的基础上扩建起来的，设有图书馆学、情报学、档案学和图书发行四个系。这所学院的诞生，为加速发展我国图书情报教育事业，培养图书情报工作的专门人才迈出了重要的一步。

第二，从师资队伍来看，新中国成立初期，图书馆学专职教师的人数很少，北京大学和武汉大学两系总共只有20多人，1965年增加到60多人，目前已发展到130多人。各新建的图书馆学系（专业、专修科）为了适应教学工作的需要，积极组建教师队伍，据不完全统计，现在已发展到150余人。这样，我国图书馆学专职教师人数现已发展到280余人，与新中国成立初期相比，增长了10多倍。各校在增加教师人数的同时，还采取进修、出国深造、出国考察或讲学、大力开展科学研究和学术讨论，参加中外学术交流等多种途径，提高师资队伍的专业素质和学术水平。

第三，从教材建设来看，过去，图书馆学专业教材，不仅品种少，而且内容陈旧，由出版社正式出版的屈指可数。1978年武汉文科教学工作座谈会之后，各校加快了教材建设的步伐，积极组织教师编写了一大批内容较新，具有一定学术水平的教材。据粗略统计，从1978年到1983年年底，各校总共编写出100多种专业课教材及其教学参考资料或专题研究资料，其中有些已由出版社公开出版。

第四，从教学内容来看，过去是偏重于社会科学，自然科学基础知识的教学很不够；图书馆学专业知识的教学，基本上还是停留在传统的技术方法方面，对图书馆现代技术和情报学的研究重视不够，从而导致了我国图书馆学的教学内容比较陈旧。近几年来，图书馆学的教学内容开始发生变化，其主要标志是专业课的设置已由过去单一的图书馆学，变成图书馆学加情报学，朝着图书馆学与情报学教育整体化的方向发展。这样做，不仅可以使学生适应图书情报工作一体化的发展趋势，而且有助于克服教学内容和教材编写的交叉重复，使教学收到少而精的效果。

与改善课程结构相联系的，是课程内容不断得到更新。传统图书馆学的内容在教学过程中做了一定的浓缩，增开了计算机技术、缩微技术、检索语言以及专科文献学等方面的课程。有些课程吸取了某些相关学科的研究成果，初步运用了实用数学、系统科学、管理科学，科学学的某些理论与方法，使教学内容得到了充实和提高。

第五，从图书馆学教育的结构来看，现在我国既有正规的学校教育，也有多形式的业余教育。在正规的学校教育中，我们主要是培养大学本科生和硕士研究生。

业余教育主要是面向图书馆在职干部，其办学宗旨是增强在职干部的业务能力，提高在职干部的专业水平。图书馆业余教育的组织形式是各种业余学校，包括夜大学、进修学院、职工大学、业余图书馆学院等。目前，全国有各种正规的业余图书馆学校 20 余所，在校学生达 5000 余人。

北京大学和武汉大学两个图书馆学系所举办的函授专修科，也是对各类型图书馆在职干部进行高等图书馆学专业教育的一种方式。函授教育以自学为主，并辅以巡回辅导和集中学习。教学内容主要是图书馆学、目录学、情报学专业课程。学制有 2 年、3 年、3 年半三种。目前，两校共招收函授生 1000 余人，并在全国 26 个城市设立了函授辅导站，办理函授工作。

从上述情况看来，新中国成立后与新中国成立前相比，我国图书馆学教育确已取得较大的成绩；三中全会以后与三中全会以前相比，我国图书馆学教育确已取得了令人鼓舞的进展。但是，我们应该清醒地看到，我国图书馆学专业教育还是比较落后的。尽管新中国成立以来北京大学和武汉大学两个图书馆学系已培养了 3834 名毕业生(包括研究生、本科生、大专生、函授生)，其中许多人已在我国图书馆学、情报学领域里发挥了重要作用，但总的来说，规模太小，品种单一，远远不能适应事业发展的需要。尤其是近几年来，随着国家经济建设事业发展和图书馆事业迅速发展，使得图书情报专门人才供需两个方面存在的矛盾更加尖锐化。这种供需矛盾的表现形式是很多的，集中起来主要有四点：一是图书情报部门需要大量的合格人才与学校所提供人才的数量和质量的矛盾；二是图书情报部门所需人才的知识结构的多样性与学校培养人才单一性的矛盾；三是图书情报部门要求现代化知识与学校教学内容陈旧的矛盾；四是图书馆学教育的发展要求巨大的师资队伍与当前师资严重不足的矛盾。要解决这四个矛盾，就必须突破传统的办学模式，加快图书馆学教育改革的步伐。发展图书馆学教育，是当务之急，势在必行。而要发展，就离不开改革，改革这个重任已经历史地落在我们的肩上。

我们要进行图书馆学教育结构的改革

我国图书馆学专业教育自 1920 年创立到 1978 年，基本上是单一的模式，即以高等教育来培养各类型图书馆所需要的不同层次、不同专业水平的人才。这样做，已经造成了“适应能力差”“人才倒挂”等不良后果。因此，突破过去的单一层次的教育结构，迅速改变我国图书馆学教育结构单层次的现状，进行多层次的专业结构建设，实属当务之急，刻不容缓。

图书馆学教育结构改革的目标应是在我国建成多层次、多规格、布局合理的具有中国特色的图书馆学教育体系。其核心问题，就是要使中专生、大专生、本科生和研究生的培养配套齐全，协调发展，建立起中专、大专、大学本科和研究生四个层次的办学模式。

我国现在的图书馆学教育，不仅办学点少，而且层次不合理，基本上是四年制的本科教育。教育层次不合理，不仅影响发展的速度，而且也不符合教育经济学的原则。目前，全国有 2038 所县级以上公共图书馆，745所高等学校图书馆，2000多所中型以上的科学专业图书馆，14.6万多所工会图书馆，43所区(县)级以上的少年儿童图书馆，15万所中小学图书馆(室)。这些不同类型的图书馆所需专业人员的规格是不同的，既需要大专生、本科生、研究生，更需要大量的中专生。中专生的适应面很广，不仅大型图书馆需要，县馆、城市中的区馆、工会图书馆、中小学图书馆都需要。因此，我国应大力发展图书馆中等专业教育。图书馆学中等教育在我国处于刚刚起步阶段，目前首要的是要解决从无到有、从小到大的问题。根据各类型图书馆的需要，每个省份应有一所图书馆学中等教育基地。办学方式可以多种多样，既可以在职业中学或中等师范学校中设中专班，也可以在大专院校设立中专师资班，有条件的省市尽可能办中等图书馆学专业学校，有些大型图书馆也可以联合举办中专班或中等专业学校，学制可长可短。这样，我国的图书馆学中等专业教育就能做到灵活多样，快出人才。

高等院校图书馆学系也应多层次办学，主要是培养四年制本科生和硕士研究生，为图书馆输送中高级专业人才。与此同时，也应积极举办两年制的专修科以及在职干部进修班、师资培训班、专题业务研讨班、函授专修科等，以适应各类型图书馆的多层次、多规格的人才结构的需要。

过去，综合性大学图书馆学系培养的毕业生，规格不很对路，很不适应某些类型图书馆工作的需要。多年的实践证明，单靠综合性大学图书馆学系来培养综合型和专业型的两用人才是难以办到的。理科、工科、农科、医科图书馆所需要的专业型人才，应该由理工农医院校设立图书馆学专业来培养。而综合性大学图书馆学系则应充分体现综合性大学的特点：理论基础较厚、知识面较宽、适应性更强。其主要任务是侧重培养图书馆学专业的师资和图书馆学领域的研究人员以及适应性更强的图书情报工作人员。这种适应性更强的图书情报工作人员应作为图书馆和情报单位的管理人才来加以培养，他们应掌握较多的管理科学的基本知识、技术和技能以及业务统筹的能力。

在改革教育结构的同时，还要变革教学思想。当前，世界各国普遍强调发展学生的思维能力、观察分析能力和创新能力，主张围绕思维方法和人们的认识方法的培养来组织教学，认为大学不仅要注意新的学科领域的研究，而且要培养学生所应具备的思维方法和观察分析的能力。总之一句话，就是要培养和发展学生的智能。众所周知，传统的教学思想是重视向学生系统地传授专业知识，把传授专业知识当作教学的主要目的。当然知识是重要的，它是发展智能的前提，学生只有在掌握知识的过程中，智能才能得到发展。但是，知识并不等于智能，有了知识，不一定就自然而然地发展了智能。什么是智能？概括地说，智能就是智力和能力。智力是人们认识客观事物并做出反应的一种能力，它一般指观察力、记忆力、思维力、想象力等认识能力的总和，其中思维力是它的核心。能力是指在智力基础上掌握知识、应用知识的本领，如自学能力、表达能力、操作能力、组织管理能力等，这些对于高等学校培养的专门人才来说，都是重要的。图书馆学的范畴广阔，知识性、实践性较强，在教学过程中很容易引导学生仅仅掌握某些知识和技术方法，而忽略对学生智能的培养。当代高等教育的发展趋势，要求我们不能只培养“知识型”专门人才，更重要的是培养出思维广阔，富有创造力的“智能型”专门人才。我们应该在传授知识的过程中进行智能的培养，在培养智能的过程中使学生更好地获得知识，把传授知识与培养智能的过程统一起来。

新中国成立35年来，我国图书馆学教育所进行的改革，大都限于教学内容方面，在教学思想、教学方法等方面，则触动较少。要培养和发展学生的智能，必须在改变教学思想、丰富教学内容的同时，变革现今尚在使用的教学方法。在教学方法上，应该废除注入式，采用启发式。启发式教学的核心就是在教学中开拓学生的思路，引导他们积极思考问题，发展学生的思维能力。在课堂教学中不能只是让学生埋头于记笔记，“上课记笔记，下课对笔记，考试背笔记”的教学方法，对于培养学生的智能是不会发生什么积极作用的。这样讲，并不是否定课堂讲授的作用。课堂讲授是学校教学的基本形式，就一般情况而言，学生由于水平和时间的限制，完全靠自己钻研，往往不容易抓住最本质、最基本的东西。在短暂的学校学习期间，掌握大量知识，就需要通过教师讲授加以引导，以便较经济地获得知识。所以，对课堂讲授的重要作用必须有充分的认识。课堂讲授应该少而精，注重启发式，用基本知识和基本理论来发展和增进学生的思考力。要使学生在更加深入的层次上掌握知识，不停留在表面层次上；讲授要理论联系实际，使学生掌握的理论是与实际紧密联系的理论，而不是经不起实践检验的空洞教条。

培养学生的智能当然不只依赖于课堂教学，课堂教学是学校教学的基本形式，但不是唯一的形式，还必须注意其他各种教学方式的运用，比如在组织学生参观图书馆或科技情报部门时，应考虑如何培养学生的观察力；在实习课中，应考虑如何增强学生的实际操作能力；在写实习报告时，应考虑如何提高学生的文字表达能力；在撰写毕业论文时，应考虑如何增强学生分析问题和解决问题的能力等等。

总之，教学思想和教学方法的改革，将会大大有助于培养思维宽广、能力较强、具有创新能力的“智能型”专门人才。这样的专门人才一旦同实践相结合，对于图书馆学和图书馆事业的发展所能起到的推动作用，将是难以估量的。

当前，我国图书馆学教育的形势很好，出现了蓬勃发展的景象。从新的技术革命的观点来看，传统的办学模式、教学思想、教学内容和教学方法必须改革；否则，就不能迎接世界范围的挑战。让我们振奋精神，克服困难，为开创我国图书馆学教育的新局面，为建立具有我国特色的图书馆学教育体系而奋斗！

参考文献

[1] 全国图书馆学情报学教育工作座谈会文件[C]. 武汉，1983.04.

[2] 全国高等学校图书馆工作委员会秘书处. 图书馆学情报学专业教育参考资料[M]. 全国高等教育图书馆工作委员会秘书处，1983.

[3]杨之岭等. 关于未来高等教育制度的讨论//高等教育与社会发展[M]. 北京：人民教育出版社，1980：188.

(4) 刘兆远. 论教学中的若干问题[J]. 医学资料，1983(1—2).

社会信息化与图书馆学、情报学教育的新使命*

信息化是图书情报事业发展的必由之路。当前，我国图书情报事业不是要不要信息化的问题，而是要通过探讨信息化与图书情报事业的本质联系，解决怎样实现信息化的问题。

一、转换思想，更新观念

"科技情报" 改名为"科技信息"，一方面反映了图书馆学、情报学术语的歧义性，另一方面更主要的是反映了图书馆学情报学理论与社会信息实践的脱节，社会信息化和信息社会化代表了当代社会发展的趋向，原有的图书馆工作和科技情报工作目前似乎难以发挥出应有的作用，企望通过更名来拓宽自己的活动范围和专业领域。随着人们信息意识的增强和信息技术的广泛应用，信息产业在国民经济中的比重日益增大，成为推动社会发展的主导产业之一。图书情报机构既是信息的集聚中心，又是应用信息技术的

* 原载《图书馆工作与研究》，1993 年第 3 期。

对象。社会信息化的进程必然会对图书情报事业产生巨大的冲击和深刻的影响。从世界范围来看，信息的产业化趋势已不可逆转，图书情报服务必将走向产业化的道路。尽管图书情报服务带有公益性色彩，但在市场经济的社会条件下，它的发展政策、资金投向、服务手段、产品流向不可避免地会走向产业化。图书情报产品和服务不再单纯是一种无偿提供的公益品，图书情报机构必须开展有偿服务来缓解资金不足所造成的窘境。经济机制的引入，一方面可以增强图书情报事业自我发展的能力；另一方面，图书情报产品进入信息市场，可以唤起人们对信息的消费需求，从实用性的角度来认识和评价信息资源的价值。信息资源包括信息生产者、信息和信息技术，这三者的结合就形成一个完整的社会信息系统。在信息化社会中，图书情报机构的发展趋向就是建立以信息搜集、加工、储存、检索、服务为主的经营性实体。

二、我国图书情报机构是一个庞大的产业群体

图书情报机构这个群体主要包括：国家科委主管下的全国科技信息系统、国防科工委主管下的国防科技信息系统、中国科学院主管下的自然科学技术文献情报系统、中国社会科学院主管下的社会科学文献情报系统、国家教委主管下的高等院校图书情报系统、文化部主管下的全国公共图书馆系统等。面对这个庞大体系，人们不禁要问：它究竟是什么性质的群体？

多年来流行的看法是：由于图书情报人员的劳动是非生产性劳动，图书情报机构是非生产性的事业单位。这种片面认识是我国图书情报事业进一步发展的障碍。认识这一问题的关键在于对图书情报行业劳动者劳动的正确评价。一个半世纪以前，德国经济学家弗里德里

希·李斯特曾批评过当时流行的斯密学派“把单纯的体力劳动认为是唯一的生产力”的狭隘观点，指出“财富的生产力比财富本身更重要。”从这一观点出发，他认为：体力劳动者属于生产者，脑力劳动者也是生产者，“他们的生产性比前一类要高得多。前者生产交换价值，后者所生产的是生产力。”产业就是从事生产活动的事业，它应该包括国民经济的各个部门。具有生产性的图书情报工作理所当然地应属于产业，或者说是产业中的一个行业。图书情报事业是一种产业，这是基于对图书情报工作性质的充分认识所做出的结论。图书情报事业不是一般性产业，不能简单地将它等同于物质资料的生产，它是一种特殊的间接性产业。对物质资料的生产来说，图书情报工作过程不是直接的生产过程。图书情报机构开发人的智能，直接产品是人增长的知识和技能；只有当图书情报机构的“产品”——具有一定智能的劳动者和物质资料生产过程相结合，才能生产出新的更多的物质财富。科学技术这个第一生产力，也需要劳动者去掌握，并应用于直接的生产过程，才能实现物质产品的成果形态。图书情报工作产业性的主导方面是间接体现的，可以通过多种间接的渠道促进生产的发展，带来经济的增长和繁荣。把图书情报事业的产业属性确定下来，可以更加明确图书情报事业的战略地位和作用。

通过以上的论述，可以得出这样的结论：我国图书情报事业是一个庞大的具有生产性的产业群体。

三、围绕服务搞经营，在经营中求发展

实践已经证明，发展图书情报事业，单靠政府拨款是远远不够的，必须开拓更多的经费来源。这几年图书情报部门所开展的有偿服务和经营活动，虽然取得了一定的经济效益，但这种通过有偿服务所获得

的经济回报仍难以适应图书情报事业发展的需要。面对这种严峻的形势，我认为必须大力开发馆藏文献信息资源，闯入信息服务业这个市场。随着市场经济的发展，使得企业家渴求变幻莫测的信息。这实际上等于给图书情报部门开拓了广阔的信息市场，图书情报部门正可以利用自己得天独厚的优越条件，按照企业家的要求，从丰富的馆藏文献中把有用的信息提炼出来，办起信息公司、咨询中心。这样就有可能闯出一条既为市场发展服务，又靠市场来发展自己的新路子。

信息服务业是信息产业的一个组成部分。它可以分为软件开发产业、信息处理服务产业、信息提供服务产业。图书情报机构开展信息服务，要明确服务的方向、内容和方式。从服务方向来说，就是要紧紧围绕经济建设这个中心，自觉地服务于经济建设这个全局。服务内容的确定，一要符合社会需要，结合本地区经济建设的重点和格局来考虑；二要立足于本单位实际，结合馆藏特色和人才优势来考虑，从而确定自己的主攻目标，深化服务内容，不断扩大服务领域。服务的方式应力求多样，可根据用户的需求，确定题目，定期为用户提供文献信息；可创办信息咨询公司，开展科技、商情、金融等方面的情报检索服务；可结合本地区的经济热点开办专题阅览室，有针对性提供最新信息；可走向社会，与研究机构、学术团体、生产厂家、经济实体建立广泛联系，建立跨系统、跨行业的信息网络；可代查、代译、复制国内外文献资料；可为各类型图书馆提供优质的软件产品等。在这方面，应创造更多更有效的服务方式。

当今中国的科技界、教育界、文化界乃至整个知识界都正在寻找与市场经济的最佳结合点。图书情报机构怎么办？我认为应利用文献丰富，知识密集的优势，为市场经济提供全方位、高品质的信息服务和智力服务，让知识与信息作为一种特殊的商品汇入社会主义市场经济的洪流中。围绕服务搞经营，在经营中求发展，这是今后图书情报事业的价值取向。

四、图书馆学、情报学教育的新使命

为信息产业培养又红又专的专门人才信息产业的崛起，信息技术在图书情报工作中的广泛应用，使传统图书馆学、情报学教育面临着深刻危机和新的挑战。从70年代末开始，西方的图书馆学、情报学教育出现萎缩。1978—1992年间，仅美国就有14所院校关闭或暂停招生，其中包括历史悠久的哥伦比亚大学图书馆服务学院和芝加哥大学图书馆学研究生院。近年来，我们国内一些院校的图书情报学系，也遇到与美国相类似的情况。有的院校生源不足，招生人数连年下降；有的院校毕业生难以找到接收单位，纷纷另谋其他职业；有的院校在校生人数很少，濒临关闭。是什么原因促使图书馆学、情报学教育面临日渐衰退的趋势呢？一些美国学者都把原因归咎于经费不足。我认为，更深层的原因在于培养目标、规格、教学内容不适应社会对人才的需求。事实上，美国图书馆学、情报学界的一些有识之士已经察觉到这一点。例如，M. 凯尼格认为：图书情报院校应当正视商业管理学院信息专业教育所带来的竞争形势，采取积极合作的态度；B. 鲁宾认为：信息时代的社会问题及其解决办法已超越了传统的学科界限，要把图书情报教育与计算机科学、商业管理、工程技术等专业的信息教育联合成一个“信息教育共同体。”R. 海斯认为：图书情报教育应该在四个层次上培养人才：情报专家、情报系统管理者、情报系统设计者、情报学家；E. 霍利指出：图书馆不需要专业理论家，而是需要掌握了现代信息技术的实干家。

根据当代图书情报事业的发展态势，我认为图书馆学、情报学、工商管理、计算机科学、通信工程学和传播学等与信息领域有关的学科将构成一个信息科学群，原有的图书馆学、情报学教育将转向能在社会各部门从事信息管理工作的信息专业教育。如果这种构思能够成立的话，那么现在国内一些院校，将原有的“图书馆学情报学系”更名为“信息管理系”则是无可厚非了。这种更名，不仅正视当前的现实，而且也预示着未来的发展前景。信息管理系的毕业生，包括本科生、硕士生，不只是面向图书馆和科技信息部门，而且应向整个信息产业扩展和延伸。

信息产业就狭义而言，包括计算机产业、信息服务业、信息通信产业。它可以分为社会经济信息处理系统、公用文献信息服务系统、新闻出版发行教育舆论信息系统、信息服务系统、科技信息咨询服务系统、信息产业支撑系统和信息教育培训系统等。高等院校信息管理系的毕业生，应该向上述各个系统伸展。也就是说，我们应为信息产业培养又红又专的专门人才。这样，我们办学的路子就会越走越宽广，高等图书馆学、情报学教育在社会结构中的地位和作用就会越来越重要。

更改系名，不仅表明培养目标和规格的改变，而且也意味着教学计划与课程设置的变化。为了培养信息产业所需的专门人才，拓宽专业面和学生的社会适应能力，我们就要下决心、花气力调整和改革现行的课程结构和体系。从整体上看，现行的课程结构和体系显得陈旧，与培养信息产业所需的专门人才不相适应。但在重新构建课程体系时又不能不面对现实。当代科学，实际上分为基础理论和应用理论两部分；技术也分为应用开发和生产转化两个环节。因此，我主张图书馆学、情报学也应按对象范畴的不同划分为基础理论研究、应用理论研究、应用技术开发和生产技术实践四个层次。应当承认图书馆学、情报学的经验性特征。我们要积极地从经验和技术中发现新问题，利用知识科学、思维科学的成果，丰富图书馆学、情报学的科学理论，使之成为信息科学群中当之无愧、不可缺少的重要组成部分。

调整、改革本科生课程体系的基本思路是：①增设信息科学方面的课程，例如“信息服务与信息市场”“信息系统的设计与评价”“数据库建设与服务”“信息资源与多媒体”“信息加工与管理”“信息咨询”“信息技术与信息服务”“图书馆自动化系统”等。② 减少专业必修课，扩大专业选修课。这有利于学生掌握较宽厚的专业基础知识，增强学生毕业后对社会的适应能力。③注重课程设置的系统性，必修课之间、必修课与选修课之间应衔接配套，形成一个较完善的课程体系。④ 注重计算机与情报技术课，专业重点应偏向计算机。另外还应加强管理课的教学，使学生深入系统地掌握管理技能，这有利于学生毕业后在信息服务方面发挥自己的才干。⑤文化基础课的覆盖面应宽广些，这有利于学生掌握宽厚的文化科学知识。⑥压缩、合并、撤销一些传统课程。

上述设想是否可行呢？回答是肯定的。随着社会信息化的发展，图书馆学、情报学教学内容必然面临着转型问题，即对原有课程做较大调整，向信息科学倾斜。1982 年美国信息学会（ASIS）教育专业组对全美 144 个各种水平的信息科学教育计划所做的调查表明，图书馆学院开设的信息科学教育计划占总数的 50.7%，计算机科学系占 25.0%，教育学系占 12.5%，工程学系占 5.5%，商业系占 3.5%，通信、医学、生物学共占 2.8%。这组数据表明，美国图书馆学院仍是培养信息专业人才的主要基地。信息技术对图书馆学、情报学教育已经产生而且必将产生更加重大的影响，如果我们继续把培养目标局限于图书馆这个狭小的就业天地，那将是坐失良机。只有不断拓宽专业范围，充实教学内容，培养信息产业所需的专门人才，才能真正使图书馆学、情报学教育面向现代化，面向未来。

参考文献

[1] 岳剑波．走向信息时代的图书馆学情报学教育[J]．中国图书馆学报，1993(2)：67—73.

[2]赖茂生．日本图书馆学情报学教育分析比较[J]．中国图书馆学报，1993(2)：61—66.

[3]马费成．挑战、机会与未来：信息化与图书情报学新使命[J]．图书情报论坛，1993(1)：2—4.

[4]陈剑光．美国信息社会的发展与图书馆学教育模式的转移[J]．图书馆理论与实践，1993(2)：6—8.

[5]张晓译，赖叔昌等校．美国情报科学教育的特点与课程设置(二)[J]．国外情报科学，1987(3)：32.

坚持标准　严格要求
努力提高研究生培养质量*

改革开放以来，北京大学信息管理系的研究生教育有了很大发展。在校生人数成倍增长，培养质量逐步提高，毕业生在工作岗位上为图书馆事业和科技情报事业做出了贡献。

十五年来，我们遵循国家的有关规定，对研究生的培养，采取理论学习和科学研究相结合，导师个别指导和教研室集体培养相结合的方法。学习以自学为主，配合导师的授课和作业检查。既要充分发挥导师的指导作用，又要发挥研究生的主观能动性；既要使研究生深入掌握基础理论和专门知识，又要使研究生掌握科学研究的基本方法和技能。应该说通过十多年的摸索，我们在招生、培养及学位工作等方面，都做了一些很有益的工作，积累了一些有成效的经验。为了使研究生教育在改革中不断前进，在前进中

---

* 原载《图书馆工作与研究》，1994 年第 2 期。此文是北京大学信息管理系吴慰慈先生于 1993 年 12 月 14 日在上海首届海峡两岸暨香港地区图书资讯学术研讨会上的发言。

不断改革，真正走出一条有中国特色的培养高层次专门人才的路子，我想对这些经验做一初步总结。偏颇之处，请同行专家批评指正。

一、采取措施，提高研究生入学新生的全面素质

恢复研究生招生制度以后，在几年的实践中反映出这样一个事实：1982 年以前录取的几届研究生，学风端正，学习刻苦，动手能力较强，政治素质好；1983 年以后的几届研究生全面素质有所下降。分析其原因，一些导师认为主要是前者多是有一定实践经验的在职人员，后者则主要是从校门到校门的应届本科毕业生。这个事实给我们的启示是：图书馆学和情报学作为应用性和实际技能要求比较强的学科专业，应适当多招收有一定实践经验的优秀在职人员。从 1984 年起，我们开始注意这个问题。在以后历年的招生录取工作中，我们把研究生选拔的注意力，由重视应届大学本科毕业生转向优秀在职人员，逐步扩大招收在职人员的比例。采取的具体措施是调整考生来源，改进招考办法，注重能力的考查，对有一定工作年限的优秀在职人员，实行推荐和单独考试录取；推荐优秀应届本科毕业生免试入学，鼓励大学应届本科毕业生被录取为研究生后，先走上社会工作一段时间，经过 1—2 年的实际锻炼再入学学习；试行跨学科专业招生。随着先进技术手段在图书情报工作中的广泛应用，使图书馆学、情报学与基础科学之间越来越紧密地结合起来，这就需要对入学研究生的知识结构、智能结构有新的要求。跨学科专业招生不仅发挥了综合性院校学生基础理论较为宽广、专业知识较为扎实的优势，而且还有利于交叉学科、边缘学科和新兴学科的发展。我们根据北京大学在录取工作中制定的政策和规定，认真做好这部分考生的录取工作，从而改变了过去从校门到校门的"单一化"模式，这些年录取的研究生中，在职

人员、免试生和通过单独考试录取的学生大约占到录取总人数的30%，入学研究生的素质得到了提高。

二、加强基础训练，注重研究生的能力培养

研究生教育是大学本科后高一层次的教育，它主要培养在图书情报方面具有坚实的基础理论，系统的专门知识，将来能够独立担负教学、科研和处理图书情报技术问题的专门人才。研究生的学习是在导师指导下的强化性学习，根据研究生的培养目标和要求，研究生培养工作必须坚持理论联系实际的原则，在学习与研究的实践中得到严格训练和提高能力。研究生学习过程中的实践，主要是教学实践和科研实践。教学实践是研究生提高独立工作能力和组织能力，并在实践中面向学生，接触学生。参加教学第一线的工作，有利于研究生的培养和提高，也有利于在实践中考查研究生的能力。科研实践主要是提高科研素质，掌握科学研究工作的一般技能和方法，为将来独立担负科研任务打下基础。所以，我们对研究生教育过程中的实践环节非常重视，并严格要求，使研究生在“实践”中得到提高。

三、明确培养目标，建立一套完整的研究生课程体系

我系图书馆学专业硕士生学制，过去是两年半，现改为三年(在职硕士研究生为四年)。目标是培养在图书馆学方面掌握坚实的基础理论和系统的专门知识，能从事科学研究、高等学校教学工作以及各类图书馆的研究和管理工作的专门人才。要求学生德智体全面发展，具有良好的科学素养，掌握图书馆学的基本理论、基本知识和基本技能，特别是掌握以计算机为主体的现代技术手段进行各项文献信息管理，学生毕业后能适应在图书馆、情报机构、信息咨询机构和高等学

校从事文献信息管理、科研、教学和实际工作。

根据上述培养目标和具体要求，我系为硕士生开设的必修课、限制性选修课、非限制性选修课共计26门。应修满的总学分数分为A、B两组：A组（按本专业要求录取的硕士生），为38学分；B组（按其他专业要求录取的硕士生），为40学分。此外，学生根据自己的志向，还可选修其他系科的专业课程。在完成生产实习和社会实践后进行毕业论文的撰写工作。毕业论文通过答辩后，方可授予硕士学位。

建立硕士研究生课程体系的指导思想是：把硕士学位看成是学士、硕士、博士三级学位中的一个重要的独立层次。硕士生按二级学科的口径培养，这就改变了过去仅仅根据导师课题方向决定选课的状况，使学生有深厚的专业基础，较宽的知识覆盖面。在硕士研究生阶段，图书馆学专业有三个研究方向：（1）图书馆学（理论与实践）；（2）图书馆学（文献组织与利用）；（3）图书馆学（目录学理论与方法）。课程设置除学校统一规定的马列主义理论课和第一外国语两门必修课外，我们规定在文献交流引论、文献资源建设专论、图书馆学、情报学文献源、分类法研究、中国目录学史、情报检索语言、中国近现代图书馆学理论研究七门基础课中至少选修3—4门作为必修课。同时考虑到不同研究方向的专业基础，从西文工具书专论、中国书史专题研究、年鉴学概论、方志研究或现代目录学、马列主义文献学、图书馆管理研究、科学活动与科研方法等限制性选修课中挑选4门作为限选课，并从学分上保证必修课和限制性选修课的落实，为研究生在硕士阶段打下坚实的基础提供组织管理上的保证。另外，为了使学生能得到主动、活泼的发展以及进行科学研究的需要，我们还开设了非限制性选修课；为了有利于边缘学科的发展和扩展学生的知识面，还允许硕士生选修外系的相关课程。这样，就使硕士生课程设置有了必要的规范，合理的结构层次和一定的灵活性。

为了活跃研究生的学术思想，培养他们独立地进行科学研究的能力，很多硕士生课程都增加了课堂讨论（Seminar）这个教学环节。例如，周文骏教授主持的“文献交流引论”课堂讨论，王万宗教授主持的“知识问题研究”课堂讨论，以及我自己所主讲的“文献资源建设专论”这门必修课，每次都指定一名或数名硕士生做重点报告，由全体听课人员提问并一起讨论。这种形式化较活泼的课堂讨论，内容新颖，论述深刻，互教互学，深受研究生的欢迎，普遍反映收获较大。他们认为讨论班形式的教学，开阔了视野，能不断了解本学科的一些最新发展和动态；培养了科学研究能力，包括查阅文献的能力，分析总结、归纳加工文献资料的能力，写作论文、报告成果的能力，查阅专业外文文献资料的能力等。同时，我们还积极组织研究生参加校内外各种学术活动，目前他们已成为我系积极参加学术活动、学术思想活跃的一支生力军。

在教学活动中，处理好必修课与选修课的关系是至关重要的。选修课过少对于培养高层次人才是不利的。从我系招收的研究生情况看，他们入学前在知识结构上存在一些不合理现象，需要通过多开选修课来补救，研究生按自己的需要来选择。更重要的是，时代在发展，新的学科不断出现，为此需要不断增加新的课程，紧跟时代的步伐，以满足研究生不断更新知识和追求新知识的要求。我们在处理必修课与选修课的关系时采取的原则是：必修课力求少而精，选修课力求“多品种”。

四、发挥群体力量培养硕士研究生

要培养出高质量的研究生，单靠导师一人的力量是不够的，必须发挥群体力量并争取有关方面的协作和配合。在这方面，我们的主要做法是：

1. 发挥教研室的作用：我所在的图书馆学教研室有六位教授，三位副教授，四名博士生。现在，他们都在指导硕士研究生或担任硕士生的部分教学工作。我们把培养硕士研究生作为教研室的一项重点工作，教研室在培养研究生工作方面的主要职责是：组织制定研究生专业培养方案；审查每个研究生的培养计划，年度学习计划和毕业论文题目；组织有关人员协助导师进行培养工作；定期检查研究生的学习情况，并听取导师关于培养研究生工作情况的报告；组织讨论并总结研究生培养工作。

2. 用大力量抓教材建设：教材对任何层次的教育都是必要和重要的。近几年来，我们用很大力量抓教材建设。迄今为止，我们已在教研室范围内组织精干力量编写出版了《国外社会科学工具书和参考工作》《图书馆学情报学文献源》《科技文献检索指导》《科学活动与科研方法》《文献计量学》《年鉴学》《嵌套字素编码法》《知识产权情报教程》《版本学》《应用目录学简明教程》等一批教材。

3. 科研与教学紧密结合，努力提高教学质量。研究生导师在进行教学的同时做了大量的科研工作，有的获得了北京市社会科学二等奖，有的获得了国家教委优秀教材奖，有的获得了北京大学科研成果奖。科研成果转化为教学内容，促进教学质量的提高。这些年给硕士生上课的实践，使我悟出了这样一个道理：一个教师在教学的各个环节中，不应满足于传授知识，而应着重培养硕士生如何思考问题、提出问题和解决问题。这里涉及科学上的继承和创新的关系。中国有一句古话："继往开来"。按我的理解，"继往"只应是一种手段，而不是目的，目的只能是"开来"。基于这点认识，我在给硕士生开课过程中，注意贯彻启发式的教学方式。任何一个新的概念和原理，总是在旧概念和原理与新的实验现象的矛盾中诞生的。给硕士研究生讲课，虽不必按照历史发展来讲，但必须充分展开这个矛盾，让学生自己去思考，自己去设想一个解决方案。即使错了或有片面性也不要紧，如果学生设想出来的方案与他人解决此矛盾的途径不一样，那就更应受到鼓励，因为科学上殊途同归的事例比比皆是。导师这样做，学生就不会在书本或现有理论面前顶礼膜拜，而是把科学理论看成发展着的东西。他们也就敢于在通过思考之后对现有理论或导师所讲的东西提出怀疑。我认为这对于培养有创造性的人才是至关重要的，也是应当提倡的新型的师生关系和科学严谨的学风。

从教学法来讲，导师的讲课内容应力求符合硕士研究生的认识过程。因此我认为必须坚持教学研究。这里既有教学法的研究，但更实质性的是教学内容的研究。对于大学硕士研究生导师来讲，很有必要在一些前沿领域进行科学研究。不做科研工作的导师是不可思议的。从事教学和科研，两者相互促进，相辅相成。导师如能使科研和教学密切结合，不但可以把课讲得更充实，也可以使教学内容不断更新。这对那些比较抽象的专业理论课程尤为必要。在两者结合得很好的情况下，可以使课程讲得精彩、生动，大大增进学生的学习兴趣。总之，指导硕士研究生，一定要把他们带到学科的前沿，使他们能适应学科发展的需要。

五、学位论文立足于独立科研能力的培养

《中华人民共和国学位条例》中规定，硕士研究生要具有从事科学研究和独立担负专门技术工作的能力。而高质量研究生的培养，与从事社会实践和实际能力的提高有密切关系。脱离实际闭门读书式的培

养方法，不仅和研究生的培养目标不适应，而且和科学、管理日新月异及更新知识的要求也不适应。所以，在研究生教育中，注重能力的培养，不断改善研究生的知识结构，提高研究生的智能，使研究生既掌握有用的知识，又有分析、解决理论和实际问题的能力；既有严谨的学风和科学态度，又有独立思考、勇于创新的开拓精神，是十分重要的。

硕士生撰写学位论文是一个十分重要的培养环节。对硕士生论文必须立足于使硕士生在论文阶段受到完整的、严格的科学研究训练。衡量硕士生论文的标准应包括选题合理、导师指导得法以及研究生本人勤奋努力三个基本方面。硕士学位论文，包括调查研究、搜集资料、拟定论文大纲、写作、答辩应有两个学期的有效工作量。坚持这一套程序和标准，硕士学位论文质量就有了一定的保证。

对硕士生学位论文的要求，是根据硕士生的培养目标制定的。我认为，对于硕士生培养的长远目标，应该是某个学科领域和地区范围内的学术骨干或业务骨干。根据这样的要求，硕士生的学位论文，其中工作量和难度是一个方面，而关键的是独立的科研能力以及论文的创新程度。

在我系，硕士生学位论文是要求硕士生独立地进行和完成的。导师有意识地培养他们的独立科研能力，为他们创造学术气氛，在选题、治学态度和方法上进行引导和启发；而对调研、搜集资料、结果分析、观点提出等论文写作的具体工作，就放手让硕士生自己多做，不插手过多，这就保证了他们独立科研能力的培养。论文选题是论文工作的起点，是培养研究生独立工作能力的一个重要环节，直接影响到论文的质量。论文题目必须结合本系的科研任务，要有较高的起点，有利于引导研究生进入本门学科发展的前沿，能体现较高的学术水平。在确定选题后，我对硕士生只把握三个关口：划定范围、确立体系、勾画轮廓。论文中涉及的事实要正确无误，数据要精确，并注明来源，结论要反复验证。

在硕士生写作学位论文的过程中，导师还应培养硕士生广泛获取和运用情报信息的能力。一是要使研究生懂得情报信息的类别和存取形式；二是要使研究生掌握一些正确获取情报信息的科学方法。因为现代科学技术的发展，其文献资料的出版量大得惊人，这既给研究生广泛获取情报信息提供了丰富的来源，同时也给准确地获取有用的情报信息带来了很大的困难。如果一个研究生不具备较强的获取和运用情报信息的能力，很可能在做别人做过的、对学科建设是毫无意义的工作。为了提高硕士生学位论文的质量，应鼓励硕士生早选题、早准备、早动手；导师应严把选题关、材料关、质量关，使硕士生的各种能力在学位论文阶段综合加以运用。

以上我讲了一些情况和体会，但我从心里感到研究生培养工作还有很多问题需要我们去探索、去解决。我希望今后能做得更好些，谨借此以自勉。讲得不妥之处，请批评指正。

面向21世纪的图书馆学教育探讨*

一、中国图书馆学教育的回顾

中国的图书馆学教育从20世纪20年代创建至今，已经走过了70余年的沧桑历程。据不完全统计，截止到1996年，全国有各类图书馆学情报学专业50多个，共培养本科生近3万人，专科生近5万人(主要是成人教育)，硕士生1000余人，1991年国内首次招收博士研究生，现有在读博士生近20人。图书馆学教育已逐步形成专科、本科和研究生教育层次完整的教育体系。

(一)单一的图书馆学教育

早期的图书馆学教育仅有图书馆学专业，以培养图书馆专门人才为主要目标，其课程体系基本上围绕图书馆业务工作和管理来规划。这种单一的办学模式一直持续到70年代末，虽然为图书馆事业发展培养了一批专业人才，然而，由于专业知识结构单一，难以适应多种类型图书馆对

* 原载《北京大学学报》信息管理系专刊1997年，本文与周庆山合写。

专门人才的需要。

(二)图书馆学教育与情报学教育的融合

情报学教育的崛起，对单一的图书馆学教育带来较大冲击。随着图书情报一体化的发展，图书馆学教育模式相应得到了调整和变革，逐步走上外延发展之路，培养目标由图书馆学专门人才的培养发展为培养图书情报、档案和编辑、出版发行等人才，教育结构有了很大改善。

(三)信息技术对图书馆学教育的影响

进入90年代以后，信息高速公路的浪潮席卷全球，图书馆事业开始步入网络化、电子化和数字化的新时代。正如台湾学者杨美华教授所言："图书馆将是一种概念而不再是一个地方。图书馆将会扮演一些新的角色，如信息公路上的加油站(Gas Station)、出版者(Publisher)、知识的领航员(Knowlege Navigator)等。"

信息技术在图书情报领域的广泛应用不仅改变了传统的图书馆模式，也改变了图书情报专业人员的工作模式和知识结构，从而对专业教育提出了更为严峻的挑战。美国许多专业教育机构的关闭、转型和变革，无不与信息技术的冲击和社会需求变化有很大关系。

在中国大陆，从1992年开始，北京大学图书馆学情报学系更名为信息管理系，随后，全国有26所大学图书馆学情报学系也更改了系名，以适应社会信息化和市场经济发展的挑战。目前，内地图书馆学情报学教育的改革已经进入实质性和结构性变革和调整阶段，随着改革的深化和完善，图书馆学教育将会获得更大的发展机遇。

二、走向信息时代的图书馆学教育

图书馆学教育在信息技术的影响和推动下发生了很大变化，不仅表现在更改院系的名称，更为重要的是对专业课程进行的全面调整。信息资源管理和服务人才的培养将逐步成为中国图书馆学教育深化改革、调整方向的重要目标。

作为多学科、多领域共同探讨的信息资源管理领域不仅有图书馆学、情报学界在探讨，经济管理、计算机等学界也在探讨。图书馆学教育也力求以此作为一个改革的突破口，面向信息产业和市场培养人才。

1996年5月，北京大学信息管理系开展了教学计划(包括本科和研究生)的修订工作，结合国家的需要和我系的具体情况，提出了学科建设和办学模式的发展方向，即面向大信息，面向IRM(信息资源管理)，面向信息技术应用，学科定位在信息资源的开发、服务、利用和管理等环节的教学与研究方面，在巩固和发展图书馆学传统优势的基础上，积极开拓新的研究领域，以适应信息时代的专业教育。

(一)信息时代专业人才的素质要求

图书馆学教育不仅要培养从事专业领域工作的基本理论和基本技能，还要从信息时代的背景下转变传统的应试教育观念，注重学生技能、素质和创造力的培养。

人才培养的方向不仅要注重对图书馆学基本理论和业务的教学和培养，还要面向信息资源管理，培养全面适应社会需求的复合型通才。从信息资源管理的角度看，要求专业人才应具备相应的知识结构、智力要素和技能素质。

信息资源管理人才的知识结构即应具有熟练的信息技术管理与应用的专业知识和相关知识，熟悉各种信息资源的采集、整序、传播与管理的基本原理和技术方法；智力要素是指要求专业人才具备对信息系统的选择、分析和预测能力，还要具备一定的创造能力，创造性地解决出现的各种问题；技能素质要求专业人才不仅具备完善的知识结构和突出的智力潜力，还需要熟练运用知识去解决问题，运用技术进行信息处理、分析与传播，开发新的信息产品，利用技术支持公司、企业和其他机构实现目标，帮助用户检索和利用信息资源。为了达到上述目标，有必要建立完善的信息教育体制，调整专业设置，修改教学大纲，加速专业课程建设和专业师资建设，而这一切都要求我们对图书馆学情报学的教育体制和内容进行重大调整。当然，这是一个渐进的过程，不是一朝一夕就能解决。

(二)图书馆学教育向信息研究与应用倾斜

信息化的冲击使图书馆学教育从狭窄的专业领域拓展到更为广阔的学科领域，图书馆学教育向信息研究与应用的渗透和拓展已是大势所趋。有的学者进而提出了图书馆学与情报学一体化，构建信息资源管理学科群的构想，将之作为当代图书馆学教育转型、改革的一个重要目标。如杨沛超教授指出：“图书情报教育改革，首选方向是拓宽专业面，实现真正意义上的‘图书情报一体化’，建设面向信息产业的应用性可持续发展的学科群——信息管理学科群。”当然，作为一个专业发展目标，其改革要本着继承与创新的原则积极稳妥地进行，这有待于进一步探讨和论证。

面对图书馆传统的“信息垄断”地位的逐步丧失和来自其他信息机构的竞争，图书馆不仅要提供传统的服务，更要在信息市场和服务中占有一席之地。为此，在教学内容上应当大量吸纳现代信息技术方法，增设与信息技术、研究与应用有关的课程，如“信息服务与市场”“信息系统的设计与评价”“数据库建设与服务”等。此外，要注重计算机技术及其他应用性课程的教学活动和实践活动。

图书馆学是实践性、应用性和技术性很强的学科，信息化的教育则更应强化应用现代技术手段来加强教学。为此，要建设相应的现代信息技术实验中心，如我系就建立了电子图书馆实验室，实验室的建设为教学提供了现代通信技术、视听技术及多媒体技术等条件，提高了办学效益和质量。

（三）摆正关系、均衡发展

关于图书馆学教育是一种职业教育还是专业教育在世界范围内有许多分歧，而理论教育与技术教育也因对图书馆员是否是专业人员抑或仅是一种职业的争论而畸轻或畸重。

自从1978年俄勒冈大学（University of Oregon）关闭了它的图书馆学校后，相继有许多美国的图书馆学校定向关闭的命运。许多学者分析关闭的原因时，提到了美国过分强调职业教育，忽视专业素养和理论教育是一个重要因素。甚至有些大学认为图书馆教育是一种职业学校，不应放在大学里。如哥伦比亚大学主管就认为："培训图书馆员从事职业性工作可以让公立学校去训练，私立大学应当更注重专业人员的培养。"创立于1887年的哥伦比亚大学图书馆管理学院由于未能处理好专业教育与职业教育的关系而关闭，值得我们从中吸取教训。

与此相反，我国的图书馆学教育具有明显的注重专业培养和理论教学的特征，即主要根据业务工作的需要培养掌握某种特定学科（专业）及其相关学科基础理论知识。由于过于强调学术理论，忽视职业技能和技术训练，同样面临严峻挑战。因此，要加强职业教育的力度，均衡发展；同时，也应避免过于强调图书馆学职业教育，忽视专业和理论教育，在强调职业技能训练的同时，也应重视对专业领域基本原理、理论的教学和专门研究人才的培养。

为了摆正关系，求得均衡发展，避免从一个极端走向另一个极端，就需要有层次地办学，即建立起从职业教育到专业教育的教育体系，在本科教学中侧重职业培养，在研究生教学中侧重专业和研究素养的培养，从而拉开层次，改变过去个别研究生课程重复本科生教学内容等不合理现象。总之，理论教学和技术教学，职业教育和专业教育两者不可偏废，应当均衡发展。

三、中国图书馆学教育改革的总体目标

中国图书馆学教育要逐步加深对培养目标、培养模式、规格、方法和课程结构的调整、规范和转化，其中重点是对培养目标的调整和课程结构的构建，以培养面向21世纪的复合型通才为目标，增强专业课程兼容性、适用性和应用性，完善专业课程结构和核心课程体系。

(一)培养面向21世纪的复合型通才

内地高等教育在新中国成立后依照苏联的专才培养模式培养了一批学有所长的专业人才，然而随着市场经济条件下毕业生分配双向选择和社会信息化对人才需求的变化，按传统的窄口径培养模式培养的人才由于其机动性和适应性不及通才模式灵活，因而难以适应社会需要。

美国培养专业人才的模式便是一种通才模式(或称宽口径模式)，这一模式培养目标较宽泛，强调职业和技能培养，使学生可以灵活适应市场。美国各图书馆学校针对迅速发展的信息服务业及时调整教学内容，从而使学生可以有更广阔的就业市场。正如美国一位图书馆学院院长所说："我们的许多课程包含了让学生在信息经纪业和其他非图书馆环境中做一个信息专业人员时所需要的知识、技能和观念。"

中国内地的图书馆学教育也正面临从计划经济向市场经济的过渡期，专业教育应适时调整人才培养模式，从而为毕业生创造更为广阔的就业机会和更为灵活的工作适应性。

（二）增强专业课程的适用性和应用性

世界图书馆学情报学教育日趋综合化、社会化。图书馆学情报学的教学内容大量吸纳社会科学和信息技术方法，在科技和人文之间融通，汲取其他如经济学、法学、社会学及信息科学等知识营养，派生出新的学科生长点。图书馆学情报学教育在日益信息化的社会有了更大的发展机遇，以文献信息、经济信息的收集、整理、加工、传播和服务为核心的教育内容面对经济建设主战场，为各类社会、经济信息人才的培养创造了良好条件，一些新的核心学科，如信息经济学、信息法学等的日趋成熟，不仅延伸了图书馆学、情报学教育的方向，更增强了学生对所学课程适应社会需要的灵活性和应用性。

增强专业课程适用性和应用性，就有必要对课程内容加以更新和优化，对于个别陈旧和不适应社会发展需要的课程要进行压缩、合并或撤销，建设一批新的核心课程。除了正式的课堂教学，还要加强社会实践和技术实验能力，增加实习次数，改进教学方法和手段。

（三）完善课程结构和核心课程体系

从整体上看，现行的专业课程基本结构存在的问题较多，比如课程体系较松散，结构不尽合理，必修课、选修课与相关课之间的系统性、整体性和逻辑关联性不够，有些课是因人设课，也有些课程之间交叉重复问题突出，核心课程中传统史论课比重较大，各大学之间课程体系不统一、不规范问题也较突出。上述问题亟须进行调整和规划，在构建课程结构和体系上要在新的培养目标和规格基础上构建出科学的课程结构和体系。核心课程的规划和完善也是当务之急，通过规划来更好地规范专业教育，明确方向和范围，从而使这一专业结构有共同的规范、标准和要求，并以此优化专业课程体系。

(四)提高专业兼容性和适应性

提高专业兼容性和适应性需要走专业融合道路，淡化专业，拓宽专业基础面，适度放宽培养面，在课程体系上增加选修课的比重。据调查，目前我国图书馆学专业课程体系中必修课比重过大，一般为60%—70%左右。而在美国，专业选修课比例较高，如哈佛大学，其选修课已超过50%。

许多高校专业教学点已开始在专业兼容性上进行大胆尝试，如增设图书发行、编辑学、大众传播学、经济信息管理及医学、农学信息管理专业，并从图书馆学与科技信息学专业的融合入手，拓宽专业面，提高学生公共选修课的比重，并逐步向统一化培养模式过渡。

当然，由于受教委招生体制上的限制和专业设置上的规定，目前图书馆学和科技情报学专业仍按文、理两个方向招生，分专业培养，但随着改革的不断深入。淡化并取消专业分割设置，拓宽专业基础，放宽培养口径必将会成为一种共识和目标。

四、构建面向21世纪的课程体系

(一)核心课程及其优化

核心课程是课程体系的主干，对稳定课程结构和规范专业方向有着重要作用。目前专业教育的宏观调控有待加强，各教学点课程设置随意性较强，缺少规范。因此，国家教委社科司于1992年11月分南、北两片先后在北京大学和武汉大学召开联席会议，确定了12门核心课程，它们是：(1)图书馆学概论；(2)文献编目；(3)文献分类法与主题法；(4)文献资源建设；(5)图书馆管理；(6)中国图书与图书馆史；(7)目录学；(8)社科文献咨询；(9)科技文献咨询；(10)文献管理自动化；(11)读者研究；(12)图书馆现代化技术。与之相类似，台湾相关专业系提出了被称为“共同必修专业科目”的13门核心课程，它们是：图书馆学导论、资讯科学导论、中文参考资料、电子计算机概论、西文参考资料、图书分类编目(中编)、目录学、非书资料(含视听资料管理)、图书分类编目(西编)、图书馆资料采访、图书馆实习、图书馆管理、图书馆自动化。

核心课程是专业课程的基本框架，它应当在整个课程体系中起核心和规范作用，其目的在于使学生具备专业基础知识和能力，为进一步深入学习专业技能提供坚实的基础。目前，核心课程的系统性和科学性尚有待于进一步加以定位、规划、构建和改进，核心课程如何体现图书馆学与情报学专业融合和向信息研究与应用方向的倾斜尚有待进一步强化。

(二)构建结构合理、优化的专业课程系统

随着图书馆学情报学教育改革的不断深化，构建科学合理的专业课程系统是当务之急。新的专业教育模式的确定，不应该仅仅是对传统教育体系的修改和补充，而是应该打破旧有课程体系的局限，在专业方向调整的基础上，建立与之相适应的更具活力的课程体系。

为了进一步明确教学改革的指导思想和原则，构建合理的课程体系，从1996年年初开始，北京大学信息管理系结合教学改革目标和原则，对专业教学计划进行了全面的修改。在修改过程中按照“区别对待，分类指导”的原则，提出了我系的培养目标为：具有信息资源管理、传播和服务的基本理论、知识和技能，能在各种信息机构和系统从事信息资源管理的专门人才。在培养模式上，主要采用分中有合的模式，分文、理科编制教学计划，文科的两个专业图书馆学和编辑学的教学计划合并为一个，拓宽专业面，切实加强全系性或跨专业的公共课和共同核心课，逐步实现把图书馆学、情报学和编辑学3个学科(专业)融合在信息管理学的框架中。

本着上述指导思想，在课程设置上，保留一些有优势的、有特色的基础课，并加以优化、更新，改造一批旧课程，加强与信息化和信息资源管理相关的课程，如信息政策、信息法和信息经济方面的课程以及适用性强的技术方法课，如网络技术等课程，此外，要加强文、理交叉和兼容。

本着上述原则，我系提出了本科和研究生的教学计划和培养方案。本科教学计划中的图书馆学、编辑学专业共计150学分，其中全校性公共必修课9门，共34学分；系级公共必修课和专业必修课17门，共67学分，主要有以下课程：计算机基础、程序设计语言、图书馆学基础、编辑出版概论、文献管理(文献编目、分类与主题)、信息存储与检索、编辑业务基础、信息服务与用户、中西文工具书、图书馆自动化基础、电子出版技术、中国图书出版史等。限制性选修课共计34学分，主要课程有：信息环境论、中国古代文献基础、中国文化史、普通目录学、信息法学、办公自动化、现代编辑排版基础、版本学、书评研究、广告学、图书馆管理、出版经营管理等。

科技情报专业本科教学计划中总学分也是150学分，其中全校性公共必修课8门，共计30学分，系级公共必修课和专业必修课15门，总计67学分，主要课程有：计算机原理、程序设计语言、信息管理概论、文献管理(文献编目、分类与主题)、信息法学、信息经济学、信息存储与检索、计算机网络、数据结构、信息服务与用户、管理信息系统、信息分析与决策、文献计量学等。限制性选修课共计37学分，主要课程有：信息科学基础、信息环境论、知识组织理论与技术、政务与经济信息管理、商情检索、专利与专利信息、企业经营与信息利用、决策分析、线性代数、微机应用基础、操作系统、数据库系统、通信原理、多媒体技术、办公自动化、媒体研究与管理、知识产权法、电子出版技术等。

在硕士研究生的培养方案中，图书馆专业分为4个研究方向，它们是：(1)图书馆学理论；(2)文献资源管理；(3)目录学；(4)文献学。应修学分40学分，其中必修课6门，主要有信息资源管理专论、图书馆学理论研究、中国目录学史、情报检索语言专题等，限选课共17门，主要课程有现代图书馆管理专题、文献交流引论、信息政策研究、比较图书馆学、图书馆评估、文献资源建设专论、国外分类法研究、图书馆目录研究、信息服务与用户研究专题、图书馆自动化专题、中国历史文献专论、年鉴研究等。

科技情报专业培养方案分5个研究方向：(1)情报学基本理论；(2)信息资源管理；(3)信息存储与检索；(4)信息技术应用；(5)咨询学。研究生应修学分40学分，其中必修课有5门，主要包括信息资源管理专论、现代情报检索理论与技术、情报检索语言专题等。限选课共有14门，主要包括人类信息理论研究、情报学基础理论研究、信息政策研究、信息经济学专题、信息服务与用户专题、文本自动分析与处理、信息系统分析与设计、图书馆自动化专题、咨询学理论与实务、文献交流引论等。

上述课程体系的规划和建设虽然取得了一定实效，初步达到了预定目标，但也有些矛盾和问题有待进一步得到解决，我们将在改革总体目标下，逐步完善和解决。

(三)课程体系规划的基本原则

对课程体系的构建要本着积极改革、稳步进行的原则，正确处理好核心课与相关课、传统课与新开课、理论课与实务课之间的关系。

1. 正确处理好教育规律与人才市场变化之间的关系。在教学活动中应遵循教育规律，保证稳定性和连贯性，不能盲目跟着市场走。教育培养的目标应当考虑到市场需求，同时也应当考虑其他综合因素，使人才市场与教学活动相互促进、均衡发展。

2. 正确处理好核心课程与相关课程的关系。核心课程与相关课程要成为课程体系中相互衔接、补充的组成部分。核心课程的比重不宜过大，如缺少必要弹性，从而制约专业基础面的扩展，必然会影响学生全面发展；此外，核心课程要进一步明确、完善和优化。

3. 处理好传统课与新开课的关系。目前图书馆学专业课程内容陈旧、交叉重复的问题较为突出，另一方面，有些新课缺乏与整体专业结构的有机联系，不利于知识结构的科学性和系统性。因此要根据专业培养目标、教学内容计划、课程总体结构加以认真评估。传统课要不断更新和优化，新开课也要不断完善和充实。

4. 正确处理理论课与实务课之间的关系。在专业课程结构上应当保证比例适当的理论课和实务课，并从过去注重理论课向注重技术、应用性的课程倾斜。因此，在教学实践中，既要以学科体系以及学科内在逻辑作为教学内容和框架，又要以培养复合型人才为目标，突破专业框架，构建综合化、整合性理论、应用与技术的教学体系。

参考文献

[1]马费成．我国图书馆学情报学教育的现状与发展[J]．图书情报工作，1996(1)：12—22.

[2]杨美华．大学图书馆与校园资讯系统的规划//澳门第一届国际图书馆专业人员研讨会论文集[C]，1995.12.

[3]田平，竺海康．信息资源管理(IRM)人才之研究，大学图书馆学报[J]．1996，14(5)：16—19.

[4]杨沛超．世界图书情报教育的发展潮流与中国图书情报教育改革走向[J]．大学图书馆学报，1996(5)：1—11.

[5]吴慰慈．社会信息化与图书馆学情报学教育的新使命[J]．图书馆工作与研究，1993(3)：11—14.

[6]赖鼎铭．图书馆学的哲学[M]．文华图书馆管理资讯股份有限公司，1993.5.

[7]周庆山．美国图书馆学情报学教育及对改革我国专业教育的启示[J]．山东图书馆季刊，1991(1)：58—60.

[8]金锋．我国图书馆学高等教育培养目标和课程设置的研究[D]．北大信息管理系硕士论文，1995.

[9]沈固朝．没有图书馆的图书馆员[J]．图书情报工作，1997(1)：29—34.

[10]王根顺，饶慧．论我国高校课程设置中存在的问题[J]．上海高教研究，1995(5)：59—62.

[11]杨沛超等．中国图书情报教育的发展历程与趋势[J]．图书与情报，1993(2)：29—32.

[12]高锦雪．图书资讯学教育课程之研究//图书馆学与资讯科学教育研讨会论文集[C]．台湾大学图书馆学系印行，1993.

[13]吴慰慈，周庆山．面向21世纪的图书馆学专业课程探讨[J]．大学图书馆学报，1996，14(5)：12—15.

二十二年教学工作回顾*

1973 年 10 月，我奉命调回北京大学图书馆学系(今信息管理系)任教。22 年来，我始终坚持在教学第一线，每年都为学生授课，既为本科生主讲“图书馆学概论”“图书馆藏书”等基础课，也为研究生开设“文献资源建设专论”“图书馆学情报学文献源”等专业课。

一

自 1977 年 9 月起，我开始独立承担“图书馆学概论”这门基础课的教学工作。当时这门课程是作为图书馆学专业的入门课开设的，即通过讲授使初学者对图书馆、图书馆工作、图书馆事业的全貌有一个基本的了解。这样做的结果，学生感到教学内容不能满足他们的求知欲望。他们认为，这门课程“内容单薄”“大都是介绍描述”“没有学科的理论高度”等。因而出现了“学生不愿学，教员很难教”的局面。这种情况也普遍存在于各校图书馆学系，有些学校索

* 原载《中国当代图书馆界名人成功之路》，武汉大学出版社，1996 年。

性取消了这门课程。究其原因恐怕是与这门学科本身发展的历史进程有关，在现实条件下，图书馆学尚处在技术方法描述阶段；从研究角度看，还没有为这门学科构筑起完整的理论体系，致使初学者学起来感到乏味、枯燥，引不起学习兴趣。

进入80年代以来，图书馆学整个学科朝着综合性方向发展，各相关学科相互渗透融合，由技术方法描述逐步地向理论思维升华。随着国家改革开放的深入，国外的一些图书馆学理论著作相继传入，谢拉的“社会认识论”、卡尔施泰特的“知识社会学”、布鲁克斯的“知识基础论”、米哈依洛夫的“交流系统论”等观点的传播，促使人们从宏观上去研究图书馆学领域中的理论问题。1983年，全国各高校图书馆学系基础课任课老师汇集长春，就图书馆学基础课教学内容进行研讨，会上发表的看法虽不完全一致，但大家都同意基础课应该向理论方面发展。在此以后的杭州会议、峨眉会议、庐山会议，与会者大都认为基础课应该提高理论教学层次。

在上述学术环境和背景下，我认为基础课教学内容必须反映当代图书馆学发展的潮流，努力促成由方法描述到理性思维的过渡，重视图书馆学基本理论和基本知识的教学。所以从1984年开始，在“图书馆学概论”教学大纲中明确地规定本课程不仅担负着专业启蒙教育的任务，其教学目的在于帮助学生运用正确的观点和方法，系统地掌握图书馆学基本理论和基本知识，弄清楚图书馆学研究范畴的过去、现状和未来趋向，为学习其他专业课奠定初步的理论基础。

为了使以上构想得到落实，我不断更新教学内容，努力提高课堂讲授的科学性和系统性，注意运用马克思主义哲学的基本观点，去分析图书馆学范畴中的一些基本问题。例如，在讲解图书馆学研究对象时，我运用马克思主义的矛盾学说，具体分析了“矛盾说”“规律说”的内涵；在分析图书馆藏书的属性时，则运用物质观和意识观，具体地分析了“藏书的二重性”；在讲到图书馆管理问题时，运用质量观剖析了“目标管理的效益”等问题。任何理论思维都必须进行抽象，在基础课教学中，如何处理“具体—抽象”的关系，确实是一个棘手的问题。我在教学中摸索出的做法有三点：①保持教学内容的先进性。图书馆学正处在发展时期，为使学生跟上图书馆学基础理论的新发展，教学内容要力求有新意和理论深度。主讲教师本人应努力掌握新知识，了解新动向，要把新材料、新观点吸收到教学中来，不断充实和更新教学内容。②本课程侧重理论，但要防止空泛地讲道理。理论问题的讲解和阐释要有理有据，尽量讲得具体、切实，使理论落到实处，让它管用，增强教学内容的实用性。③要特别重视讲课的条理性。整个课程应该有个清晰的条理，课程中的每一章，每一节，直至每一次课的内容，也都应有一个清晰的条理。在讲授每一部分之前，先给出这一部分的纲，每一部分讲解完毕后再进行小结，用一条清楚的线把整个内容串联起来。这样不仅有助于学生掌握课程内容，而且有助于训练学生思维条理化。

通过10年努力，本课程的内容有了新的变化，形成了以基本理论和基本知识为骨架的教学新布局。这种转变有这样几个优点：①继承和发扬了我系基础课教学与研究的传统优势，有利于培养具有宽厚基础和“后劲”的图书馆专业人才；②有利于调动学生学习积极性，培养学生对图书馆学理论问题的兴趣，改变了以往那种“学生不爱学，教师很难教”的局面；③基本消除了本课程与其他后续课程的交叉重复，保持了本课程与其他后续课程在教学内容上的衔接。

二

教学是一种创造性劳动，要想提高课堂讲授水平，教师必须踏踏实实地备好课。唯有备好课，才能讲好课。即使在对课程内容十分熟悉的情况下，我在给每届新生讲课之前，都重新写教案，不断修改和充实讲稿内容。

图书馆学基础课涉及面较宽，理论性较强，课堂教学很容易沉闷。为改变这种状况，我很注意造就一种“激活”的教学环境。学生不应一味地记笔记，而应该兴致盎然，思维活跃，从而提高听课效率，学会分析问题的思路和方法，保持对课上内容留下鲜明深刻的印象。为此，我在上课时注意以下几点：①根据“从特殊到一般再到特殊”的认识规律，讲解概念和新论点时尽可能由现象或案例出发，通过分析，引导学生上升到理性认识；②实施启发式教学，在课堂上通过提问、设问、反推等手段诱发学生的思路，归纳出正确的结论；③课堂讲授要力求生动，表述准确；④注意新旧知识的联系和重点的反复强调；⑤结合实际，每章留复习思考题，这些思考题可作为将来研究的课题；⑥每讲到新观点、新问题、新数据，都要讲明来源和出处，把自己获得新知的文献原原本本地告诉学生。

通过教学实践，我深深体会到：课堂教学绝不是照本宣科，也不应是简单重复的过程。教员要用自己的思想和语言尽量引导学生的思路，启发他们理解问题和进一步思考问题，培养学生严谨的治学态度和科学正确的价值观。要提高课堂讲授水平，我认为最重要的是要钻研教学内容。教学内容充实了，这门课就有可能站得住。做到这一点并不是一件容易的事情，教师要花上多年的艰苦劳动。为了搞好图书馆学基础课的教学，十多年来我写了 25 本教学讲稿，另外还积累了数十万字的研究资料，这些资料对丰富教学内容起到了明显的作用。

我还有一个体会，就是学科之间是相互关联的，一个教师如果不搞科研，不学习相关学科的知识，那是很难教好一门课的。我教的是“图书馆学概论”这门课，但这些年我也先后拜读了严怡民的《情报学概论》、辛希孟和孟广均的《图书情报工作概论》等著作；同时我还认真分析比较了图书馆学基础课的同类教材，如黄宗忠的《图书馆学导论》、宓浩的《图书馆学原理》、倪波和荀昌荣的《理论图书馆学教程》、金恩辉的《图书馆学引论》以及国外的同类著作，如 K. C. 哈里森的《图书馆学基础》、O. C. 丘巴梁的《普通图书馆学》、J. H. 谢拉的《图书馆学引论》、津田良诚的《图书馆情报学概论》等。阅读这些著作，我从中获益匪浅。多接触相关学科的教材和同一学科的不同教材，对我教学的深度和广度的扩展不无好处。

三

在教学实践中我还有一点体验，就是仅有完备的教材和充实的教学内容是不够的。要想取得较好的教学效果，还必须不断改进教学方法。我在教学中主要采取了以下一些措施：①做好讲课前的准备工作。上课前必看一遍讲稿，同时还翻阅有关的研究资料，力求对所讲的问题融会贯通，让学生知道对这个问题研究到什么程度，还需要进一步研究哪些问题；②尽量记熟讲稿纲要。做到在课堂上依靠大纲就可以讲述。学生最忌讳老师照本宣科，要把自己的眼睛从讲稿上解放出来；③注意语言表达。在讲课中注意突出重点，分清条理，掌握节奏，该快则快，该慢则慢。讲理论问题时逻辑表达合理，讲事实、数据时多启发学生的形象思维；④结合教学内容，加强实践环节，增强学生的感性知识；⑤教学中经常以提问、反问等方式，启发学生独立思考，培养学生分析问题的能力；⑥严格纪律。对课堂秩序、出勤率、考场纪律都严格要求，决不放松，共同营造优良的教风和学风氛围。

为了使教学能够跟上学科的发展，让学生多接触不同观点的同类教材是有益的。目前，国内公开出版的图书馆学基础课教材有 10 余种，从国外翻译过来的也有 4—5 种。在教学过程中，我都向学生做了推荐，这样做有助于扩大学生知识面。我认为无论哪一本教材都很难做到十全十美，也难以全面、系统地反映当代图书馆学的最新进展。教材的这种缺陷，只能靠任课教师的授课来弥补。教师讲课，特别是像图书馆学基础课这类的课程，必须有超出教材范围的内容，即对于那些人们关注的理论问题，教师都应有自己的具有时代气息的体会或论点。只有这样，讲课的内容才会丰满，教学效果才会好。如果只是简单地把教材内容复述一遍，必然引不起学生听课的兴趣。

四

1983 年，我开始指导硕士研究生。研究生教育是大学本科后高一层次的教育。它主要培养在图书情报方面具有坚实的基础理论，系统的专门知识，将来能够独立担负教学、科研和处理图书情报技术问题的专门人才。研究生的学习是在导师指导下的强化性学习，根据研究生的培养目标和要求，研究生培养工作必须坚持标准，严格要求，努力提高研究生培养质量。在这方面，我的体会有五点：①要采取措施，提高研究生入学新生的全面素质；②要加强基础训练，注意研究生的能力培养；③要明确培养目标，建立一套完整的研究生课程体系；④要发挥群体力量，加强对研究生指导工作；⑤学位论文应立足于独立科研能力的培养。

这些年给硕士生讲课的实践，使我悟出了这样一个道理：一个教师在教学的各个环节中，不应满足于传授知识，而应着重培养硕士生如何思考问题、提高问题和解决问题。从教学法来讲，导师的讲课内容应力求符合硕士研究生的认识过程。因此我认为必须坚持教学研究。这里既有教学法的研究，但更实质性的是教学内容的研究。任何一个新的概念和原理，总是在旧概念和原理与新的实验现象的矛盾中诞生的。给硕士研究生讲课，虽不必按照历史发展来讲，但必须充分展开这个矛盾，让学生自己去思考，自己去设计一个解决方案。即使有片面性也不要紧，如果学生设计出来的方案与他人解决此矛盾的途径不一样，那就更应该受到鼓励，因为科学上殊途同归的事例比比皆是。导师这样做，学生就不会在书本或现有理论面前顶礼膜拜，而是把科学理论看成发展着的东西。他们也就敢于在通过思考之后对现有理论或导师所讲的内容提出质疑。我认为这对于培养有创造性的人才是至关重要的。

高质量研究生的培养，与社会实践能力的培养有密切关系。所以，我对研究生教育过程中的实践环节非常重视，既安排他们参加教学第一线的工作，也组织他们参与课题研究。如果条件许可，还让他们进行专题社会调研。

硕士生撰写学位论文是一个十分重要的培养环节，对硕士学位论文必须立足于使硕士生在论文撰写阶段受到严格的科学研究训练。可是，近年来硕士生的毕业论文写作水平有所下降，毕业论文不能通过的数量也有增加。我认为目前这种状况存在两个方面的问题，一方面是论文写作本身的问题，另一方面则是影响现在的学生投入精力写论文的客观条件，而后者更为严重。毕业论文答辩时间是每年的 6 月份，而此前正是毕业生择业最为紧张的阶段，论文写作一般都处于停顿或半停顿状态。我不能责怪学生，他们的确有难处。我认为学校可以把论文写作时间适当提前，让学生早定题目，早投入写作，争取在第 3 年的春节前拿出论文的初稿，这样最后一个学期就可以在修改论文的间隙从容地找工作。

当然，客观条件是一方面，怎样写好一篇毕业论文，关键不在于“写”这方面。我认为写好一篇毕业论文要着重以下几点：①论文选题要有很好的开题论证，论证自己的选题在本学科发展中的位置，在理论探讨和实际应用方面的意义及可能做出的贡献；②文献回顾，对于选题范围内的研究文献作一个系统和批判性的综述。研究生必须对自己研究领域的概况有清楚的认识。前人已取得哪些成果，目前该领域发展的最新动态，这样才能找准有价值的关注点，发前人所未发，真正做出一点促进学科进步的研究工作；③构造自己论文的理论框架。这是论文的骨干，要力争提出新的思路和观点，思路要清晰，要有新意；④选定研究方法。方法论如同论文的支点，没有支点，整篇论文就站不稳。研究方法若有重大缺陷，整个研究就失去意义；⑤研究的具体内容要有系统性、逻辑性，要层次清楚，论据充分；⑥最后一部分是结论，即简明扼要地综述一下整篇论文的主要发现和观点，说明当初的设计与实际研究情况的差距，分析研究方法中的缺陷与不足，说明论文在理论上所做的贡献，并提出这一选题的发展前景。

我在指导硕士学位论文的过程中，主要把住 3 个关口：确定选题、构造论文框架、选定研究方法。要求论文中涉及的事实要正确无误，数据要精确并注明来源，结论要反复验证。

五

我对自己 22 年教学工作做了片断的、不成系统的回顾。通过这次回顾，我有以下几点体验：①教师应该勤奋地耕耘在讲台上，每次上台前都要精心备课，都像第一次上台一样的认真对待，一丝不苟；每堂课都要使学生不但获得丰富的知识，而且能得到顿开茅塞的启迪。②教学成功与否的主要标志就是看能否使学生受到所讲课程的"感化"。这种"感化"不但能使学生学到本领和方法，更重要的是要使之树立为发展祖国的图书情报事业而献身的精神。③指导研究生，既要"管"得严，又要"放"得开。在重要环节和关键问题上，如基本理论的学习、基本技能的掌握、文献综述报告、涉及学风及科研道德等问题，导师应该"管"得严。"管""放"结合的培养方法，既有利于培养研究生严谨的科学态度及缜密的治学方法，又能促进研究生发挥自己的主动性和创造性，提高独立工作能力。④教学工作永无止境，作为一名大学教师，应该以创新的思维、坚实的基础、严谨的作风、勤奋的工作赢得学生的称誉，我愿以此来激励自己在教学岗位上奋斗不息、永远向前。

面向21世纪的图书馆学专业课程探讨*

有着70多年历史的中国图书馆学教育从一所专科学校(武昌文华图书馆专科学校)发展成为几十所高校专科、本科、研究生(硕士和博士)层次完整的教育体系。据不完全统计①，全国有各类图书馆学情报学专业50多个，共培养本科生近3万人，专科生近5万人(主要是中央广播电大和函授教育)。硕士研究生1000余人，1991年我国招收首届博士研究生，并于1994年毕业。应当说，图书馆学教育在90年代发展到了一个日趋成熟和完善的阶段。然而，随着市场经济体制的确立和社会信息化浪潮的冲击，图书馆学教育在这世纪之交的转折时期面临着严峻的挑战。如何深化改革，发展我国图书馆学专业教育成为一个重要的课题。而培养目标、培养模式、专业结构、课程体系则是深化教育改革的关键问题。

---

* 原载《大学图书馆学报》，1996年第5期，本文与周庆山合写。

① 马费成：《我国图书馆学情报学教育的现状与发展》，载《图书情报工作》，1996第1期，12～15页。

本文试以专业核心课程的规划设计为探讨中心，从转变专业培养模式出发，进一步对拓宽专业结构、优化课程加以讨论和评价，对专业课程规划的原则、方针和目标的落实提出理论构想和建议。

一、培养面向21世纪的复合型通才

人才培养是教育的根本目的。提高人才培养质量是学校的永恒主题。明确培养目标，找出一条适合中国国情的人才培养模式对于规划图书馆学专业课程，具有宏观指导意义。

在世界范围内，高等教育的培养模式不尽相同。大体上可以把它们分为两种基本模式，即专才模式(或称窄口径模式)和通才模式(或称宽口径模式)。

专才培养模式一般将专业设在二级学科或三级学科，培养目标明确对应于具体的职业或某一分支学科，学生知识面相对窄小，专业对口性较强。这种模式适应学生计划培养、计划分配的需要，可称之为“计划导向”。苏联是这种培养模式的典型代表。而通才培养模式则一般将专业设置在一级学科，培养目标较宽泛，本科教育并不担负培养专业人才的任务，将这一任务留给研究生教育承担。本科教育重在进行专业基础训练，学习多方面综合性课程，知识面宽广，学生择业范围广泛。这种模式适应学生自主择业的需要，可称之为“市场导向”。美国是这一模式的典型代表。

上述两种模式各有所长，我国高等教育在新中国成立后依照苏联的专才教育培养模式培养了一大批学有专长的专业人才。然而随着市场经济体制的确立和社会发展，专才培养模式已不再适应我国教育的要求，这一点在图书馆学教育上尤为突出。专才培养模式培养出的人才，其机动性和适应性不及通才模式灵活。图书馆学专业对于知识学习的要求宽泛灵活而且理论与实践应用并重，在实践中既要求专门知识，又要求多学科知识。正如美国学者威廉森所强调的那样，“大量的图书馆技术培训并不能使一个缺乏通才教育的人成为成功的图书馆员”①。我国图书馆学教育培养模式宜于以通才模式为发展方向，这既适合我国国情，也是教育发展的必然。原因有以下几方面：

(一)市场经济发展的需要

计划经济体制下建立起来的图书馆学培养模式与市场经济体制改革下对人才的需求之间产生了深刻的矛盾。据北京大学信息管理系毕业生调查表明②，1986—1988年，90%以上的毕业生分配在各类图书馆工作；1990—1992年，到图书馆工作的毕业生比例只占10%，1994年到图书馆和信息机构工作的各占8%，这说明我系经过改革，毕业生就业面越来越宽，适应性比过去增强了。由于实行“双向选择”制度，毕业生择业范围在扩大，但专业面窄的问题还没有从根本上得到解决，史论知识结构仍难以适应实际工作的需要，就业前景并不乐观。因此，有必要调整培养目标以适应社会经济发展的需要。美国图书馆协会(ALA)自1925年起担任对图书馆学院的鉴定工作，它强调：“通才教育是成功的图书馆学教育必备的条件”③。美国早期的图书馆学教育带有浓厚的职业教育色彩，但随着社会和市场对人才需求上的变化，有些学院因不适应形势被迫关闭，有些则及时调整并且转向信

① 陈剑光：《美国图书馆学教育思想初探》，载《图书情报工作》，1993年第4期，15～17页。

② 金锋：《我国图书馆学高等教育培养目标和课程设置的研究》，北京大学信息管理系硕士论文，1995。

③ 陈剑光：《美国图书馆学教育思想初探》，载《图书情报工作》，1993年第4期，15～17页。

息资源管理与信息技术应用方向。这一点值得我们借鉴。

（二）信息化社会的影响

人类社会正步入信息化社会，对通才的要求日益高涨，知识更新的周期在缩短，社会职业流动性在加快，从而大大增加了教育结构的弹性要求和从业者的适应性要求。图书馆事业将逐步走上信息高速公路，作为现代意义的图书馆正走向电子化和网络化，因此要求我们的专业教育结构应当更加综合化。

（三）教学改革上的必要性

经过几十年的努力，我国图书馆学专业结构和课程体系正在日趋成熟和完善。然而，在专业教育的诸多方面，尚存在一些问题，有些问题较为突出。有许多课程的适用性和应用性较差，对专业课程的基本结构和核心课程体系等专业教育的总体发展方向较为模糊，课程体系之间循序渐进和深化的逻辑体系不足。上述问题反映了对专业培养目标的盲目性和不适应性。只有对培养通才模式加以明确，才能使课程规划这一教改核心问题得到科学解决。

因此，为了适应信息社会和市场经济体制的要求，图书馆学专业教育要面向信息化社会、面向市场、面向实践，提高专业兼容性和适应性，不宜使教学内容局限在狭窄的业务理论范围之中，而要重新构建专业课程体系，以适应社会对复合型人才的需要。

二、构建结构合理、体系优化的专业课程系统

为了培养实用型和复合型人才，有必要对现有的专业结构加以调整，对课程设置加以规划，从而保证培养目标的落实和实现。不同的培养模式，对课程体系的规划、设计和组织也不尽相同。

专才培养模式的方向是培养专门人才，业务范围具体明确，因

此，其课程结构特点是，共同基础课、专业基础课、专业课有明确的计划和规定，三类课程的界限很明显，由“基础”向“专业”循序渐进。共同课和基础课范围相对较窄，比重较小，并且围绕具体专业设置。在学修方式上，各类课程严格按计划安排，学生选修的自由度较小，因此适应性较差。

与此相反，通才模式的目标是培养广泛适用性人才，因此，课程结构的特点是，共同课和基础课占的比重大，开设时间较长，专业课（专业基础课和专业课）比重相对较小，没有严格的限制。在学修方式上，允许学生在必修、限选和非限制选修课方面有较灵活的自由选择机会，通过提供给学生一定程度的选修自由，一般学生个人选修学分占总学分的比例可达30%—50%，其选修范围较为宽阔，可选本系、外系甚至外校的课程，这就可以使学生具有综合能力并与个人特长、兴趣、志向相一致的智能结构。

1995年召开的全国高校图书馆学系系主任联席会议对图书馆学专业课程问题进行了交流，并提出了12门核心课程。无独有偶，台湾相关专业系提出了与大陆相似的13门核心课程（称为“共同必修专业科目”）①，它们分别是：图书馆学导论、资讯科学导论、中文参考资料、电子计算机概论、西文参考资料、图书分类编目（中编）、目录学、非书资料（含视听资料管理）、图书分类编目（西编）、图书馆资料采访、图书馆实习、图书馆管理、图书馆自动化。

据不完全统计②，全国17所信息管理系主要有46门必修课、29

① 高锦雪：《图书资讯学教育课程之研究》，见《图书馆学与资讯科学教育研讨会论文集》，台湾大学图书馆学系印行，1993。

② 董小英：《我国图书馆学情报学教育的转型及其问题》，载《中国图书馆学报》，1996年第1期，28～36页。

门专业选修课和28门非专业选修课。其中必修课比重较大，基本上是以专才培养模式为目标设置的。从整体上看专业课程结构不甚合理，课程设置的有序化、系列化较差，课程之间的专业联系和课程体系上的逻辑性缺乏。可见，现有课程的构成尚不完整，有待于确定出一个科学合理的专业课程基本结构和框架，并以此为基础调整专业结构，深化课程体系改革，拓展专业基础。要实现这一点，有必要从以下几方面入手加以调整和改进：

1. 拓宽专业基础，淡化专业，走专业融合道路，在专业设置上按通才培养目标放宽口径。图书馆学专业教育应当突破把图书馆具体知识技能作为培养目标的狭窄范围，使学生在具有坚实基础的同时，具有广泛的知识面和全方位的应用技能。在培养方向上按一级学科设置专业，不分图书馆学和情报学专业，而将它们加以融合，使学生具有文理学科的兼容性。从而解决培养目标、课程体系业已形成的融合趋势与专业设置分割之间的矛盾，使学生在社会职业选择上更具灵活适应能力。

在课程设置方面，仍然存在着必修课偏多，选修课不足，限制选修使学生难于选修等问题。我国高校一般严格规定限选课与任选课的比例，任选课一般仅占选修课的三分之一左右。而在美国，专业选修比例较高，如哈佛大学，其选修课已超过50%①。图书馆学专业核心课程缺少必要弹性，相对比重较大，制约了专业基础面的扩展。这种课程结构不合理，核心课程体系尚待优化的状况，严重影响了学生全面发展，造成知识单一、狭窄，不适应灵活多样的人才市场，更无法

---

① 王根顺，饶慧：《论我国高校课程设置中存在的问题》，载《上海高教研究》，1995年第5期，59～62页。

应对跨世纪的挑战。以美国为例，伊利诺伊大学图书馆学院的图书馆基础课程仅占12%，而大量的选修课程，拓展了学生的专业面①。这一做法值得我们借鉴。

2. 更新课程内容，提供应用性、精当的现代知识与技能。目前图书馆学专业课程内容陈旧、保守，课程内容之间重复、交叉问题突出，缺少整体设计。有些课程已不再适应图书馆业务需要，有些“新兴课程”缺乏与专业结构的有机联系，不利于建立起学生科学合理的知识结构。因此，课程内容需以专业方向为目标，加以优化和更新，同时以基本专业结构为标准加以科学构建。

美国关闭了几所著名的图书馆学院，引起了强烈反响，这些学院的关闭原因较多，但教学内容的局限是一个重要因素。现代图书馆具有电子化、网络化特征，对专业人员的要求与传统图书馆学教育形成了一个突出的矛盾。美国一些专业院校已逐步修改教学内容，以显示课程内容的改变与人才培养的变化，并针对这一点，提出了修改教育内容的几个方面的要点②：

(1)记录性知识交流的结构与关系的衡量。

(2)图书馆宏观与微观控制管理与信息系统的设计与衡量。

(3)数据库的设计与应用开发。

(4)牵涉各式信息技术组合的实验与推展。

(5)基础研究的新构想、观念、理论或假设的求证，乃至图书馆与社会、哲学、管理的全面剖析。

---

① 陈修学：《美国的图书馆学课程》，载《图书馆学研究》，1986年第2期，80～82页。

② 周庆山：《美国图书情报学教育及对改革我国专业教育的启示》，载《山东图书馆季刊》，1991年第1期，58～60页。

总之，教学内容应当更新，但更重要的是要使学生的个人兴趣与学习内容相配合，鼓励学生在学习过程中积极思考，参与讨论，走向社会，加强学校与社会、理论与实践的联系。见习、实验以及新工艺新技术的开发能力的培养是教育中的重要环节，创办辅助教学的“实验图书馆”使之成为教学实践基地，使教学、科研、咨询服务有机结合起来，是加强实践性教学环节的重要方面。

综上所述，构建科学的专业体系是一个复杂的系统工程，从专业结构、教学内容以及教学方法上均应加以改进和提高，而这一切均应围绕着专业课程体系这一中心进行。同时，专业课程体系的规划也应以上述改革为原则加以优化。在优化专业课程体系方面，不仅要遵循一些准则，还应当协调和处理好以下几个方面的关系：

一是正确处理教育规律与人才市场变化之间的关系。在教育活动中，应当保证稳定性和连贯性，不能盲目跟着市场走。事实上，人才市场的发展变化与教育活动之间总是存在着许多的不协调因素，关键问题不在于单纯满足市场的需求，而是要在两者之间寻找到一种平衡。在图书馆专业活动的市场供求方面，不论是教育者还是用人单位均应时刻调整自己的目标和内容，从而保证两者相互促进，保持动态的稳定。在这一点上，我们既要大胆探索，勇于改革，又要谨慎稳妥，务求实效。

二是正确处理核心课程同相关课程之间的关系。核心课程是专业课程的基本框架，它应当在整个课程体系中起到核心作用，其目的在于使学生具备专业基本知识和能力，为进一步深入研究专门问题提供坚实基础。目前核心课程的系统性尚有待进一步加以定位、规划、构建和改进。与此同时，相关课程要与核心课程互相衔接，从而达到弥补、充实核心课程的目的。这样课程体系的结构就会平衡、合理。

三是处理好传统课与新开课之间的关系。随着课程体系的不断调整和优化，一些传统课由于不适应培养计划的需要，需要压缩、合并或取消，也有一些传统课要充实新内容，及时加以更新和修订。这一工作要根据专业培养目标、教学内容计划、课程总体结构加以认真评估和完成。新开课应当与专业结构相一致，与传统课之间保持一定的整体协调，不宜盲目上新课、赶时髦。传统课要不断更新，新开课也要使之不断深化、充实和成熟。

四是正确处理理论课与实务课的关系。专业课程结构中应当保持比例适当的理论课与实际应用课。既不能按职业培训的模式仅仅讲授实用课程，没有基础理论或理论系统性缺乏，更不能过于注重史、论一类课程，从而忽视了对学生全面素质的培养，忽略了应用型课程的设置比例。在教学实践中，既要以学科体系以及学科内在逻辑作为教学内容和框架，又要以培养复合型人才为目标，突破专业框架，构建综合化、多功能、多学科的理论、应用与技术三位一体的开放型教育体系。

21世纪即将来临，我们培养的是下个世纪的专业人才，因此，我们的课程规划也应是面向未来的，只有这样，才能迎接跨世纪的挑战。只有优化课程体系结构，合理组织专业人才的知识结构，加强实践性教育环节，将教育模式的重心从培养专才移向培养通才，才能使我们的专业人才真正能承担未来的使命。

加强指导　严格管理　确保学位授予质量*

21 世纪是全球信息化的时代，是知识经济占主导地位的时代，它将对图书馆学情报学教育提出新的更高的要求。目前我国图书馆学情报学研究生教育已具备一定的规模和基础，为研究新世纪研究生教育的新情况和新问题，进一步提高研究生教育的质量，为国家培养合格的高层次的信息化人才，中国科技情报学会在西安电子科技大学召开会议，讨论我国图书馆学情报学研究生教育现状和问题以及未来的发展战略，这不仅是必要的，而且是非常适时的。

我国图书馆学情报学的学位与研究生教育，经过 20 年的建设和发展，取得了令人瞩目的成绩，在高等学校和科研机构中建立了比较完善的学位授权体系。目前我国已有图书馆学硕士学位授权点 13 个、情报学硕士学位授权点 18 个、档案学硕士学位授权点 5 个；图书馆学博士学位授权点和情报学博士学位授权点各 3 个、档案学博士学位授权点 1 个。上述硕士、博士学位授权点所在的高校和科研机

* 原载《情报科学》，2000 年第 1 期。

构，共计培养了硕士研究生1000余人，博士研究生30余人，为国家各专业部门输送了一批高层次的人才。在培养研究生的实践中，我们积累了不少有益的经验，为进一步发展奠定了较好的基础。

尽管我们在学位授权的学科建设和高层次专门人才培养方面取得了一定的成绩，但也面临着一些突出的问题和矛盾，主要表现为：优秀的博士生源偏少，选择的余地不大；培养规格、类型仍欠丰富；博士生实验研究和创新能力的培养，总体上与国际先进水平相比还有较大差距；培养质量的保证和激励机制还不完备。在条件方面，普遍感到投入强度偏低，科研经费短缺，实验条件较差。在学位授权与研究生培养体系方面，存在着如何解决好相对集中与合理布局的矛盾；社会需求与培养条件的矛盾。对于发展中遇到的这些问题和矛盾，我们必须予以重视，认真研究，积极有效地加以解决。现就学位点建设与研究生培养讲四点意见，供大家参考。

认真贯彻落实国务院学位委员会第十七次会议精神。1999年5月10日至11日在北京召开的本次会议，审定通过了《国务院学位委员会1999年工作要点》《关于进行第八次博士、硕士学位授权审核工作的意见》；审议并批准了公共管理硕士、农业推广硕士和兽医专业学位设置方案；审议并批准了《关于增补少量学科评议组成员的意见》；对《中华人民共和国学位法（草案）》提出了进一步的修改意见。在这次会议上，李岚清副总理讲了两点意见；第一，学位工作要有利于人才的培养，特别是有利于高素质、高水平人才的培养；第二，学位工作要有利于科教体制改革，有利于与经济进一步紧密结合，有利于科技成果的转化；基础科学研究我们要搞，不搞科学技术就没有后劲；要大力搞好应用开发研究，并迅速转化为现实生产力；政策措施，观念转变，科技体制改革都要围绕“成果转化”做文章等等。陈至立部长讲：加强法规建设，做好将《中华人民共和国学位条例》修订为《中华人民共和国学位法》的工作；深化学位授权审核办法改革，形成新的学位授权审核机制；积极发展专业学位，大力培养高层次应用型、复合型人才；完善学位与研究生教育质量保证体系；促进和加强学位授予单位建设，切实保证和提高研究生培养和学位授予质量；贯彻落实《面向21世纪教育振兴行动计划》，该计划提出的实施“高层次创造性人才工程”、加强“211工程建设”、创建若干所具有世界先进水平的一流大学和一批一流学科，提高教师教育质量和办学效益等要求，都与学位与研究生教育密不可分。我们要以上述讲话作为学位授权点学科建设的指导思想，扎实工作，将学位与研究生教育带入21世纪。

严格管理，确保学位授予质量。发展研究生教育应更注重内涵发展，保证质量。否则，盲目扩大规模也可能是一种灾难。质量上不去，好事也会变成坏事。学位与研究生教育的首要问题是要把好质量关，确保学位授予质量。要严格管理，在管理过程中我们既要重视目标管理，又要重视过程管理。严格目标管理就是要严格坚持学位授予标准，申请学位者必须通过学位课程考试和学位论文答辩，对已达到学位授予标准者，由学位授予单位的学位评定委员会审核批准，方能授予学位，对不合格者绝对不能迁就。严格过程管理就是要严格培养过程和学位授予过程各个环节的管理。如果每个环节都能做到严格管理，那么最后的学位授予质量就有了保证。

重新考虑课程设置和培养模式。经过20多年的发展，我们基本完善了研究生教育体系，但系统地考虑不同层次人才的知识结构和能力结构还不够。研究生教育与本科生教育还没有统筹考虑，博士生课程与硕士生课程也存在着拉不开档次的问题。因此，我们应根据21

世纪对人才的要求和新的学科专业目录，系统考虑本科生、硕士生、博士生知识结构和能力结构，根据变化了的情况，重新考虑课程设置和培养模式。研究生教学方式上也存在着一定的应试教育倾向，这就需要我们进一步转变观念，改革教学方式，注重个性化教育，注重创新素质教育。

国家《高等教育法》中明确提出了鼓励高等学校与企事业单位在科学研究、技术开发等方面进行多种形式的合作，优势互补。我们应寻求与企事业单位间的多种合作形式，强调硕士生培养的实用性，让硕士生走出校门，走进企事业单位，置身于社会的实际环境，解决理论与实际相结合的问题；同时使他们的思想品德，社会实践能力、公关能力、团结协作能力得到锻炼和提高。博士生的创造性成果与世界先进水平相比还有较大的差距。我们应创造更加宽松的环境，更加活跃的学术氛围，建设更加现代化的研究条件，提高博士生培养质量。特别应鼓励博士生在未知的科学研究领域进行风险选题，大的风险选题，才可能有大的创造性。

加强指导，培养创新能力。导师的素质和学术水平是研究生培养中最关键的因素。目前培养研究生的创新能力最紧迫的工作是加强指导。加强对研究生的指导，应该从以下几个主要方面考虑：一是加强导师遴选，确保上岗导师质量；二是加强导师小组建设，小组成员与导师及其研究生从事相同或相近方向的科研工作，在知识结构上与导师有互补性；三是加强对研究生的科研指导；四是加强对研究生治学能力的指导，研究生的治学态度，治学方法、处理治学中各种矛盾的能力各不相同，这种能力对培养研究生的创新能力是至关重要的，因而在导师的指导工作中需要引起特别的重视。

在博士生培养过程中，必须强调学科前沿和学科间的交叉渗透。

学科前沿反映了当前学科发展的水平和发展方向，学科间的交叉渗透是科学发展的必然趋势。在博士生培养中，必须突出学科前沿和学科间的交叉渗透，拓宽基础、拓宽知识面，改善知识结构，增强适应性，改变“博士不博”的状况。

新技术革命对图书馆学情报学教育体系变革的影响*

现代化的信息环境及信息工作手段，以及社会对于信息工作的信息服务水平及管理质量的要求，对于图书馆及信息工作从业人员的知识结构和能力素质提出了更高的要求，进而对培养图书馆与信息工作人员的图书馆学情报学教育体系提出了挑战；同时，先进的信息技术和信息环境也对图书馆学情报学教育的发展提供了良好的机遇。

在新世纪到来之际，研究我国图书馆学情报学如何在教育体制、专业方向、培养目标、课程设置等方面进行深刻的变革，迎接新技术革命的挑战，在激烈的人才市场竞争中占据一席之地，是图书馆学情报学教育研究亟待解决的重要课题。

一、新技术革命对图书馆学情报学教育的挑战

(一)传统图书馆学情报学教育模式的困境

图书馆学情报学教育，产生于大工业社会，是适应近

* 原载《中国图书馆学报》，2000 年第 2 期，本文与董焱合写。

现代社会对图书馆工作与信息工作发展的要求而发展起来的。大工业专业分工合作的特点，导致近代科学专业化的发展路向，学科日益细分，相应地，专业化教育在教育体系中占据主导地位。图书馆学情报学教育遂随着图书馆、信息机构这些专业部门的设立和发展而建立，为其培养专业人才。特别在中国，由于50年代全面采用苏联的教育体制模式，专业细分现象尤其严重，教育体制中学科的设立主要按照行业部门进行划分，教育的培养目标是各行各业培养专业对口的适用人才。20世纪50—60年代我国图书馆学教育的培养目标即是为各类型图书馆培养工作人员。

“文革”结束后，我国经济、科学、教育和文化得到长足的发展，对经济、科学、教育和文化提供文献信息支持的图书馆与情报机构相应地也得到了快速增长。因而社会对于图书馆与情报人才的需求十分旺盛，引导教育资源投向图书馆学情报学教育，图书馆学情报学专业办学点由1978年前的2个增加到后来的50多个，一个由博士、硕士、本科、专科及成人教育组成的多层次、多形式办学体系正式形成。

如上所述，现行图书馆学情报学教育体制是建立在大工业社会专业细分、培养专业人才目标基础之上。并且，我国图书馆学情报学系的建立，受计划经济体制的深刻影响，由于宏观调控不力及贪大求全等办学思想的支配，办学单位在数量上增加过多过快，质量上却良莠不齐，使表面繁荣的我国图书馆学情报学教育掺杂了畸形发展的成分。由于缺乏市场机制的调控和引导，使得人才培养目标和教育内容上，都与社会需求有一定的距离。当新技术革命影响波及之时，这种矛盾便日益显现出来。

(二)新技术革命对于信息人才的要求

“(社会信息化的最显著的标志是)信息技术的发展及其在社会生活中的广泛应用。……社会信息化还表现在信息服务业的迅速发展。一批依托现代化电子信息技术的新兴行业如联机检索、数据库服务、数据处理、软件开发与维护、信息咨询服务等迅速成长起来。……信息技术与信息服务的大发展，对人类社会贮存与传递信息和知识的机构——图书馆产生了深刻的影响。它使得图书馆信息存贮与检索的媒体形式、信息处理与服务的技术手段及图书馆在信息传递中的作用都发生了重大的变化。因而对图书馆员和从事信息工作的专业人员的知识结构和专业技能不断提出新的要求。”①

信息社会最重的经济形态将是知识经济，知识经济的生产资料是以电子计算机为代表的信息技术，最基本的生产要素是知识和信息，信息生产成为信息社会最重要的生产部门。在信息社会，研究与发展同经济活动密不可分，懂得如何获得、处理与使用信息，并掌握经济管理技术成为21世纪知识经济所要求的人才的基本技能。

同时，由于信息活动已渗透到人类社会活动的各个领域，加之网络的发展削弱了图书馆、信息机构的信息中心地位，图书馆和信息机构在与其他行业的比较中社会地位不高，图书馆与信息机构已不再是相关专业毕业生的首选就业机构。

(三)教育理念的冲突

社会对于人才的需求，多着眼于专业化，要求专业对口，能快速适应职位的技能要求；而教育学专家、高校方面和教师则希望能够增

① 肖希明：《对我国图书馆学情报学教育改革的几点认识》，载《图书情报工作》，1997年第1期，第52～54页。

大具有终生学习能力的、知识面开阔、适应面广的通用型人才，不愿意高等教育变成职业培训。这两种理念的冲突长期存在，导致高等学校专业课程的设置与社会对于专业人才所要求的知识结构有较大的差异。

我国图书馆学情报学系为了拓展学生的知识面，较多地设置一些基础性课程，如数学、普通物理、化学或文学、历史等方面的课程，希望学生能够在图书馆学情报学技能之外，还能适应不同领域的信息服务。但由于上述课程是打基础的课程，其效用往往不能够在短时间内显现出来；由于专业课程设置不甚合理，开设的各种面向任务的技能性课程相对较少，用人单位反映毕业生到工作岗位后有一个较长的适应过程，使得用人单位更倾向于接受其他专业的毕业生，进行短期培训后上岗。

(四)市场需求(就业杠杆)的拉动

随着我国深化教育体制改革，教育资源的配置越来越多地依赖市场需求的调节，高等教育不再是无偿的公益事业，而是被视作个人的教育投资行为。

知识经济和信息产业的崛起，使得计算机、自动化、经济、金融、法律这些专业成为热门专业，社会对于这些专业毕业生需求旺盛，而文史哲等长线专业及社会评价较低的专业的毕业生在就业市场上遇到较大的困难。由于现在高校招生并轨，全部学生都需缴费上学，考生及其家长在专业选择上，必须考虑自己的投入能有最大的产出。因而，在学生尚未入学时，就已经定好了几年后的就业目标，在选择专业上必然选择市场需求旺盛的那些专业，而图书馆学情报学专业的考生相对减少。

(五)学科变化导致教育的变化

自1807年德国学者施莱廷格首先使用“图书馆学”这一术语，标志着图书馆学正式诞生以来，图书馆学的发展已有近二百年的历史。20世纪中叶从图书馆学中分化而独立的情报学的产生也已近半个世纪。二者有相同的学术渊源，学科的内在体系结构也十分相似，都是研究社会文献信息的收集、标引、整序、存储和提供的科学。因而二者相互交叉融合，亲缘关系密切。随着现代网络技术在图书馆及信息领域的广泛应用，图书馆学情报学一体化的进程大大加快了。

对于图书馆学情报学的生存与发展问题，存在不同意见。由于技术手段变化的影响，传统意义上的图书馆功能将发生变化，有人认为图书馆学情报学也面临着生存危机。但另外一些学者却认为，一门学科是否成立，主要取决于其研究对象的特殊性，它是界定一门学科区别于另一门学科的依据，而技术手段则从属于研究对象，它只丰富学科内容，而不会改变学科对象①。因而许多学者对图书馆学情报学在新世纪里能够存在并发展表示乐观。

但无论如何，图书馆学与情报学研究却不能不更多地关注技术层面的内容，以适应信息时代图书馆信息机构工作的要求。这样，在课程设置上，也引入了较多的技术类课程；同时，图书馆学研究内容与情报学研究内容出现了趋同的趋势，内容较为宽泛的情报学研究可以涵盖图书馆学的研究内容，因而在图书馆学课程设置上，更多地涉及情报学和现代信息技术方面的内容。由此，图书馆学本科教育存在的必要性受到了质疑。

---

① 陈光祚：《现代信息技术对文献情报学科群的影响》，载《中国图书馆学报》，1996年第4期，20～29页。

(六)图书馆信息机构工作变化的影响

传统图书馆与信息机构的工作主要是文献信息的收集、分类、标引、典藏、文献信息服务等。

随着技术手段的不断更新和应用，图书馆信息机构从手工服务，经过早期简单的自动化系统过渡到集成的管理系统，馆藏文献信息类型多样化，工作手段自动化，服务方式现代化。而虚拟图书馆的提出，使得图书馆的文献信息中心地位大大削弱，图书馆成为网络上的节点，与其他网络节点的地位相同，图书馆的许多功能被因特网所构成的巨大的信息网络所取代或增强，有些研究者甚至认为传统意义上的图书馆显现出消亡的趋势。图书馆要想不消亡并且在信息环境下得以长足发展，必须把握自身存在的内在依据，并且调整自身的发展策略，适应变化了的技术时代及环境。

这些变化使得网络时代的图书馆信息机构工作人员主要的工作任务有：网络信息的整序、网络信息的咨询服务、网络信息导航服务、电子信息制作及数字化图书馆建设等。

所以，未来图书馆信息机构的从业人员结构及其知识结构将有较大改变，需要掌握计算机与网络通信方面的知识，具有良好的外语水平，以及必要的经济学、管理学等专业知识和技能的人才。

二、图书馆学情报学培养目标及教育体制的转变

(一)人才培养目标和培养模式的转变

在图书馆学情报学人才培养模式上，历来存在着通才教育和专才教育两种意见。

通才教育观点认为，从事与文献信息工作相关的人员，要想提高信息服务水平，必须培养知识结构合理的“通才”。这种培养模式，希

望培养学识广博、有多种才能的百科全书式的人才，知识结构中所涉及的专业并不形成有机的整体。

专才教育则认为，大学本科培养时间有限，应主要用于专业知识的学习和技能的训练，培养具有坚实的外语、数学和计算机软件基础，掌握本专业基本理论、基本技能和专门知识的本领域的专门人才。有关研究指出：进入 90 年代以后，国外图书馆学情报学专业教育开始从“全才”教育转向“专才”教育，原因在于图书馆与信息机构需要大量具有专业特长的信息人才。但是中国的“专才”教育与国外的“专才”教育有所不同，中国主要指在图书馆学情报学的“专”，而国外则指非图书馆学情报学的“专”。为此，美国的情报学教育不仅开设新专业，而且还针对每个专业开设出若干个专业方向，使专业方向具体化①。

在新技术革命和市场经济发展的影响下，我国图书馆学情报学教育界在通才教育和专才教育两种观点之外，又提出复合型人才的培养目标。复合型人才是由两种或两种以上性质不同的专业教育复合而成的一种人才。这种人才可以克服单一专业教育所带来的某些弱点、不足或缺陷，发挥其各组合专业的优势，提高人才的综合能力。复合的目的是增强人才对社会的适应能力和竞争能力。它不仅要求在本专业的技能方面学有专长，还能掌握和运用与本专业相近、交叉、相关的专业的知识和技能②。

---

① 王知津：《信息管理专业复合型人才的培养》，载《图书情报工作》，1998 年第 7 期，45～47 页。

② 王知津：《信息管理专业复合型人才的培养》，载《图书情报工作》，1998 年第 7 期，45～47 页。

(二)传统教育适应现代化技术的转变

传统图书馆学研究文献的收集、整序、存贮与传递服务，信息机构研究信息的采集、整序、存贮与传递服务，在信息的层面上，图书馆的工作趋同于广义的信息工作。

一般学科的变革，是由本门学科的内核改变，导致主导知识变化而形成的，那么，现代图书馆学情报学是否已发生革命性的变革？应当讲，图书馆学情报学所发生的变化主要表现在新的技术手段被引入学科研究中，但图书馆学情报学研究信息的生产、收集、贮存、传递的内核未变，所以表现出较强的继承性特点。

核心内容，是一个学科独立存在的依据，有独特的研究领域，别的学科无法取代，图书馆学情报学的核心内容是知识组织与信息服务，这是图书馆学情报学区别于其他专业的本质要素。但技术的变革，使得图书馆学情报学的外围内容发生了较明显的变化，出现了新的知识点，新的研究对象，新的方法和新的研究课题，这说明图书馆学情报学正酝酿着变革。

为适应信息技术发展及其对信息工作的影响的现实，90 年代以来，我国的图书馆学情报学教育也加快了改革的步伐。

从 1992 年 9 月国家科委决定把“科技情报”一词更名为“科技信息”之后，全国 50 余所图书馆学系(图书情报系)绝大多数先后都改为“信息管理系”或与信息有关的名称，如“信息资源管理系”“信息产业学系”“信息技术与管理系”等等。有学者认为图书馆学系的更名，使得图书馆学的学科地位降低了，把图书馆从业人员的认识搞糊涂了，图书馆职业更加失去吸引力了①。

其实，这种图书馆学系的更名现象不仅仅发生在中国，在图书馆学情报学教育较发达的美国，1964 年匹兹堡大学图书馆学院更名为图书馆和信息学院，开更名之先河。截至 1990 年，ALA 认可的 60 所学校中有 25 所更名为“图书馆与信息学学院”，15 所更名为“图书馆学信息研究生院”等。至 1993 年，ALA 认可的 49 所美国学校中只有 5 所还保留着图书馆学院的称呼②。

这种院系更名的风潮，显示了图书馆学情报学教育内容的变化，以及对传统的图书馆学教育的否定。1979 年，美国俄勒冈大学图书馆学院关闭；1990 年，14 所图书馆信息学院正式宣布关闭，1992 年、1993 年，加州伯克莱分校和洛杉矶分校的图书馆信息学院正式宣布关闭③。这些美国图书馆信息学院停办，表明传统图书馆学情报学教育由于在教学内容等方面对时代变化不适应而面临被淘汰的危险。

从这个意义上，我们可以清醒地认识到传统图书馆学情报学面临的危机，以及图书馆学情报学教育工作者为改变这种状况所做的不懈努力。名称的改变，是实质性的变化，表明教学体系、教学内容等诸方面的变化。这种自 90 年代初期开始的变革的努力在 90 年代末期得到社会的认可和有关教育管理部门的承认。在近年内进行的高等学校

① 于鸣镝，初景利：《试评图书馆学系更名》，载《图书情报工作》，1998 年第 7 期，48～51 页。

② 王益明：《图书馆与信息技术：应用、影响和哲学思考》，北京大学博士论文，1995。

③ 王益明：《图书馆与信息技术：应用、影响和哲学思考》，北京大学博士论文，1995。

专业调整合并中，国家教育部用“信息管理与信息系统”专业归并所有与信息管理有关的系和专业，同时保留图书馆学系。

(三)新的教育体制的设想

在原国家教委主持和部署下，历时两年的高校本科专业调整工作已经结束。在国家教育部颁布的新专业目录中，信息管理专业更名为“信息管理与信息系统”，与图书馆学专业同属于管理学学科门类下。

信息管理与信息系统专业是由原专业目录中五个背景不同的专业，即科技情报专业、经济信息管理专业、信息学专业、管理信息系统专业、林业信息管理专业归并而成的。这些专业均有不同的学科背景，它们的发展历史，演进过程和现实状况也有很大的差异；由于历史和现实诸方面的原因，各校信息管理专业教育都面临着这样或那样的困难，在学科建设的组织和深化的道路上，经历着这样或那样的曲折。与此同时，为克服这些困难和曲折，各校在学科建设和教学改革上也都在进行着不懈的努力和艰辛的探索，取得了一些成果，积累了丰富的经验，为今后信息管理与信息系统教育的快速健康发展奠定了基础。

信息管理与信息系统专业的培养目标是：“培养具备现代管理学理论基础、计算机科学技术知识及应用能力，掌握系统思想和信息系统分析与设计方法以及信息管理学等方面的知识与能力，能在国家各级管理部门、工商企业、金融机构、科研单位等部门从事信息管理以及信息系统分析、设计、实施管理和评价等方面的高级专门人才。”要求“本专业学生学习经济、管理、数量分析方法、信息资源管理、计算机及信息系统方面的基本理论和基本知识，受到系统和设计方法以及信息管理方法的基本训练，具备综合运用所学知识分析和解决问题的基本能力。”①

图书馆学专业的培养目标则是“培养具备系统的图书馆学基本理论知识的有熟练地运用现代化技术手段收集、整理和开发利用文献信息的能力，能在图书馆情报机构和各类企事业单位的信息部门从事信息服务及管理工作的应用型、复合型图书馆高级专门人才。”要求“本专业学生主要学习图书馆学与信息管理的基本理论和基础知识，受到文献学、目录学、信息学、传播学、经济学等方面的基础训练，掌握文献信息搜集、处理研究、开发与传递的技能。”②

专业调整合并，培养目标和基本业务要求的变化，表明在信息技术革命的影响下，图书馆学情报学教育表现出社会适应能力增强、专业色彩弱化的特点。

教育部有关专业设置及主干课程文件的颁布，有利于加强对高等学校的行政管理和规范化办学。但需注意规范会滞后于技术的发展和市场需求的变化，也会削弱原先一些引进办学单位的特色，加剧同专业毕业生的竞争。1998 年 10 月，全国高校信息管理专业教育研讨会在河北大学召开，与会代表们达成共识，在遵守教育部颁布专业规范的同时，各校也应根据本专业的历史及专业特点，开设具有自身特点的课程，使各校毕业生既符合国家统一的规范，又具有各自的特点，以期在就业市场上有较强的竞争力。

现行由国家教育部统一规定培养模式和课程设置的集中管理方式具有较多的弊病，这种现象今后有可能随教育体制改革的深化而得到

---

① 中华人民共和国教育部高等教育司编：《普通高等学校本科专业目录和专业介绍(1998)》，北京，高等教育出版社，1998。

② 中华人民共和国教育部高等教育司编：《普通高等学校本科专业目录和专业介绍(1998)》，北京，高等教育出版社，1998。

克服。在管理上应当采取由各校自主办学的做法，通过教学质量评估和社会选择机制优胜劣汰的办法淘汰那些不适应社会需求的专业。

信息管理与信息系统专业如何在信息科学相关学科树立、竞争激烈的教育体系中立住脚，关键在于拓宽知识面，突出优势课程，信息管理的优势课程是信息与知识的标引与整序，即使在网络时代，这些知识技能也大有用武之地。

对于图书馆学教育来讲，由于图书馆学教育是针对特定机构设计的窄口径专业，毕业生就业渠道日益狭窄，社会需求不足，适应能力也差。因此可考虑缩小图书馆学本科教育，而是加强图书馆学的职业培训，即加强图书馆从业人员的短期培训和终身教育；同时强化硕士和博士教育，招收非图书馆学生源进行高层次图书馆学从业人员和研究人才的培养。

（四）教师队伍及教学设施建设

适应新技术革命对图书馆学情报学教育的要求，各校应加强图书馆学情报学专业的师资队伍结构的调整与优化，增加计算机、通信等信息技术专业、经济学专业的毕业生进入教师队伍，同时加强计算机、网络、多媒体电了出版物制作等现代化教学设施的建设，为教学、科研和学生实践提供良好的条件。

三、设置适应新技术革命要求的课程体系

（一）目前图书馆学情报学课程设置存在的问题

我国目前的图书馆学情报学教育的课程设置，主要依据各校本专业的培养目标而定。但都在不同程序上反映出新技术革命的影响。概括起来，课程设置上有三种倾向：

1.“经济商贸”倾向。投身经济学院或商学院，成为其特殊的附属

学科，以经贸信息人才为培养目标，经贸课程分量很重。

2.“文献信息＋计算机＋英语”。其实这只是传统图书情报教育在新时期的翻版，它试图以外语、计算机包裹文献信息，形成“知识拼盘”，让学生吃下，并通过自己的消化吸收，成为在信息技术条件下有较强适应能力的信息专业人才。

3.“信息技术”倾向。强调信息技术的应用，以信息系统工程、信息资源管理人才为培养目标①。

有研究者批评现行课程主导模式“英语＋专业＋计算机”模式为“三明治式”，表明现有课程模式为多学科课程的拼凑，而非形成一个有机的整体。

课程设置的不适应，是导致图书馆学情报学专业需求市场狭窄的原因之一；课程设置的变化需经一段时间，当环境发生变化，课程就会显现出滞后。另一方面，教育需要一定周期，如果课程始终处于不稳定的状况，单纯跟随市场的风向转，也会影响到专业人才的培养。如何既适应变化了的信息环境的要求，同时又使课程保持相对的稳定，以提高专业课程的教学质量，值得认真探讨。

(二)国内外有关课程设置的新趋势

随着社会、经济的同日信息化和信息处理的不断自动化，国内外的图书馆学情报学教育呈现出“信息化”和“自动化”的趋势。

曹树金的《论图书情报学教育的“信息化”和“自动化”》列举了美国马里兰大学、匹兹堡大学、华盛顿大学、夏威夷大学、威斯康星大学、锡拉丘兹大学信息研究学院、长岛大学信息传递专业、伯克利加

① 中华人民共和国教育部高等教育司编：《普通高等学校本科专业目录和专业介绍(1998)》，北京，高等教育出版社，1998。

州大学、密歇根大学信息学院等为信息学本科生或硕士研究生开设的信息技术课程①。概括来说，美国有关院校的信息技术课程大致可以归纳为如下几类：

1. 计算机技术基础。如：C语言、微机软件应用、数据库管理等。

2. 面向对象或任务的计算机课程。如专家系统、信息安全与加密、信息系统评价与需求评估、用户界面设计与开发、电子文书管理等。

3. 网络技术。计算机网络导论、通信与网络、万维网安全与商业、高级万维网开发、用JAVA进行网络编程等。

4. 多媒体技术。如图像信息计算机管理、多媒体信息、精通HTML基本技巧等。

5. 通信技术。如视频通信、信息系统与电子通信、电子通信规则等。

6. 图书馆信息管理自动化。如图书馆自动化、书目数据库、微机信息检索、信息存储与检索、计算机在信息管理中的应用、光盘检索、联机参考和信息服务、图书馆信息网络、信息系统和服务的系统管理、信息检索技术(机检)、信息资源转换与保护、数字图书馆等。

英国城市大学情报科学系信息系统与技术理学硕士和证书专业课程则包括：

1. 信息技术引论。

2. 核心模块：信息管理、信息用户、信息源、信息检索；计算

① 刘君：《21世纪图书馆情报专业课程体系建设》，载《图书情报工作》，1997年第8期。

机知识；应用开发（信息系统的工具和技术、程序设计及应用开发方法）；数据库管理系统；系统分析与设计的工具和技术：系统分析与设计的问题与原理；信息技术与社会（信息经济、信息技术产业、信息技术服务产业和设备管理、信息技术工作的职业化；信息在社会中的教育与培训、家庭中的计算机、信息技术与残疾人；信息技术和发展中国家、信息技术研究与开发、电信自由化、标准、计算机化）。

3. 辅助教学单元：入门课（情报科学和信息检索、计算机系统及其构成、操作系统、文本编辑和桌面出版用软件包、超文本、电子数据表）、交际能力、研究方法。

4. 选修课：网络与通信、软件工程、原型开发和改良开发、人机交互作用、基于知识的系统、信息系统研究与评价、卫生信息学、法律信息学、制图学和多媒体①。

中国的图书馆学情报学专业在课程体系上也十分注意信息技术与自动化技术课程的设置，有关课程在全部课程中所占比例日益增加。

（三）我国图书馆学情报学课程体系设计

未来一段时期内，图书馆学情报学专业课程设置，要适应新技术革命的要求；注意长远教育理念与短期市场需求的协调；注意与本专业的培养模式相适应；注意图书馆学与情报学的视界融合；课程应反映新知识点的增加；计算机课程除语言类和工具类外，重要的是要增加面向任务和对象的课程。

图书馆学情报学专业的核心课程应当围绕知识的组织与检索展开，所以有关信息标引、信息检索的课程应保存。计算机课程应为工

① 曹树金：《论图书情报学教育的“信息化”和“自动化”》，载《图书情报工作》，1998 年第 12 期，44～48 页。

具性课程，而非本专业的核心内容。

1. 本科专业课程设计

(1)图书馆学专业本科课程设计

保留与知识组织相关的传统核心课要：图书馆编目、文献分类、主题标引等；

计算机应用课程：微机概论、程序语言、数据库技术和应用、网络检索、图书馆自动化、现代信息技术、计算机情报检索、计算机应用系统设计、联机编目等；

相关学科课程：如传播学、管理学、经济学等。

教育部颁《普通高等学校本科专业目录和专业介绍(1998)》规定，图书馆学本科专业主干课程主要包括：图书馆学基础、图书馆管理、信息管理概论、信息用户研究、文献资源建设、文献分类法与主题法、文献编目、人文社会科学文献检索、科技文献检索、咨询与决策、信息市场学、文献计量学、信息经济学、计算机应用系统设计与分析、计算机信息网络、数据库管理、文献学概论、目录学概论等①。

(2)信息管理与信息系统专业本科课程设计

核心课程：信息管理学导论、信息资源管理、信息组组、信息标引、科技文献检索、计算机信息检索、信息分析、管理信息系统、系统分析与设计、用户研究与信息服务；

文化基础课程：高等数学、线性代数、离散数学、现代数理统计、运筹学；

计算机课程：数据库、数据结构、操作系统、程序语言等；

---

① 邓以宁，谢阳群：《英国城市大学情报科学系信息系统与技术理学硕士和证书专业课程简介》，载《图书情报工作》，1997年第9期，53～55页。

网络课程：网络技术、技术基础与应用、网络资源管理、网络编程；

经济学与管理学课程：经济学原理（宏观经济学、微观经济学）、信息经济学、管理学原理。市场营销。

此外，还包括信息管理政策与法律、信息伦理学、知识产权问题、咨询学等课程。

教育部颁专业目录中规定：信息管理与信息系统专业主要课程包括：西方经济学、管理学原理、会计学、市场营销学、运筹学、信息分析与预测、线性代数、概率统计、信息管理学、信息组织、信息存储、信息检索、数据结构、数据库原理及应用、管理信息系统、系统分析与设计、网络体系结构、网络编程、操作系统等①。

2. 硕士研究生课程设计

硕士研究生课程是本科课程中所涉及的某些内容或专题的深入探讨，要重视对于图书馆学情报学理论与实践中的热点、难点问题的研究。

未来一段时间图书馆学专业硕士课程中应引入：虚拟图书馆、虚拟图书馆的信息资源建设、图书馆集成管理系统的设计与维护、网络导航、电子出版与数字化图书馆等。

信息管理与信息系统专业硕士课程中应引入：网络信息资源的组织、数据库建设、网络信息检索与咨询、全文检索技术、信息检索语言高级专题等。

① 中华人民共和国教育部高等教育司编：《普通高等学校本科专业目录和专业介绍(1998)》，北京，高等教育出版社，1998。

改革课程体系　优化整体结构*

——对图书馆学教学改革的思考

课程结构、教学体系的改革，是改革人才培养模式的具体体现，是教学改革的核心。在实施各类课程改革的同时，对课程总体结构进行分析讨论很有必要。当前关于图书馆学课程整体结构性问题，有以下 4 个关系值得认真探讨。

一、局部与整体的关系

长期以来，图书馆学教学改革大多是在原有的课程框架内展开的，一门一门课程地进行局部优化，这是必要的，而且在一定时期内也起了积极的作用。但是只停留在局部课程的优化是不够的，各门课程局部优化的总和并不一定等于课程的整体优化，在某些特定条件下，局部优化的总和甚至可能破坏整体优化。应该对课程的学科体系和教学体系加以区别，如果两者不分，脱离人才培养全局的统筹指挥，各门课程教学上独自追求自身的系统性、完整性，

* 原载《图书情报工作》，2003 年第 3 期。

必然无法装配成优化的整体。从人才培养的全局来看，缺乏整体优化指导的课程改革，很可能是无序的、低效益的。因此，当前图书馆学课程改革的主要矛盾在整体而不在局部。课程改革的首要任务是重新审定、合理调整总体的课程设置，明确每门课程在培养计划中的地位与边界，增加提高综合素质需要的课程，充实新兴的科技成果，删除陈旧的课程，减少过时的内容。当然，在理顺课程总体结构的前提下，改革的重心还是要回到课程的局部，也就是要以课程的整体优化来指导局部的课程改革。

二、微观与宏观的关系

现在，图书馆学教学过于微观。有些课程，无论是教学的内容或教学的方法，越教越细，越教越专；有的课程还越教越深。微观具体的知识和现象细节的描述，占据了大量宝贵的课堂教学时间，而宏观的、战略的、谋略的思想传播，在教学中却很少受到关注。这样一种微观的、过于战术性的教学模式，与培养造就能够驾驭社会图书馆事业发展的高层次人才是很不相称的。从总体上看，教学的内容应由过于专细而微观向宽广而宏观的方向转换。现行的课程体系中，过专过细过深的课程，其具体细节的内容应可大大精减；而传播宏观、战略思想与观念的课程内容应该着力地加以充实。在教学方法上，应该大力提倡讲思路、讲方法、讲要点。

三、继承与创新的关系

目前的图书馆学教学体系，从专业设置到课程结构，基本上是从20世纪50年代的院系调整时期继承下来的。许多课程的创始人已不在世，人们是通过教学大纲或教材继承下来该门课程的。随着时代的变迁，教学体系的某些局部已经有了不小的变化，但是没有根本性的改变。特别是总体的课程结构没有变化。我们应该认真分析历史，总结经验，展望未来。继承不是简单的回归，而是要在原有基础上改革、发展、前进。目前教学改革的任务，是要根据新时期人才培养模式的要求，重新审视继承下来的教学体系，取其精华，去其糟粕，创建符合我国国情、适应信息时代发展的新型课程体系。与此相关联，还有一个传统与现代的问题。所谓"传统与现代"，既包含教学内容，也包含教学方法。传统的教学模式，在教学内容上，表现为"知识继承型"教育，在教学方法上表现为"单向灌输式"教学，这种教学模式面临着现代文明的巨大挑战。以信息化为标志的现代教育技术的发展，必然引发教育理论、教育思想、教育观念的重大转变。现代化教学手段迅速进入教学领域，从内容到方法都将带来一系列新问题，如传统教学方式与现代化教学手段的关系、教师与现代化教学手段的关系、学生与现代化教学手段的关系、现代教育技术普及下的师生关系等。图书馆学教育研究应当为上述问题作好理论准备。

四、基础性与非基础性的关系

要强调提炼基础性内容，随着科技的进步，新知识层出不穷，课程的门类及其内容有增无减。教学体系中有限的课程容量与不断膨胀的课程内容之间，矛盾日益尖锐。这一矛盾的缓解既有必要，也有可能。缓解的重要路向就是提炼基础性内容。大学的教学内容原则上都是基础性的。现在图书馆学专业基础课程所教的内容，不一定都是基础性的。基础课应该是原理性的，没有必要过多地向应用部分延伸。每个门类的课程，如果都能重新审查并整理出本门课程的基础性内容，教学的质量和效益都会有较大的提高。与此相关联的还有一个妥善处理基础课与专业课的关系问题。基础课和专业课所发挥的作用是不同的，前期的基础课主要不是为专业教学服务，其意义在于，基础知识与学生的潜能相结合，内化为学生的科学文化素养，凭借它去开辟新的领域。体现一定专业方向的专业课程是必需的，但它不是对职业的界定，专业不等同于职业，但它是不可缺少的能力培养的“载体”，通过它进行能力的培养与训练。因此，在加强基础课程建设的基础上，要加强覆盖面广的专业课程建设。

加强学科建设　促进研究生教育的可持续发展*

一、学科与学科建设

学科是人类知识体系的基本单元，将知识体系中具有内在联系和相同的表现形式与运动规律的各个集合划分为相对独立的一个个学科，有利于知识的传播和利用。学科又是高等学校最重要的组织基础，是大学的基本元素。大学的教学、科研机构基本上是按学科来设置的，教师都归属于一定的学科领域，并通过学科的建制形式从事教学、科学研究和社会服务活动。

学科建设的基本内容包括两个方面：第一，作为知识体系基本单元的学科建设，必须为发展知识生产力服务，通过资源的合理配置和科学的组织协调，在知识创新、知识传播和知识应用方面取得高水平的成果。由于人类对世界的认识过程在不断深化，知识在总量增加的同时，也会发生结构体系的分化、整合和创新，导致新兴学科和交叉

* 原载《图书馆可持续发展与创新》，西南交通大学出版社，2003 年。

学科的不断出现，学科建设必须反映这一客观要求。第二，作为大学基本元素的学科建设，必须在专业设置、组织体制和运行机制等方面反映学科发展的内在要求，能动地促进学科水平的提高。

将上述两个基本层次的内容概括起来可得出如下结论：学科建设就是指围绕提高学科水平所做的一系列基础性工作，既包括学术队伍、教学和科研设备、资金投入、后勤保障设施等硬件，也包括学科发展方向、组织管理体制、激励机制、运行环境等软件，高水平的学科建设就是这两个基本方面的完美结合。

对高等学校来说，学科是学校发挥教学、科学研究和社会服务三大功能的基本平台，学科水平是学校办学水平和综合实力的主要体现。高水平的大学是以高水平的学科建设为基础的，高水平大学的一个重要特点就是学科门类齐全、综合性强、整体水平高。正因为如此，学科建设是大学建设的核心和龙头，加强学科建设已成为多数大学的办学重点。

二、学科建设的思路

认识了学科建设的重大意义，还要从实际出发，认清存在的问题，统一学科建设的思路，落实学科建设的措施。

自我国恢复研究生招生以来，“图书馆、情报与档案管理”学科建设取得了长足发展，尤其是国家实施“211”工程后，学科建设方兴未艾。2001年，北京大学的图书馆学，武汉大学的图书馆学、情报学，中国人民大学的档案学均顺利通过国家重点学科的评审，这为进一步的重点建设奠定了基础。但是从目前的实际情况来看，图书馆学、情报学、档案学仍属于弱势学科，各学科发展不平衡，高水平学科少；有的学科内容老化，主动进行自我更新、自我发展的能力下降；有的学科内部研究方向的调整和更新较慢，与本学科前沿领域存在较大差距；发挥综合性大学的学科综合优势，通过学科间的交叉、渗透和融合，促进新兴学科或新的学科知识生长点的发展做得不够；在重点学科建设方面，也尚未形成合力，其保障条件没有到位；对外合作与交流方面还需要进一步统筹规划，切实安排。

针对上述问题，笔者认为“图书馆、情报与档案管理”学科建设应明确并坚持以下的工作思路：

1. 要明确加强学科建设，促进学科发展的思路。要全面贯彻党的教育方针，坚持以发展为主题，以结构调整为主线，以改革为动力，从构筑学校核心竞争力的高度，大力加强学科建设。对于经过长期建设已达到国内先进水平的二级学科，今后要根据该学科的发展趋势，巩固原有基础，调整前沿方向，进一步完善人才队伍，提高教学和科研装备水平，使其进入国际先进水平行列；对于已基本接近国内先进水平的二级学科，今后要着重对其进行必要的扶持，使其尽快进入国内先进水平行列；对于还达不到应有水平的二级学科，当务之急是要找出发展的制约因素，使其尽快达到国内学科发展的基本要求。

2. 要明确加快学科结构调整的思路。要充分应用高校前一阶段改革的成果和形成的有利条件，积极进行学科专业结构的调整。学科结构调整的具体方向是：①巩固优势学科，瞄准国际前沿和国家前沿领域，更新、改造传统学科，增强学科竞争力；②创建跨学科研究中心，促进学科交叉、融合，积极培植和优先发展一批新的学科增长点；③根据形势的发展，对学科建设的机制进行改革。要与科研工作紧密结合，以创新为目标，通过组织重大科研项目，集中力量建设若干个新的学科平台，形成学科可持续发展的增长点；④切实加强重点学科的建设，充分发挥其示范和带动作用。建设重点学科的目的，不仅在于重点学科自身的发展，而且在于发挥其辐射效应，带动相关学科的进步。

3. 要明确苦练内功，着重内涵发展的思路。学科建设存在外延式扩大和内涵式发展两种发展模式。现在一讲学科建设，人们往往对苦练内功，着重通过内涵发展来提高学科水平方面考虑得不够。学科建设有硬件和软件两方面，内涵发展就要重视学科建设的软件方面，主要依靠软件方面的集成来实现发展的目标。“十五”期间，在继续进行必要的硬件建设的同时，重点要放在学科建设的软件方面，要从研究方向、学科梯队、科学研究、体制与机制创新、对外交流与合作、学术道德建设等方面狠下功夫，走出一条以内涵发展为主的学科建设道路来。

三、学术队伍建设

学术队伍建设是学科建设的最基本的建设。一所大学的学科体系和水平是通过专业技术队伍在各学科领域中的分布和层次体现出来的。没有相应的学术队伍也就没有相应的学科。各学科的队伍建设必须按照学科建设的目标进行。使学术队伍建设服从学科建设的要求，一是要按照学校学科建设的整体规划，培养和引进具有相应数量和学科分布的学术队伍；二是要按照学科的层次或建设目标，提出不同学科的专业技术职务和学历层次要求，设置相应的专业技术职务岗位，引导和促进学术队伍按学科合理配置和优化结构。优势的学科，应该有优势的学术队伍。重点学科人员的编制数量、高级职务比例和博士生的比例，都应该高于一般学科。脱离学科建设的目标盲目追求高职务、高学历人员的比例，对高校的建设没有多少实际意义。

在吸引优秀人才方面，很多高校主要看重于在住房、收入等“硬件”上狠下功夫，但却忽视了更新和改善“软件”。一位学者曾说：“人才辈出，大师云集，主要是一种制度文明的产物，而不是急功近利的政策能够速成地催化出来的。”目前流行的“重金聘教授”“人才工程”等做法，在学术带头人普遍匮缺的情况下，可以作为一种应急的措施；从长远来看，更应着眼于建立面向所有人的制度，从而形成人才竞争、选拔和淘汰的正常机制和良好环境。因此，营造有利于创造型人才生存、发展的环境，建立公平、公正、公开的学术评价和人才竞争的机制，将是吸引和留住人才的关键。

四、学位授予权

高等学校发展的关键是学科建设。当学科建设达到一定水平时，必然会提出对学位授予权的要求。通过学位授权审核获得学位授予权，在很大程度上调动了高等学校学科建设的积极性，提高了在国内外高等学校中的学术地位和影响力，并最终成为高等学校发展的“标志性”建设成果。应该指出的是获得博士或硕士学位授予权是高等学校学科建设的一种结果，意味着将承担起培养高层次创新人才和更高水平科学研究的任务，只有完成好国家赋予的高层次创新人才的培养任务，创造出更高水平的科研成果，才能为学位授权点带来真正的荣誉。

我国的学位与研究生教育经过 20 余年的改革和发展，建立了学士、硕士、博士三级学位相互衔接的学位制度，在学位授权审核中始终依照“坚持标准、严格要求、保证质量、公正合理”的原则，并贯彻“从实际需要出发、优化结构、合理布局”的精神，对学位授予单位和学位授权点进行评审。经过国务院学位委员会学科评议组八次学位授权审核后，截至 2001 年 6 月底，全国高校共有博士学位授权单位 245

个，硕士学位授权单位457个，学士学位授权单位614个；一级学科授权点628个，博士学位授权点1397个，硕士学位授权点8970个。授予学位的学科专业基本上覆盖了自然科学、工程技术、医药卫生和人文社会科学的主要学科专业领域。

“图书馆、情报与档案管理”是管理学门类下的一级学科，下属有图书馆学、情报学、档案学三个二级学科。截至2001年6月底，本一级学科下共有一级学科授权点2个，博士学位授权点9个，其中图书馆学博士学位授权点3个，情报学博士学位授权点4个，档案学博士学位授权点2个；硕士学位授权点58个，其中图书馆学硕士学位授权点18个，情报学硕士学位授权点28个，档案学硕士学位授权点12个。

从上述可见，短短20余年间，我国的学位与研究生教育得到了迅速的发展，形成了一定的规模，尤其是硕士研究生教育在研究生教育中所占比重较大，保证了攻读高一级学位有充足的生源，为发展博士研究生教育奠定了一定的基础。

五、研究生教育

当前我国研究生教育呈现出三大特点：一是规模化。随着社会经济持续发展，社会对高层次人才需求不断增长，研究生教育规模迅速扩大；二是多元化。随着我国政治、经济、文化各个领域的日趋多元化和多层次化，社会对人才的需求也呈现出多类型、多层次和多规格的趋势。反映到研究生教育中，研究生培养类型、规格的多样化就成为研究生教育向纵深扩展的必然，其具体表现为学制多元、学位类型多元、经费来源多元、就业流向多元；三是国际化。伴随经济全球化和互联网的普遍应用，使得教育国际化的空间更为广阔，研究生教育国际化已成为当今高等教育发展的必然趋势，其具体表现为生源竞争的国际化、培养过程的国际化、毕业生人才竞争的国际化。

充分认识和正确把握这些新特点，对于思考我国研究生教育的改革和可持续发展，具有重要的意义。21 世纪是全球信息化的时代，是知识经济占主导地位的时代，它将对图书馆学、情报学、档案学研究生教育提出新的更高的要求。如何在培养优秀的高层次人才的同时涌现出更多的创新型科研成果，我认为应当解决好以下几个方面的问题。

第一，在研究生培养中，首要问题是把好质量关，确保学位授予质量。随着我国研究生教育规模的迅速扩大，研究生教育的质量问题引起了人们越来越多的关注。在规模不断扩大的情况下，保障并持续提高研究生教育的质量成为我国研究生教育面临的重要问题。要建立外部质量保证和内部质量管理的运行机制，按照“质量标准→质量体系→质量监督→质量保证”的程序来审视研究生教育质量问题，从而建立起我国研究生教育质量保障体系。要严格管理，既要重视目标管理，又要重视过程管理。严格目标管理就是要严格坚持学位授予标准，对不合格者绝对不能迁就。严格过程管理就是要严格培养过程和学位授予过程各个环节的管理，在研究生招生、课程学习、博士生中期筛选、博士学位论文开题报告、博士生科研工作、博士生在校期间发表学术论文、博士和硕士学位论文写作等方面都做出明确的、严格的和规范化的规定和要求，并且严格贯彻执行。如果每个环节都能做到严格管理，那么最后的学位授予质量就有了保证。

第二，在加强严格管理的同时，我们应创造更加宽松的环境、更加活跃的学术氛围和更加现代化的研究条件，提高研究生培养质量。特别应鼓励博士生在未知的科学研究领域进行选题，只有大的风险选题，才可能有大的创造性。在博士生培养过程中，必须强调学科前沿和学科间的交叉渗透。学科前沿反映了当前学科发展的水平和发展方向，学科间的交叉渗透是科学发展的必然趋势。在博士生培养中，必须突出学科前沿和学科间的交叉渗透，夯实基础，拓宽知识面，改善知识结构，增强适应性，改变“博士不博”的状况。

第三，要严格选聘指导教师。高素质的导师队伍是大学坚持质量标准的根本保证。有的大学要求讲师都要有博士学位，其中多数曾在著名大学从事博士后研究工作；有的学校对在职教师的要求及考评颇严，对研究生导师的遴选尤为严格；有的学校则加大“洋博士”的引进力度，改善国内教师队伍中“土博士”过于集中的结构。这些做法，都是为遴选优秀的研究生导师做前期准备工作。“学高为师，身正为范”，“名师、严师出高徒”，这是对导师作用最好的概括。因此，现在各研究生培养单位都非常重视导师队伍建设。在这方面，一是要强化对导师的素质要求，导师应具有较高的学术水平、精湛的专业技术和高尚的道德情操；二是要加强师德和教风建设，树立导师良好的人格形象；三是要建立开放式的导师队伍建设机制，导师是培养研究生的一个岗位，而不是一个固定阶层，更不能搞终身制，不能胜任者就应离开这一岗位。作为学校的人事部门，也应为导师提供出国进修、参加学术会议，或到国内一流大学进修的机会，让他们不断“充电”，以适应新形势的要求。

第四，要规范非全日制研究生教育。在我国学位与研究生教育的实践中形成了全日制、非全日制两种不同的培养、学习形式。前者以在校脱产学习为主，后者以在职不离岗学习为主。前者已形成规范和较成熟的培养制度，后者尚未形成规范，从而在一定程度上也影响了全日制研究生教育办学秩序的规范性。在非全日制研究生教育中，研究生课程研修班办班目的与功能逐渐偏离正确方向，有些成为单纯追求学位和办学经济效益的手段；有些在职人员申请学位的外语水平统测和专业综合水平考试通过率较低，质量失控已达到相当严重的程度。为改变这种状况，应对非全日制研究生培养所需的总学分值、总学习时数、培养质量要求和学位授予标准以及入学考试选拔制度等做出明确、严格的规定并形成规范，使其成为一种与全日制研究生教育并行、互补的大学后终身教育制度。

第五，要认真探索研究生培养类型、规格及人才需求结构的调整。新形势下的研究生教育将更加关注应用型、复合型人才的培养，与社会联系更加紧密，实践特点更为突出。在课程设置上，越来越关注课程内容是否反映当今科技的最新发展及其应用现状；在教学方式上，案例教学、专题讨论班等理论与实践相结合的师生互动型教学方式更受推崇；在师资上，不仅要求导师有丰富的理论知识，而且要求导师具备将理论应用于实践的能力。

参考文献

[1]杨再明．对新形势下研究生教育特点的认识和思考[J]．黑龙江高教，2000(3)：61－64.

[2]王忠烈．学位与研究生教育比较研究[M]．北京：中国人民大学出版社，1999.

[3]陈传鸿，等．切实加强学科建设，构筑高校核心竞争力[J]．学位与研究生教育，2003(3)：8－11.

[4]丁毅强，等．全国高校学位授权点数据统计分析[J]．学位与研究生教育，2001(12)：21－24.

[5]赵卿敏．我国研究生培养质量的现状分析与对策建议[J]．学位与研究生教育，2005(5)：26－30.

[6]郭永松．论发展交叉、边缘学科与创新教育[J]．中国高教研究，2003(3)：53－54.

[7]谭跃进，等．对研究生教育中实施全面质量管理的思考[J]．高等教育研究学报，2000，23(3)：4－6.

[8]于承湘，等．脚踏实地，从源头上抓质量[J]．学位与研究生教育，2003(2)：30－33.

[9]许为民，等．试论新形势下我国研究生教育的三个新特点[J]．学位与研究生教育，2003(3)：17－20.

[10]王亚杰．正确认识学位授权审核，推动研究生教育的健康稳定和持续发展[J]．学位与研究生教育，2003(3)：5－7.

[11]张卫刚，等．非全日制研究生教育亟待规范[J]．学位与研究生教育，2003(3)：20－23.

[12]李培宁．提高博士生培养质量的经验与体会[J]．化工高等教育，2000(4)：49－52.

中国图书馆学情报学教育的改革与发展*

一、历史的回顾

中国是世界文明古国，图书馆事业有着悠久的历史，但正规的图书馆学专业教育到20世纪初叶才开始初创。据文献记载，1913年金陵大学文科开设了图书馆学课程，1927年该校创办了图书馆学系。李小缘先生任系主任，刘国钧、万国鼎、施廷镛等曾在该系任教。在此之前，即1920年3月文华图书馆学专科学校在湖北省武昌成立。文华图专是在美国学者韦棣华女士和中国学者沈祖荣先生主持下创办的，初名为文华图书科，设在武昌文华大学内。文华图书科仿纽约公共图书馆学校学制，招收大学修业两年以上的学生，期以两年毕业，课程设置与纽约公共图书馆学校相似。1929年8月，经国民党政府教育部批准立案，文华图书科更名为武昌文华图书馆学专科学校，这是中国第一所独立的图书馆学专科学校。1947年北京大学图书馆

---

* 原载《图书馆工作与研究》，2003年第5、6期。

学专修科成立，王重民先生任科主任，附设于文学院，1948 年秋季独立。此外，还有上海国民大学创办了图书馆学系(1925 年)，江苏国立社会教育学院于 1941 年创立了图书博物馆学系，但这两个系后来均因故停办。

中国早期的图书馆学教育，受当时美国图书馆学“实用论”的影响较深，开始是采用美国的教材，在后来的教学实践中逐步融入了中国图书馆学的内容，形成了中西合璧的学科体系。各校开设主要课程有：图书馆学通论、中国目录学、中文参考书举要、西文参考书举要、中文图书编目、西文图书编目、中文图书分类、西文图书分类、中国图书馆史略、西洋图书馆史略、图书馆行政学、各类图书馆研究、图书馆建筑、西文打字法、各种字体书写法、实习、专题讲座等。

新中国成立后，图书馆学教育进入了一个新的发展时期。1951 年 8 月，中央文化部正式接管私立武昌文华图书馆学专科学校，并委托中南大区行政委员会教育部代管。1953 年 9 月 1 日，在全国高等院校学科、专业大调整中，文华图专并入武汉大学成为图书馆学专修科。由于北京大学和武汉大学都是教育部直属的综合性重点大学，教学基础设施先进，师资力量雄厚，具有多学科优势，这些无疑都为图书馆学的发展提供了良好的历史契机。1956 年经教育部批准，北京大学和武汉大学两所图书馆学专修科都改为图书馆学系，其学制也改为四年制，开始培养四年制大学本科生，招生人数有所扩大。从 20 世纪 50 年代初期到 70 年代末期，北京大学和武汉大学两个图书馆学系，始终坚持图书馆学全日制教育，成为中国培养图书馆专业人才的重要基地。

新中国成立后，从 1949 年到 1978 年，图书馆学教育得到了较快的发展，虽然在发展的过程中遭遇到各种坎坷、艰难和挫折，但是图书馆学教育仍取得了令人瞩目的成就。这主要表现在如下几个方面：

第一，图书馆学高等教育的规模扩大了。北京大学和武汉大学两个图书馆学系共培养大学本科毕业生约2000人。其他如西南师范学院图书馆学博物馆学专修科、北京文化学院图书馆研究班、吉林师范大学图书馆学专修科、中国科技大学情报科学系图书馆学专修班等，也有毕业生200余人。可惜，除北京大学和武汉大学外，其余各校的图书馆学教育均先后停办。

第二，师资队伍不断壮大。北京大学和武汉大学两个图书馆学系，在新中国成立时教师很少，两个系共20余人；20世纪60年代中期增加约60余人，70年代发展到100余人，其中教授、副教授、讲师约占40％。

第三，为各类型图书馆输送了一大批图书馆专业人才。北京大学和武汉大学在坚持图书馆学大学本科教育的同时，还举办了函授班，毕业和肄业的图书馆在职人员约有1250人，加上大学本科、专科毕业生2200余人，共计3500余人。他们当中不少人成了图书馆专业领域的专家和教授。

第四，改革了课程体系和教学内容。新中国成立后，党和政府制定了新的教育方针，在教育方针的指引下，北京大学和武汉大学图书馆学系引进和借鉴苏联图书馆学的教育经验，大力改革了课程体系和教学内容。如加强了马克思主义理论课，增设了自然科学和社会科学概论课，增修第二外国语，增加毕业论文写作和毕业实习，同时重点建设了基础理论：图书馆学基础、目录学概论、科技文献检索、中文工具书使用法、参考咨询等；开设了一些文献研究课，如中国文学文献学、中国历史文献学、社会科学文献学、科技文献学等，而且把教材建设作为深化教学内容、提高教学质量的一项重要措施。

第五，采用多种形式办学。从办学形式上看，有全日制高等教育，也有函授教育和短期培训；在高等教育方面，主要是培养大学本科生，也培养专科生和进修生，还有少量的中专生；在20世纪70年代末，北京大学和武汉大学还招收少量的研究生。

总之，经过30多年的建设，不仅对中国近代图书馆学的建立起到了奠基的作用，同时也为中国图书馆学教育事业的兴起打下了坚实的基础。

1978年后，中国进入改革开放新时期，图书馆事业有了前所未有的发展，对专业人员的大量需求刺激了图书馆学教育的快速增长。1978年，山西大学、北京大学分校、复旦大学分校、湖南大学相继建立了图书馆学系；1979年，华东师范大学、安徽大学、南开大学分校图书馆学系成立。1980—1990年，中国图书馆学情报学办学点在数量上发生了很大变化。在短短10余年里，图书馆学专业的数量从2个增加到52个。这52个图书馆学专业分布在全国各地的综合性大学、师范大学、医科大学、工科院校、农业大学等各类高等院校中。其中由国家教委批准设立的19个，由国家各专业部委批准设立的10个，由省市教育厅(局)批准设立的5个，由军队主管部门批准设立的2个。

图书馆学教育方兴未艾，情报学教育也异军突起。1978年，武汉大学创办了科技情报专业，招收了第一届科技情报专业本科生。在此之后，吉林工业大学、北京大学、西安电信工程学院、南京大学等一批院校相继建立了情报专业，情报学本科教育正式在全国兴起。中国情报学教育的本科层次大致可划分为四种类型，即综合性情报教育、图书馆学情报学教育、理工农医类情报学教育和管理类的情报学教育。

改革开放二十余年来，中国图书馆学情报学专业教育水平不断提高，其显著标志是研究生教育步入国家学位条例的轨道。研究生教育是高等专门教育，早在1964年，北京大学图书馆学系刘国钧教授和王重民教授曾招收过两名图书馆学和目录学的研究生，尚未毕业就因“文化大革命”中断了。1978年国家做出了恢复研究生教育的决定，武汉大学图书馆学系作为首批在全国恢复研究生招生的单位，招收了首届目录学的硕士研究生。北京大学图书馆学系也于1979年招收了第一批硕士研究生。1981年11月，北京大学和武汉大学首批获得国务院学位委员会批准，建立了图书馆学专业硕士学位授权点，这标志着中国图书馆学专业研究生教育的正式开始。1984年，中国科学技术情报研究所和武汉大学获得情报学专业硕士学位授权点，这是中国情报学专业研究生教育的开始。1990年11月，经国务院学位委员会批准，北京大学获得了中国第一个图书馆学专业博士学位授权点，武汉大学获得了中国第一个情报学专业博士学位授权点，这标志着中国图书馆学情报学最高层次专业教育的开始。2000年9月，国务院学位委员会又批准北京大学和武汉大学为“图书馆、情报与档案管理”一级学科博士学位授权点。

从上述可见，短短二十余年间，中国的学位与研究生教育得到了迅速的发展，建立了学士、硕士、博士三级学位相互衔接的学位制度，形成了一定的规模，尤其是硕士研究生教育所占的比重较大，保证了攻读高一级学位有充足的生源，为发展博士研究生教育奠定了一定的基础。

二、改革的轨迹

1978年6月，教育部在武汉召开了全国高等学校文科教学工作座谈会，与会代表制定了关于加强高等学校图书资料工作的意见和图书馆学专业教学方案。这次会议为1980年后中国图书馆学教育的恢复和发展奠定了一定的基础。1980年5月中共中央书记处第23次会议通过了《图书馆工作汇报提纲》，建议教育部同文化部合作，共同办好现有高等学校图书馆学和情报学专业。1981年9月，教育部和文化部在北京联合召开了全国图书馆学教育座谈会，与会代表对加强图书馆学专业教育等问题进行了讨论，一致认为改革国家单一的图书馆学教育体制是当务之急。会后，全国有十余所高校先后建立了图书馆学专业，突破了只有北京大学和武汉大学两所高校办学的格局。1983年4月，教育部在武汉大学召开了全国图书馆学情报学座谈会，会议研究了图书情报专门人才的需求状况、知识结构、培养目标和规格等问题，还讨论了图书馆学情报学教学方案、课程设置、师资队伍建设等。教育部高教一司夏自强司长在这次座谈会上指出：在“六五”计划期间，图书馆学教育专业点将增加到18个，到1990年增加到30个专业点，情报学专业也要相应增加。教育部高教司刘凤秦同志也就大力发展图书馆学情报学教育在本次会议上发表了重要意见。这次座谈会不仅总结了图书馆学情报学的办学经验和教训，而且提出了中国图书馆学情报学教育应当建立多种类型、多种规格、布局合理的具有中国特色的图书馆学情报学教育体系的目标。这次会议为中国图书馆学情报学教育的进一步发展指明了方向。1983年9月，教育部转发了《关于发展和改革图书馆学情报学教育的几点意见》，有力地加速了中国图书馆学情报学教育发展的进程。这可从以下几个方面体现出来：

第一，多类型、多层次的办学体系逐渐形成。在原有本科生、硕士生教育的基础上，许多高校又发展了专科教育、中专教育。特别是成人教育(继续教育)得到了很大的发展，北京大学和武汉大学等陆续开办了成人函授班和夜大班。1985 年中央广播电视大学面向全国 28 个省、自治区、直辖市招收了 2 万余名图书馆学专业大专生，学制为两年，其中约有 1.2 万名学员获得了毕业证书。此外，教育部还委托北京大学、武汉大学、华东师范大学等 10 所高校举办了非图书馆学专业毕业生进修班。所有这些改革措施，缓解了全国各类型图书馆专业人才匮乏的矛盾。

第二，加强教材建设，初步改善了教学内容滞后的状况。除有 8 种教材列入 1978—1983 年高等学校文科教材编选计划外，还有 50 种教材列入 1985—1990 年图书馆学情报学专业教材编选计划。大批教材的编写和出版不仅改变了专业教材种类少的局面，而且在教材内容和体系结构方面也有所创新，有些教材荣获了国家教委 1988 年优秀教材奖，从而使图书馆学情报学教学质量有了较大的提高。

第三，打破了图书馆学专业教育单纯文科的传统，出现了多元化的发展趋势。首先是图书馆学专业招生实行文理兼收；既而开办了情报学专业，从理科、工科、农林、医学招生；而后又增设了档案学、图书发行学等专业。一个院系由多个专业构成，初步形成了以图书馆学情报学为轴心的学科群。

进入 20 世纪 90 年代，随着中国信息产业的迅猛扩展，信息技术和通信技术的广泛应用以及社会信息化整体水平的提高，使得图书馆信息处理和服务的技术手段，信息存储和检索的媒体形式以及图书馆在信息传递中的作用都发生了重大的变化。因此，对图书馆员和信息专业人员的知识结构与专业技能也不断提出了新的要求。图书馆学情报学教育起源于职业培训，它不可能漠视职业需求的变化而在封闭状态下维持或发展；相反，它应根据专业发展和社会需求对图书馆学情报学教育的培养目标、结构、层次和教学内容进行必要的调整与改革。同时，我们还应该看到，与20世纪80年代注重数量相比，90年代初期，中国图书馆学情报学教育已经显示出注重人才市场需求、注重质量提升、注重专业特色、注重教学结构调整和知识结构更新等趋势。

在上述社会背景下，1992年，北京大学图书馆学情报学系率先将系名改为"信息管理系"。这一举措在国内外同行中引起了广泛的反响。截至1999年12月，在全国52所高校图书馆学情报学系中，已有36所改名为"信息管理系"或近似的名称。有些学校，即使当时还没有更改系名，但在课程和专业设置上也做了相应的调整。这表明，中国原有的图书馆学教育不仅扩展到情报学，而且还进一步向"信息管理"方向拓展，专业内涵不断深化，外延不断延伸，这与社会前进的步伐是一致的，其意义也是深远的。

图书馆学情报学系更名为信息管理系，与"科技情报"改称"科技信息"密切相关。1992年10月在北京召开的全国科学技术情报大会上，国家科学技术委员会决定改"科技情报"为"科技信息"，中国科学技术情报研究所更名为中国科学技术信息研究所。改"情报"为"信息"。本意是淡化情报的神秘色彩，树立"大信息"观念，顺应社会信息化的潮流。1993年7月，国家教育委员会颁布了《普通高等院校本科专业目录和专业简介(修订本)》，对图书馆学情报学的专业名称、学科归属做了相应的调整，正式将情报学改称信息学。调整后的专业目录，将图书馆学、信息学、档案学和图书出版发行学合并为一个学科群，称"图书信息档案学类"，归属历史学门下。具体的专业名称、代码及专业方向见表1。

方括号内科学技术信息学为交叉互见类目，它们保留在理学门下，与管理科学并列，称“科技信息与管理类”(0716)，下设管理科学(071601)和科技信息(071602)两个专业。该目录在经济学门类的工商管理类(0202)下设经济信息管理专业(020206)；在农学门类的管理类(0906)下设林业信息管理专业(090606)。

表1　代码：06学科门类：历史学

代码	学科专业名	参考专业方向
0601	历史学类	
……		
0602	图书信息档案学类	
060201	图书馆学	
060202	信息学	社会科学信息学
		[科学技术信息学]
		农业信息学
		医学图书信息学
060203	档案学	文书档案
		档案保护
060204	科技档案	科技档案
060205	图书出版发行学	

参见：原国家教委1993年7月颁布的《普通高等院校本科专业目录和专业简介(修订本)》

专业目录是设置、调整专业，培养人才，授予学位，安排招生，指导就业的重要依据，是国家对高等教育进行宏观管理的指导性文件，具有法规性质。然而该专业目录也存在改进之处，即目录中多处出现与“信息”相关的专业，除了上文提到的有关专业外，还有教学类下的信息科学专业、技术科学类中的信息与电子学类专业、工科类中电子与信息类下的信息工程专业等。10多个“信息”专业相互交叉，令人难以区分。

1997年6月，国务院学位委员会修订并颁布了研究生专业目录。该目录将“图书馆、情报与档案学”(1205)作为管理学门类下的一级学科，下设三个二级学科，即图书馆学(120501)、情报学(120502)、档案学(120503)，这反映了该类学科性质的管理化趋势。

在中国的高等教育史上，1998年是值得特别书写的一年。该年1月，国务院在江苏扬州召开了全国高等学校管理体制改革的经验交流会，李岚清副总理将高等教育管理体制改革的思路归纳为“共建、调整、合作、合并”八字方针。在过去“条块分割”体制下，高等教育主要靠外延式扩张发展，今后要向重视质量的内涵式发展转变。同年3月24日，第一次全国普通高等学校教学工作会议在武汉召开。这次会议总结了中国高等教育发展的历史经验和教训，概括了当前高等教育改革与发展的内在逻辑关系，肯定了高等教育改革与发展的基本思路，并强调要全面贯彻落实党和国家的教育方针，全面提高教育质量。在此背景下，1998年7月，国家教育部正式颁布实施新修订的《普通高等学校本科专业目录》。该目录与1993年颁布的目录相比，改变了高等学校专业划分过窄过细的状况，实现了拓宽专业口径的目标。在新目录中，图书馆学专业和档案学专业作为一级学科“图书档案类”下属的二级学科，归入新增设的管理学学科门类，而原有的信息学专业、科技信息专业与经济信息管理、管理信息系统、林业信息管理共五个专业合并成一个新的“信息管理与信息系统”专业，作为一级学科“管理科学与工程类”下属的二级学科，也归入管理学科门类。信息管理与信息系统专业的设置，不仅明确了图书馆学情报学教育发展的新方向，而且按照信息管理是一种内涵广泛的横断学科的特点，与原来属于不同学科领域的经济信息管理、林业信息管理、信息学、科技信息、管理信息系统进行了大范围、跨学科的整合。这种整合体现了信息管理学科的内在规定性，顺应了社会对宽口径、厚基础、高素质的复合型信息人才的需求，从而使图书馆学情报学教育在一个全新的起点上重新塑造自己的形象，培养适应信息时代需要的知识信息的组织与管理人才。

为了统一思想，交流看法，更好地执行新的专业目录，1998 年 10 月，经国家教育部高等教育司批准，由北京大学信息管理系和武汉大学图书情报学院发起，河北大学信息管理系承办的"全国高校信息管理专业教育研讨会"在河北大学召开。会议就信息管理专业的主干课程达成了共识，确定了 8 门主干课程，它们是：管理学原理、经济学、信息管理学、数据结构与数据库、信息组织、信息存储与检索、计算机网络、管理信息系统。这 8 门课程涵盖了信息管理的学科基础、基本理论、核心技术和信息管理系统等几个方面，构成了信息管理专业教育的核心内容，既体现了信息管理专业的内在规定性，使其以鲜明的特征区别与其他专业，同时也为专业评估提供了基本的依据。主干课程的规范建设，将为信息管理专业教育提供一个统一规格的工作平台，各高校可以在这一平台上结合自身的专业背景、教学条件及社会适应能力，突出自己的办学特色。

三、教育的现况

图书馆学情报学教育改革是一项艰巨的工作，一方面，它要生存，就必须考虑人才市场的需求；另一方面，它要发展，就应该在高等学校和学术领域中占有一席之地。同时，随着信息产业成为经济发展的支柱产业，各个行业在这一领域的竞争相当激烈，学科之间的相互交叉渗透也促进学科的兼并和融合；特别是近几年高校普遍推行学院制和新一轮的学科重组，使图书馆学情报学管理体制、办学规模、专业设置、师资队伍都发生了很大的变化。现按大学本科教育、研究生教育和成人教育分别给予概述。

(一)大学本科教育

本科生培养是中国图书馆学情报学教育的基础。1998年7月国家教育部颁布实施的《普通高等学校本科专业目录》和《专业介绍》调整了图书馆学专业和信息管理与信息系统专业的培养目标。

图书馆学专业的培养目标是："培养具备系统的图书馆学基础理论知识，有熟练地运用现代化手段收集、整理和开发利用文献信息的能力，能在图书情报机构和各类企业事业单位的信息部门从事信息服务及管理工作的应用型、复合型图书馆各级专门人才。"可以看出，新的培养目标强调熟练地运用现代化手段、文献信息的开发利用、从事信息服务，特别是强调了培养应用型、复合型人才，其意义是深远的。

信息管理与信息系统专业的培养目标是："培养具备现代化管理学理论基础、计算机科学技术知识及应用能力，掌握系统思想和信息系统分析与设计方法以及信息管理等方面的知识和能力，能在国家各级管理部门、工商企业、金融机构、科研单位等部门从事信息管理以及信息系统分析、设计、实施管理和评价等方面的高级专门人才。"①可以看出，新的培养目标拓宽了信息学、科技信息专业的适应面，更加强调现代管理学理论基础、系统思想、信息系统分析与设计方法、实施管理和评价，这些目标的提出也是具有战略意义的。

对大学本科生的培养模式有以下几种：

---

① 参见1998年7月教育部颁布的《专业介绍》。

1.“先学外专业课，后学本专业课”。实行过这种模式的代表是北京大学，这批毕业生是在工作实践中表现出多学科知识的优势，受到了用人单位的欢迎。

2.“实行主辅修制”。这种模式有利于拓宽学生知识面，提高学生择业时的竞争力，能够培养一专多能的复合型人才。北京大学、南开大学、南京大学等很多高校都曾实行主辅修制。

3.“实行双学士学位制”。这是近几年很多高校采用的培养模式，效果良好，学生欢迎。

4.“第二学士学位制”。这种制度对于已经取得外专业学士学位的图书馆在职人员进行图书馆学情报学专业教育，经考核成绩合格授予图书馆学或情报学学士学位，即取得第二个学士学位。

课程设置是实现培养目标的中心环节，1998 年 7 月国家教育部颁布实施的《专业介绍》，提出了图书馆学专业和信息管理与信息系统专业的业务培养要求和主要课程，是各专业本科生所要达到的最基本要求。

图书馆学专业的业务培养要求是：主要学习图书馆学和信息管理的基本理论和基础知识，受到文献学、目录学、信息学、传播学、管理学、经济学等方面的基本训练，掌握文献信息收集、处理、研究、开发和传递的技能。主要课程包括：图书馆学基础、文献资源建设、文献分类法与主题法、文献编目、人文社会科学文献检索、科技文献检索、咨询与决策、信息市场学、文献计量学、计算机应用系统设计与分析、计算机信息网络、数据库管理、文献学概论、目录学概论等。

信息管理与信息系统专业的业务培养要求是：主要学习经济管理、数量分析方法、信息资源管理、计算机及信息系统方面的基本理论和基本知识、受到系统和设计方法以及信息管理方法的基本训练，具备综合运用所学知识分析和解决问题的基本能力。主要课程包括：经济学、会计学、市场营销学、生产与运作管理、组织战略与行为学、管理学原理、应用数理统计、运筹学、计算机系统与系统软件、数据结构与数据库、计算机网络、信息管理学、信息组织、信息存储与检索、管理信息系统分析与设计。

目前，中国内地有41所高等学校举办图书馆学情报学本科教育，其基本资料见表2。

表2　中国内地高等学校图书馆学情报学本科教学机构概况表

序号	校系名称	主管部门	所在地	创办年
1	北京大学信息管理系	国家教育部	北京	1947
2	武汉大学信息管理学院	国家教育部	武昌	1920
3	南京大学公共管理学院信息管理系	国家教育部	南京	1927
4	南开大学国际商学院图书馆学系	国家教育部	天津	1984
5	中山大学信息科技学院信息管理系	国家教育部	广州	1980
6	四川大学公共管理学院信息管理系	国家教育部	成都	1984
7	兰州大学经济管理学院信息管理系	国家教育部	兰州	1980
8	山东大学管理学院信息管理系	国家教育部	济南	1985
9	中国科技大学信息技术与决策科学系	国家教育部	合肥	1986
10	浙江大学历史系图书馆学专业	国家教育部	杭州	1984
11	北京外国语大学英语信息管理系	国家教育部	北京	1985
12	吉林大学管理学院信息管理系	国家教育部	长春	1985
13	北京师范大学管理学院信息技术与管理系	国家教育部	北京	1980
14	东北师范大学信息传播与管理学院	国家教育部	长春	1960
15	华东师范大学国际商学院信息学系	国家教育部	上海	1979
16	西南师范大学计算机与信息科学学院信息管理系	国家教育部	重庆	1983
17	华中师范大学信息管理系	国家教育部	武昌	1985

续表

序号	校系名称	主管部门	所在地	创办年
18	福建师范大学历史学系社会学系图书馆学专业	省教育厅	福州	1981
19	华南师范大学信息管理系	省高教局	广州	1983
20	辽宁师范大学信息管理系	省高教局	大连	1985
21	黑龙江大学信息管理学院	省教育厅	哈尔滨	1985
22	郑州大学信息管理系	省教育厅	郑州	1985
23	河北大学管理学院信息管理系	省教育厅	保定	1984
24	湘潭大学管理学院信息管理系	省教育厅	湘潭	1984
25	安徽大学管理学院信息管理系	省教育厅	合肥	1979
26	云南大学人文学院信息管理系	省教育厅	昆明	1980
27	山西大学经济管理学院信息管理系	省教育厅	太原	1978
28	西北大学公共管理学院图书馆学档案学系		西安	1984
29	中南大学医学技术与情报学院	国家卫生部	长沙	1986
30	上海大学文献信息管理系	市高教局	上海	1978
31	南京政治学院上海分院信息管理系	总参谋部	上海	1985
32	天津师范大学信息产业系	市教育局	天津	1979
33	西安交通大学管理学院信息管理系	国家教育部	西安	1983
34	南京农业大学信息管理系	国家农业部	南京	1984
35	中国人民大学档案学院政务信息管理系	国家教育部	北京	1986
36	西安电子科技大学经济管理学院信息管理系	信息产业部	西安	1981
37	同济医科大学医学图书情报专业	国家卫生部	武汉	不详
38	中国医科大学图书情报专业	国家卫生部	沈阳	不详
39	江西大学信息管理系	省教育厅	南昌	1985
40	贵州大学信息管理系	省教育厅	贵阳	不详
41	南京理工大学经济管理学院信息管理系	省教育厅	南京	不详

资料来源：国家教育部图书馆学学科教学指导委员会第二次工作会议资料，截至2003年4月。

(二)研究生教育

依据1997年6月国务院学位委员会与原国家教委联合颁布的新修订的《授予博士硕士学位和培养研究生的学科专业简介》，“图书馆、情报与档案管理”是管理学门类下的一级学科，下属有三个二级学科：图书馆学、情报学、档案学。截至2001年6月底，本一级学科下共有一级学科授权点2个，按二级学科授予博士学位学科专业点8个，其中图书馆学博士学位授权点3个，情报学博士学位授权点4个，档案学博士学位授权点1个。硕士学位授权点58个，其中图书馆学硕士学位授权点18个，情报学硕士学位授权点28个，档案学硕士学位授权点12个。详见表3图书馆学情报学档案学专业硕士学位授权点和博士学位授权点。

表3 图书馆学情报学档案学专业硕士学位授权点和博士学位授权点

学位授权点单位名称	硕士学位授权点			博士学位授权点		
	图书馆学	情报学	档案学	图书馆学	情报学	档案学
北京大学信息管理系	1981	1986		1990	1998	一级学科点下设
武汉大学信息管理学院	1981	1984	1998	1993	1990	一级学科点下设
南京大学信息管理系	1986	1993	1997		1996	
中国科学院文献情报中心	1986	1986		1993		
中国科技信息研究所		1984				
中国国防科技信息中心		1986				
南开大学图书馆学系	1986	2000				
中山大学信息管理系	1990	2000	1993			
华东师范大学信息学系	1984（已转）	1997				
中国人民大学档案学院	1998	2000	1984			1993

续表

学位授权点单位名称	硕士学位授权点			博士学位授权点		
	图书馆学	情报学	档案学	图书馆学	情报学	档案学
吉林大学管理学院信息管理系	2000	1986	2000		2000	
南京政治学院上海分院信息管理系	1990		1995			
东北师范大学信息传播与管理学院	1996	2000				
中国军事医学科学院		1992				
中国协和医科大学医学信息研究所		1990				
北京师范大学信息技术与管理学系	2000	1993				
中国航空航天研究院628所		1990				
中国中医研究院情报所		1986				
南京理工大学经济管理学院信息管理系		1993				
西安电子科技大学经济管理学院信息管理系		1998				
上海交通大学情报研究所		1996				
黑龙江大学信息管理学院		1998				
中南大学医学技术与情报学院		1996				
天津师范大学信息产业学系		1998				
上海大学信息与工程管理系		1997				
兰州大学经济管理学院信息管理系		2000				
南京农业大学信息管理系		2000				
华中师范大学信息管理系		2000				
河北大学管理学院信息管理系	2000					
湘潭大学管理学院信息管理系	1998					
山西大学经济管理学院信息管理系	1998					
四川大学公共管理学院信息管理系	1998		2000			
华南师范大学信息管理系	2000					
郑州大学信息管理系	1998					

续表

学位授权点单位名称	硕士学位授权点			博士学位授权点		
	图书馆学	情报学	档案学	图书馆学	情报学	档案学
第二军医大学图书馆		2000				
第四军医大学图书馆	2000					
云南大学人文学院信息管理系			1998			
浙江大学历史系图书馆学专业			2000			
安徽大学管理学院信息管理系			2000			
辽宁大学			2000			
广西民族学院			2000			
合计学位授权点数	18	28	12	3	4	1

资料来源：《中国学位授予单位名册》，国务院学位委员会办公室，2000年版、2001年版。

图书馆学专业博士研究生的培养目标是：培养在德智体全面发展，并具有坚实宽广的图书馆学基础理论知识，系统深入的专门知识和优秀的综合素质和能力的高级专门人才。对所从事的研究领域的历史、现状及前沿有全面深入的了解。至少掌握一门外国语，能够熟练地阅读本专业的外文资料，具有一定的写作能力和进行国际学术交流的能力。熟练掌握计算机应用知识。能独立从事创新性的科学研究；能胜任高等学校的教学和研究工作或大型文献信息机构的高层次管理工作。

情报学专业博士研究生的培养目标是：培养德智体三方面全面发展，具有情报学领域坚实宽广的基础理论，系统深入的专门知识和较为广博的相关学科知识的高级专门人才。学位获得者应熟练利用计算机处理和管理信息。至少掌握一门外国语，能够熟练地阅读本专业的外文资料，具有一定的写作能力和进行国际学术交流的能力。具有独立从事科学研究和实际工作的能力。能够胜任高等学校和专业研究机构的教学和科研工作，同时也能在企事业单位从事高层次的信息管理工作。

图书馆学博士学位设理论图书馆学、应用图书馆学、现代目录学、文献学等研究方向。基础理论课有文献信息学引论、图书馆学研究进展等；专业课有图书馆学专题研究、目录学专题研究、文献学专题研究等。

情报学博士学位设情报学理论与方法、情报研究与预测、信息资源管理、计算机情报系统工程与网络化、信息资源管理、计算机情报系统工程与网络化、信息经济等研究方向。基础理论课有情报学进展、理论情报学、计算机情报系统工程等；专业课有情报检索系统设计与评价、情报研究与决策、信息经济分析、信息服务与咨询研究、情报管理学、情报数据库与检索策略、文献与情报计量学等。

图书馆学和情报学硕士研究生的培养目标、研究方向、课程设置也有明确、具体的规定。

博士研究生和硕士研究生均实行导师制。在研究生培养中，首要问题是把好质量关，确保学位授予质量。各培养单位都按照“质量标准→质量体系→质量监督→质量保证”的程序来审视研究生教育质量问题，既重视目标管理，又重视过程管理。在研究生招生、课程学习、博士生中期筛选、博士学位论文开题报告、博士生科研工作、博士生在校期间发表论文、博士和硕士学位论文写作等方面都做出了明确的、严格的和规范化的规定和要求，并且严格贯彻执行。

(三)成人教育

成人教育或称继续教育，是中国图书馆学情报学教育的重要组成部分，它主要包括函授教育、电大教育和自学考试教育。在中国，图书馆学专业函授教育始于1956年，当时北京大学和武汉大学两个图书馆学系就开办了学制为2—3年的大专班，连续性强，教学稳定，因而在成人教育中占有重要位置。1980年，北京大学和武汉大学恢复了函授教育，学制有2—3年的大专班和专本连续的五年制本科班。20世纪90年代以来，一些有硕士学位授予权的高校，如北京大学、武汉大学、华东师范大学、东北师范大学等还举办了硕士课程研修班，为各类图书馆在职人员申请硕士学位提供了机会。

中国图书馆学情报学函授教育具有数量多、分布广等特点。1980—1985年，北京大学招收函授生2252人，武汉大学培养专科函授生1282人。现在仅北京大学和武汉大学每年所培养的函授生就有近千人，大大缓解了图书馆事业发展与人才培养之间的供需矛盾。现在，大多数省会城市都设有北京大学和武汉大学的函授辅导站，这些函授站有的是连年招生，有的是隔年招生。北京大学和武汉大学被授予可以给优秀函授本科生授予学士学位。

四、待讨论的热点问题

经过二十余年的改革，中国图书馆学情报学教育确实是向前发展了，但在改革过程中也出现了一系列问题，有待我们去寻求解决问题的途径和方法。现将问题归纳如下：

1. 信息管理如何为自己定位？系名从图书馆学情报学系改名为信息管理系，给图书馆学情报学注入了新的发展空间，同时也带来了一定的困惑和混乱，如系名更改之后，课程体系如何与之相配合，信息管理如何与图书馆学情报学的教学体系相协调，图书馆学情报学的博士和硕士学位如何在信息管理中找到自己的位置。课程体系的更新必然牵涉到设备和资料的更新以及教师的知识结构更新，这个困难如何解决？截至2000年12月31日，中国共有“信息管理与信息系统”专业教学点177个。[16]这些分别隶属于不同的学科领域和专业背景各不相同的“信息管理专业”，如何在新的专业教育目标指引下实现整合、加强学科内涵建设、转向新专业所规划的人才培养范式？

2. 在教学内容和课程体系的改革方面，其指导思想是邓小平同志关于“教育要面向现代化、面向世界、面向未来”的思想，其目标是着眼于学生的基本功、适应能力和发展潜力。如何使教学内容和课程设置与培养基础厚、口径宽、能力强、素质高的图书馆学情报学优秀人才相适应？如何正确处理图书馆学情报学专业的核心课、通识课与选修课之间的关系？对于某一门课程，如何处理好经典、现代和前沿的关系？

3. 图书馆学专业的本科教育如何在稳定中求发展？1998年7月国家教育部颁布实施的专业目录，并没有使图书馆学专业的学科独立性受到动摇，仍然在专业目录中继续占有稳固的地位。但随着社会主义市场经济的发展，人们的价值观发生了变化，从20世纪80年代中期开始，考生中报考图书馆学专业的热度有所下降，录取高素质学生遇到了困难，第一志愿报考图书馆学专业的考生人数趋少，一些著名大学开始对图书馆学专业的招生人数实行限制。现在越来越多的院校实行按系或按一级学科招生，学生宽口径入学，学习两年基础课后，在三年级选专业，继续专业学习。就中国大多数院校来说，信息管理系通常下设图书馆学、信息管理与信息系统、档案学三个专业，如果按系招生，到三年级选专业时，恐怕大多数学生会选择信息管理与信息系统专业，而图书馆学和档案学形同虚设，没有几个学生会选它们。在图书馆学本科教育陷入困境的情况下，我们应当采取什么对策和措施？这是图书馆学教育工作者应该认真思考的严肃问题。

4. 情报学的学科地位如何确立？情报学教育在中国始于20世纪50年代，80年代以后得到了较快的发展，情报学的称谓已为学术界接受和承认，学科体系与课程设置日臻完善，并已拥有一批专家学者。现在的问题是，"情报学"这个名称已在本科专业目录中消失，而在研究生专业目录中仍然保留，从学科建设的角度看，这种本科生与研究生不衔接的"双轨制"能够长期存在吗？在下一轮专业目录调整中，是在研究生专业目录中保留"情报学"，还是在本科生专业目录中重新恢复"情报学"？这又是一个值得认真对待的关键问题。

以上四个方面的问题，都是改革发展中出现的问题，解决这些问题仍然有赖于深化改革。我深信，经过一个时期的"阵痛"后，中国图书馆学情报学教育必将走向更加美好的明天。

参考文献

[1]沈祖荣．民国十一年之图书馆教育[J]．新教育，1923，6(2).

[2]肖林来．解放前我国图书馆专业教育资料[J]．图书馆学研究，1985(5).

[3]彭斐章．文华图专和中国图书馆学教育的发展[J]．图书馆，2001(2)：2—6.

[4]钟守真，王知津．中国图书馆学情报学专业教育二十年．中国图书馆事业二十年(1979—1999)下册[M]．北京：北京图书馆出版社，1999.

[5]董小英．我国图书馆学情报学教育的转型及其问题[J]．中国图书馆学报，1996(1)：28—36，55.

[6]邱均平．改革开放以来我国情报学教育的回顾与展望[R]．庆祝中国科技信息事业45周年学术年会特邀专题报告，2001.

[7]夏自强．图书馆学情报学教育的发展和改革问题[J]．大学图书馆通讯，1985(5)：2—7.

[8]刘风泰．大力发展图书馆学情报学教育：全国图书馆学情报学教育工作座谈会侧记[J]．高教战线，1983(7)：33—35.

[9]金锋，王万宗．在改革开拓中求生存求发展[J]．图书情报工作，1994(5)：57—59.

[10]90年代我国图书情报人才需求与图书情报教育深化改革研究课题组．世界图书情报

教育的发展潮流与中国图书情报教育改革走向[J]. 大学图书馆学报，1996，14(5).
[11]国务院学位委员会办公室，教育部研究生工作办公室．授予博士硕士学位和培养研究生的学科专业简介[M]. 北京：高等教育出版社，1999.
[12]王知津．我国图书馆学教育面临新的转折和选择[J]. 图书情报工作，2003(3)：10—15.

加强学科建设　提高研究生教育质量*

——“图书馆、情报与档案管理”学科研究生教育工作探析

一、学科与学科建设

学科是人类知识体系的基本单元，将知识体系中具有内在联系和相同的表现形式与运动规律的各个集合划分为相对独立的一个个学科，有利于知识的传播和利用。对大学来说，学科是学校发挥教学、科学研究和社会服务三大功能的基本平台，学科水平是学校办学水平和综合实力的主要体现。高水平的大学是以高水平的学科建设为基础的，高水平大学的一个重要特点就是学科门类齐全、综合性强、整体水平高。正因为如此，学科建设是大学建设的核心，加强学科建设已成为多数大学的办学重点。

二、学科建设的思路

自我国恢复研究生招生以来，“图书馆、情报与档案管理”学科建设取得了长足的发展，尤其是国家实施“211”工

* 原载《图书馆论坛》，2006 年第 6 期。

程后，学科建设方兴未艾。2001年，北京大学的图书馆学、武汉大学的图书馆学与情报学、中国人民大学的档案学均顺利通过国家重点学科的评审，这为进一步加强重点学科建设奠定了基础。但是从目前的整体情况来看，图书馆学、情报学、档案学仍属于弱势学科，各学科发展不平衡，高水平学科少；有的学科内容老化，主动进行自我更新、自我发展的能力下降；有的学科内部研究方向的调整和更新较慢，与本学科前沿领域存在较大差距；发挥综合性大学的学科综合优势，通过学科间的交叉、渗透和融合，促进新兴学科或新的学科知识生长点的发展做得不够；在重点学科建设方面，也尚未形成合力，其保障条件没有到位；对外合作与交流方面还需要进一步统筹规划，切实安排。

针对上述问题，在"十一五"期间，笔者认为"图书馆、情报与档案管理"学科建设应明确并坚持以下的工作思路：一是要明确以加强学科建设促进学科发展的思路。要全面贯彻国家的教育方针，坚持以发展为主题，以结构调整为主线，以改革为动力，从构筑学科核心竞争力的高度，大力加强学科建设。对于经过长期建设已达到国内先进水平的二级学科，今后要根据该学科的发展趋势，巩固原有基础，调整前沿方向，进一步完善学术队伍，提高教学和科研装备水平，使其进入国际先进水平行列；对于已基本接近国内先进水平的二级学科，今后要着重对其进行必要的扶持，使其尽快进入国内先进水平行列；对于还达不到应有水平的二级学科，当务之急是要找出制约因素，使其尽快达到国内学科发展的基本要求。

二是要明确加快学科结构调整的思路。要充分应用高校前一阶段改革的成果和形成的有利条件，积极稳妥地进行学科专业结构调整。学科专业结构调整的具体方向是：(1)巩固优势学科，瞄准国际前沿和国家前沿领域，更新、改造传统学科，增强学科竞争力；(2)创建跨学科研究中心，促进学科间交叉、融合，积极培植和优先发展一批新的学科增长点；(3)要根据形势的发展，对学科建设的机制进行改革。要与科研工作紧密结合，以创新为目标，通过组织重大科研项目，集中力量建设若干个新的学科平台，形成学科可持续发展的增长点；(4)切实加强重点学科的建设，充分发挥其示范和带动作用。建设重点学科的目的，不仅在于重点学科自身的发展，而且在于发挥其辐射效应，带动相关学科的进步。

三是要明确苦练内功、着重内涵发展的思路。学科建设存在外延式扩大和内涵式发展两种发展模式。但人们往往对苦练内功、着重通过内涵发展来提高学科水平方面考虑得不够。学科建设有硬件和软件两方面，内涵发展就要重视学科建设的软件方面，主要依靠软件方面的集成来实现发展的目标。“十一五”期间，在继续进行必要的硬件建设的同时，重点要放在学科建设的软件方面，要从研究方向、学术梯队、科学研究、体制和机制创新、对外交流与合作，学术道德建设等方面狠下功夫，走出一条以内涵发展为主的学科建设道路来。

三、学位授予权

高等学校发展的关键是学科建设。当学科建设达到一定水平时，必然会提出对学位授予权的要求。我国的学位与研究生教育经过二十余年的改革和发展，建立了学士、硕士、博士三级学位互相衔接的学位制度。在学位授予权审核中则始终依照“坚持标准、严格要求、保证质量、公正合理”的原则，并贯彻“从实际需要出发、优化结构、合理布局”的精神，对学位授予单位和学位授予点进行评审。① 经过国务

① 吴启迪：《在国务院学位委员会学科评议组第十次会议上的讲话》，《学位研究生教育》，2006 年第 1 期。

院学位委员会学科评议组十次学位授权审核后，截至2006年1月，“图书馆、情报与档案管理”学科共有可授予博士、硕士学位的一级学科点4个(表1)，二级学科博士点18个，其中图书馆学博士学位授权点8个，情报学博士学位授权点7个，档案学博士学位授权点3个(表2)。2006年1月新增的“图书馆、情报与档案管理”一级学科硕士点16个(表3)；二级学科硕士点127个，其中图书馆学硕士学位授权点38个，情报学硕士学位授权点67个，档案学硕士学位授权点22个(表4)①。

表1　图书馆、情报与档案管理一级学科博士学位授权点②

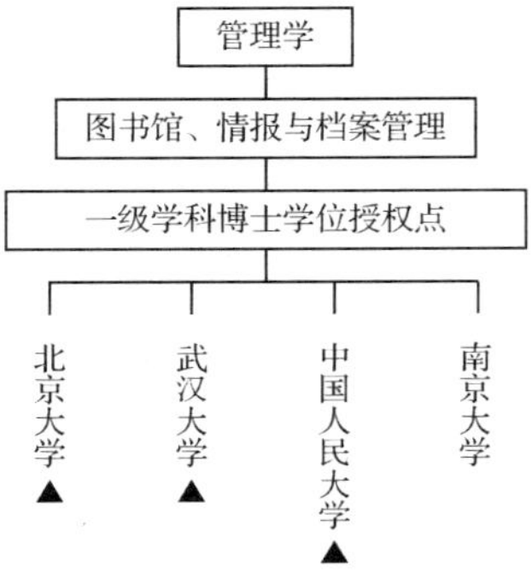

表2　图书馆、情报与档案管理二级学科博士学位授权点③

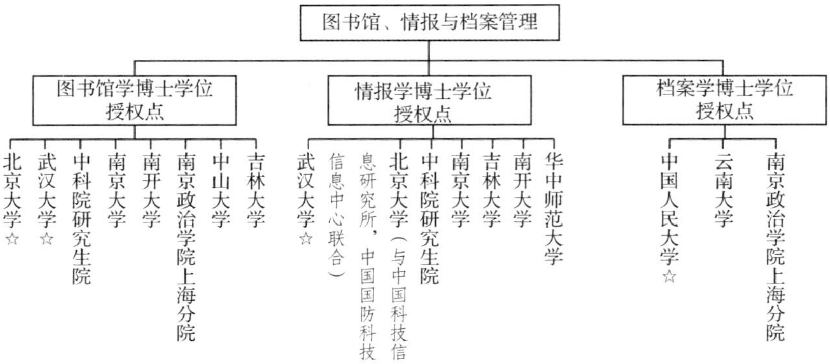

① 国务院学位委员办公室：《中国学位授予单位名册》，2005年10月。

② 附注：▲表示设有博士后流动站。

③ 附注：☆表示国家重点学科。

表 3　图书馆、情报与档案管理一级学科硕士学位授权点

- 图书馆、情报与档案管理
  - 硕士学位授权一级学科点
    - 南开大学
    - 山西大学
    - 黑龙江大学
    - 华东师范大学
    - 上海大学
    - 南京大学
    - 南京理工大学
    - 浙江大学
    - 郑州大学
    - 中山大学
    - 四川大学
    - 云南大学
    - 重庆大学
    - 中国科技信息研究所
    - 第二军医大学
    - 南京政治学院上海分院

表 4　硕士学位授权二级学科点

图书馆学硕士学位授权点	北京大学	中国人民大学	北京师范大学	南开大学	天津工业大学
	河北大学	山西大学	辽宁师范大学	吉林大学	东北师范大学
	黑龙江大学	复旦大学	南京大学	南京农业大学	东南大学
	福建师范大学	山东大学	郑州大学	武汉大学	湘潭大学
	中山大学	华南师范大学	四川大学	云南大学	西北大学
	中国科学院文献情报中心（含分支机构）	中国科技信息研究所	南京政治学院上海分院	第四军医大学	天津师范大学
	安徽大学	曲阜师范大学	河南科技大学	广西民族学院	西南大学
	西安电子科技大学	西安交通大学	华中师范大学		
情报学硕士学位授权点	北京大学	中国人民大学	中国农业大学	中国协和医科大学	北京师范大学
	南开大学	天津大学	天津师范大学	山西大学	吉林大学
	东北师范大学	黑龙江大学	同济大学	上海交通大学	华东理工大学
	华东师范大学	南京大学	南京航空航天大学	南京理工大学	南京农业大学
	浙江大学	安徽大学	福州大学	郑州大学	武汉大学
	华中科技大学	华中师范大学	中南大学	中山大学	四川大学
	重庆大学	西南师范大学	西安电子科技大学	兰州大学	上海大学
	山东理工大学	中国科学院研究生院（含下属机构）	中国科技信息研究所	中国农业科学院文献中心	中国航空工业总公司第 628 研究所

续表

情报学硕士学位授权点	中国中医研究院	南京政治学院上海分院	第一军医大学	第二军医大学	第四军医大学
	军事医学科学院	中国国防科技信息中心	北京航空航天大学	北京理工大学	天津理工大学
	河北大学	山西财经大学	中国医科大学	苏州大学	安徽财经大学
	河海大学	江苏大学	南昌大学	山东大学	山东科技大学
	青岛科技大学	新乡医学院	湘潭大学	华南师范大学	西南科技大学
	上海社会科学院	山东省医学科学院			
档案学硕士学位授权点	中国人民大学	武汉大学	南京大学	中山大学	云南大学
	辽宁大学	南京政治学院上海分院	吉林大学	浙江大学	四川大学
	广西民族学院	安徽大学	南开大学	山东大学	苏州大学
	黑龙江大学	上海大学	河北大学	福建师范大学	南昌大学
	湖北大学	湘潭大学			

从上述可见，短短二十余年间，我国“图书馆、情报和档案管理”学科的学位与研究生教育取得了迅速的发展，形成了一定的规模，尤其是硕士研究生教育在研究生教育中所占比重较大，保证了攻读博士学位有充足的生源，为发展博士研究生教育奠定了雄厚的基础。

四、研究生教育面临的新形势

当前我国研究生教育呈现出三大特点：一是规模化，随着社会经济持续发展，社会对高层次人才需求不断增大，研究生教育规模迅速扩大；二是多元化，随着我国政治、经济、文化各个领域的日趋多元化和多层次化，社会对人才的需求也呈现出多类型、多层次和多规格的趋势。反映到研究生教育中，研究生培养类型、规格的多样化就成为研究生教育向纵深扩展的必然，其具体表现为学制多元、学位类型多元、经费来源多元、就业流向多元；三是国际化，伴随经济全球化和互联网的普遍应用，使得教育国际化的空间更为广阔，研究生教育国际化已成为当今高等教育发展的必然趋势，其具体表现为生源竞争的国际化、培养过程的国际化、毕业生人才竞争的国际化①。

充分认识和正确把握这些新特点，对于探索我国研究生教育的改革和可持续发展具有重要的意义。如何在培养优秀的图书馆、情报、档案专门人才的同时涌现出更多的创新型科研成果，笔者认为应当解决以下几个方面的问题：第一，在研究生培养中，首要问题是把好质量关，确保学位授予质量。第二，在加强严格管理的同时，我们应创造更加宽松的环境、更加活跃的学术氛围和更加现代化的研究条件，提高研究生培养质量。第三，要严格选聘指导教师。第四，要规范非全日制研究生教育。第五，要认真探索研究生培养类型、规格及人才需求结构的调整，更加关注应用型、复合型人才的培养②。

五、关于学科培养方案

学科培养方案包括：培养目标、研究方向、学习年限和学分要求、课程设置和考核要求、培养方式、科研与学位论文、文献阅读等内容。

课程设置是研究生培养方案中的重要部分，课程体系应当从本科、硕士、博士三个教育层次的理论基础、专业知识和教学强度的整合与接口进行规划和设计，以保持培养内容的连续性、系统性与完整性。博士生课程应结合博士生的研究领域和所需知识结构以及提高创

---

① 许为民等：《试论新形势下我国研究和教育的三个新特点》，《学位与研究生教育》，2003 年第 3 期。

② 吴慰慈：《加强学科建设，促进研究生教育的可持续发展》，见《图书馆事业与图书馆学教育》，北京图书馆出版社，2006 年。

新能力的需要来确定。博士生的知识结构要注重前沿性、综合性和交叉性。研究生特别是博士生参加学术讨论、学术报告等活动的过程是培养博士生学术素养和研究规范的必修环节。图书馆、情报与档案管理学科在培养方案中应提出明确要求，作详细、具体的安排。

设置研究方向需要具备的条件是：(1)学术带头人和结构合理的学术梯队；(2)有较好的科研基础和成果；(3)能开出本研究方向的主干课程和相关课程；(4)有培养研究生需要的经费、图书资料、实验设备及其他的物质条件①。

六、保证博士研究生培养质量的措施②

(一)改进博士研究生的选拔录取方式

为进一步提高博士研究生的生源质量，要优化和改进博士研究生的选拔录取方式，选拔真正适合创新科学研究的人选进入博士研究生队伍。在图书馆、情报与档案管理学科，攻读学术型学位研究生应积极探索本直博和硕连博的培养方式。招生时，应该根据报名者的申请材料对其素质进行审核。侧重审核报名者的来源学校与专业、品德、学术水平及其在所报专业领域内的发展潜力。

(二)建立创新课程体系

博士研究生必须掌握本学科坚实、宽广的基础理论和系统深入的专业知识，必须掌握与本学科研究领域有关的相关学科的理论知识和先进的技术方法，才符合创新的需要。因此，调整课程结构与教学内

---

① 参见北京大学研究生院：《关于制定研究生培养方案的若干意见》，2003年11月。

② 参见北京大学研究生院：《关于完善博士研究生培养过程质量保证措施的若干意见》，2004年10月。

容，建立创新课程体系是实施博士研究生创新教育的关键环节之一。创新课程建设的目标是以社会发展需求和学科自身变革为目标，进行知识系统的重组与整合，形成知识逻辑和问题解决相结合创新课程体系①。在过去的一段时间里，图书馆、情报与档案管理学科的课程设置过于狭窄和单一，难以适应现代社会的需求。因此，课程的设置应从专业化课程向综合化课程转变，开设一定数量的综合性课程，打破学科之间的界限，突破传统的学科知识结构体系，淘汰陈旧滞后的内容，将相近的学科知识内容进行重组构建，形成新的创新课程体系，为学生提供超越某一学科或领域局限的思维模式，使博士研究生形成整合的学术视野和价值观。

(三)认真制定导师指导方案

博士研究生导师的指导方案是依据学科培养方案的基本要求，导师本人对培养和指导研究生的基本构想，是学科培养方案在导师从事的研究方向领域的具体实施方案。其内容包括：要求本学科博士研究生应先修的课程、建议选修的课程、必读的基本书目、进行实验或调研的训练、参加学术活动的要求、进行论文写作训练方面的基本要求、定期进行学业指导的时间安排等。还应指导博士生结合自己的学术素质、研究背景与论文写作方向制定个人学习与研究方案。

(四)严格博士研究生资格考试

博士研究生资格考试，主要是检验博士研究生是否具备了进入博士学位论文阶段的条件。主要考核博士研究生在所学专业是否掌握坚实宽广的基础理论和系统深入的专门知识以及必要的相关学科知识，

---

① 向萍：《关于研究生创新教育的几点思考》，《学位与研究生教育》，2006 年第 1 期。

并具有相当的分析问题和解决问题的研究能力。

(五)高度重视博士研究生学位论文的选题

博士生资格考试通过后，应适时组织学位论文的选题报告。学位论文的选题报告是为论证、审核和确定博士生学位论文题目而举行的报告会，是对博士研究生学习和运用知识、分析和解决问题能力的阶段性总结和考核。博士学位论文选题应注意开拓性、适用性和可行性等问题。对于陈旧、宽泛、缺乏研究深度的选题，应提出修改选题内容、限定选题范围或更换选题等具体意见和建议，要建立良好的选题评价机制，保证选题质量。

(六)完善学位论文的评审机制

在当前形势下，全面推进和规范博士学位论文匿名评审工作具有重要的意义。应继续健全、并不断更新评审专家库。答辩委员会对确保论文质量负有关键责任，其成员应是论文所涉及领域的优秀专家。涉及跨领域内容的论文，必须有跨领域的相关专家参加。要严格管理答辩环节，确保答辩质量。

参考文献

[1]陈传鸿，等．切实加强学科建设，构筑高校核心竞争力[J]．学位与研究生教育，2003(3)：8—11.

[2]丁毅强，等．全国高校学位授权点数据统计分析[J]．学位与研究生教育，2001(12)：21—24.

[3]王亚杰．正确认识学位授权审核，推动研究生教育的健康稳定和持续发展[J]．学位与研究生教育，2003(3)：5—7+13.

[4]《中国学位与研究生教育发展战略报告》编写组．中国学位与研究生教育发展战略报告[J]．学位与研究生教育，2002(6)：1—21.

[5]王衡生．论创新教育与高校研究生创新能力的培养：英国大学研究生培养模式的启

示[J]. 高教探索，2003(1)：34－37.
[6]于承湘，等. 脚踏实地，从源头上抓质量[J]. 学位与研究生教育，2003(2)：30－33.
[7]刘凤朝. 撰写文科博士学位论文开题报告应注意的几个问题[J]. 学位与研究生教育，2005(12)：42－45.
[8]郭永松. 论发展交叉、边缘学科与创新教育[J]. 中国高教研究，2000(3)：53－54.
[9]向萍. 关于研究生创新教育的几点思考[J]. 学位与研究生教育，2006(1)：18－21.
[10]李培宁. 提高博士生培养质量的经验与体会[J]. 化工高等教育，2000(4)：49－52.

谈博士生创新能力的培养*

“创新”作为一种概念，最早是在20世纪初由美籍奥地利经济学家熊彼特(Joseph Schumpter)提出的，他认为“创新”就是建立一种新的生产要素组合的生产函数，新组合是指开发新产品，采用新工艺，使用新的生产方式，开辟新市场，建立新的企业组织形式。经过一个世纪的研究和发展，今天“创新”概念的内涵丰富了许多，它不仅包含从无到有的创造所具备的首创性、独特性，也包括对既有事物的更新和完善。因此，创新是创新主体为了一定的目的，创造出符合社会意义的具有独创性或者革新性的产品活动。创新是开创和革新的统一。

创新能力是指创新主体从事创新活动所具有的创新素质和表现出来的创造能力和创新技能的综合体现，是一种思维作用动机、认知指导实践的综合性能力。图情博士生的创新能力是指他们在进行课程学习和科研工作过程中所

---

* 原载《图书情报知识》，2009年第6期。本文是作者在2008年7月4日于武汉大学举行的第九届海峡两岸图书资讯学学术研讨会上的发言。

表现出来的接受新事物的能力和将所学知识运用于图情工作实践进行分析和解决实际问题的能力。图情类博士生创新能力无论从个体素质方面还是外在影响因素方面，都更依赖于实践和合作。

博士生创新能力受多方面因素的影响，其中导师的指导水平和创新能力是影响博士生创新能力培养的第一因素。导师的创新意识和思维方式不仅是决定其自身创新能力的重要因素，而且也是影响博士生创新能力的最关键因素；导师的学风和工作作风以及知识结构通过指导学生的过程潜移默化地影响着学生的创新能力；导师的创新思维和学风不仅影响学生在学期间的创新能力，而且对学生毕业后的创新能力将产生较大的影响。

博士生自身的素质和在各培养环节中所表现出来的能力又是决定其创新能力的第二关键要素。博士生创新能力的大小与他们从事科研工作的能力和学位论文水平有显著相关性，即博士生的科研能力与学位论文水平是影响其在学期间所表现出来的创新能力的重要因素。此外，学术环境、学术方向、选题自主性、实验条件等因素对博士生创新能力也有一定影响。

在博士生培养中，创新是灵魂，科学研究主导是核心，导师负责制是基础。要不断扩大导师在博士生培养中的自主权，强化导师对博士生培养全面负责的意识。博士生要养成博览群书的习惯，从而克服“博士不博”的局限。创新灵感的来源有赖于具备坚实的基础理论知识和广博的知识面。科学的发展，使各学科之间的界限越来越模糊，学科间的交叉、融合和渗透，产生了许多新的交叉学科和边缘学科。只有通过博览群书，捕捉瞬息万变的科技信息，积极思考，才有可能找到不同学科之间一些新的交叉点和创新点。

导师要培养博士生强烈的发散性思维。创新过程就是思维发散与集中的交错过程，不仅要求博士生具有求异性和发散性思维，而且要对多种类型的问题进行发散性思维，即思考解决问题要多形式、多类型、多方法；能在平常的现象中找出不平常的问题，在老问题中发现新课题。

导师应注重在科研实践中培养博士生的创新能力。科研实践活动的过程是知识加工和创新的过程，通过科研实践既可以培养学生的自学能力、设计和动手实验能力、分析和解决问题的能力、书写和口头表达能力、组织管理能力、社会交往能力等，更有助于培养学生严谨求实的科学作风、勇于探索和积极进取的精神，从而增强他们的自主创新能力。

培养和提高博士生的创新能力，还要设法创造一种良好的活跃的学术交流、探讨和争鸣的学术环境和氛围，让博士生在浓厚的学术氛围中感受气氛，独立思考，开拓创新性思路，迸发出新思想、新观点。开展学术交流的方式有学术讲座、学术沙龙、参加学术会议、进行网上互动等。

2004年，北京大学决定将博士研究生的学制从三年改为四年。改制四年来，我们根据学校的有关规定开展了博士生联合培养工作，先后派出十余名博士生赴国外名校进行短期学习、合作研究、联合指导，提高博士生培养过程的开放性，加强与海外学者的交流，寻找学科交叉、科研协作的切入点，联合开展创新项目，提高科研创新能力。

撰写博士学位论文阶段是博士生培养的重要环节。培养博士生创新能力，必须将“创新性”要求贯穿学位论文工作的全过程，导师在指导论文工作的过程中应严格把关，即严把学位论文选题与评审关。尤其是选题，应慎之又慎，选题是做出具有创新性论文的关键。一方面，选择富有前沿性、挑战性的课题有助于激励博士生的创新热情、挖掘其创新潜力；选题一定要广泛阅读相关资料，在对所研究领域及方向的最新发展动态充分了解的基础上进行，这样的选题才有前沿性，具有领先水平，研究这样的课题才能取得创新性或突破性成果。另一方面，交叉学科的课题也是博士学位论文选题的重要方向，因为在学科交叉点上有许多问题尚未解决或尚待完善。

关于博士学位论文质量保障，应采取并坚持：博士学位论文预答辩制度、匿名评审制度、答辩后的论文修改制度。这些措施的实施对培养博士生的创新能力、保障博士生的培养质量起到了很好的监督和促进作用。

参考文献

[1]教育部部长周济谈 2005 年教育改革发展六大重点．http：//news. xinhuanet. com/edu/2005-01/27/content _ 2514128 _ 4. htm(2007-07-20)

[2]王衡生．论创新教育与高校研究生创新能力培养[J]：英国大学研究生培养模式的启示．高教探索，2003(1)：34－37.

[3]李志平．韩惠鹏影响农科研究生创新能力的因素分析[J]. 学位与研究生教育，2008(3)：13－16.

[4]李晓娟．理工科博士生创新能力培养的实践与探索——全国优秀博士学位论文指导教师谈博士生创新能力的培养[J]. 学位与研究生教育，2008(3)：1－4.

[5]程炼．对研究生进行创新性思维培养有效途径[J]. 中国科教创新导刊，2007(3)：31－32.

[6]于嘉林，史长丽．构建学科交叉集成的研究生培养机制[N]. 中国教育报，2007-06-13.

[7]杨卫．研究生教育与创新文明的传承[J]. 学位与研究生教育，2007(5)：7－11.

[8]杨玉良．想像、联想、理性与创新[J]. 学位与研究生教育，2007(5)：1－6.

吴慰慈主要著作目录

《图书馆学基础》(教育部文科统编教材，主要执笔人之一)，北京，商务印书馆，1981。

《图书馆学概论》(合著)，北京，书目文献出版社，1985。

《图书馆概论学习指导书》(合著)，北京，书目文献出版社，1985。

《图书馆学简明教程》(主编)，北京，科技文献出版社，1988。

《图书馆藏书》(合著)，北京，书目文献出版社，1991。

《图书馆学基础》(修订本)，(教育部文科统编教材，主要执笔人之一)，北京，商务印书馆，1991。

《图书馆学情报学词典》(编委，主要执笔人之一)，北京，书目文献出版社，1991。

《全国文献资源调查与布局研究成果汇编》(国家“七五”重点研究课题，编委)，北京，中国人民大学出版社，1992。

《中国大百科全书·图书馆学情报学档案学卷》(图书馆学综合分支副主编，文献资源建设分支撰稿人)，北京，中国大百科全书出版社，1993。

《当代中国的图书馆事业》(编委，编辑部副主任，主要执笔人之一），北京，当代中国出版社，1995。

《图书馆学基础教学大纲》（主持人，受国家教育部高等教育司委托编写），北京，高等教育出版社，1996。

《蓬勃发展的中国图书馆事业》（主持人，受国家文化部委托编写），北京，书目文献出版社，1996。

《图书馆学情报学文献源》（主要执笔人），北京，书目文献出版社，1996。

《中国图书馆和图书馆事业》（主编），韩国图书馆协会，2001。

《图书馆学概论》（修订本）（合著），北京，北京图书馆出版社，2002。

《当代图书馆学情报学前沿探寻》（合著），北京，北京图书馆出版社，2002。

《图书馆学基础》（主编），北京，高等教育出版社，2004。

《图书馆学理论与方法》，北京，北京图书馆出版社，2004。

《图书馆学书目举要》（主编），北京，北京图书馆出版社，2004。

《图书馆事业与图书馆教育》，北京，北京图书馆出版社，2006。

《图书馆学新探》（主编），北京，北京图书馆出版社，2007。

《图书馆学概论》（修订二版），北京，北京图书馆出版社，2008。

《中国高校哲学社会科学发展报告1978—2008》（图书馆学、情报学与文献学卷，主编），桂林，广西师范大学出版社，2008。